국민의
탄생

식민지 공론장의
구조 변동

국민의
탄생

식민지 공론장의
구조 변동

송호근

민음사

머리말
식민지 답사 여행

이 연구는 식민지 답사 기록이다. 전후에 태어난 베이비 부머 세대, 식민지와 전쟁을 가까스로 피해 평화로운 시절에 기투(企投)된 세대, 그러나 극심한 빈곤과 맞닥뜨려야 했던 베이비 부머의 역사 여행기다. 베이비 부머들은 이제 사회의 일선에서 대부분 물러났고 물러나는 중이다. 교수가 아직 남아 있는 직업군 중 하나인데 몇 년 후면 후방에 모여들 것이다. '식민지 답사'는 그런 세대에게 부과된 의무이자 학문적 과제라고 은연중 느껴 왔던 것 같다. 부모와 조부모 세대에게 빚을 갚는다는 심정도 작용했고, 역사적 연속선상에서야 비로소 우리 세대의 세대 사고(思考)와 한국 사회의 감춰진 본질을 제대로 관찰할 수 있다는 생각에서였다.

식민 시대로 진입하는 발길은 한없이 무거웠다. 필자가 쓴 두 권의 책, 『인민의 탄생』, 『시민의 탄생』은 식민 시대 직전에서 멈췄다. 식민 시대로 진입하기가 벅찼다. 무엇보다 사료가 수십 배로 증폭했고, 평생 식민 시대 연구에 매달린 전공자가 수백 명에 달하고, 연구 주제도 수백 개로 분기돼 총체적 시각(holistic approach)을 취하기가 난감했다. 식민 시대 이전이 작은 지류(支流)라면, 식민 시대는 수십 개의 지류가 합류해 흐르는 강물이다. 대하(大河)까지는 아니더라도 여울과 소(沼)와 급류를 수천 개 품고 있는 커다란 강물이다. 그것을 어떻게 하나의 프레임으로 파악할 수 있겠는가. 그러나 사회과학과 역사학의 차이는 방법론에 있다. 역사학은 전공 주제 심연으로 파고 내려가 자료를 발굴하고, 자료가 지시하는 내용을 독자적 시각으로 조직해 규명하면 하나의 근사한 연구가 될 수 있다. 독자적 시각이란 물론 방법론이지만 미시와 거시 방법론 중 사회과학에 적합한 것은 물론 후자다. 총체적 시각을 획득하는 것, 말은 쉽지만 어디 그것이 가능하겠는가. 『시민의 탄생』을 끝내고 3권에 해당하는 이 책을 마무리하는 데에 물경 7년이 걸린 이유이자 필자의 능력 부족에 대한 변명이기도 하다.

식민 시대는 거대한 강물이었다. 수백 편의 연구서와 논문을 읽었고 헤아릴 수 없이 많은 역사적 사건, 주제, 미시적 사실들에 익사하기를 반복했다. 너무 방대해서 여러 번 포기했다가 다시 귀환하기를 거듭했다. 우선 일본 제국주의를 이해하기가 벅찼고 난감했다. 한국이 식민지가 된 필연적 이유가 있을까. 일본이 아니었다면 러시아였을까. 일본은 왜 제국주의로 나서야 했을까? 그만한 국력과 통치 능력을 자신했을까. 작고 단단한 느낌, 평소에 필자가 받은 일본인에 대한 느낌은 '제국', 또는 '제국주의'라는 굵고 강하고, 섬세하고 투박한 통치력과는 사뭇 대조적인 것이었다. 일본을 방문할 때마다 그런 느낌이 심화되었다. 십수 년 전 일본 산촌(山村)을 우연히 찾은 적이 있다. 모두 오밀조밀하게 살고 있었다. 친절했고 상냥했다. 철(鐵)처럼 강력한 제국의 힘은 없었다. 마침, 어느 신문사에 칼럼을 보내야 했는데 여관에는 인터넷망이 깔려 있지 않았다. 관공서를 찾아 나섰다. 명함을 내밀고 '서울대학교 교수'임을 밝히자 그 관공서 직원은 급히 일어나 예의를 차렸다. 그 직원의 컴퓨터를 빌려 원고를 송고했음은 물론이다. 제국의 그림자, 제국 후예의 흔적은 없었다.

도쿄 대학교 야스다 강당은 1960년대 급진파 학생 운동에 의해 훼손됐는

6

데 얼마 전까지만 해도 수리하지 않은 채 그대로 두었다. 흉물처럼 방치된 채로 말이다. 최근 수리를 마치고 교수와 학생에게 개방했는데 들어가 보니 제국 양식이었다. 도쿄 대학교 건물 전체가 제국 양식이어서 약간의 위화감과 함께 위축감을 주기는 한다. 예전 동숭동 서울대학교 문리대학 건물이 동일한 제국 양식이었다. 식민지민에게는 쓰라린 역사의 기억을 떠올리게 하는 것이다. 도쿄 대학교 교수들과 학술 회의가 끝난 어느 날 밤, 캠퍼스 내 교수 숙소로 돌아가다가 강당 앞에 당도했다. 식민 시대 연구로 진입한 당시 심정 때문이었나, 아니면 약간의 취기 때문이었나, 필자가 느닷없이 노래를 불러 젖힌 것은. 한(恨)이 절절한 노래였을 거다. 강당이 울렸다. 자정 무렵 귀가하는 교수들과 대학원생들이 힐끔힐끔 쳐다보았을 뿐 아무 일 없었다. 식민지민의 설움이었을까, 자소작농 조부(祖父)의 얼굴이 스쳤고, 안동사범학교 출신의 부친(父親)도 어른거렸다.

부친은 사범 학교 시절 일본인 훈도 얘기를 가끔 하셨고, 취기가 오르면 일본 노래를 흥얼거리셨다. 베이비 부머에겐 익숙한 장면일 거다. 뇌리에 각인된 기억, 체험, 지식이 해방 후로 흘러 들어왔고 한국 사회의 작동 원리에 스며들었다. 전혀 이상한 게 아니다. 우리도 여전히 이 나이에 초등학교 교가, 중고등학교 교가를 부를 수 있지 않은가. 젊은 시절의 기억은 평생을 지속한다. 그렇듯 부모 세대의 식민지 체험은 현대로 연장돼 한국 사회의 심연을 이뤘을 것이다. 식민지 유산의 청산, 일제 청산이라 하지만 어디 그것이 가능하겠는가? 오히려 혼류(混流)가 자연스럽다. 그런데 그 혼류가 평등하고 대등한 현상이 아니라는 사실, 그 속에 지배와 종속, 통치와 예속, 개발과 착취가 위계화되어 있다는 것이 문제다. 민족주의론, 식민지 근대화론, 식민지 근대성, 탈근대, 탈민족주의 등 시선의 변주는 나름 한계를 갖고 있지만 식민 통치의 본질적 모순을 어떻게든 수정해 보려는 인류사적 노력이다.

아무튼, 일본 제국주의는 일종의 광기(狂氣)였다. 광기가 아니고는 이해 불가한 현상이었다. 제국 일본은 싱가포르, 필리핀을 점령하고 어쩌다가 남양 군도까지 밀고 내려갔다. 일본으로서도 감당하기 어려웠을 것이다. 실제로 통치 계획도 부실했다. 남양 군도의 작은 섬, 원주민들에게 부족 신앙을 폐하고 신도(神道)와 천황을 섬기라고 강요하는 모습을 어떻게 이해하겠는가?

신도가 원주민들에게 실제 효력을 발휘했을까? 1925년 총독부는 조선 신궁을 건립해 신정(神政)의 상징으로 만들었다. 1912년에 건립한 조선 신사를 개축한 것이다. 아마테라스 오미카미와 메이지 천황을 주제신으로 모셨는데, 조선 신궁에 참배했던 조선인들의 마음속에 진정 경건한 숭배 감정이 일어났을까. 조선인이 창씨개명을 한들 일본인으로의 인종적 변이가 가능할까. 1940년대에 들어서면 그런 조선인들이 속출했지만, 현재의 정상적 시선으로 보면 불가사의한 현상이다. 이웃 나라를 정복해 영원히 속국으로 만드는 일이 1000년 혹은 500년 전이라면 모를까 근대 문명이 불을 환하게 밝히는 시간대에서 과연 가능한가? 하기야 유대인을 지구상에서 멸절하려던 극악한 시도도 있었으니 20세기 전반기는 문명을 내세운 야만의 극치였다고 할 수 있다. 에릭 홉스봄이 "극단의 시대"라고 규정했던 것처럼 식민 시대는 야만적 일탈의 시기였다.

그런 암흑 공간에서 '국민의 탄생'을 알리는 신호음은 잘 들리지 않았다. 흔적은 도처에 산재했으나 그것을 하나의 일관된 논리나 경로로 해석하기는 어려웠다. 왜 국민인가? 국민이 아니고는 독립을, 독립 국가를 말하지 못한다. 국민이 탄생하지 않고는 일제 통치로부터 벗어나지 못한다. 그것이 비록 현실체가 아니고 정신적 씨앗이라 해도 독립으로 가는 길이 희미하게라도 드러나려면 국민의 존재가 필수적이다. 시민 국가는 없다. 시민 사회에 어떤 정치적 목적과 비전이 만들어져서 타국과의 경쟁 주체로서 정치적 공동체가 형성되어야 국민 국가(nation-state)로 가는 길이 열린다. 그 과정은 국가 간 경쟁을 촉발하는 여러 국제적 조건의 성숙은 물론 국경, 인종, 계급 갈등을 내외부적으로 단속하고 관리해 나가는 시간대다.

유럽에서 전쟁과 혁명은 국민 국가 탄생을 촉진하는 가장 활기찬 원동력이었다. 독립 국가에서는 그런 학문적 탐구가 가능하지만, 식민지에서는 어떤가? 도처에 깜빡거리는 신호음을 하나의 커다란 방송(放送)으로 확증해 주는 방법론이 필요했다. '공론장의 구조 분석'이 여기에 화답했다. 『인민의 탄생』과 『시민의 탄생』을 확증해 주었던 그 탐조등을 식민지 공론장 연구에도 적용한 이유는 명백하다. 식민지에도 공론장은 존재한다. '억압의 천개(天蓋)'에 덮인 숨 막히는 공론장의 밑바닥에 국민의 탄생을 알리는 신호음들이 깔려 있었던 것이다. 마치 두꺼운 얼음장 밑에 흐르는 냇물처럼 말이다. 결빙 상태로 멈춰 서거나 얼음장 외피에서 살짝 녹아 흐르는 냇물의 신호음을 해독하는 것, 그것이 『국민의 탄생』을 이끌고 간 먼 봄의 약속이었다.

1919년 3·1 운동('3·1 독립운동'이 더 적합한 용어로 보이지만)은 '국민의 탄생'을 확증하는 대사건이었다. 3·1 만세 시위에 나섰던 일반 시민, 농민, 노동자, 학생 들의 가슴속에 '국민'이라는 개념이 뚜렷이 형성됐다는 뜻이 아니다. 당시 일반 평민들에게는 '조선'이 '대한'(大韓)보다 더 익숙했고, '인민과 민족'이 '시민과 국민'보다 더 친숙했다. 그런데 '인민'이 '시민'으로 진화한 징후는 더욱 뚜렷했고, '민족'의식 내부에 단일 국가를 향한 정치적 형체가 무성하게 자라나 '국민'의 자격 요건을 갖춰 가고 있었다. 국내외적으로 여러 조건들이 무르익었는데, 고종(高宗)의 서거는 군주와 국가(조선)를 분리시킨 상징적 사건이었다. 현실 국가가 무너진 지 9년이 경과한 시점에서 일반 평민, 시민 들의 마음속에는 조선이라는 정신 국가, 역사체로서의 국가는 여전히 남아 있었다. 시민들은 유실되는 국가를 붙잡았다. 군주를 잃은 '고아 의식'은 곧 주체 의식으로 변했다. 국가와 시민이 그렇게 일체가 된 순간은 일찍이 없었다. 여기에 국외 망명지로부터 메시지가 날아들었다. 당신이 국가의 주체라고, 유실되는 국가를 붙잡아 회생시켜야 한다고. 그것은 국민을 호명하는 메시지였다. 군주의 사멸로 해외 독립운동 단체의 논리도 거침이 없어졌다. 국민 국가로의 행진 호각이 맹렬하게 불린 것이다.

1910년대 공론장은 말 그대로 '결빙의 공론장', '암흑의 공론장'이었다. 민간지는 모두 폐간됐고, 잡지도 종교, 취미, 실업(實業), 여성을 주제로 한 것 외에 민족의식과 계몽 지식을 전파하는 매체는 허가받지 못했다. 최남선이 간행한 《청춘》과 동경 유학생 잡지가 겨우 명맥을 이었지만 오래 지속되지는 못했다. 총독부 기관지 《매일신보》는 초기에 2000부, 1910년대 후기에 1만 부 정도를 발행했을 뿐이다. 풍문과 소문의 시대였다. 경부선 기차를 타고 경성에 다녀온 사람들이 전해 준 얘기가 진짜 뉴스였다. 1910년대 총독부의 식민 통치는 상상할 수 없을 정도로 강력했다. 무단 통치라는 개념이 품을 수 없을 만큼 폭력적, 억압적이었다.

루이 알튀세르(Louis Althusser)의 용어를 빌리면, 일제가 구축한 '식민지 이데올로기 국가 기구'(Colonial Ideological State Apparatuses, CISAs)는 역사상 유례없이 강고한 유형이었다. 다른 식민지에서 그런 철통 같은 유형을 찾아보기 힘들 정도다. 아이언 케이지(iron cage), 조선인을 가뒀던 식민 통치망은 쇠우리였다. 그러나 쇠우리에도 저항 요인이 싹튼다는 사실은 인류사의 공통적 경험이다.

문명화로 치장한 식민 통치를 식민지민이 모방하는 과정에서 그것을 대적하는 위협 요인이 동시에 싹튼다는 것은 모든 전체주의 체제의 공통적 아킬레스건이다. 영원한 억압은 불가능하다. 쇠우리 저변(底邊)에서 두 개의 인클레이브(enclave)가 형성되고 있었다. 식민 통치도 어쩔 수 없이 지켜볼

뿐인 작은 공론장, 매체(문예) 공론장과 종교 공론장이 그것이다.

글을 해독할 능력을 지닌 문해 인민(文解人民), 일제의 문명화 사업 와중에서 시민으로 진화해 갔던 '각성 인민'들은 《매일신보》 기사에서 그 배경들을 상상했고 그들의 통치 의도를 읽어 냈다. 일반 평민들은 풍문과 소문을 서로 맞춰 보면서 기사의 배경을 읽는 행렬에 동참했다. 십전 소설, 육전 소설, 흔히 딱지본으로 불렸던 신소설류의 애독자들이었다. 가정 소설과 번안 소설의 애독자이기도 했는데 급기야 이광수의 『무정』에 이르러 근대 의식의 공간으로 진입했다. 근대 교육을 받은 학생층이 급증했고, 1세대 노동자군이 형성되고 있었다. 여기에 '민족'이 접합되면 무언가 정치적 실체가 형성될 태세였다.

문예 공론장은 사회의 저변에서 확산되는 무형의 실체였던 데 비해 종교 공론장은 교리, 조직, 신자를 갖춘 유형의 존재였다. 1910년 일한 병탄 당시 가장 컸던 사회 조직이 종교 단체, 천도교와 기독교였다. 종교는 일제 억압의 손길이 내부까지 미치지 않는 전형적인 인클레이브였다. 일종의 은신처였다고 할까. 지도부가 친일 정책을 표방하고 그렇게 행동한다 해도 교인 공동체 내부의 동학은 달랐다. 그들은 억압을 향한 분노를 신심(信心)으로 씻었고, 신심에 의해 정화된 영역에 소국(小國)을 건설해 갔다. 교리 학습과 함께 문자를 터득했고 세간의 형세를 읽는 능력을 키웠으며, 독자적인 행동 양식과 사고방식을 모색했고, 신심 공동체의 연결망을 통해 그런 자원을 유통시켰다. 천도교든 기독교든 신도들은 대체로 시민적 요건을 갖춰 나갔다. 그것은 도덕과 양심, 시민 사회의 덕목을 전파하는 '시민 종교'(civil religion)였다.

문예 공론장에 형성된 익명의 시민들, 종교 공론장의 공동체적 시민들에게 해외 망명지발(發) 메시지가 빈번하게 수신됐다. 국내 비밀 결사 단체도 수신자였다. '사회 운동 공론장'은 '문예 공론장'과 '종교 공론장'에 국민 의식을 불러일으킨 기폭제였다. 그것이 완전히 성숙된 개념은 아닐지라도 '시민과 민족'이 느슨하게 결합된 의식 공간을 하나의 정치 공동체로 묶어 주기에 충분했다.

이 연구에서 '환상형 공화 네트워크'로 명명한 해외 독립운동 기지의 눈물겨운 개척과 투신이 없었다면 시민과 민족의 결합체는 갈 길을 못 찾고 이완됐을 것이다. 해외 독립운동 조직의 개척사, 그토록 감동적인 민족 스토리는 근현대 세계 식민사에서 찾을 수 없는 유형의 것이다. 국민은 그렇게 존재를 드러냈다. 그러나 현실은 여전히 암울했고, 갈 길은 더욱 험악했다. 죄르지 루카치(György Lukács)의 표현대로, 여행은 시작됐지만 길은 없었다.

필자의 식민지 답사 여행은 3·1 독립운동 새벽에서 멈춰 섰다. 『인민의 탄생』, 『시민의 탄생』, 『국민의 탄생』의 탐사도 여기에서 마무리한다. 14년에 걸친 대탐사였다. 세 권의 연구서가 뭐 그리 대단한 대탐사일까 독자들은 의아해하겠지만, 그 세월 동안 여러 다른 책을 집필하면서도 마음은 내내 이 학문적 숙제에서 떠나지 않았다. 조상 세대에 대한 마음의 빚, 식민지를 통과한 선배 세대에 진 빚을 약간은 갚은 것 같기도 한데, 해방 후 현대 한국의 국민은 어떤 경로를 걸어왔는지가 다시 궁금해진다. 사회과학자의 직업병이다. 학계의 질정을 기대한다.

고(故) 박맹호 회장님과 이 책을 약속한 지 꼭 10년이 지났다. 고인의 명복을 빈다. 그리고 소정의 연구비를 지원해 준 동원육영재단에 감사드린다. 동원그룹의 김재철 명예회장님은 척박한 환경에서 세계 굴지의 해양 산업을 일구셨다. 포항공대로 이직한 후 좋은 분들을 많이 만났다. 이 연구를 진척하면서 깊이 있는 얘기를 나눈 고정휴 교수께 감사드린다. 포항공대, 미래 과학도의 인지 공간에 인문 사회적 소양을 지피려 애쓰는 동료, 후배 교수들의 노력은 감동적이다. 감사와 응원을 보낸다. 한림대를 퇴직한 박근갑 교수는 평생 학우다. 춘천에서 집필 시간을 함께 보냈다. 코로나 팬데믹으로 정말 어려운 시기에 이 책을 내 주신 박상준 대표님과, 꼼꼼하게 문맥을 살핀 편집부 남선영 차장께 감사의 말씀을 드린다.

춘천 집필실에서
송호근

차례

I부
동토(凍土)

1 일본 제국주의의 기원: 광기의 정신 구조

> 이때 아마테라스 오미카미는 황손에게 명령을 내렸다. "아시하라(葦原)의 치이호아키(千五百秋)의 미쓰호(瑞穗)라는 나라는 나의 자손이 임금이 될 나라다. 이에 황손은 가서 다스려라. 가거라. 하늘 자손(寶祚)의 융성이 천지와 더불어 영원히 계속되어 무궁하리라."[1]

제국의 기원: 신화

일본 제국주의는 어떻게 형성되었을까? 일본 제국주의를 도대체 어떻게 이해해야 하는가? 식민 치하 조선인들이 겪었던 강점의 실상을 파악하려면 식민 통치의 본질에 대해 물어야 한다. 1장은 이 질문에 대한 답이다.

일본 제국주의는 7세기 말 『일본서기(日本書紀)』에 나오는 천손 강림 신화로 거슬러 올라간다. 이 신화는 일본에만 특유한 것은 아니었지만 메이지 지도자들은 그것을 근대 국가의 중심 원리로 구축했다. 근대의 궁전을 신화 위에 세운 것이다. 근대와 신화의 혼융은 만세일계의 천황이 절대 윤리로 천하를 다스리는 신정(神政) 국가 이념으로 진화했다. 신정 국가란 제정 일치적 율령 국가의 통치 이념을 계승한 정치 체제로서 근대라는 새로운 시간대로 진입한 동서양 모든 국가들이 중세 역사의 갈피에 애써 마감했던 그런 국가 형태였다. 일본은 '근대 국가'를 만들면서 신정적 질서를 거꾸로 요청한 것이다. 정치와 종교의 분리를 근대의 조건이라고 한다면, 일본은 정반대로 역코스를 밟았다. 메이지 유신의 지도자들은 일본 열도를 천황제라는 유사 종교에 열광적으로 밀어 넣었다. 정치와 종교의 합일, 그것도 천황제라는 유사 종교에 정치를 종속시킨 메이지 유신이 결국 일본과 일본인을 제국주의와 파시즘의 광기로 몰아갈 것임을 미리 예상한 지도자는 거의 없었다. 270여 개 번으로 분열된 일본을 어떻게 통일하고, 중세 질서 속에 푹 젖은 도쿠가와 막부를 문명화라는 운명적 대열에 어떻게 참여시킬 것인지가 최대의 고민이었다. 그런 메이지 시대 지도자들에게 고대로부터 전승된 태양의 여신 아마테라스 오미카미(天照大御神)의 건국 신화는 천금의 자원이었다.

태양 토템으로부터 발원하는 태양 신화와 천강(天降) 스토리가 유별난 것도 아니었다. 그런데 일본은 그것을 일본 특유의, 일본 열도에만 고유한 축원 체계로 만들었다. 신화의 정치화, 영혼의 정치화가 이뤄진 것이다.[2] 사실, 신화에 등장하는 천손 강림 모티프는 전 세계에서 흔히 발견되는 것이며, 동아시아 일대에도 널리 퍼져 있던 주제였다. 조선의 단군 신화는 천손 강림의 전형적 사례다. 고대인들이 하늘을 주재하는 신(天主)을 상정하고 그의 절대적 권능을 믿었던 것처럼, 한반도와 만주 일대에 발흥한 율령 국가들은 천신(天神)에 모든 것을 의탁하고 제사하는 제정 일치적 통치 체제였다. 그러므로 고대 신정 국가의 집합 의식 속에서 천손 강림의 모티프가 공통적으로 발견되는 것은 우연이 아니다. 단군 신화가 그렇다. 하늘신인 환인(桓因)은 천부인(天符印) 세 개를 그의 아들 환웅(桓雄)에게 주어 세상을 다스리게 했다. 환웅은 신단수에 내려와 신시(神市)를 건설해 환웅천왕이라 칭하고 웅녀(熊女)와 결혼해 자식을 낳는다. 그를 단군왕검(檀君王儉)이라 했다. 단군왕검은 당나라 요임금이 즉위한 해에 평양에 도읍을 정하고 조선이라 일컬었다. 그 후 도읍을 백악산 아사달로 옮겨 수백 년 동안 나라를 다스렸다는 것이다.[3]

천신—환웅 강림—신시—단군으로 이어지는 천강 모티프는 일본 『고사기(古史記)』와 『일본서기』에 나타나는 천손 강림의 신화 구조와 동일하다.[4] 아마테라스가 내려보낸 황손은 니니기노 미코토(邇邇藝命)로서 만세일계 현인신(現人神)의 시조인 진무 천황(神武天皇)의 할아버지뻘 되는 신이다. 이 황손이 강림할 때 구슬, 거울, 칼이라는 세 개의 신기(神器)를 소지했고 5부의 신들이 동행해 천손 강림의 대업을 완성케 했다. 이 구조에 이름만 바꾸면 바로 단군 신화가 된다. 환인이 삼위태백으로 내려가는 환웅에게 천부인 세 개와 무리 3000을 준 것, 그리고 인간의 360가지 일을 주관하게 하여 천손 강림의 위업을 마무리한 것과 정확히 일치한다.[5]

메이지 유신 지도자들도 세계 국가들이 표방한 국가 이념이나 민속학적 연구를 통해 그런 사실을 알고는 있었을 것이다. 막부는 이미 1850년대에 양학관을 세워 서양 문물을 적극 수용하고 있었으므로 일본이 세계 유일의 신국(神國)이라는 오랜 신념이 주관적 믿음에 지나지 않는다는 사실을 터득했을 것이다. 그러나 그들이 당면한 번 체제의 통일과 근대 국가 구축이라는 절체절명의 국가적 대역사 앞에 이른바 '전통의 발명'은 거부할 수 없는 유혹으로 다가왔다. 18세기 말부터 19세기 초중반에 걸쳐 쇄국 일본에 충격을 가했던 서양 제국의 출현 때문이었다. 가장 먼저 일본을 위협한 것은 러시아였다. 러시아는 흑룡강, 캄차카반도를 거쳐 사할린, 홋카이도로 그 세력을 뻗쳐 왔는데, 급기야 18세기 말에는 러시아 황제 사절단이 나가사키에 와서 개항과 함께 정식 교역 관계를 요구했다.(1792년) 전국적으로 빈발하는 농민 분규에 골머리를 앓던 시기였다.

곧이어 영국이 왔고, 1853년 페리 제독이 함선 4척을 이끌고 우라가(浦賀)에 입항해 최후통첩을 발령했다. 페리 내항 직후에는 미국, 영국, 네덜란드 연합 함대가 사쓰마 해안을 위협했다. 그렇지 않아도 농민 분규(一揆)와 재정 악화로 통치력이 쇠락하던 막부가 흔들렸다. 막부의 개항 결정에 대한 번주들의 반발과 저항이 잇달았다. 서양의 무력에 굴복해서는 안 된다는 항전의 목소리가 들끓었다. 막부가 250년 동안 지켜 온 쇄국 정책은 일본 국수(國粹)를 굳건히 지켜야 한다는 해방책(海防策)으로 발전했고, 아편 전쟁의 참혹한 결과가 전해지자 양이론(洋夷論)은 존왕론(尊王論)과 결합했다. 이 일련의 국가적 위기 상황을 타개하는 이념적 자원을 찾는 것이 당시 지도자들과 학자들에게는 무엇보다 절실한 과제였다.

그들은 믿었다. 태양이 뜨는 곳, 원기가 시작되는 신주(神州) 일본은 서양 오랑캐들이 아무리 뛰어난 무기와 화술로 침략해도 결코 굴하지 않는다고. 세계 질서를 주관하며 만방에 군림하는 천황이 다스리는 나라가 일본이라고. 천황은 '인간의 종자가 아니라 아마테라스 오미카미의 후예로서 곧 신(神)'임을 스스로 믿었다. '천양무궁의 신칙'이 여기에서 유래한다. 막말의 위기의식을 바탕으로 형성된 미토학(水戶學)을 대표하는 아이자와 세이시사이(會澤正志齊, 1782~1863)가 전형적이다. 그는 일본을 신주(神州), 신국(神國)으로 칭하고 존왕과 양이를 결합하여 국체(國體) 개념을 만들어 냈다. 초기 형태의 이 국체 개념이 메이지 30년대에 제국주의의 이념적 중추로 발전할 줄은 아이자와조차 몰랐을 것이다. 그는 1825년『신론(新論)』서문을 이렇게 시작했다. "삼가 살피건대 신주 일본은 태양이 뜨고 원기가 시작되는 곳으로, 태양의 자손이 대대로 신극(宸極)을 다스리시어 예로부터 바뀌지 않았습니다. 〔우리 천황은〕 본래 대지(大地)의 원수(元首)요, 만국의 강기(綱紀)이니, 우내에 조림(照臨)하시어 황화(皇化)가 미치는 데 원근의 차이가 없는 것이 참으로 마땅하다."[6]

일본이 황도의 나라, 천황의 나라임을 새삼 강조했던 것은 일본의 봉건적 전통을 신학적 관점에서 재구성했던 모토오리 노리나가(本居宣長, 1730~1801)의 국학(國學)과, 예악을 바로잡아 권력 투쟁으로부터 황조의 전통을 구출해야 한다고 외친 야마가타 다이니(山縣大貳, 1725~1767)에게서 일찍이 출현했다. 그런데 막부 가신 그룹인 후다이(譜代) 다이묘가 다스리던 미토번의 학자 아이자와는 여기에 신국 사상을 더해 일본의 영구 불멸성을 강조했다. 이 인식 형태는 조선 말기 서양과 왜의 진출에 대해 더 단호한 해금(海禁) 정책과 극단적인 벽사위정론(闢邪爲正論)을 들고 나왔던 이항로(李恒老)나 최익현(崔益鉉)의 사유 형태와 유사하다. 그러나 벽사위정론은 공자가 강조한 '춘추대의'와 중화 문명의 발원지로서 주실(周室)을 정통성의 기원으로 설정한 데 비해, 일본은 『고사기』와 『일본서기』가 엮어 놓은 '위조된 허구'로 복귀했다는 차이가 있다. 중국의 반주변부로서 조선은 중국의 영향력을 벗어날 수 없었던 데 반해, 주변부로서 일본은 중국의 입김이 직접 미치지 않는 권역에 존재했기에 사고와 행동이 비교적 자유로웠던 까닭이다. 중국의 눈치를 보지 않을 수 있었기에 자율적 사고가 가능했거나, 아니면 중국의 도움이 미치지 못했기에 스스로 상황을 헤쳐 나가야하는 고립적 위치에 놓여 있었다.

지리적 고립과 문명적 고립이라는 '이중적 고립'은 일본인들로 하여금 자신의 전통 속에서 위기 극복의 방패막을 찾아내야 한다는 절박한 심정을 부추겼다. 막말 지도자 그룹이 느꼈던 이 처절한 고립감은 집단 무의식의 저류를 형성했다. 한말 두 차례의 양요를 맞아 척사소(斥邪疎)를 올렸던 이항로에게 고립감은 보이지 않았다. 존주론적 관점에서 귀의할 주실(周室)이 있었고, 외부의 침입을 막아 줄 중국이 있었다. 그런데 아이자와가 서양만이(西洋蠻夷)의 협박에 대해 다섯 항목의 계책을 막부 조정에 상주할 때 의지할 곳은 오직 천황뿐이었다. 『신론』의 첫 장이 바로 국체 정립에 바쳐진 것은 우연이 아니다. 그것은 '천양무궁의 신칙'을 더욱 받들어 사회의 퇴폐, 제도의 붕괴, 국력의 곤궁을 극복해야 한다는 국수주의적 토로였다.

지극한 가르침이 말하지 않는 가운데 있어서, 백성이 날마다 쓰는데도 알지 못하는 것은 어째서인가? 천조(天祖)는 하늘에서 하토(下土)에 조림하시고, 천손은 아래서 성경을 다해 천조의 은혜에 보답한다. 제사와 정치가 이에 하나가 되어, 그 다스리는 천직(天職)과 대리하는 천공(天工)이 어느 하나 천조를 섬김이 아닌 것이 없었으니, 천조를 존숭하는 것과 백성에게 조림하는 것이 이미 하늘과 하나가 되었다. 그러므로 하늘과 더불어 유구함은 또한 그 마땅한 형세인 것이다.[8]

천조의 은혜가 하토에 임하고 백성은 천조를 존숭할 때 하늘과 하나가 된다. 이 언명은 제정 일치, 즉 신정적 질서의 회복이 위기 극복의 해결책이라는 당시의 지배적 사유 방식을 집약한다. 물론, 무조건적 개항과 서양 문물의 수용이 유일한 구제책이라는 양학자들의 주장이 출현하기도 했지만, 메이지 이전에는 막부의 관심을 사지 못하고 세 규합에 실패한 것은 집단 무의식 속에 오랫동안 내재해 있던 공포심 때문이었다. 섬나라 일본의 외부(外部)는 예외 없이 적으로 간주되었기에 도쿠가와 막부는 바다를 봉쇄하지 않을 수 없었다.

바다는 적이었고, 공포였다. 이런 '지리적 고립'이 일본인에게는 '공포심'이라는 집단 무의식을 선사했고, 중국의 영향에서 상대적으로 벗어나 있다는 '문명적 고립'은 일본인에게 '열등감'을 안겼다. 기본적으로는 한자 문명권과 유교 문화권에 편입되어 있으면서 중국의 문물을 적극 수용하지 못했다는 사실, 그리하여 학문과 지식 수준이 반주변국 조선에 비해 떨어진다는 사실을 일찍이 절감한 일본은 나가사키라는 작은 숨구멍을 통해 서양 문물을 부분적으로 수용하는 것으로 열등감을 달래 왔다. 공포심과 열등감은 '이중적 고립'이 일본인에게 각인한 집단 무의식의 본질이었다.

공포심과 열등감은 정신세계의 균형을 파괴한다. 공포심은 이웃 국가 내지 타국과의 친교를 통해 치유할 수 있고, 열등감은 시각의 확대와 지식 세계의 확장을 통해 극복할 수 있다. 반주변국이었던 조선은 일본보다 덜했지만 공포심과 열등감을 내면화하고 있었다는 점에서 사정은 비슷했다. 조선은 전통적 조공 체제에 집착하는 것으로 공포심을 극복하고자 했는데 연호와 왕권 계승의 정통성을 청(淸)으로부터 인가받아야 했던 조선으로서는 다른 선택지가 존재하지 않았기 때문이다. 또한 조선은 오직 주자학을 갈고닦는 것으로 문명적 열등감을 극복하고자 했다. 조선 중기와 후기 학자들은 청보다 높은 학문적 수준에 도달하는 것, 그것으로 중화주의의 실질적 주인임을 자부하는 것을 최고 목표로 삼았다. 송시열을 위시한 노론 벽파들이 주창했던 소중화주의(小中華主義)란 명(明)의 실질적 계승자임을 자처하는 학문적 자부심의 다른 표현이었다.[9] 벽사위정론의 사상적 기반이 되었던 존주론은 주실, 명, 조선을 중화주의의 맥으로 파악했다. 청을 비켜 가는 방식으로 열등감을 극복하고자 한 것이다.

한말의 위기 상황에까지 연장된 소중화주의는 청의 보호에 안주해 외세에 대한 공포심을 물리치고, 성리학의 요체를 독점적으로 계승한다는 자부심으로 문명적 열등감을 극복하는 조선적 방식이었다. 그러나 이 방식은 오히려 조선을 극단적 위기 상황으로 몰아넣었다. 청의 몰락과 더불어 보호막은 붕괴되었으며, 주자학에의 집착은 냉엄한 현실에의 대응을 관념적으로 해소하도록 만들었다. 주자학적 성리학은 봉건 국가의 창건학이자 봉건 체제의 유지를 위한 이념학이었지 새로운 시간대에 결국 발생하고야 마는 급격한 체제 변동에 대처하는 '위기관리학'은 아니었던 것이다. 조선은 그렇게 근대 전환기에 정신세계의 균형을 찾는 데 실패했다.

이에 반해 일본은 공포심과 열등감을 '극단적 방식'으로 해소하고자 했다. 내향(inward)과 외향(outward), 방어(defense)와 공세(offense)라는 극점을 오가는 진자 운동이 그것이다. 막말에 나타난 존왕론과 양이론은 인식의 내향 운동을 통해 결집된 국난 극복의 사상이었다. 메이지 이전의 지도자들과 지식인들은 지리적 고립감을 더욱 부각함으로서 서양과의 차별성을 심화시켰으며, 일본의 전통적 사상과 특성에 더욱 몰입함으로서 국학(國學)과 미토학(水戶學) 같은 국수주의적 사상을 만들어 냈고, 양학(洋學)과 난학(蘭學)이 외향(外向)의 실용주의적 유용성을 설파하고 있었음에도 일본적 인식 공간으로 기꺼이 망명했다. 18세기 후반 하야시 시헤이(林子平, 1738~1793)의 초기 해방론(海防論)이 19세기 중반 미토학파의 대표적 학자인 사쿠마 쇼잔(佐久間象山, 1811~1864)과 그의 제자인 요시다 쇼인(吉田松陰, 1830~1859)에 이르기까지 막말 구국론의 지배적 사상을 이루고 있는 것은 내향적 운동이 만들어 낸 물줄기였다. 그들은 집단 심리의 한복판에 오랫동안 존재했던 공포심을 더욱 철저한 해안 방어로 덜어 내려 했으며 일본의 고유한 본질로 회귀해 가장 일본적인 것을 확대하고 절대화함으로써 열등감을 극복하려 한 것이다.

러시아의 위협에 대비하여 와이지(蝦夷地, 홋카이도) 개척의 중요성을 설파한 하야시는 『해국병담(海國兵談)』 서문에서 "일본의 무비는 외관(外冠)을 막는 기술을 습득하는 것이 당장의 급무라 할 것이다. 왜관을 막는 기술은 수전(水戰)에 있고 수전의 기본은 대총(大銃)에 있다."라고 강조했다.[10] '바다로 오는 오랑캐를 막는 방법을 강구하는 것이 가장 시급한 일'이라는 이 내향적 인식은 타불령(打拂令)과 신수급여령(薪水給與令)으로 실행되었으며, 급기야는 사쿠마 쇼잔의 '양이(攘夷)를 위한 개국'으로 나아가게 되었다.[11] 사쿠마 쇼잔은 내향에서 외향으로의 전환, 방어에서 공세로의 사상 전환을 이루는 중요한 계기를 만들어 낸 인물이다. 그는 양이론의 본질을 버리지 않았고 오히려 양이를 위해 쇄국에서 개국으로 방어에서 공세로 전환할 필요성을 제기한 미토학의 대표 학자였다.

'외국의 오랑캐들'(外藩)과는 다른 일본의 고쿠타이(御國體)를 수호하기 위해' 쇼잔은 '해방(海防) 8개조'를 번주에게 올렸는데 1조에 "방어 시설은 연안의 전 전략 지점에 구축하고, 대포로 충분히 무장하지 않으면 안 된다."라고 썼다.[12] 대포로 무장한다는 것은 무비를 갖춘다는 것, 즉 강력한 국력을 요구한다. 그러므로 '어국체 수호'라는 내향적 목표는 곧 '개국을 통한 서양 무력의 도입'이라는 외향적 전략과 연결되어야 한다는 논지가 성립한다. 쇼잔은 내향에서 외향으로의 진자 운동을 공포심과 열등감의 극복 방안으로 제시했던 것이다.

경막론(敬幕論)을 적극 주장하던 요시다 쇼인이 과격파 토막론(討幕論)자로 돌변한 것에도 이와 비슷한 사정이 존재한다. 쇼인은 막부가 당면한 내우외환을 해방(海防)과 민정 수습으로 해소해야 하는데 일본 고유의 국체로 복귀하는 게 급무라고 외친 미토학의 계승자였다. "백성들은 모두 천하를 자신의 관심사로 삼아서 죽음을 다해서라도 하늘의 아드님(天子)을 섬겨야 한다. 그러므로 귀하고 천함과 높고 낮음으로 서로를 구분해서는 안 될 것이다. 이것이 바로 신의 땅 일본의 길이다."라고 하여 신국 사상을 전면에 내세운 쇼인은 페리 내항 시 "이번에야말로 단칼에 일본도의 솜씨를 보여 주고 싶다."고 장담할 정도였다.[13] 그러나 막부가 페리의 요구에 굴복하자 절망했고 그 결과 경막론에서 토막론으로 건너갔다. "현재의 바쿠후와 제후들이 황실을 받들고 오랑캐를 물리칠 수 없다는 것이 분명해졌다. ……나폴레옹 같은 사람이 나와서 자유를 외치지 않으면 내부의 질병을 고칠 수 없다. 지금의 막부나 다이묘들은 마치 술에 취해 있는 사람과 같아서 나라를 유지해 갈 수가 없다."[14]라고 포효한 쇼인은 새로운 지도자의 필요성, 즉 왕정복고에서 왕정 유신으로 급선회하는 길을 걸어야 했다. 그 대가는 효수형이었지만, 신국 일본을 옹립해야 한다는 내향적 갈망이 서양 병서와 서양 역서의 연구가 시급하다는 외향적 사고로의 전환을 보여 준다. 그 중간 타협점은 없었다.

내향적 사고가 궁극적으로 도달하는 곳은 일본적 고유성이었고, 고유성의 정점에 기기(記紀) 신화[15]가 기다리고 있다는 것은 내향적 사고의 필연적 운명이었다. 기기 신화는 일본적 고유성을 상대론적 관점보다는 절대론적 영역으로 몰아갔다. 세계 유일의 만세일계 천황, 태양의 후손이자 신이 다스리는 신주(神州) 일본은 내향적 사고가 발견한 가장 귀중한 보물이었 다. 그 보물은 '어국체 수호'의 필연성과 즉시 연결되었으며, 서양 만이와의 전쟁은 국체를 위한 성전으로 미화되었다. 그때까지만 해도 성전의 목표는 '방어'였다. 그러나 '계축(癸丑) 이래 미증유의 국난'을 뚫고 나가야 한다는 성전의 '방어적' 본질에는 '공세적' 성격으로의 변질 가능성이 이미 내장되 어 있었다. 국체 수호를 위한 태양 신화의 방어적 절대화가 타국과의 관계 에 그대로 연장될 때에 공세적 제국주의로 변질되는 것과 동일한 이치였다. 쇼인의 사고 유형이 그런 변질의 전형이었다. 쇼인은 수감 중 쓴 옥중 수기 『유인록(幽人錄)』에서 이렇게 말했다.

지금 급한 것은 무비를 갖추고, 함(艦)도 준비하고, 포(砲)도 부족하지 않 게 하여, 곧장 와이(蝦夷)를 개척하여 제후를 봉하고, 그 틈을 타 가모찰지와 오도가를 빼앗고, 류큐(琉球)를 깨우쳐서 국내 제후와 같이 조연회동하도록 하고, 조선을 꾸짖어 옛날 왕성했을 때처럼 공납하게 하고, 북으로는 만주 땅 을 갖고, 남으로는 대만과 여송의 제도를 접수하여 점차 진취의 기세를 보여 야 한다.[16]

일본의 국체를 보존하려면 군사와 무력을 배양하는 것, 즉 '방어'만으로 는 부족하고 홋카이도, 캄차카, 오호츠크해, 류큐, 조선, 만주, 대만과 필리 핀제도에 이르기까지 영토를 넓혀야 한다는 '공세적 논리'였다. 공포심은 방어적 해방론에서 공세적 확장론으로, 열등감은 내향적 절대화에서 외향 적 우월론으로 진전을 부추겼다. 이 극단적 진자 운동에서 정신세계의 균형 점은 결코 확보되지 않았다. 조선이 의존적 사고 양식에 매몰돼 정신적 균 형 상태를 찾아내지 못했던 것처럼, 일본은 자기 몰입적 사고 양식에 지나치게 호소한 결과 양이와 개국 간의 급격한 단절을 어떤 적절한 타협점을 찾지 못한 채 건너뛰었던 것이다. 천황이라는 '위조된 구축물'이 왕정복고와 왕정 유신의 양단을 연결하는 고리였다. 그 고리에는 메이지 유신이 제국주의의 씨앗을 틔우는 '비틀림'이 자라나고 있었고, 그것은 일본의 서구화 경로가 피할 수 없는 운명적 양면성을 내화하는 원인이 되었다. 중국 북화 대학 교수 정의(正毅)가 메이지 유신에 관한 연구에서 "일면으로는 권세에 아부하는 소인배처럼 서구 열강 사이를 맴돌면서 강자를 찾아 그와 맞장구치고, 일면으로는 자기의 강함을 믿고 이웃 나라에 해를 입히면서 동아시아 패주가 된 군국주의 일본"이라고 했을 때 그 비틀림이 발현된 일본의 모습을 정확히 짚었던 것이다.[17]

정의의 이런 관찰은 전쟁 직후 일본 군국주의에 대한 거센 비판의 포문을 연 도쿄 대학교 교수 마루야마 마사오(丸山眞男)의 논리에 근거하고 있다. 막말 지도자들이 가졌던 인식 세계의 저류에는 불신과 공포가 도사리고 있었음에 주목한 마루야마는 후에 '정신적 잡거성(雜居性)'이라고 칭했던 사상적 '무구조의 전통'이 막말의 이런 집단 심리와 그것을 극복하기 위한 사유의 편의성에서 유래했음을 밝히고 있다. 마루야마 교수는 이렇게 썼다. "그 존왕론의 밑바닥에는 피지배층에 대한 근본적인 불신, 서민층이 외국 세력의 지원을 믿고 봉건적 지배 관계를 뒤흔드는 것에 대한 공포심이 끊임없이 흐르고 있었다."[18] 서양 제국에 대한 공포는 백성들이 혹시 미혹될까 두려워하는 지배층의 공포심을 다시 유발했는데, 그것은 결국 서민층에 대한 불신, 즉 우민관에서 비롯된 것이었다.

정상적인 국민 국가가 만들어지려면, '정치력의 집중화'(concentration)와 그것을 국민 전체로 배분하는 '권력의 확산'(extension), 즉 분권 과정을 충족해야만 한다. 그러나 메이지 지도자들의 전통적인 우민관은 집중화와 분권간 균형을 방해했으며, 그 결과 국민을 배제한 고도의 중앙 집중적, 엘리트 독점적 국민 국가가 만들어졌다는 것이다. 그리하여 전국 인민들의 뇌리 속에 '국가'라는 절대적 관념이 각인되었다. 정신세계의 불균형은 국민 국가 구축 과정에도 그대로 재현되어 불신과 공포심의 제어에 유용한 방식이 관철된 것이다. 이 과정에서 신도(神道)의 정치화, 천황상의 정립이라는 '전통의 발명'이 공포심과 열등감을 해소하는 데 동원되었으나, 내향과 외향, 방어와 공세 사이를 메울 필연적 논리를 '위조된 구축물'로 채우는 결과를 야기하고 말았다. 군국주의의 발원지로서 메이지 유신에 대한 마루야마의 비판은 날카롭다 못해 비장하기까지 하다.

작위(作爲, invention) 논리가 오랜 인고의 여행을 끝마치고 비로소 자신의 청춘을 노래하려 했을 때, 너무나도 빨리 가시밭길이 다시금 그를 기다리고 있었다. 그것은 일본에 있어 전반적으로 '근대적인 것'들이 똑같이 걷지 않으면 안 되는 그런 운명이었다. 도쿠가와 시대의 사상이 결코 완전한 전(全) 봉건적인 것이 아니었다 한다면, 그와는 거꾸로 메이지 시대는 완전한 시민적＝근대적인 순간을 조금도 갖지 못했던 것이다.[19]

중세에서 근대로 넘어가는 그 경로에서 신화(神話)를 불러들였던 일본의 근대적 운명은 가시밭길을 내장한 것이었다. 마루야마의 지적처럼, 일본 군국주의의 이데올로기적 동질성은 '히틀러도 부러워할 만한' 논리를 갖췄지만, 그것은 전(前)근대와 초(超)근대가 결합한[20] 세계사에서 유례를 찾을 수 없는 멋진 허구였다. 그 결합의 촉매제는 기기 신화였고, 논리적 허구를 깔고 앉은 것은 천황이었다. 일본이 신화라는 율령 국가의 배를 타고 근대로 건너갔던 사상적 배경이자 그 자체 '동양의 화란(禍亂)'이 될 수밖에 없었던 논리적 근원이 여기에 있다.

중심의 구축

근대 국가를 향한 시동

근대 국가는 '권력의 분권적 구조'와 '국가의 통합 구조'라는 두 측면에서 중세 국가와 본질적으로 다르다. 군주와 귀족에게 집중된 권력을 사회 집단에 분배하고 공유하는 과정이 '참여의 제도화'다. 군주와 귀족에 의해 독점된 권력의 문을 활짝 여는 과정은 계급 투쟁과 같은 극심한 사회 혼란을 유발한다. 흔히 중세에서 근대로 넘어오는 과정에서 혁명(revolution)으로 불리는 대변혁이 발생하는 것은 그런 까닭이다. 혁명은 반혁명을 불러오고, 반혁명은 다시 새로운 투쟁을 촉발한다. 극심한 정치적, 사회적 혼란이 발생하는 것이다.

여기에 국토의 통합 과정이 동시에 진행된다. 중세 국가는 봉건 영주가 점유한 수많은 영지로 분할되어 있는 것이 보통인데, 이 영토를 하나의 통일된 집합체로 묶어 단일 민족 국가를 탄생시키는 것이다. 종교와 인종이 다를 경우 권력 투쟁과는 성격이 매우 다른 정체성 투쟁이 발생한다. 정체성 투쟁은 한순간에 해결되지 않고 오랜 시간을 요한다. 설사 통합된 근대 국가가 태어났다 해도, 그 내부에는 종교와 인종 갈등이 여전히 위험천만한 균열 요인으로 잠복한다. 그러므로 근대 국가 건설 과정은 국가마다 크고 작은 내란을 유발하고, 심지어는 종교와 인종 분쟁을 둘러싸고 이웃 국가와 전쟁도 불사하는 거대한 변혁이다.

조선은 영토적, 권력적 측면에서 강력한 관료제에 의해 잘 관리되고 유지된 '통합적 국가'였다. 권력과 영토의 집중도가 매우 높은 중세 국가를 무너뜨리려면 도전 세력의 저항력이 그것을 능가해야 한다. 아니면, 중세 국가의 지배 구조가 효율성을 다해 스스로 내부 붕괴를 일으킬 때를 기다려야 한다. 조선은 후자였다. 잘 짜인 관료 통치 아래에서 도전 세력은 제대로 발육하지 못했고, 조선 말기 최대의 저항 세력이었던 동학 농민 전쟁은 외세에 의해 무너졌다. 지배층이 '의외의 결단'을 내릴 수 있는 상황이 아니었던 조선은 그런 면에서 근대 국가로의 전환이 매우 어려웠다. '의외의 결단'이 식민 통치에 의해 강제되는 것만큼 슬픈 역사는 없다.

도쿠가와 막부는 270여 개 번으로 분할된 일종의 분할 국가였다. 에도(東京)에 거주하는 쇼군(將軍)이 번벌(藩閥)을 통괄하는 체제이지만, 각 번들은 영토 관할에 최종적 책임을 지고 광범위한 자율적 권력을 행사했다. 재정을 위시해 조세, 법, 재산, 신분, 농업과 상업 등 서민 생활에 관한 모든 권한이 번주에게 집중됐고 무사층은 행정 업무를 관장하는 하위 지배층이었다. 쇼군은 번주들이 반란을 도모하지 못하도록 군사력을 억제했고, 번주들로 하여금 1년에 일정 기간 동경에 거주하도록 강제하는 일종의 인질 제도(參勤交代制)를 오랫동안 집행했다.

천황은 상징적 존재일 뿐 권력 행사에 일체 관여하지 못했고, 거주 이동의 자유도 누리지 못했다. 도쿠가와 막부 260여 년 동안 천황이 경도(교토, 京都)에 있는 황궁 밖을 나간 것은 고작 두 번 정도였다. 권력과 영토의 극심한 분할이라는 측면에서 보면 일본은 근대 국가 구축에 가장 불리한 조건을 갖고 있었다. 극심한 분할 구조를 하나의 통합 구조로 만들어야 했기 때문이다. 막부가 강력한 권력을 여전히 행사할 수 있었다면 사정은 달라졌겠지만, 재정적 군사적 측면에서 날로 쇠퇴하던 막부의 힘은 그나마 후다이 다이묘(譜代大名)들로 구성된 노중(老中)과 최상층 가신 중에서 뽑힌 가로(家老)에 의해 지탱되고 있던 실정이었다.

막부 정치는 붕당적인 막후 정치 형태로서 영향력이 강한 개인과 파벌에 의해 좌우되는 합의 정치였다. 말이 합의 정치지 사실상은 후다이, 신반(親藩) 다이묘로부터 추종자를 규합하여 최고 의사 결정 기구인 노중을 장악하는 파벌 정치가 일반적으로 행해졌다. 후다이 다이묘는 도쿠가와가(家)와 밀접한 주종 관계를 맺은 충성파 다이묘를 신반 다이묘는 막부와 혈연관계를 가졌지만 오랫동안 파벌 정치에서 밀려난 번주를 일컫는다.[21] 그러므로 도쿠가와가와의 친소 관계, 혈연관계, 전략적 관계로 이합집산을 거듭하는 붕당 정치와 파벌 정치는 막부 정치의 통치력을 약화시키는 중대 요인으로 작용했다. 약화된 군사력과 노쇠한 막부를 외세가 공격할 때 그것을 막아 낼 아무 힘이 없다는 것을 막말 지배층은 이미 인식하고 있었던 것이다. 위기의식은 권력의 내부 붕괴에 대한 우려에 의해 증폭되었다고 해도 과언이 아니다.

농민 반란도 우려를 낳게 하는 중대한 요인이었다. 막부 지배층은 농민과 서민층이 양이에 현혹되어 복종심과 충성심을 잃어버릴까 두려워했다. 마루야마 교수가 우민관으로 개념화한 지배층의 이런 인식은 『막말 외국 관계 문서』에 자주 등장한다. 예를 들면 이렇다. "간악한 외국인들이 그들의 허점을 틈타 금, 은, 보화 등으로 그들을 속이고 유혹하여 혹 은혜를 베풀기라도 한다면, 어리석고 무지한 백성들 중에는 곤궁한 나머지 간악한 계책에 빠지는 줄도 모르고 결국 그들의 은혜를 고맙게 생각하는 사람도 생겨나게 될 것입니다."[22] 외세의 압박과 개국 요구에 당면한 막부가 붕괴할지 모른다는 '극단적 우려', 개국 요구에 결국 굴복한 막부에 대한 '극단적 불신', 그리고 우민관이 겹쳐 하나의 대안 구상을 떠올리게 되는 것은 어쩌면 순리일 것이다. 앞 절에서 소개한 쇼인이 전형적 사례다. 1858년 '일미 수호 통상 조약'이 체결되자 '미국 오랑캐들이 결국 신의 땅 일본을 범했다.'고 규정하고 그것을 그대로 내버려 둔 정이대장군(征夷大將軍)에 대한 존경심을 버렸다. 그러곤, 이렇게 대갈했다.

미국 오랑캐들에게 아첨하는 것을 천하에서 가장 좋은 계책으로 여겨 국가의 환란을 생각하지 않았으며, 국가의 치욕을 돌아보지 않았으며, 또 천자(天子)의 조칙을 받들지 않았다. 이것은 오랑캐를 정벌해야 할 쇼군이 저지른 죄로서, 결코 하늘과 땅이 용납하지 않을 것이며, 실로 모든 신들과 사람들이 분개하고 있다. 이를 대의에 따라 토벌하여 주륙하는 것이 마땅할 것이다. 조금이라도 자비를 베풀어서는 안 될 것이다.[23]

정이대장군 쇼군을 토벌하여 주륙한다! 유력한 번벌들이 세를 규합하여 쇼군을 토벌해 달라는 쇼인의 과격한 구상은 실행되지 않았지만 반향은 엄청났다. 어쨌든 권력 구조를 바꿔야 한다는 요청이 그것이다. 그렇다면 어떤 권력 구조인가? 막부 체제의 연장인가, 아니면 또 다른 체제인가? 이 불안한 질문이 근대 국가를 향한 시동을 걸었다. 라인하르트 코젤레크가 개념화한 '말안장 시대' 끝자락에서 막부와 조정, 번주, 사무라이가 모두 불명확하고 불안정한 미래로 걸음을 떼기 시작했다. 근대 국가 만들기가 시작된 것이다.

이렇게 보면, 일본의 중세 국가적 전통은 유럽에 비해 근대 국가로 전환하는 데에 상대적으로 불리했다. 권력과 영토의 극단적 분절, 취약한 관료제, 쇼군과 공가(公家), 귀족에 집중된 막부 권력, 파벌주의와 붕당 정치 등 분열적 권력 구조가 그러했고, 상공업층이 발달하지 않아 이른바 시민 세력이라고 할 새로운 직업군이 형성되지 않았다. 인구의 대다수는 농민이었는데, 사농공상의 신분적 구분이 엄격해 신분 상승의 통로는 거의 막혀 있었으며, 국경(번)을 넘는 거주 이동은 불가능했다. 18세기 중엽 대판(大阪)과 강호(江戶)에 상가(商家), 금융 대금업, 대규모 도매상이 널리 형성되었으나 막부로부터 보호를 받는 특권 상인들이 대부분이었으며 이들의 직업도 가습 형태로 전승되었다. 번의 조세, 공조, 상업, 농업 등의 행정 사무를 관장하는 무사 계급은 공동체의 질서를 군건히 지키는 경비병들이었다. 그들은 주군에 대한 충성심을 최대 가치로 여겼고 유교적 예의와 의례, 행동 규범을 위반하는 서민들을 치죄하는 권한을 충실히 수행했다.

무엇보다 유가 사상을 통치 이념으로 삼았던 도쿠가와 막부는 공동체적 목적으로 개인적 이익을 억제하는 집단 윤리의 사회였다. 개인의 사욕보다는 가족, 마을, 번의 목표와 이익을 더 중시하는 질서였다. 영국의 사회학자 로널드 도어의 지적처럼, "집단의 요구를 무시하고 개인적 욕망을 추구한다는 뜻의 개인주의는 당시 일본인에게는 아주 이질적 개념이어서 그에 맞는 단어조차 없었다".[24] 막부 말기에 주체적 권리 의식을 내장한 근대적 개인이 과연 태어났는가는 근대 국가의 구축과 관련하여 중요한 쟁점인데, 근대적 개인의 전형이라고 할 상공업층도 엄격한 신분 체제와 막부가 부여한 특권적 혜택 속에서 합리성을 배양하기보다는 탐닉과 쾌락 문화를 더 활발하게 발전시켰다.[25] 강력한 집단주의와 공동체 의식, 엄격한 신분 질서, 그리고 취약한 상공업층이 혼합된 봉건적 중세 질서에서 밑으로부터 분출되는 근대 국가의 태동은 기대하기 어려웠다.

여기에 정체성 문제가 커다란 장애물로 놓여 있었다. 소수의 지식인 그룹과 학자들만 예외였을 뿐, 각 번에 속해 있었던 농민들에게는 일본이 하나의 국가라는 관념이 거의 없었다. 파시즘이 대두된 1930년대까지도 번의 접경을 국경(國境)으로 부르는 습관이 지속되었을 정도였다.[26] 다시 말해, 서민들의 정체성은 '번'에 바탕을 둔 것이었지 '국'이 아니었던 것이다. 유럽의 경우 국민 국가를 건설할 때 정체성을 만들어 내는 자원으로 종교와 역사가 있었다. 종교와 역사는 지리적 분절에 의해 분산된 일반 평민들의 소속감과 정체성을 하나의 단일 문화로 엮는 질료였다. 지리적으로 분절된 향촌과 서민들을 문화 국민(cultural nation)이라고 할 단일한 역사 공동체로 묶어 내는 데에 일본의 가장 유력한 지배 종교인 불교는 맞지 않았다.

도쿠가와 막부의 통치 이념은 유교였고, 일반 민중의 신심을 사로잡은 것은 불교였다. 불교는 헤이안(平安, 794~1185) 시대 말기부터 가마쿠라(鎌倉, 1192~1333) 시대에 걸쳐 지배층과 서민 할 것 없이 널리 보급된 주요 종교였고 지역적으로 특색을 갖춘 정토종, 일련종, 임제종, 조동종 등 다양한 분파가 생겨났다. 그렇다고 불교가 국가의 공식 종교였던 것은 아니다. 막부는 기독교에 대해서는 매우 철저한 탄압 정책을 펼치면서 일본은 신의 나라, 불교의 나라임을 암암리에 언급하곤 했는데, 그만큼 불교가 민간 생활 깊숙이 파고들었던 것이다. 그러나 유교적 행위 규범을 최우선의 가치로 내세웠던 막부에게 주술 신앙, 점술, 내세주의, 현실 도피와 극락, 미신 등의 요소와 결합해 민중을 현혹하는 불교는 삼강오륜과 신분제에 기반한 유교적 통치에 결코 도움이 되지 않았다. 가장 영향력이 강했던 분파인 일향종(一向宗)의 폐해가 날로 심해지자 번주들은 승니 금지령을 내리기도 했다. 승니들은 번을 자유로이 드나들어 괴이한 풍습과 유언비어를 퍼트리고, 무당, 수도승, 점쟁이 들과 어울려 민중을 호도하며, 특히 조상 제사와 결합하여 민심을 움직이는 강력한 신념 체계로 발전할 위험이 있었다. 마치 천주교가 '고해'를 통해 범죄를 스스로 사하고 기독교가 신앙에 목숨을 바치는 '순교'로써 형벌의 효과를 없애는 것처럼, 불교는 민중들을 엄격한 현실 질서로부터 내세적, 주술적 세계로 인도하는 것처럼 보였다. 막말 지식인들이 배불론(排佛論)에 경도된 것도 그런 이유에서였다. 제사와 축원 제례, 점술과 비기(秘技)로 민중을 현혹하는 불교가 새로운 질서의 수립에는 중대한 적(敵)이었다. 막말 경세 사상가 쇼지 고키(正司考棋)는 『경제 문답 비록』에서 이렇게 주장할 정도였다.

불교는 겨우 600년 사이에 천하에 퍼져 지금 그 신도는 백성의 70퍼센트가 되었다. 우리가 만약 근본적인 가르침을 흩트리면 천하 전체가 불교 신도가 될 것이다. 민심을 얻는 자가 천하의 왕이 된다. 이를 내버려 두고 만약

후세에 난이 일어나면 아마 장군도 굴복하지 않을까? 국가를 지키려고 하면 그 위세를 꺾는 것이 중요하다.[27]

그렇다면, 백성의 정체성을 만들어 내는 것으로 무엇이 있을까? 막말 지식인들은 일본의 전통 종교인 신도(神道)에 눈을 돌렸다. 일본의 향촌에는 마을마다 각종 신을 모시는 신사(神社)가 있는데, 역대 천황이나 국가의 공신을 위시해 수호신, 지신, 산신 등에게 제사를 지내며 축원을 비는 토속 신앙이 널리 퍼져 있었다. 이 신도적 신앙심과 정치를 연결하면 중앙 집권적 제정 일치 국가를 구축할 수 있다는 생각은 당대 최고의 유학자 오규 소라이(荻生徂徠, 1666~1728)로부터 발원되어 막말 아이자와 세이시사이와 미토 학파에 전승되었다. 배불론에서 신도로, 신도와 정치의 합일인 제정 일치로 나아간 정체성 찾기 노력은 메이지 초기 신불분리(神佛分離)와 폐불훼석(廢佛毀石) 정책으로 발현되기에 이르렀다. 일본 고유 민간 신앙인 신도는 자연신이나 마을신의 무체계적 집합이기 때문에 여기에 역사성을 부여하면 신도·유교 합일적 제사 체계가 가능하고, 더 나아가 천황을 정점으로 하는 제정 일치적 정치 질서를 구축할 수 있다는 국체신학(國體神學)으로 진화했던 것이다.

천황이라는 허구적 구조물에서 역사와 종교가 결합했는데, 그것은 근대 국가의 정체성을 관장하는 '발명된 종교'였다. 기왕에 존재했던 종교를 밀어내고 새로운 종교를 그 자리에 앉혔다. 중심성의 구축은 이런 방식으로 진행되었다. 그것은 일본인의 집단 심리에 내재해 있던 불안감과 열등감을 감싸 주는 외피였던 것이다. 와세다 대학 교수인 야스마루 요시오(安丸良夫)는 새로운 종교로서 천황제의 본질을 이렇게 설파했다.

〔메이지 시대 종교〕 전환은 일본이 국제 사회 약육강식의 싸움터에 나가려

고 했을 때, 아직은 약소한 민족으로서의 자기 규정이나 자기 통제와 관련되어 있었다. 이 싸움터에 나가기 위해 일본 민족은 자신의 내적 연약함과 불안에 대응하여, 그 연약함과 불안을 한꺼번에 보상할 만한 정신적 내연 장치를 필요로 하고 있었다. 내재적 연약함과 불안 때문에, 오히려 신경증처럼 지속되는 긴장감과 활동성을 산출하는 정신적 장치…… 그러나 이를 위해서는 얼마나 커다란 비약과 억압이 필요하였을까……[28]

중심의 구축 1: 중앙 집권 국가

유신의 여명

미국 오랑캐들에게 신국을 내준 막부를 어떻게 할 것인가? 쇼인이 막부 타도를 외치며 죽어 간 '안세이 대옥'(安政大獄, 1858~1859) 이후 불과 10년 만에 '새로운 국가' 수립에 대한 합의가 이뤄졌다. 도막파(倒幕派)는 1867년 대호령을 공표하고 메이지 유신(明治維新)을 선언했다. 명분은 왕정복고였지만 실제로 걸어간 길은 왕정 유신이었다. 왕정복고파와 유신파 간 권력 투쟁이 치열할 수밖에 없었다. 사이고 다카모리(西鄕隆盛, 1828~1877)가 주도한 정한론 대논쟁(1873)과 세이난 전쟁(1877), 무사들의 반란, 농민 분규, 그리고 권력에서 밀려난 지사들의 자유 민권 운동과 같은 대혼란을 뚫고 메이지 10년 동안 중앙 집권 국가의 기초를 닦았다는 것은 놀라운 일이다.

중세를 마감하고 근대를 출범시킨 메이지 유신은 그런 면에서 혁명이었다. 혁명 10년 만에 근대 국가, 그것도 중세적 질서에 젖어 있던 일본인을 근대적 제도와 인식 공간으로 이동시켜 이른바 '국민 국가'(nation state)를 만들어 낸 것이다. 중세 국가의 몰락이 수십 년, 심지어는 100년 넘게 진행된 서양에 비하면, 혁명의 진전 속도는 매우 빨랐고 그만큼 실행 의지와 집행력은 뛰어났다고 할 수 있다. 서양 제국에 비해 늦었다는 절박감, 서양 제국에 의해 신국 일본이 붕괴될 수 있다는 위기감이 작용했다.

절박감과 위기감에 더하여 메이지 유신이 성공한 데에는 서양과 구분되는 일본의 고유한 요인들이 잠재해 있다. 첫째, 혁명을 주도한 웅번(雄藩)들의 활약이다. 막부와 조정의 탄압과 견제에도 불구하고 18세기 중반 이후 막말까지 자율적 개혁에 성공한 번들이 다수 탄생했는데, 그들이 바로 메이지 유신을 주도한 혁명 그룹으로 성장했다. 사쓰마, 조슈, 도사번을 위시해 아키, 오와리, 에치젠 같은 개혁파 번들이 그들이다. 1860년대 13대 쇼군 후계자 문제로 불거진 막부와 조정의 갈등을 틈타 중앙 무대로 진출한 히토쓰바시파(一橋派)로 불린 다이묘들, 이들을 도와 체제 전환을 꾀한 무사들과 지사(志士)들은 오랫동안 막부 체제의 변혁을 위한 각종 구상을 갖고 있었다. 이 구상들이 하나의 합일된 기획으로 수렴되는 과정에서 충돌과 무력 분쟁, 암살 사건 등이 다수 발생했지만, 대체로 '중앙 집권적 근대 국가'라는 점에서는 느슨하나마 동의가 이뤄졌다.

둘째, 군사력과 재정력을 겸비한 도막파 웅번들이 막부 세력과 경막파의 도전을 물리칠 수 있었다는 점이다. 막부는 도막을 주장하는 사쓰마와 조슈를 징벌하기 위해 군대를 파견했고 더러는 무력 진압에 성공하기도 했지만, 결국 삿초(薩長) 동맹군에 패배해 도막파의 요구를 수용하기에 이르렀다. 위로부터의 혁명에서 혁명 주도 세력의 존재 여부, 그리고 세력의 강약은 그 성패를 좌우할 만큼 중대한 요인이다. 이 과정에서 유신삼걸로 불리는 혁명가가 탄생했고, 이들을 보좌하고 혁명 정책을 기획한 하급 무사의 활약이 돋보였다. 사쓰마 번주인 오쿠보 도시미치(大久保利通), 조슈 번주이자 이토 히로부미(伊藤博文)를 발탁하고 지원한 기도 다카요시(木戸孝允), 무사 계급의 상징인 사쓰마의 사이고 다카모리가 유신삼걸로 불리는 지도자였고, 이토 히로부미, 오쿠마 시게노부(大隈重信), 이노우에 가오루(井上馨) 등은 유신삼걸의 절대적 지원을 받고 근대 국가의 제도적 기초를 완성한 기획자들이었다.

유럽과 비교하여 가장 두드러진 특징은 시민 사회의 결핍이다. 유럽의 국민 국가가 귀족 집단과 부르주아 계층의 격돌과 타협에 의해 추진되었음은 널리 알려진 사실이다. 상공업층의 발달과 시장의 확대, 그리고 생산력 향상이 새로운 계층과 계급을 양산해 봉건 질서의 유지가 더 이상 불가능하게 되는 시점에서 혁명이 발생한다. 귀족 계급이 독점하던 권력을 양도하라는 요구가 거세지거나, 지배 집단의 통치력이 단단할 경우에는 공유와 분점을 요구하는 '밑으로의 도전'에 당면했던 것이 근대적 국민 국가 건설 과정에서 일어나는 현상이다. 위르겐 코카(Jürgen Kocka)의 분석처럼, 교양시민과 경제시민을 필두로 부르주아 계급이 귀족 계급의 권력과 세계관에 도전하는 것이 근대 혁명의 일반적 양상이다.[29] 부르주아 계급이 광범위하게 발달한 경우 혁명은 귀족 계급의 양보로 인해 흔히 자유주의 내지 자유민주주의(liberal democracy)에 안착한다. 그런데 부르주아 계급의 형성이 늦은 경우에는 과도한 착취에 지친 농민들이 규합해 절대 왕정과 귀족층의 억압 통치에 도전하는 농민 혁명이 발생한다. 농민 세력이 패배해 억압적 농업 관료제가 여전히 유지되는 경우는 전체주의(totalitarianism)가, 농민 세력이 승리한 경우에는 농업사회주의(agrarian socialism)로 가는 길이 열린다.[30]

일본의 배타적 특징은 바로 시민 사회의 결핍 내지 미발달 상태에서 혁명이 일어났다는 사실이다. 주로 구엘리트 집단의 결단에 의해 일어났고 일반 서민들이 완전히 배제된 상태로 추진되었다. 시민층의 도전이 없는 상태에서 일어난 권력 집단 간 노선 투쟁이었고, 경막(敬幕)인가 도막(倒幕)인가의 여부에 따라 그 진로가 갈라졌다. 서민이 철저히 배제된 위로부터의 혁명은 혼란 비용을 줄이고 시간을 단축할 수 있지만, '독주하는 권력'을 저지할 어떤 견제 장치도 없을 때 전제 정치로의 길이 열린다. 군국주의는 일본적 혁명 양식(mode of revolution)에 이미 내장되어 있었던 것이다.

메이지 유신 이전 10년 동안 경막파, 공무합체파, 도막파가 경합하던 격렬한 노선 투쟁이 도막파로 수렴되고, 도막론이 다시 왕정복고를 거쳐 왕정유신으로 나아갈 수 있었던 배경에는 웅번과 지사들의 역할이 컸다. 사쓰마, 조슈, 도사 등 일찍이 개혁 정책에 나서 군사력 양성과 상업 정책을 추진하고 서양 문물을 적극 수용했던 웅번들이 전략적 동맹을 통해 사태 진전에 용의주도하게 대응했고, 그 전략이 성공을 거듭함에 따라 유신 지도층으로 급부상할 수 있었던 일련의 과정이 그것이다. 웅번의 지도자들은 부국강병과 존왕양이에 대해서는 대체로 합의하고 있었으나 막부를 어떻게 할 것인가에 대해서는 의견이 갈리고 있었다. 막부는 새로운 정권의 수립에는 황실과 막부가 중심이 되어야 한다는 이른바 공무합체론을 들고 나왔다. 그것은 1858년 일미 수호 통상 조약 체결과 천황에게서 독단적 칙허를 받아 낸 데 대한 번주들의 반발을 무마하고, 후계자 문제가 실패함에 따라 약화된 권위를 회복하기 위한 막부의 고육지책이었다.

다른 한편으로는 이미 국체를 훼손한 막부를 배제하고 천황 중심의 정체를 만들자는 존왕양이파를 견제하려는 목적도 있었다. 서남부 웅번들과 미토번의 번주가 존왕양이의 선두에 섰다. 처음에는 공무합체론이 승기를 잡는 듯했다. 막부 군대가 존왕양이파의 선두였던 조슈를 징벌했고(1864), 교토의 존양양이파 축출에 성공함에 따라(1863), 존왕양이파의 세력은 일단 하향세로 돌아섰다. 그러나 막부 중심의 공무합체파가 웅번들의 정치 참여를 거절하자 공무합체론의 정당성과 설득력은 급속히 약화되었다. 사쓰마-조슈의 정치 동맹인 삿초 동맹이 가능했던 것은 바로 막부의 폐쇄적, 독단적 과욕 때문이었다.

무사들과 지사들의 탈번(脫藩) 행위도 존왕양이파의 부활을 촉진했다. 도사의 무사 출신인 사카모토 료마(坂本龍馬)가 전형적이다. 원래 무사들은 엄격한 신분제와 지리적 이동의 금지 규율 때문에 번을 벗어날 수 없었다. 그러나 탈번 무사들은 정치적 혼란이 가중되는 가운데 한 차원 높은 국가적 이익에 더 관심을 둘 수밖에 없었다. 료마는 탈번을 통해 에도와 교토, 그리고 사쓰마와 조슈를 견문했고 무역업에도 손을 댔다. 또한 상업과 군사를 겸한 조직인 해원대(海援隊)를 결성하기도 했으며, 번주들을 도와 막후 타협과 동맹을 주선하기도 했다. 이들은 번에 한정되었던 공적 관심을 국가적 차원으로 확대함으로써 막번제의 골격을 흔들어 놓았고, 번에 흩어져 있던 뜻있는 무사들과 지사들을 규합함으로써 막부와 공가 주도의 정치 변혁에 제동을 걸었다.[31]

그런데 존왕양이론은 그룹에 따라 지향하는 정체가 다르고, 그 구체적인 방법론도 달랐기에 어떤 하나의 구심점으로 수렴되기에는 근본적 문제를 안고 있었다. 피터 두스는 존왕양이론이 '유신을 위한 예행연습'만으로 끝났다고 평가했다. 그 이유는 첫째, 양이(攘夷) 외에는 미래를 위한 구체적인 비전이 엇갈렸다는 점, 둘째, 서양의 무력을 체험한 이후로는 양이가 실제 불가능함을 인식하게 되었다는 점, 셋째, 막부 책임자를 위시한 중요 인사를 암살하는 과격한 행동으로 인해 존왕파가 유력 다이묘들의 지지를 잃었다는 점이다. 이런 행위가 다이묘들에게는 '상급자에 대한 사무라이의 충성 윤리를 위반하는 것으로 보였다.'[32]

사카모토 료마를 위시해 탈번 무사와 지사 일부가 공의(公議)정체론으로 급선회한 것은 이런 배경에서다. 공가와 막부 번주, 조정의 토론과 협의에 의한 공의에 바탕을 둔 정치 체제인 공의정체론은 도막론의 과격성을 피하고자 한 타협책이었다. 료마는 나가사키에서 고베로 가는 선상에서 메이지 유신의 이정표가 된 선중팔책(船中八策)을 구상했다.(1867년 6월) 자신이 운영하던 해원대 소속의 배였다. 그것은, 천황에게 정권 이양, 의정국 설치, 인재 등용과 관제 개혁, 외교 규약 제정, 법전 제정, 해군 확장, 친병 설치, 화폐 제도 정비 등 근대 국가의 기초 항목들이었다. 선중팔책은 막부 체제의 마감과 새로운 국가 건설을 대비한 공의정체론적 기초안이었다. 료마가 작성한 메모에는 근대 국가 건설의 의의와 방법이 적혀 있었다. "만일 이러한 몇 가지 방책을 단행한다면 황운을 만회하여 국세를 확장하고 세계만국과 나란히 서는 것도 감히 어렵지 않을 것이다."[33]

정국은 급격히 돌아갔다. 공의정체론과 도막론이 팽팽하게 맞서는 와중에 그해 11월 막부의 마지막 쇼군인 도쿠가와 요시노부(德川慶喜)는 권력을 천황에게 이양하는 대정봉환(大政奉還)을 단행할 수밖에 없었고, 이어 사쓰마, 에치젠의 번병이 궁정을 장악한 가운데 왕정복고의 '대호령'(大號令)이 발포되었다.(12월) 신정부가 막부를 폐지하고 정부 직제를 전면 개편할 것임을 만천하에 고한 것이다.[34] 이로써 250년간 지속된 막부 체제는 막을 내렸지만, 공의정체파와 도막파 간 권력 투쟁의 불씨는 여전히 남아 있었다. 유럽의 혁명이 그렇듯이, 근대 국가를 향한 메이지 유신 역시 국가 구조와 권력 분점의 양식을 둘러싸고 주도 세력 간 치열한 투쟁을 예고했다. 1868년 3월 신정부가 반포한 '5개조 서문'은 천황이 정치의 중심임을 전제로 '국가 대사를 결정하는 정치는 공론(公論)으로 결정해야 한다.'라고 하여(1조) 공의정체론에 무게를 실었다. 그러나 번벌 중심의 공의정체론이 도막파 무사들과 지사들의 반발을 사면서 친정부군과 신정부군 사이에 무력 충돌이 발생했다. 메이지 유신의 향방을 좌우할 이 내전(보신 전쟁, 戊辰戰爭)에서 사이고 다카모리가 이끈 신정부군이 승리하자 도막파의 의지가 비로소 관철될 수 있었다. 메이지 유신이 본격적인 궤도에 오른 것이다.[35]

근대 국가의 수립

신정부를 장악한 도막파 지도자들은 부국강병, 문명개화, 식산 흥업을 내걸고 국가 구조와 권력 구조의 전면적 개혁에 착수했다. 근대적 국민 국가의 창출에 서양 제국의 문물과 제도가 전범이 됐다. '양이(攘夷)를 위한 개국'이었지만, 양이가 아니라 학이(學夷)였다. 학이는 사쓰마, 조슈, 사가번에서 이미 메이지 유신 이전부터 번의 공식 정책으로 추진해 왔던 노선이었으므로 기초는 마련되어 있었다. 막부에서도 네덜란드를 통해 서양 문물을 접해 왔고, 1856년에는 번서조소(蕃書調所)를 설치해『만국공법』,『해국도지』등 한역 양서를 번역했다. 1852년 출간된『서양학가역술목록(西洋學家譯述目錄)』에 따르면, 1744년부터 번역 소개된 유럽의 의학, 천문, 역법 서적은 총 470여 권에 달했고, 번역을 담당한 학자는 117명에 달했다고 한다.[36] 여기에 1850년대와 1860년대에 미국과 유럽을 견문한 학자들이 다수 있었다. 이들은 당시 서양의 제도와 문물을 '문명개화'의 이름으로 적극 소개했는데 개혁의 밑그림을 그렸던 메이지 유신 지도자들에게는 매우 유용한 준거가 되었다.

미국을 여행하고『서양사정』(1866)을 저술한 후쿠자와 유키치(福澤諭吉)가 대표적이다. 후쿠자와는 미국을 위시하여 유럽 제국들의 정치, 사회 제도는 물론, 산업과 생활 풍습에 이르기까지 문명국의 당시 모습을 생생하게 소개했다. '문명개화'는 인간 의식의 변화뿐 아니라 국가의 모든 면모를 쇄신해 근대적 시간대로 나아가는 시대적 과제로 설정되었다.『학문의 권장』(1872),『문명론의 개략』(1875)을 연달아 발표하면서 후쿠자와는 근대 국가의 수립이라는 버거운 과제에 직면한 메이지 유신 권력 집단에 이정표를 제공했다. 1871년 요코하마항에서 출발한 이와쿠라 사절단은 문명국의 현장을 견문하고 일본에 적합한 근대화를 구상하고자 했던 메이지 지도자들의 결단이었다. 유력 다이묘와 번사, 학자 등 107명으로 구성된 사절단이 지구를 한 바퀴 돌아 1873년 귀국할 때까지 1년 반 정도가 걸린 긴 여정이었다. 그리하여 1868년부터 시작된 근대 국가의 기초는 1880년 정도까지 불과 10여 년만에 거의 완료되었다. 서양에 비하면 정말 놀라운 속도였고, 놀라운 성과였다.

신제도의 도입은 일사천리로 추진되었다. 우선, 보신 전쟁이 막을 내린 1869년 3월에는 영토와 재산을 천황에게 바친 판적봉환(版籍奉還)이 있었고,(1869) 번 체제를 완전히 해체시킨 폐번치현(廢藩置縣) 조치가 발효되었다.(1871) 이 두 조치는 번벌 체제를 종식해 국토 통합을 이룬 가장 근본적인 개혁이었다. 판적봉환은 번 영토의 소유권과 재산권을 천황에게 바치는 것으로서 번벌 체제의 실질적 종언을 가져왔다. "황통일계로 한 뼘의 토지도 사유하지 않으며, 한 명의 백성도 사유하지 않는다."라는 왕토왕민론(王土王民論)의 기치 아래 샷초도히 네 번이 판적봉환을 단행하자 나머지 274개 번도 따르지 않을 수 없었다. 영토와 재산을 바친 공경들과 다이묘들에게는 화족(華族), 무사들에게는 사족(士族) 특권을 부여하여 재산 공납에 따른 경제적 피해를 최소화하고자 노력했지만, 전통적 번주와 번사의 경제적 몰락은 예고된 것이었다.

아무튼 번의 조세 수입에 의존하던 다이묘들과 무사들이 유신 세력이 기획한 중앙 집중적 국가 관료제의 일원으로 편입되는 조치였다. 폐번치현은 다이묘를 화족으로 편입시키는 대신 각 번에 지사를 파견하여 행정을 총괄하도록 하는 개혁으로서 중앙 집중적 관료제의 기초 작업이었다. 그 결과 초기에는 전 국토가 3부 72현으로 재편되었고, 1888년에는 3부 43현으로 개편되었다.[37] 또한 유신 정부는 제번의 재정 상태를 정확히 파악하기 위해 조세, 산물, 호수, 수입과 지출 등 경제적 상태를 조사하도록 하는 제무변혁(諸務變革)을 발령했다. 직제 개편과 함께 국가 관료제의 기초가 되는 재정, 회계의 중앙 집중화가 이뤄진 것이다.

판적봉환과 폐번치현이 '국가의 통합 구조'를 이룬 두 개의 근본적 조치라면, 태정관제(太政官制)의 도입은 '권력의 분권 구조'에 해당하는 정치 개혁이었다. 1867년 왕정복고의 대호령 발령을 계기로 유신 세력은 막번 체제의 권력 구조인 섭정, 관백, 막부를 총재, 의정, 참여의 3직(三職)으로 개편해

의정과 참여를 장악했다. 의정과 참여는 혁명을 추진하는 실질적 권력이 집중된 직책이었다. 이와쿠라, 사이고, 오쿠보 등이 참여직을 맡았다. 그러던 것이 점차 삼권 분립에 대응하는 형태로 정부 직제를 확대 개편할 필요성에 부딪혔다. 서양의 정치 제도를 준거로 한 일본식 정부 형태였다.

유신 정부는 정부 직제를 태정관제로 명명하고 그 밑에 의정관(입법), 행정관(행정), 형법관(사법)의 삼권을 분리 설치했다. 삼권 분립의 밑그림을 그린 것이었다. 의정관에는 상국(상원)과 하국(하원)을 설치해 유신 세력이 상국을 장악함으로써 근대 개혁을 총괄 지휘할 수 있도록 했다. 행정관에는 신도 국교주의를 총괄하는 신기관, 재정 회계를 담당하는 회계관, 군대 개혁을 맡은 군무관, 외교 사무를 통괄하는 외교관을 두었다. 사법을 포함하여 7관이 태정관제 하에 분리 설치된 것이지만, 초기에는 모든 권력이 의정관에 집중됨으로서 실질적 분권이 이뤄지지는 않았다. 다만, 근대 국가의 조건인 중앙관료제의 '집중'과 '분권'의 제도적 기초가 단기간에 도입되었다는 점은 서양에 비해 놀라운 일이다.

그것은 이와쿠라 사절단이 세계 견문에서 얻은 교훈이기도 했다. 사절단의 지도부였던 기도 다카요시와 이토 히로부미는 강력한 중앙 집중제를 구축하는 것에 동의했고, 당시 통합의 초기 단계에 있던 느슨한 독일 연방제와 강력한 연방제로 나가고 있던 미국 연방제를 비교해 미국형에 기울었던 것으로 보인다. 한역된 『만국공법』에도 미합중국 연방제 헌법 1조가 소개되어 있는데, 부, 번, 현의 독립적 지위를 인정하면서도 연방 의회와 권한을 상위 개념으로 체계화한 국가 형태를 일본에 도입하고자 했던 것이다. 태정관제 개혁의 기본 원칙을 제시한 『정체서(政體書)』는 번의 권한을 대폭 축소한 중앙 집중적 국가를 지향하고 있다. "부, 번, 현, 그 정령을 시행한다. 사사롭게 작위를 부여하지 않고, 화폐를 주조하지 않으며, …… 소권을 가지고 대권을 범하며 정체를 어지럽히지 않는다."(『정체서』, 11조)[38] 그리하여

"근대 주권 국가 시스템의 임팩트 속에서 비유럽 후발국으로 유신 정부의 소수파 권력자들은 의정관 상국에 결속하여 미합중국의 강력한 집권 국가형 통합을 선택했다".[39]

유신 세력들이 비록 삼권 분립이라는 민주적 외양을 도입하기는 했으나 근대 국가 구축이라는 역사적 대임을 완성하기 위해서는 집중된 권력이 불가피하다는 사실을 알고 있었다. 이들이 의정관의 의정, 참여직을 장기간 독점하게 된 이유가 그것인데, 권력 중심에서 배제된 세력의 저항과 반발을 불러왔다. 1870년대 중반에 일어난 자유 민권 운동이 그것이다. 그러나 이들이 소수 유신 세력의 독주를 막지는 못했다. 유신 세력의 독주는 명치 30년대까지 지속되었는데, 이 과정에서 만세일계의 천황제를 명시한 제국 헌법이 탄생하기에 이르렀다.(1889) '집중'과 '분권'의 제도적 기초를 도입하기는 했으나, 메이지 유신의 정치 세력은 분권보다는 '집중'으로 치달았으며, 명치 지도자들과 군부의 합작에 대항할 어떤 세력도 성장하지 못했다. 일본 근대 국가의 구축 과정은 '놀라운 성공'이었지만, 그 유례없는 성공 속에서 독버섯이 자라고 있다는 사실을 알아차리기에 그들은 서양을 따라잡아야 한다는 조급함, 전통적인 불안감을 해소할 성취 업적에 혈안이 되어 있었다.

근대 국가의 기본 조건은 다음과 같은 여러 개혁 조치들에 의해 거의 충족되었다. 번군대를 해산하고 국민개병제에 기초한 징병제가 반포되었다.(1873) 번군대의 해산에 반발하는 사무라이 계급의 국지적 저항과 반란이 일어났으나 결국 폐도령(1876)과 질록처분(1876)을 통해 사무라이 계급의 신분적 특권은 소멸되었다. 동시에 천민의 신분 해방이 공포되고 사민 평등의 법적 기초가 만들어졌다. 학제 개혁을 통해 일반 서민들에게 근대적 대중 교육을 제공하기 시작했고, 호적 제도를 개선해 조세, 위생, 거주, 출산 등 국가적 관리 체계를 정비했으며, 가족을 국가와 향촌 행정의 기본 단위로 설정했다. 그 밖에 천황의 도쿄 천도(1868), 단발령(1871), 태양력 도입(1872) 등, 메이지 정부는 마치 오랫동안 기민하게 준비해 왔다는 듯 일련의 근대화 조치들을 연달아 내놨고 조기에 정착시켰다. 그것도 보신 전쟁(1868), 정한론 분규(1873), 세이난 전쟁(1877)과 같은 크고 작은 내전을 치르면서 말이다.

중심의 구축 2: 신정적 천황제

'권력의 분권 구조'와 '영토의 통합 구조'를 두 개의 축으로 한 근대 국가의 구축 작업은 삿초 동맹과 유신 연합 세력에 의해 순조롭게 진행되었다. 문제는 그 거대한 거푸집을 무엇으로 채울 것인가였다. 막 태동한 근대 국가의 명분을 정당화하고 정체성을 유지 발전시킬 정신적 자원의 창출이라는 막중한 과제에 봉착했던 것이다. 앞의 것을 '제도적 중심'이라 한다면 후자는 '사상적 중심'에 해당한다. 인민들의 머리와 인식 공간을 장악할 정신적 자원이 없다면 새로운 국가는 크고 작은 대내외 위기에 또다시 출렁거릴 것이기 때문이다. 기독교와 천주교는 유럽 국가들이 근대 국가를 구축하던 시기에 민족의 정체성을 제공하던 자양분이었다. 일본에서는 국교로서 유교와 민간 신앙으로서 불교가 오랫동안 성행했지만, 유교는 생활 관습을 지배하는 도덕과 윤리 체계였고, 불교는 주술 신앙이나 길흉화복과 자주 결합하여 신체제에 어울리는 공식 신앙으로서의 자격을 갖추지 못했다. 오히려, 유신 초기 배불론이 맹렬하게 확산되었던 것처럼, 각종 종파로 분절되거나 구습과의 퇴폐적 타협에 젖었던 불교는 문명개화 혹은 국민 통합이라는 절박한 과제와는 거리가 멀었다. 중세의 유럽인들이 교회 종소리를 들으며 천재지변의 공포를 다스렸던 것처럼, 양이(洋夷)에 의해 신국(神國)이 오염될지 모른다는 불안, 신주(神州)의 나라 일본이 서양의 함선과 대포에 붕괴될지 모른다는 공포감을 물리칠 '정신적 기축'이 필요했다. 1887년 제국 헌법 초안을 심의하던 추밀원 회의에서 이토 히로부미가 토로했던 바가 바로 이 것이었다.

이번에 헌법이 제정됨에 이르러서는 먼저 일본의 기축(基軸)을 찾아서 …… 확정하지 않으면 안 됩니다. 기축 없이 정치를 인민이 함부로 하는 논의에 맡겨 둘 때 정치는 그 통기(統紀)를 잃어버리게 되고 국가 역시 폐망하게 됩니다. …… 생각건대 유럽에서는 헌법 정치가 싹튼 것이 천여 년, 이미 인민들이 그 제도에 익숙할 뿐 아니라, 또 종교라는 것이 기축을 이루고 있으며, 사람 마음 깊숙이 젖어들어 사람들의 마음이 거기에 귀일되고 있습니다. 그런데 일본에서는 종교라는 것이 그 힘이 미약해서 무엇 하나 국가의 기축이 될 만한 것이라곤 없습니다. 불교는 한때 융성한 세를 펴서 위아래 사람들의 마음을 사로잡기도 했지만, 오늘날에는 이미 쇠퇴로 기울었습니다. 신토(神道)는 선조들이 남긴 교훈에 근거하여 그것을 조술(祖述)했다고 하지만, 사람들의 마음을 돌리게 하는 종교로서는 모자랍니다.[40]

유신 세력과 이토 히로부미가 주목했던 것이 바로 황실(皇室)이고 천황의 상징적 의미였다. 유신 세력 중 공가(公家)를 대표하는 이와쿠라 역시 천황은 "불세출의 영재"이며 왕정복고의 대업은 모두 "천황의 영단"에 의해 이뤄진 것이라고 해 천황의 신성성과 영세 불멸성을 강조했다. 그것은 이미 왕정복고의 대원칙을 천명한 '5개조의 서문'에 명시된 바였다. "지식을 세계에서 구하여 천황이 국가를 다스리는 기초가 튼튼하도록 해야 한다."(5개조의 서문, 5조) 왕정복고의 대호령도 '진무 천황의 창업의 기원에 의거하여'로 시작하는데, 기원전 660년 천황가의 기원이 된 진무 천황의 창업 정신이 무엇인지 정확히 아는 사람은 없었으나 천손 강림 신화의 웅장함이 빚어낸 신

비주의적 광채와 권위가 일본인들의 정신적 전통을 점화시켰다는 점은 분명했다.[41]

일본인들에게 익숙한 정신적 전통 내지 신심(信心)에 하나의 계통을 부여해 현실 정치와 연계하는 것이 '비종교적 종교'로서 신정적(神政的) 천황제를 창출한 의도였다. 종교가 없는 일본에 종교를 만드는 작업은 결국 일본인의 마음을 오랫동안 사로잡았던 신도와 천황을 결합하는 것이었는데 '천황의 신비화' 내지 '천황의 종교화'는 이미 막말 유학자와 미토학파에 의해 그 기초가 닦여 있었다. 유신 세력은 이들 학자들이 위기 관리 이데올로기로 제시했던 제정 일치의 신국관을 근대적 시간대로 옮겨 놓는 것으로 도도하게 흐르던 전통적 국수주의에 화답했다.

막부 중기의 최고 유학자 오규 소라이로부터 '천양무궁의 신칙'을 설파한 모토오리 노리나가(本居宣長), 그리고 미토학과 국학자에 이르기까지 제사, 종교, 정치의 일체론을 주장했고, 사회의 무질서와 대외적 위기에 대응하여 천황을 정점으로 하는 신정적 천황제 국가를 구상했다는 것은 흥미로운 사실이다. 기존의 유가적 전통에 안주하기를 거부하고 사상의 새로운 혁신을 꾀했던 오규 소라이는 당시 세태를 어지럽혔던 탁발승, 거지, 망나니, 도적, 떠돌이 등이 불교와 기독교에 물들어 민중의 생활 저변을 파고들 때 발생하는 사회적 위기를 제천과 제사 의례로 바로잡을 수 있다고 주장한 바 있다. 그러므로 제천과 제사 의례는 곧 정치다. "천조(天祖)는 하늘을 근원으로 하고, 정치는 제사이고 제사는 정치로서 신(神)의 일과 관(官)의 일은 구별이 없다."라고 하여 제정 일치가 가장 좋은 정치임을 설파한 것이다.[42]

여기에서 제정 일치를 주관하는 궁극적 주체가 천황으로 상정되었다. 모토오리 노리나가는 한 걸음 더 나아가 '만세일계의 천황'이 결코 신화가 아님을 설파하고 천황을 현인신으로 설정하기에 이른다. '신화사실설'이라고 해야 할 노리나가의 신비주의적 천황론은 '아마테라스 오미카미의 후예로서 곧 신이고,' '일본은 그 아마테라스가 태어난 곳이기에 만국의 근본이다.'라는 해석으로 치달았다. 기기 신화를 그대로 일본 역사에 적용한 관념론의 결과였지만 일본의 현실적 위기와 조응하여 미토학과 국학에 미친 영향은 매우 컸다.[43]

참배, 제사 의례와 국체 개념을 결합시킨 것은 미토학의 아이자와 세이시사이였다. 일본은 태양이 뜨는 곳, 원기가 시작되는 신주의 나라다. 이곳에서 행해지는 '천(天)의 신도(神道)'는 인간과 하늘이 서로 감응하는 엄숙한 의례로서 국체를 만들어 내는 민족 원류의 행위로 상정되었다. 그러므로 제사는 중요하다. "제사로써 정치를 하고, 정치로써 종교를 삼으니, 종교와 정치는 일찍이 둘로 나뉜 적이 없었다. …… 이 때문에 민지(民志)가 하나로 되고 천인이 합일하는 것이다. 이것이 제왕이 그것에 기대어 사해(四海)를 보전하며, 조종(祖宗)이 나라를 세우고 기업(基業)을 개창한 소이(所以)의 대체(大體)이다."[44] 아이자와는 제사론의 절대적 필연성을 국체론으로 연장하고 있으며, 제사의 정점에 천황의 즉위식에 해당하는 다이조사이(大新嘗)를 올려놓았다. 천황은 이 다이조사이를 통해 아마테라스와 접신하고 궁극적으로는 현인신으로 강림한다.[45] 제천과 제사 의례는 신과 접선하는 절차다.

그런데 당시 전국 신사에 모셔졌던 각종 신은 모두 800만 좌에 달했으므로 신의 체계를 우선 정비하는 것이 필요했다. 메이지 유신의 출범과 동시에 태정관 하에 신기관(神祇官)이 설립되고 신의 계통을 정비하는 작업이 시작된 것도 그런 연유에서였다. 다행히 유신 정부에는 권위가 부여된 특정 신의 이름이 적힌 연희식 신명장(延喜式 神名帳)이 있었다.[46] 천황가, 국가 공신, 역사적 인물, 난세 영웅과 연관된 신좌를 여타의 잡신들과 구별하여 공식적 지위를 부여하는 데에 연희식 신명장이 유용한 준거가 되었다. 신기관이 나서 전국 향촌과 촌락에 산재하던 신도를 천손 강림 신화와 연계하여 정비하고 계통화하는 작업 끝에 도달한 것이 신도국교주의(神道國敎主義)였다. 근대적 제정 일치라고 해야 할 신정적 천황제(神政的 天皇制)가 탄생한 것이다. 신정적 천황제는 '비종교적 종교'의 색채를 강하게 띠고 있으면서 정치적으로는 독일식 황제와 로마식 천황의 성격을 동시에 갖춘 매우 특이한 형태의 정체였다. 그리하여 "독일 황제와 로마 교황의 두 자격을 한 몸에 갖추었고, 국민은 정치적으로 천황의 신민이 될 뿐만 아니라 정신적으로 천황 신자가 되었다."[47]

일본 근대의 특이성이 여기에서 발생한다. 세계의 근대는 종교와 정치의 분리로부터 시작했다고 한다면, 일본은 종교와 정치를 결합시키는 역코스를 스스로 걸어갔다. 종교로부터 정치의 분리가 근대를 출발시키는 중대한 역사적 계기였음에 반하여, 일본은 정치를 종교의 한가운데 욱여넣음으로서 근대를 출범시켰다. 그것도 기왕에 존재하는 종교가 아니라 급조된 종교였다. 서양 중세의 신민들은 근대를 계기로 시민으로, 후에는 국민으로 전환했으나, 일본의 인민들은 근대를 맞으며 천황의 신민(臣民)이 되어야 했다. 메이지 지도자들은 일본인을 근대와 신민을 결합시킨 매우 특이한 공간으로 몰아넣었다. 그것은 세계에서 유례가 없는, 일본에서만 발견되는 예외적 경로였다. 그 예외적 경로가 어떤 역사적 결과를 낳을 것인지에 대해 어렴풋이나마 예견한 사람은 아무도 없었다.

미토학과 후기 국학이 배양한 국체 관념에 기기 신화가 제공한 고대 율령제의 신기관 제도를 결합한 제정 일치적 신정(神政)이 탄생한 이면에는 일본을 수천 년 지배해 온 불안감과 공포심이 흐르고 있었음은 물론이다. 그 불안과 공포에 짓눌린 정신세계에 원기를 불어넣어야 한다는 대응 논리가 국체 신학이었고, 국체 신학은 결국 유신 세력이 천황제를 정당화하기 위해 공식화한 신도국교주의의 이론적 기반이 되었다. 신도국교주의는 메이지 정부의 공식 종교이자 천황을 정점으로 하는 신정 체제에 일본인을 몰아넣는 통합 이데올로기이기도 했다.

메이지 정부는 왕정복고의 대호령에서 천명한 바를 곧장 실행에 옮겼다. 산토사(産土社)에서 호적 관리 업무인 씨자조사(氏子調査)를 담당케 하여 모든 일본인을 신도로 개종시키는 작업에 착수한 것이다. 1867년부터 전국에서 신사 창건 운동이 활발하게 일어났는데 천신과 천황, 각종 수호신과 국가 영웅, 순국신의 정령들이 모셔졌다. 시간이 지나면서 신의 계통은 대체로 세 유형으로 갈라졌는데, 천신, 천황, 황족 계통은 그 정점에 이세 신궁(伊勢神宮)이, 국가 영웅이나 공신 계통은 야스쿠니 신사(靖國神社)가 제례를 주재했다.⁴⁸ 그 중간에는 전국 각지에 관폐사(官幣社)와 국폐사(國幣社)를 설치해 지방관이 제사를 집정하도록 했고, 향촌에는 산토사를 두어 국가적 신사 의례를 집행하도록 함으로써 신도 국교 체제를 완료했다. 이른바 일촌 일사 체제가 정비된 것이다. 그러므로 신도국교주의가 공식화한 신의 체계는 세 층으로 되어 있다. 기기 신화에 나오는 신들과 역대 천황이 정점에 놓이고, 국가 공신과 난세의 영웅, 그리고 전쟁 순국자들이 중간에, 맨 밑에는 신기관이 인정하는 마을 수호신과 조상령이 배치되었다. 신기관은 메이지 초기 신도국교주의의 제전을 집행하고 선교를 담당하는 최고의 기구로서 다음과 같은 의의를 부여받았다. "천신, 지기 및 역대 천황의 영혼, 그리고 만민의 영혼도 모두 저승의 존재이며, 이를 다스리는 것이 신기관의 최대의 직무이다. 이것은 사료(使寮, 선교사들)의 직무와도 가까운 것이다. 이 일이 제대로 수행될 적에는, 비바람이 멎고, 하늘과 사람이 화합하여 정치도 또한 잘 행해진다."⁴⁹

그런데 메이지 정부는 국가 신도를 추진하는 과정에서 곤혹스러운 난관에 부딪혔다. 신도에는 의례는 존재하지만 교의(敎義)가 없다는 본질적 문제가 그것이다. '신도비종교설'이 여기에서 발원한다. 메이지 정부가 배척하고자 했던 기독교와 불교는 분명한 교의를 갖고 있다는 점에서 종교였지만, 신도는 만들어진 신의 체계가 있을 뿐 교리를 설파한 경전이 존재하지 않는다. 경전이나 성직자가 없는 종교는 일상생활과 밀접한 관계를 갖는 습속이거나 민속 신앙일 뿐이다. 자연 숭배와 토템같이 오랫동안 민족 성원들의 신심 속에 스며 신앙 형태로 존재해 온 것이다. 창시자가 있는 창립 종교가 아니라 사회 성원들이 자연스럽게 믿어 온 신심의 한 형태, 즉 민족 종교 또는 민속 종교이다. 민속 종교가 무엇인가를 정의하기도 쉽지 않아서 일본의 신도 연구자도 "그저 민중들 사이에 퍼져 있는 신앙 형태를 총칭하는 것"으로 규정한다.[50] 민중들이 스스로 믿는 바를 따라 오랜 시간 흘러왔기에 신도는 불교 및 유교와 서로 어우러져 신불습합, 신유습합이라는 현상이 변화무쌍하게 일어나기도 했다. 또는 조상 숭배와도 결합해 마을과 가족을 수호하는 조상령과 조상신이 신사에 모셔지기도 했다.

그래서 신도국교주의가 추진된 지 10여 년이 지나자 '정식 종교'의 지위는 결국 교의가 분명한 기독교와 불교에 내주고 국가 신도는 국가가 집전하는 제사 의례로 한정되기에 이르렀다. 그럼에도 그 영향력은 지대했다. 프랑스 사회학자 에밀 뒤르켐의 지적처럼, 의례는 사회 성원의 불화와 갈등을 하나의 일관된 중심으로 수렴함으로써 연대감(solidarity)을 증진하는 중대한 기능을 갖는다. 창시자가 없는 민속 신앙으로서 국가 신도는 '의례'를 독점함으로써 일본인들의 행동 규범과 의식 경계를 확정했을 뿐 아니라 그 중심에 천황을 배치함으로써 일종의 '천황 종교'를 도모했다고 할 수 있다.

천황 종교로서 국가 신도와 일반 신도를 구별하기 위해 특별히 만든 이름이 대교(大教)다. 국가 신도를 메이지 유신의 정신적 기축으로 설정하려는 지도자들의 기획에 따라 1869년 6월 천황은 신기관으로 직접 행차하여 국정 지침을 보고하는 제례를 올렸다. 이때 동좌(東座)에는 천신, 지기가, 서좌(西座)에는 역대 천황의 영혼이 모셔졌다. 천황이 제사장으로서 직접 관장하는 제례가 일반 신도와 차별성을 가진 '국교로서의 신도'로 확정되는 계기였다. 메이지 정부는 국가 신도를 '대교'라 이름 짓고 이듬해 1월 '대교 선포의 조칙'을 공표했다. 1871년 7월 선포된 「대교어취의」는 "대교의 요지는 신명을 존경하고 인륜을 밝히며 억조로 하여금 그 마음을 바르게 하고 그 직무를 다하여 이로서 조정을 받들어 섬기는 데에 있다."라고 기본 성격을 규정했다.[51] 그러므로 대교는 천황 신도, 국가 신도로서 일반 신도(神道)의 물결 위에 떠 있으면서 그것의 흐름을 좌우하는 사령탑과도 같았다.

대교의 제사 의례를 관장하는 최고의 신은 천신이자 천신의 자손인 천황, 즉 현진어신(現津御神)이었다. 현진어신에 대한 충성심을 고양하는 것이 대교가 지향하는 최고의 목적이었고, 그 충성심을 통하여 근대 국가의 세속적 질서와 규범을 일관된 가치관으로 빠르게 수렴해 나가고자 했던 것이다. 근대 국가를 구축하면서 고대 율령제를 답습한 신정적 천황제를 부활시켰던 이유가 바로 이것이다.

메이지 유신 당시 일본에는 계급 의식도 없었고, 부르주아적 시민 사회도 싹트지 않았다. 농민 역시 번으로 나뉜 분절된 인민들이었기에 지역적 농민 분규 외에 전국적 차원의 농민 혁명은 상상할 수 없었다. 근대 일본의 새로운 정체성을 무엇으로 만들고, 무엇으로 채울 것인가? 유신 세력은 멀리 일본 신화로 거슬러 올라갔고, 천손 강림 신화와 신의 자손인 천황에 주목했으며, 백성들의 일상생활을 지배했던 신도를 그 밑그림으로 배치했다. 신정적 천황제가 신비주의와 관념론적 허구 속에서 모습을 드러냈다. 신도의 텅 빈 신좌에 역대 천황을 앉혔으며, 국가 신도의 신전에 천황상을 새겨 넣었다. 신정적 천황제가 근대 국가의 외피를 쓰고 태어난 것이다.

마루야마 마사오의 지적처럼, 전(前)근대와 초(超)근대가 결합한 세계 초유의 정체가 그렇게 탄생했다. 신정적 천황제는 정체성이 천지 사방으로 흩어진 막번 체제에서 통합적 질서와 연대적 규범을 창출하려는 유신 세력이 발명한 이데올로기였던 것이다. 그렇게 탄생한 '고대적 근대'가 만세일계의 천황을 위한 성전을 거쳐 아시아와 유럽을 포함한 세계를 팔굉일우(八紘一宇)의 황조(皇祖) 품에 헌납하려는 시대착오적 폭력 국가로 변신하는 데에는 그리 오랜 시간이 걸리지 않았다.

신정적 천황제는 파시즘의 씨앗을 품고 있었다. 그것은 신화를 역사로 착각한 결과였는데, 이런 착종은 흔히 일어나는 현상이 아니다. 대륙에서 떨어져 오랫동안 고립무원의 생활을 지속해야 했던 일본 고유의 특성에서 생겨난 결과였다. 현실적 고난을 극복해야 했던 일본은 극대화된 불안과 공포를 '신화적 시간'으로의 망명을 통해 해소하려 했던 것이다. 신화는 아름답다. 세계적 신화학자 클로드 레비스트로스는 1980년대에 일본을 방문한 자리에서 천손 강림의 신화가 매우 깊은 감동을 불러일으켰다고 고백했다. "천신 니니기노 미코토가 강림한 기리시마산, 아마테라스 여신이 갇혀 있던 동굴을 마주하고 있는 아마노이와토 신사 등이 다비드 사원과 베들레헴 동굴, 나사렛 예수의 무덤이 있었다고 추정되는 곳보다 더 큰 감동을 불러일으켰다."[52] 다시 말해, 신화 속에 역사를 심은 그 풍경이 감동적으로 다가왔다는 말이었다.

그러나 그 신화의 테마들이 일본에만 고유하게 나타나는 것은 아니라고 덧붙였다. 아메리카 원주민과 인도네시아에도 천손 강림 신화가 공통적으로 나타나고 있기에 일본만 '신주의 나라'여야 할 필연성은 없다. 각국의 신화는 거대한 이미지들의 파편적 요소들이 여기저기 발현되어 나타나는 것이고 그것의 총체는 결국 인류 공통의 문화유산으로 편입된다. '유일한 근원은 없다'는 것이 레비스트로스가 일본인들에게 전하고 싶은 말이었다. 일본이 신화와 역사를 착종한 것은 그 '신화적 시간' 속에서 역사를 재건하고 싶은 욕망 때문이었다. 그래서 '역사를 신화 속에 심었는데' 도대체 이런 문화의 내면에 잠재된 무의식을 어떻게 설명할 수 있을까? 레비스트로스의

답은 간단했다. "거대한 대륙의 끝에, 주변부에 자리 잡고 있으면서 긴 시간을 고립된 채 살아왔다!"는 것. 레비스트로스는 태양 신화의 고유성을 그렇게 설명했는데, 1980년대 말 일본 방문 시 했던 강연에서는[53] 그것이 예기치 않은 무서운 결과를 초래했음은 구태여 지적하지 않았다.

일본이 태양 신화의 유일한 기원임을 고집하는 것은 신화학적 오류라는 것이 레비스트로스가 전했던 교훈이라면, 일본 근대 국가의 정신적 기축인 신정적 천황제는 '정신 병리학적 관점'에서 조명해야 비로소 온전한 이해가 가능하다고 설파한 사람이 마루야마 마사오다. 마루야마는 일본 신민들과 식민지민들을 대동아 전쟁의 성전에 열광적으로 몰아넣었던 군국주의자들이 전범 재판에서 보여 준 그 나약한 체념과 무책임성에 절망하고 그 근원이 무엇인지를 묻는다. 나치 독일의 지도자들은 자신들의 반인륜적 행위에 대해 적어도 나름대로의 정당성을 회의하지는 않았으나, 일본 군국주의자들은 자신들의 행위에 대한 주체적 자각을 결여했다는 차이가 있다. '전쟁을 원했음에도 전쟁을 피하려 했으며, 전쟁을 피하려 했음에도 전쟁을 감히 택한' 인식 구조는 그 시대마다의 유력한 종교와 습합하여 교의를 임의적으로 담아 온 사상적 '무구조의 전통'에서 비롯되었다는 것이다.

신도(神道)는 말하자면 포대 자루다. 그 포대 안에 각종 사상이 무질서하게 들어 있는데 시의에 맞춰 적절하게 부품을 갈아 끼우는 방식으로 현실에 대처해 온 일본적 방식이 일본 파시즘의 본질이라는 것이다.[54] 현실적 위기에 대응하거나 미래 출구를 뚫기 위해서 그 포대 자루에 들어 있는 것 중 어떤 것을 선택해 햇빛이 비치는 곳으로 꺼내 오는 방식이 바로 무구조의 전통이자 신정적 천황제를 낳게 한 정신적 관습이었다. 각종 요소의 편의적 배치 전환은 일본인의 가장 탁월한 장기였다. 막말 위기에 천황제가 전면에 전환 배치되었고, 태평양 전쟁 당시에는 천황제에 모든 책임을 전가한 채 군국주의로 몰려갔다. 그러므로 신도-천황제-군국주의는 주체성 없는 군

부 실세가 선택한 '비합리적 결단의 방대한 퇴적'이다.[55]

신정적 천황제는 메이지 정부와 군국주의 정부에 이르기까지 정치에서 윤리와 권력을 분리시킨 가장 중대한 명분이자 결함이었다. 정치는 신민이든 국민이든 그들의 공익에 기여한다는 윤리를 전제로 해야 한다. 그래야 국가 권력은 책임을 말할 수 있고 적절히 통제될 수 있다. 그러나 천황이 윤리적 판단의 절대적 기준으로 작동하고 국가 권력은 모든 행위의 윤리성 여부를 그 절대자에게 위임하는 한, 국가 권력을 제어할 장치는 소멸된다. 즉 책임성의 소재가 사라지는 것이다.

마루야마는 군국주의 일본에서 국가 권력의 윤리성 여부는 '천황과의 거리'에 의해 측정되었다고 말한다. 천황과 가까우면 윤리성은 증대하고, 멀어질수록 희박해진다.[56] 그러므로 모든 권력 실세들은 천황의 이름으로, 황도를 성취한다는 일념 하에 잔학무도한 짓을 서슴없이 저지를 수 있었다는 것이다. 현실로 돌아왔을 때 군국주의자들이 꺼냈던 것은 팔굉일우, 천업회홍(天業恢弘) 같은 만세일계의 명분이었다. 그들은 황은(皇恩)이 비치는 곳에서는 죄의식을 느낄 수 없었다. 주체적 책임 의식의 결핍은 신정적 천황제에 위임했던 윤리적 판단과 거기서 떨어져 나온 실제 권력의 상호 분리 현상에서 비롯된 기이한 병증이었다. 권력은 미코시(神輿, 신을 모시는 가마)를 메는 것으로 상징된다. 마루야마는 '무책임의 전통'을 창출한 미코시의 본질을 이렇게 말한다. "보필이란 결국 통치의 유일한 정통성의 원천인 천황의 의사를 헤아리는 동시에 천황에 대한 조언을 통해서 그 의사에 구체적인 내용을 부여하는 것에 다름 아니다. 앞에서 말한 무한 책임의 엄중한 윤리는 이런 메커니즘에서는 무책임으로 전락할 가능성을 언제나 내포하고 있는 것이다."[57]

근대 국가의 정신적 기축으로 축조된 신정적 천황제는 이런 방식으로 무책임의 체계를 만들어 놓았으며, 비합리적, 비계획적 결단의 방대한 퇴적으

로서 제국 일본을 건설하게 했고 이웃 국가를 침탈하도록 명령했다. 급기야
는 누구도 원치 않았지만 그토록 원했던, 수많은 전범들이 책임지기를 꺼린
채 오직 천황에게 미뤘던 태평양 전쟁을 불사하도록 만들었다. 일본 군국주
의의 병리학은 국가 신도와 천황제를 결합하던 그 순간부터 싹트기 시작했
던 것이다.

제국, 그 광기의 행군

신국에서 제국으로

정치학자 해나 아렌트는 독일 나치에 의한 유대인 학살과 5000만 명의
사상자를 낸 2차 세계대전의 참혹함을 목도하면서 19세기 발명품인 국민
국가의 한계와 그로부터 기인한 전체주의의 본질을 낱낱이 고발했다. 지구
의 변방에서 일어난 조그만 불꽃이 전 세계적인 재앙을 초래한 정치적 메커
니즘을 밝히고자 했던 것이다. 전체주의는 인간의 조건을 말살하고, 그 재
앙이 다시 전체주의로 돌아온다. 부메랑 효과다. 역사학자 에릭 홉스봄은
20세기 전반기를 '파국의 시대'로 정의했다. 이른바 화려한 '제국주의의 시
대'(1884~1914)가 도달했던 궁극적 상황은 세계의 주요 열강이 대부분 개
입하거나(1차 세계대전), 거의 예외 없이 가담한 대규모 전쟁이었고(2차 세계
대전), 그 결과는 대량 학살, 인종 말살, 난민, 문명 파괴였다.[58]

왜 이런 일이 일어났는가? 1차 세계대전 이전에는 국가 간 갈등을 조정
하거나 합의할 협의체가 작동하지 않았다. 만국 공법은 독일 수상 비스마
르크의 말처럼 '세계 각국은 표면적으로는 신의를 바탕으로 교제를 말하지
만, 실은 약육강식이다. 대국은 자신에게 유리할 때는 만국공법을 고집하지

만, 만일 불리하면 언제라도 이를 뒤집어 병력에 호소하는 것'이 국제 관계를 지배하는 법칙이었다.[59] 1차 세계대전 후 생겨난 국제연합 역시 제국들의 독자적, 돌출적 행동을 저지하기에는 역부족이었다. 그때까지 세계 질서는 제국들이 각축전을 벌이는 싸움판이었던 것이다. 아렌트는 국민 국가가 추구하는 '무한 권력의 질주'를 막아 낼 초국가적 주체가 없었다는 것이 전체주의의 발생 원인이라고 말한다. "그런 권력 추구의 경향은 국가적, 지역적으로 규정된 특정 목적이 없고 나아갈 방향을 예측할 수도 없이 지구 전체를 유린하고 황폐화시킬 수 있다."[60] 실제로 그 전체주의는 지구 전체를 초토화했는데 2차 세계대전이 끝난 이후에도 그 씨앗은 여전히 남아 인류를 위협하고 있다고 경고했다.

일본이 여기에 휘말렸다. 아니 스스로 기꺼이 가담했다. 일본이 메이지 유신을 단행할 당시만 해도 제국주의의 치열한 각축전에 뛰어들겠다는 의도는 그리 명백하거나 단호하지 않았다. 그렇다고 팽창주의적 욕망이 없었던 것은 아니지만, 1차적으로는 밀려드는 제국 열강의 압력에서 벗어나 자율적 지위를 확보해야 한다는 절박감이 앞섰던 것이 사실이다. 막말 이전 우국지사들의 양이론에서 보듯이 오랑캐의 공세로부터 신주의 나라를 지켜 내야 한다는 방어적 심리가 초기 민족주의의 대세였다. 제국 열강과 체결한 일련의 불평등 조약이 결국 하늘이 선택한 나라 신국(神國)을 초라한 식민지로 전락시킬 것이라는 불안감과 공포심을 극복해야 한다는 국가적 과제가 부국강병, 식산흥업, 문명개화라는 메이지 유신의 목표로 발현되었던 것이다. 이를 '방어적 민족주의'(defensive nationalism)라고 불러도 좋을 것이다. 아무리 단기간에 근대 국가 구축을 완료했다 할지라도 메이지 초기 일본이 제국(empire)이 되기에는 국력과 지식, 인력과 산업은 여전히 후진적이었다. 그러기에 양이는 곧 학이로 바뀌었으며 많은 학자들과 관료들이 '문명개화'라는 과제를 안고 유럽과 미국으로 건너갔다. 그러는 동안, 1870년대 홋카이도 식민, 쿠릴 열도 편입(1875), 오키나와 합병(1879) 등 식민주의(colonialism)를 조심스럽게 시도하고 있었다. 이를 '내국 식민주의'라고 한다면, 대만 정벌(1895)과 조선의 보호국화(1905)는 '외국 식민주의'로 나아가는 전조였다. 외국 식민주의는 일본이 열도에 한정된 국민 국가로부터 인접국의 강제 점령 및 병합을 꾀하는 팽창주의적 제국주의에 본격적으로 합류하는 개념적 출구였다. 국민 국가 만들기로부터 불과 20여 년이 경과한 시점이었다.

서양 제국들이 본격적인 제국주의 시대(1884~1914)로 돌입한 것은 국민 국가를 구축한 이후 길게는 100여 년이 경과한 시점이었고, 에릭 홉스봄이 '자본의 시대'로 부른 1850년대 이후 자본주의 생산력의 급증에 의해 부르주아 계급이 새로운 시장을 개척해야 할 필요성에 봉착했던 때였다. 국민 국가의 경계를 넘어선 부르주아 계급의 자본주의적 세계 확장이 제국주의를 낳은 가장 중요한 요인이다. 제국주의를 자본주의의 발전 단계로 보는 시각은 예컨대 존 홉슨(John Hobson)이 대표적이다. 1902년에 『제국주의론』을 출간한 홉슨은 자본주의의 성숙 과정에서 출현하는 필수적인 현상으로 보았는데, 18세기에 나타난 식민주의는 유럽 문화를 다른 곳으로 이식하는 긍정적 과정인 데 반하여, 19세기 후반부에 출현한 제국주의는 매우 부정적인 것으로 구분했다. 홉슨은 존 실리(John Seeley)의 개념을 원용하여 제국주의를 '타민족과 영토를 강점하려는 불안정하고 인위적인 욕구이자 결국 전쟁과 군국주의로 나갈 수밖에 없는 비극적인 충동'이라고 지적했다. 당시 영국이 누렸던 제국의 영광은 귀족과 특수 자본가 집단의 것일 뿐 다수의 민중들은 그를 위해 비참한 생활이라는 대가를 치러야 하는 운명이 제국주의의 본질이다.[61] 자본의 축적 본능과 팽창적 본질에 초점을 두는 홉슨에게서 더 유의할 것은 제국주의가 민족주의의 왜곡된 표현이라는 시각이다. 민족주의가 자칫 잘못 흐르면 약소 민족에 대한 정치적 합병이나 영토 점유 욕망으로 나타난다. '민족주의가 그 자연적인 제방을 넘쳐흘러 병합이나 동화를 원치 않는 국민들의 영토를 합병하려 함으로써 순수한 민족주의가 타락하는 것', 그것이 제국주의다.[62]

제국주의를 자본의 발전 과정과 연관시킨 홉슨의 정의를 약간 수정하여 레닌은 제국주의가 자본주의의 마지막 단계에서 나타나는 모순 집약적 현상이라 해서 제국주의의 필연적 붕괴를 예언했다. 로자 룩셈부르크는 정치적 성격에 더 주목하여 '세계의 미점령 지역의 잔부(殘部)를 둘러싼 경쟁에서 출현하는 자본 축적 과정의 정치적 표현'이라고 보았다. 조지프 슘페터는 정치적, 경제적 목적에 한정하기보다는 국가 행위의 다중적 본질에 주목하여 국민 국가에 내재된 무제한적 팽창 욕망을 제국주의의 가장 중요한 동인으로 규정했다.[63]

일본은 19세기 자유주의 시대를 경험하지 못했고 메이지 유신 당시 자본 형성이 초기적 단계에 있었다는 점을 감안하면, 홉슨이 인용한 실리처럼 민족 국가의 성격 변화와 국가 행위의 다면적, 복합적 본질에 주목하는 슘페터의 관점이 일본의 사례에 더 적합한 듯이 보인다. 그렇다면, 일본에서 민족 국가의 성격 변화는 왜 일어났는가? 아니면, 일본은 그들이 구축한 근대 국가의 내부에 제국주의의 씨앗을 어떻게 심었고 시간의 흐름에 따라 어떻게 발화되었는가?

이런 언명이 가능할 것이다. '일본이 구축한 근대적 민족 국가 내부에는 이미 제국주의적 성향이 심겨 있었으며, 이른바 제국주의 시대에 그것이 발현된 것'이라고 말이다. 『신론』을 집필한 아이자와에서 과격파 존왕양이론자 요시다 쇼인, 그리고 화혼양재(和魂洋才)를 주장한 사쿠마 쇼잔에 이르기까지 선택된 나라 일본의 안위를 위해서는 류큐, 조선, 만주를 차례로 정벌해야 한다는 정벌복속론이 맹위를 떨쳤고, 그것을 당위로 생각하게 되었다. 정벌론과 복속론이 아무리 영토 방위의 필연성에서 나왔다고 해도 자국을 위해 이웃 국가를 정벌해도 된다는 사고는 식민주의, 더 나아가서는 제국주의적 욕망과 맞닿아 있다.

1873년 이와쿠라 사절단이 세계 국가를 방문하고 있을 때 조정에서 제기된 정한론은 그와 같은 배경 없이 이해할 수 없다. 사이고 다카모리가 정한론을 제기했던 이면에는 이와쿠라를 위시한 소수 그룹에 메이지 신정부의 권력이 독점된 현실에 대한 반발이 놓여 있었지만, 천황의 재가까지 획득할 정도였다면 식민주의적 영토 확장과 제국주의적 억압 통치의 씨앗은 처음부터 잠재해 있었다고 보는 편이 옳다. 그런 애초의 의식이 1880년대 서구 열강의 경쟁 구도 속에서 본격적으로 발화했다. 1880년대 초반 자유 민권 운동과 헌법 제정 운동 와중에서 후쿠자와가 피력한 조선관, 그리고 1890년대에 출간된 「대동합방론」이 전형적이다. 문명개화론자 후쿠자와 유키치는 1880년대에 이미 조선 정벌의 필요성을 외치고 있었다. 가령 1882년 조선으로 떠나는 청년 이노우에(井上馨)에게 이런 조언을 했다.

최근 중국이 서양 열강에 의해 분열될 것이라는 논의를 듣고 있다. …… 이런 상황 속에서 작은 섬나라인 우리나라를 지킬 수 있는 길이 무엇이겠는가? 우리가 대륙에 발판을 구축하고 서양 세력을 몰아내지 않는다면 우리나라의 독립은 위태로울지 모른다. 그 발판 구축의 첫걸음이 조선을 우리 세력 범위 안에 놓는 일이다.[64]

1885년에 집필해 1893년에 출간된 다루이 도키치(樽井藤吉)의 『대동합방론』은 조선 병합의 당위성과 필연성을 보다 노골적으로 서술했다.

일본의 천황은 본래 만세일계이며 국민들 또한 충성의 지정이 두텁다. 합방의 체제는 그 백성이 서로 그 나라의 군주를 준봉하게 되어 있으므로 일한 합방을 하면 조선 왕은 조선 국민에게 존경받을 뿐만 아니라 일본 국민으로부터도 따뜻하게 옹호받을 것임에 틀림없다. …… 조선왕으로서 이 이상 경사스러운 일이 있을 수 있을까? 그러므로 합방의 이익은 일본이 받는 것보다 조선이 받는 것이 훨씬 큰 것이다.[65]

세계 경제의 유례없는 침체가 발생했던 1870년대에 서양 제국들은 아직 산업 부르주아지들의 손길이 닿지 않은 마지막 남은 신천지 아시아와 아프리카로 몰려들었다. 아프리카는 자원 공급지로서 의미가 있었을 뿐 새로운 시장은 없었다. 아시아에서 제국 경쟁의 각축전이 벌어지게 된 까닭이다. 제국 경쟁의 1차적 대상은 중국이었고, 일본이 다음 차례였다. 바로 이런 풍전등화와 같은 기간에 국민 국가를 구축한 일본이 불과 20여 년 만에 포함 외교로 자신들을 깨운 서양 제국을 모방하는 작업을 마쳤다는 것은 놀라운 일이다. 메이지 10년대에 근대 국가의 기초 작업을 마치고, 메이지 20년 동안 '제국에의 꿈'을 키웠으며, 급기야 1894년 청일 전쟁을 통해 제국 열강과 비로소 대등해졌다는 자부심에 들떴다.

1890년 총리대신을 역임한 야마가타 아리토모가 주권선과 이익선에 관한 그 유명한 의회 연설을 한 이후 일본의 사상적, 정치적 분위기가 어떻게 고조되어 갔는지를 능히 짐작할 수 있다. 1894년 청일 전쟁은 노쇠한 대국을 상대로 한 가벼운 한판승이었는데, 그 여파가 선물한 제국 행군의 의기양양함은 하늘을 찌를 듯했다. 한낱 주변국이자 그 자신 오랑캐로 취급당하던 일본이 중심국과 맞붙어 이긴 그 전쟁에서 일본이 청국에 요구한 제1조는 "조선은 완전무결한 자주독립국임을 확인한다."였다.[66] 일본이 조선의 자주독립을 위해 싸웠다? 이 얼마나 역설적인 역사의 아이러니인가? 후쿠자와는 청일 전쟁을 문명과 야만의 싸움으로 본, 「문야(文野)의 전쟁」이라는 논설을 《시사신보》에 썼다. "조선의 체질은 한마디로 말한다면 문자를 알고 있는 야만국이라고 말할 수 있다. …… 일본의 힘에 의해 조선의 개화를 재촉하고, 따르지 않는다면 채찍질을 해서라도 따르도록 해야 한다."[67]라고 청일 전쟁의 궁극적 목표가 조선 복속에 있음을 드러냈다.

일본은 시모노세키 조약을 통해 의외의 소득을 얻었다. 봉천이 속한 랴오둥반도를 할양하고, 뤼순항을 얻었으며, 타이완을 조차했고, 후베이, 쓰촨, 장쑤, 저장성의 시항을 개항장으로 쓸 권리를 획득했다. 그러나 곧 불어닥친 러시아의 견제로 인해(삼국 간섭) 청일 전쟁의 전리품을 일부 돌려줘야 하는 굴욕을 겪었다. 청일 전쟁에서 러일 전쟁에 이르는 10년 동안은 일본의 전반적 분위기가 제국주의로 빠져 들어가는 그런 시간이었다. 청일 전쟁에서 승리한 여세를 몰아 일본은 열강과 맺은 모든 불평등 조약에서 치외법권, 낮은 관세, 최혜국 대우와 같은 불평등 조항을 없앴다. 영국의 역사학자 W. G. 비즐리가 표현한 집약적 개념인 '조약 항구 체제'(treaty port system)를 폐기 처분해 버린 것이다.[68] 조약 항구 체제는 영국 같은 강대국들이 중국과의 무역에서 이점을 독점하기 위해 자국에 유리한 조항을 강제하는 통상 체제를 말한다. 1858년 미국과의 수호 통상 조약을 필두로 일본은 열강에 의해 조약 항구 체제를 강제당함으로써 '준(準)식민지'라 할 종속적 위치에 놓여 있었다.

청일 전쟁은 일거에 그런 준식민지 상태를 탈피하게 해 주었으며, 10년후 러일 전쟁을 계기로 일본은 제국주의 반열로 올라섰다. 유럽 열강이 열을 올렸던 '제국주의 시대'가 1884~1914년의 약 30년 동안이라면, 일본은 놀라울 정도로 빠른 시간에 중세 국가로부터 변신해 제국의 대열에 끼었던 것이다. 역으로, 서양 제국들이 아시아에서 추구했던 무분별한 권력 충돌이 미개(未開) 지역인 아시아에서 또 하나의 제국을 만들어 내는 데에 일조했다. 19세기 말, 영국, 프랑스, 독일, 미국은 영토와 시장을 거침없이 재편하고자 했던 아시아에서 그들과 대등한 위세와 욕망을 갖춘 섬나라 제국과 마주쳐야 했다. 그것도 산업 부르주아지가 허약한 제국이었다. 피터 두스는 이런 특이한 경로를 거쳐 탄생한 일본의 제국주의를 '대응적 제국주의'(reactive imperialism)로 불렀다.[69] 서구 열강의 위협에 대응하여 대등한 지위로 올라서려는 일본의 국가 목표가 만들어 낸 전략적 산물이다. '대응적'이라는 말에는 '소극적'이라는 뜻이 함축되어 있는데, 이 소극적 제국이 약 30여 년 뒤 아시아 전역을 식민화하고 제국의 선배 국가에 총부리를 겨누는 '공세적 제국주의'가 되리라곤 상상하지 못했을 것이다. 일본은 '극단의 시대'의 한 축을 담당한 전체주의 국가가 되었다. 신국에서 제국으로의 변신이 그렇게 이뤄진 것이다.

광기의 정신 구조

메이지 유신의 원로들이 천황 중심의 국가주의 이념에 과도하게 집착했고, 인민들이 좌지우지하는 영국식 입헌 군주제를 피하고자 했던 것은 사실이지만, 그렇다고 아시아 국가들을 전쟁과 식민 통치로 몰아넣었던 폭력적 파시즘까지 예상했던 것은 아닐 것이다. 1870년대 당시에 파시즘은 낯선 미래의 정치 개념이었으며, 심지어는 세계의 열강들을 상대로 한 총력전에 서슴없이 돌입해 광기를 뿜어내는 전범 국가 일본을 예견하지는 못했을 터였다. 그런데 "서로 충돌하는 국민 국가들은 나아갈 방향을 예측할 수 없다."라는 아렌트의 지적처럼, 일본은 스스로 나아갈 방향을 자체 조절하지 못하는 폭압적인 제국이 되었으며, 대아시아주의와 대동아 공영을 외치며 전면전을 일으킨 파시즘 국가로 행군했다. 그 행군은 누구도 원치 않았지만 모두 원했고, 누구도 기획하지 않았지만 마치 기획한 것과 같은 예정된 코스를 밟아 나갔다. 히틀러와 나치 그룹이라는 이데올로기 제조 집단이 분명히 존재하는 독일 나치즘과는 달리, 일본 파시즘은 그것을 제창하고 책임질 소재가 불분명했다. 병리학적 관점으로 말고는 달리 설명하기 난망한 광기의 행군, 그것이 일본 제국주의였다.

홉슨이 『제국주의론』을 출간한 1902년 당시 동양의 제국으로 떠오른 일본에 다소 긍정적 시선을 보냈던 사실은 흥미롭다. 워낙 서양의 제국주의를 부정적으로 보았던 탓일 것이다. 영토가 넓어질수록 제국의 통제력은 약화되고, 결국 국민들에게 점증하는 군국주의적 부담을 지우게 될 것이라는 예견은 꼭 맞아떨어졌다. 제국주의는 귀족, 군부, 일부 부르주아 계급을 살찌우는 폭력적 실체임에도 정부는 그것을 미사여구로 치장하기를 선호한다. 말하자면 '기만의 언어,' '가면을 쓴 언어들'로 유지되는 괴물이다.

홉슨의 고발은 이렇다. "그것은 부분적으로는 불완전하게 인식된 관념의 기만상태이고 부분적으로는 전체를 보지 못하는 심리 상태이다. 제국주의는 막연하고, 잘 둘러대는 미사여구의 바다 위에 떠워져 왔는데 이 미사여구들은 사실과의 긴밀한 접촉에 의해 음미되는 일이 거의 없다."[70] 그러나, 홉슨은 이런 서양의 제국들과는 달리 일본이라는 신생 제국은 '개인의 활동을 사회적 협동으로 승화시키는 지속적인 공공 정신이 그 어느 국가보다 잘 작동하고 있어' 서양의 약탈적이고 기만적인 경로를 피해 갈 수 있으리라 희망했던 것이다.[71] 그 희망은 곧 무너졌다. 사실, 홉슨도 그러한 위험이 도사리고 있음을 간과하지는 않았다. 서구에 비해 일본이 갖고 있는 장점과 현명한 선택들이 제국주의에 새로운 길을 열어 줄 수는 있지만, 서구 열강과의 치열한 경쟁에 휘말리면 일본이 새 역할을 할 수 있는 기회가 닫힐 가능성은 얼마든지 상존한다는 것이다. 일본은 훨씬 강도 높게 서양 제국의 폭력적이고 기만적인 경로를 답습했으며, 자신도 모르는 사이 '광역 제국'의 길을 걸어갔다.

1940년대 초반, 태평양 전쟁의 전선이 확장되면서 일본의 영토는 서쪽으로는 버마와 싱가포르, 동남부에는 인도네시아와 보르네오, 독일에서 양도

받은 남태평양의 섬들, 그리고 동쪽으로는 대만, 조선, 만주와 중국 연안 지역을 포괄해 말 그대로 광역 제국이 건설되었다. 그러나 어떤 제국을 만들지가 불분명했다. 점령 국가들의 경제적 분업은 그런대로 지역적 특성에 따라 차별화되었으나, 어떻게 통치할 것인지는 여전히 모호한 상태였다. 각 지역에 자치권을 부여하는 느슨한 일연방을 구성할 것인가, 아니면 조선처럼 직접 통치를 적용할 것인가의 여부가 결정되지 않은 채로 군부는 새로운 지역들을 착착 접수해 나갔다.

군부의 자율권은 일본 제국 헌법에 의해 이미 보장된 특권이었다. 1878년에 창설된 육군 참모부는 의회의 통제와 검열을 받지 않고 직접 천황에 직예(直隷)하는 권력 구조를 활용하여 독자적인 결정 하에 전쟁을 수행해 나갔다. 의회와 군부가 자주 충돌했지만 군부의 독주를 막을 방법은 없었다. 점령 지역의 통치는 군부에 맡겨졌다. 말레이반도와 수마트라는 육군 25사단이, 자바는 16사단이, 버마는 랑군에 위치한 15사단이, 필리핀은 14사단이 각각 통치한다는 식이었다. 전시 내각의 총리 도조 히데키(東條英機, 1884~1948)는 '일본이 핵심이 되는 윤리적 원칙에 입각한 공존과 공영 같은 것을' 창조하는 방식을 제시했을 뿐이다.

이처럼 점령지를 일본과의 긴밀한 협력 아래에 두는 느슨한 연합체가 바로 '대동아 공영권'이었다. 아무튼 그 이데올로기는 근사한 수식어로 가득 차 있었다. 홉슨이 '기만의 언어'라고 묘사한 그런 유형의 말들이었다. 1940년 선포된 대동아 공영권의 범위는 "일본, 만주, 지나를 근간으로 하고 구독일령 위임 통치 제도, 프랑스령 인도 및 태평양 도서, 태국, 영국령 말레이시아, 보르네오, 네덜란드령 동인도, 버마, 호주, 뉴질랜드 및 인도 등" 아시아 전역을 포괄하는 것이었다. 교토학파는 대동아 공영권의 철학을 제공했는데, 세계를 하나의 집으로 만드는 팔굉일우, 영어로 'universal brotherhood'(보편적 형제애)였다. 얼마나 멋진 말인가! 교토학파는 이렇게

주장했다.[72]

　　좁은 민족 개념을 초월한 새로운 형태의 민족 논리가 필요한 시대가 되었다. …… 일본을 중심으로 하여 여러 공영권 국가에 의해 대동아의 공영권을 조직할 경우 종래 유럽류의 자신만의 고립적 국가 개념은 버리지 않으면 안 된다. …… 이것이 고래의 동양적 국가 의욕으로 돌아가는 것이다. …… 일본의 팔굉일우의 '우(宇)'가 결코 좁게 제한된 '집'이 아니라는 것은 말할 필요도 없다. 그것은 세계(八宏)를 덮는 '집'이다.[73]

　　1943년 어전 회의에서 내려진 결정 사항을 실행하기 위해 그해 11월 공영권의 민족 지도자들이 도쿄에서 대동아 공영권 회의를 개최했다. 도조는 환영 연설에서 아시아 정신주의의 소중함과 국체 명징을 강조했고, 서양의 물질주의 문명이 초래한 침략과 착취의 비도덕성을 규탄했다. 그리고 대동아 공영권을 건설함에 있어 서로의 주권과 문화적 전통을 존중해야 하며, 각 지역의 상호 의존과 호혜성을 높여 황도 사상을 널리 펴는 데에 기여해줄 것을 당부했다. 그것뿐이었다. 치밀한 기획도 밑그림도 없었다. 다만 레토릭이었을 뿐이다. 조선에서는 '황국 신민의 서사'를 앞세워 국민 정신 총동원과 전시 체제 슬로건으로 조선인의 일상생활을 전쟁에 단단히 결박하던 시기였고, 일본에서 역시 '근대의 초극' 담론이 모든 일본인의 정신 무장과 황군의 결사 항전을 촉구하고 있을 때조차 대아시아주의에 입각한 '대동아 공영권'의 통치 구조는 이처럼 엉성했던 것이다.

　　점령지 지도자 회의가 열리기 한 해 전, 이미 태평양 전쟁은 기울고 있었다. 1942년 여름 미드웨이 해전에서 일본은 참패했으며, 일본의 암호를 푸는 데에 성공한 미국의 항공모함에서 발진한 전투기들이 일본 항모 네 척을 침몰시켰다. 서부 전선은 이상 없었으나, 막강한 화력을 앞세운 미국의 작전에 의해 태평양 남부 전선은 무너져 내렸다. '옥쇄(玉碎)'가 대안으로 제기된 것은 그즈음이었다. 옥쇄, 죽음으로 천황을 지키는 것이 힘겨운 전쟁을 도발한 일본 군국주의의 마지막 선택이었다. 그것은 '갖지 못한 나라'가 '가진 나라'와의 전쟁에서 승리하는 유일한 방법이었다. 정신력으로 물질주의를 이긴다는 신념은 서양에 대한 대동아 공영권의 이념적 우월성을 지탱한 사고방식이었고, 특히 미국의 물량주의적 공세에 겁을 먹는 황국 병사를 독려하는 마취제였다. 물자 부족에 쪼들리는 패전 상황을 타개하는 것은 '신들린 듯한 광기' 외에는 없다. 도조 히데키의 브레인 육군 소장 나카시바 스에즈미(中柴末純)는 황군의 정신 무장을 위해 쓴 『진무독본(神武讀本)』에서 이렇게 말했다.

피와 더불어 외치는 마지막 절규 '천황 폐하 만세'는 용사들의 모든 생명과 염원을 표현하는 최고의 기원이며, 일본 군인만이 마음에서 발할 수 있는 마지막의 존엄한 봉창(奉唱)이다. 그 깊은 감격의 바다에서, 새로운 생생한 생명이 싹터 나오는 것이다. …… 현세의 육체는 여기 인간 세계에서 모습이 사라지지만, 그 이룩한 업적은 영원히, 비록 그것이 적다 하더라도, 그 혼과 더불어 길이 황국에 남아 영원히 황국을 지켜 줄 것이다. …… 육체는 죽어도 영혼이 사는 것이다.[74]

'옥'(玉)은 흔히 황군, 황국의 '황'(皇)과 더불어 사용된 글자인데 메이지 유신 초기에는 권력 실세들이 끌어들여야 할 대상으로 은밀히 쓰이다가 점차 '황'과 같은 차원으로 승격되었다. 그러므로 옥쇄는 천황과 황국 이념에 산화한다는 숭고한 의미로 바뀌었다. 「군인칙유(軍人勅諭)」(1882)에 나오는 다음의 구절, "의(義)는 산악보다도 무겁고 죽음은 새털보다도 가볍다고 각오하라."가 명하는 멸사(滅私)의 이미지가 '천황을 위한 순국'으로 개조된 것이다. '죽음의 미학'은 광범위한 국민 동원을 위해 나치즘이나 파시즘이 즐겨 활용하는 공통 요소로서 일본에서는 가미카제 특공대 같은 돌진 순국 형태의 옥쇄에서 절정에 달했다. 가미카제 특공대가 탔던 전투기에 그려진 사쿠라는 정치적 민족주의와 문화적 민족주의가 물들인 환생의 상징이었다.[75]

황국 신민을 죽음의 계곡으로 몰아간 군국주의의 정신적 구조는 1935년부터 시작된 '국체 명징 운동'과 '국체의 본의'에서 이미 골격이 형성되었다. 다이쇼 데모크라시(1912~1926) 시기에 고조된 민주주의 운동의 연장선에서 '천황은 국가 기관의 하나이며, 통치의 주체는 천황이 아니라 국가'라고 주장한 도쿄 대학교 교수 미노베 다쓰키치(美濃部達吉)의 천황기관설은 군부 과격파와 우익 진영의 엄청난 반발을 초래했다.[76] 그렇지 않아도 미국과의 일전을 앞두고 있고 관동군이 중국 본토로 진격하고 있는 상황에서 서양의 개인주의적 사고를 부추기는 것은 위험천만한 일이었다. 군부와 과격파의 공격이 시작되었다. 그들이 꺼내 든 것이 전통적 국체론을 훨씬 더 절대적인 차원으로 승화시킨 관념적 찬미론이었다. '국체의 본의'를 명확히 하여 국체의 정화를 발양하는 것이야말로 황국의 절대적 목표임을 선언했다. 우익 정당과 군부 과격파는 '우리 국체와 위배되는 논의와 학설은 즉시 단호한 조치를 취해야 한다'고 주장하면서 국체 명징 운동을 펴 나갈 것을 선포했다. 당시 정부가 발표한 성명서에는 이렇게 쓰여 있다.

우리나라에서 통치권의 주체가 천황이라는 것은 우리 국체의 본의로서 제국 신민의 절대 변하지 않는 신념이다. 제국 헌법의 각 조항의 정신 또한 여기에 있음을 알 수 있다. …… 정치, 교육 및 모든 사항은 어떤 나라와도 비할 수 없는 국체의 본의를 기반으로 하여 그 진수를 현양할 것을 필요로 한다.[77]

'국체의 본의'는 무엇인가? 1937년 문부성이 내놓은 '국체의 본의'는 마침 벌어지고 있던 쇼와 제2유신의 흐름을 타고 메이지 유신의 초기 이념을 더욱더 절대화하는 종교적 신념으로 치달았다. "대일본 제국은 만세일계의 천황이 황조의 신칙(神勅)을 받들어 영원히 이를 통치한다."라는 것이 국체의 본의다. 여기서 더 나아가, "일대 가족 국가로서 억조일심 성지(聖旨)를 받들어 능히 충효의 미덕을 발휘하는 것"이며, 그 국체는 "우리나라 국사(國史)를 관통하여 광채를 발하고 있는 것"이다.[78] 개인이 숨 쉴 공간은 조금도 없는 집단주의의 광기가 바로 국체였다. 도조 히데키가 제창한 '국민 총동원 체제'와 '익찬 체제(翼贊體制)'가 바로 국체 명징에 기반을 둔 전체주의의 극단적 표현이었다. 여기에 이론적 자원을 제공한 것이 바로 '근대의 초극(超克)' 논리다.

태평양 전쟁의 와중에서 근대의 상징인 미국을 제압하기 위해서는 정신적 투쟁에서 승리해야 했다. 그런데 메이지 유신이 표방한 문명개화에는 '근대를 따라잡는' 일본이 전제되어 있다. '추격하는 일본'으로는 적어도 논리적으로는 미국을 넘어서기 어렵다는 딜레마에 부딪혔는데 그것을 돌파한 일종의 임의적 궤변이 '근대의 초극'이었다. '추격하는 일본'이 아니라 그것을 넘어서는 일본으로 위상을 바꾸면 '근대에 갇힌 미국'을 내려다볼 수 있다는 이점이 생긴다. 이 이론은 1942년 《문학계》가 기획한 '문화종합회의 심포지엄'에서 출현했다. 서양 근대 문명의 요체인 개인주의, 민주주의, 자유주의를 극복하는 것이야말로 일본에 주어진 사명이라는 전제 아래 교토 대학 교수였던 스즈키 시게타카(鈴木成高)는 서구 문명의 세 가지 영역에서의 초극을 말했다. "근대의 초극이란 정치에서 민주주의의 초극, 경제에서 자본주의의 초극, 사상에서 자유주의의 초극을 의미한다."라고. 서양은 이세 영역의 분리에 의해 문화, 역사, 윤리의 분절 현상에 시달리고 있는데 그것을 통합하는 유일한 국가가 일본이라고 주장했다.[79] '종교와 윤리가 일본 정신의 가장 깊은 곳에서 통합된다.' 그리하여 근대 문명의 본질적 모순을 초극하는 것이 신질서의 목표이자 대동아 공영권의 본질이다. 미국과의 성전은 그래서 '세계사적 필연'이다. 그러니, 미국과의 성전에서 산화한들 나의 개인적 목숨이 무엇이 아까우랴?

태평양 전쟁은 세계사의 발전 법칙이 명령한 신성한 일본의 과제이며 '보편적 형제애'와 '천황적 가족 국가'를 세계만방에 발화하는 '신칙의 구현'이었다. 이것이야말로 집단 광기가 아니고 무엇인가? 유신 초기에는 그토록 열광했던 서양 문명을 '모순'으로 정의하고, 그 모순을 넘어서는 유일한 국가로서 일본을 상정하는 집단적 상황 인식은 어디에 근거한 것인가? '전통의 개조' 내지 '전통의 발명'은 민족주의를 발화시킬 필요에 부딪히는 대부분의 국가가 호소하는 방식이겠는데, 개조된 전통으로 근대를 넘어서겠다는 바로 그 지점에서 '근대의 결핍'이 낳는 통증을 일본은 아예 무시했거나, 그것을 성찰할 정신적 자원이 궁핍했던 것을 알아차리지 못했다.

근대의 본격적 경험 없이 '근대의 초극'이 가능한가? 이 질문은 다름 아닌 제국주의적 광기의 정신적 구조를 겨냥한다. '근대의 성숙'을 건너뛴 채 제국주의로 진입하는 국가가 빠지기 쉬운 위험한 경로를 일본은 마치 자신에게 주어진 고유한 특권 내지 역사적 숙명으로 받아들였다. 1889년 제정된 대일본 제국 헌법이 그렇고, 「군인칙유」, 「교육칙어」(1890)가 그러하며, 1890년대에 제정된 억압적인 사회 관련 법령들이 그러하다. 시민적 저항이 없었던 것은 아니지만, 근대적 의미의 시민은 아직 본격적으로 형성되지 않았고, 메이지 정부 세력을 견제할 부르주아 계급은 처음부터 국가 주도의 식산흥업, 부국 강병 정책에 포섭되었다. 메이지 원로들이 대부분 사라지고, 새로운 정당 운동과 대중 운동이 일어났던 다이쇼 데모크라시 기간에 요시노 사쿠조(吉野作造, 1878~1933)를 위시한 민본주의자들이 근대적 입헌 정치의 장점을 부각시켜 천황주권설에 대해 인민 주권과 삼권 분리의 소중함을 역설하기도 했지만 내각의 잦은 교체와 정치적 혼란만 가중시켰을 뿐이다.[80]

일본은 1920년대 중후반에 입헌 정치의 민주적 기반을 갖추기보다 오히려 억압적인 '치안유지법'을 통과시키고(1925), 천황대권과 일본의 특수성을 주창하는 '국가개조론' 같은 극단적 국수주의 사상에 더욱 매료되어 갔다. 1차 세계대전 이후 갑작스레 발생한 경제 침체와 구미 열강과의 대립 국면을 타개하려면 일본 고유의 국체를 굳건히 하여 동서 문명의 융합이라는 세계사적 사명을 완수해야 한다. 그러려면 일본은 천황 중심의 질서를 더욱 공고히 하고, 모든 국민이 대화혼(大和魂)의 정신으로 무장하지 않으면 안 된다는 것이 국가 개조의 요지였다.

국가 개조는 국민들의 일거수일투족을 군국주의의 진군을 위해 하나로 묶는 것, 그리하여 작은 나라 일본의 정신적, 물질적 총력을 최대화하는 일종의 초극 논리의 전초였다. 기타 잇키(北一輝)를 필두로 오카와 슈메이(大川周明)의 국가개조론이 1926년 출범한 쇼와 시대를 이끌었는데, 슈메이는 이미 '미국과의 일전'이 피할 수 없는 운명이라고 못 박을 정도였다. "천국은 항상 검의 그늘 속에 있기 마련이다. 동서의 전쟁은 새로운 세계 창조를 위해 피할 수 없는 운명이다. …… 아시아의 최강국은 일본이다. 구미를 대표하는 최강국은 미국이다. …… 그 역사적 필연의 전쟁이 1년 후가 될지, 10년 후가 될지 또는 30년 후가 될지는 오직 신만이 알고 있다."[81] 아직 아시아를 두고 유럽 열강과 세를 엿보고 있을 당시에조차 '미국과의 일전'을 피할 수 없는 숙명으로 규정했던 것처럼, 일본 제국주의의 정신적 구조를 관통하는 것은 '극(極)과 극(克)의 논리'라고 볼 수 있다.

상황을 극단으로 몰아가(極) 그것을 초월하는 것(克), '극단(極端)의 사고'와 '초극(超克)의 의식'이 일본 제국주의의 정신적 특징이다. 그것은 마루야마 마사오가 지적하듯 근대의 결핍이 가져온 정신병리학적 병증이기도 하고, 일본인의 사유 양식에 깊숙이 내재된 '불안과 공포심'이 '대응적 제국주의'의 본질적 열등의식과 습합하여 일으킨 돌연변이와 같은 것이기도 했다. 공포와 교만, 열등감과 우월감은 동전의 양면이고, 결핍과 초극은 갖지 못한 나라가 생각할 수 있는 상상적 연쇄 고리이다. 비어 있기 때문에 갖추기보다는 초극(해야)한다는 논리는 쌍생아다. 쇼와 유신을 뒷받침한 국가 개조론은 이런 인식 작용의 산물이었는데, 1930년대 파시즘이 본격화될 때에 주창된 '국민 총동원령'과 '익찬 체제', 1940년대 '근대의 초극'과 '신문화의 창조론' 등은 모두 결핍과 초극이라는 두 개의 축을 빼고 나면 텅 빈 공간만 남는 허망한 이데올로기였다.

왜 '신문화'이고 '신문명'인가? 왜 그것은 하필 일본만 가능한가? 미국과 영국은 물질주의 문명의 폐단을 전 인류 사회에 확산시키는 주범이며, 그들이 외치는 자유주의와 민주주의는 물질적으로 풍요한 국가에나 적합하지 일본과 같이 정신력으로 생존하는 나라에는 망국의 이념이라고 생각했다. 그리하여 동서양 문화의 정수를 골고루 섭취한 일본이야말로 인류 사회를 구제하고, 특히 아시아의 운명을 가를 새로운 문화와 문명을 창조할 자격과 능력이 있음을 깨달아야 한다는 것이다. 이런 주장에는 서양에 대한 자기 충족적, 자기 예찬적 '분노'가 깔려 있다. 결핍을 보충하기 위해 자기 예찬의 자의식을 발동하는 것이다. 자기 예찬적 자의식의 발동은 이미 후쿠자와 유키치의 '탈아입구(脫亞入歐)'와 '아시아 맹주론'에서 맹아가 싹텄고, 도쿠토미 소호(德富蘇峰)의 '대일본 팽창론'에서 활짝 개화했다. 후쿠자와는 일찍이 1882년 조선과 청국 문제를 논하면서 이들 야만 국가를 문명 세계로 인도할 사명이 일본에 있다고 주장했다. 더 나아가, 서양의 침략을 막으려면 아시아에서는 오직 일본밖에 없음을 거듭 강조하고 '일본이 아시아의 맹주'임을 천명했다.[82] 후쿠자와의 맹주론은 1894년 청일 전쟁을 전후하여 도쿠토미 소호가 평민주의를 포기하고 대일본 팽창론과 일본주의라는 극단의 국권주의로 나아가는 논리적 자원이 되었다. 도쿠토미는 청일 전쟁을 일본 인민들로 하여금 '위대한 국민'이 되게 하는 중대한 역사적 계기, 즉 '국민의 전쟁'으로 묘사했다.

그것은 민족 심리를 깨닫게 하고 그 장단점에 대한 인식을 일깨우는 일종의 계몽 전쟁이다. 청일 전쟁은 일본을 진정한 민족 국가, 국민 국가로 거듭나게 하는 기회로 여겨졌으며, 이를 계기로 동양의 평화를 위해서는 일본이 중국, 조선, 남방, 대만으로 팽창해야 할 필연성을 역설했다.[83] 1894년 발표된 '대일본 팽창론'은 일본을 '문명의 안내자', '인도의 확장자'로 규정함으로써 식민 지배의 침략성과 불법성을 정당화하는 역설적 논리였다.[84] 당시는 이미 제국주의론이 확산되고 있던 시기였다. 도쿠토미의 '대일본 팽창론'은 말하자면 제국주의를 합리화하고 정당화하는 논리였는데, 그는 다른 글에서 '제국주의는 평화적 팽창주의'임을 거듭 강조했다. '무역, 생산, 교통, 식민으로써 일국의 이익을 확충하고 민족의 발달을 기하는 것'[85]이라는 도쿠토미의 주장에는 피식민 국가, 제국주의의 통치를 받는 국가는 결국 문명의 혜택을 입는다는 일본 고유의 국수주의가 강하게 배어 있는 것이다.

위기와 개혁이 중첩되는 혁명적 상황에서 발현되는 이 자기 예찬적 자의식은 불안과 공포심을 뒤집은 것이라고 할 수 있으며, 위태로운 성공이 거듭될수록 이렇게 뒤집거나 극단으로 몰아가는 관성은 쉽게 중단되지 않는다. 그리하여 전근대와 초근대, 과거와 현실, 신화와 역사의 극단을 오가는 진자 운동은 천황을 앞세운 제국 권력의 목표와 본질이 바뀌는 길을 따라 부단히 지속된다. 동양과 서양의 대립 구도 속에서 양자를 진자 운동한 제국 일본의 궤적에는 그런 분열적 정신 구조가 개재되어 있다. 1940년대에 태평양 전쟁을 정당화한 '대동아 공영권'은 메이지 초기 아시아 맹주를 자처했던 일본에게는 논리적 모순 그 자체였다. '탈아입구'란 아시아를 문명화할 역사적 사명을 완수하기 위해 문명의 발원지인 서양으로 귀화한다는 논리였다. 입구(入歐), 즉 서양으로 들어간다는 것은 일본이 서양의 일원이 된다는 의미였는데, 어떻게 탈구(脫歐)를 선언하고 입아(入亞)하게 되었는가?

메이지 유신 초기에 아시아는 야만이었고 문명화의 대상이었다. 스스로를 서양화하기 위해 이른바 오리엔탈리즘의 동양관을 그대로 답습했던 일본이 1920년대에 국제 질서가 구미와의 대립으로 치닫자 아시아를 식량, 자원, 인력의 공급지로 상정하지 않을 수 없었으며, 미국과의 일전을 선포하면서 동서양 대결 구도를 문명화의 인류사적 과제로 상정하기에 이르렀던 것이다. 상황 변화에 맞춰 만주, 조선, 중국(만선지) 일체론을 내세우지 않을 수 없었는데, 이때 일본은 다시 아시아로 귀환해야 했다. 아시아 맹주론으로 여전히 무장한 채였지만, 그때 맹주는 아시아 형제애로 치장한, 황민 대가족주의와 팔굉일우 이데올로기로 옷을 갈아입은 채 아시아를 야만시했던 과거를 완전히 망각해 버린 제국이었다. 아시아 형제애 역시 팔굉일우라는 하나의 집에 평등하게 포용하는 이념이 아니라, 일본 종족을 최상위에 두고 천황에의 충성심을 척도로 계서화하는 차별적 종족 민족주의(ethnic nationalism)에 불과했다.

자민족중심주의(ethnocentrism)는 팽창적 민족주의의 공통적 요소이기는 하지만, 일본의 경우는 다른 사례와는 달리 자기 예찬적, 자기 몰입적 극단의식이 발화된 결과다. 국제 관계를 오직 힘의 관계로 볼 경우 "어제까지의 소극적 방어 의식이 갑자기 내일은 무제한의 팽창주의로 변하게 된다. 거기에서는 완전히 알지 못하는 원시적인 심정으로서의 공포와 교만이라는 특수한 콤플렉스가 당연히 지배하게 된다."라는 마루야마 마사오의 진단은 이런 측면에서 핵심을 찌른다.[86] 근대가 결여된 일본에서 갑작스레 구축된 제국주의는 그런 콤플렉스가 역으로 발화된 결과였으며, 극단의 논리를 배제하면 텅 빈 공간으로 남는 부조리한 인식 작용의 결과였다. 근대의 결핍과 제국주의로의 급상승은 일본 민족주의를 국민적 해방의 원리로부터 멀리 떼어 내 어둠상자 속에 유폐시켰다. 비록 1890년대부터 '위대한 국민'이 호명되기는 했지만, 권리를 갖지 못하고 의무만 짊어진 '신민'이 되기를 강요당했다. '천황제 가족 국가' 내에서 신민은 '천황에 귀일하고 국가에 봉사하는 생각을 잊어서는 안 된다'는 '신민의 도(道)'[87]를 충실히 이행하는 국민이어야 했다.

신민적(臣民的) 국민의 탄생

계몽주의적 국민

메이지 유신 초기 저작인 『학문의 권장』에서 후쿠자와 유키치가 "일본에는 정부가 있을 뿐 아직 국민(네이션)은 없다."라고 했을 때, 국민보다는 '국가'에 방점이 찍혀 있었다. 국민 국가의 기초를 닦아 나갔던 당시의 정국 혼란을 목도하면서 번 체제를 종식할 국민 국가의 존재가 무엇보다 절실했음을 인식한 것이다. 몇 년 후에 쓴 『문명론의 개략』에서는 "대체로 말해서 일본국의 역사는 없고 일본 정부의 역사가 있을 뿐이다."라고 말해 그 점을 다시 환기시켰다. 국민 국가 건설은 문명국으로 나아가는 출구이며, 문명이야말로 독립의 전제 조건임을 강조했다. 후쿠자와가 볼 때 일본은 아직 문명국이 아니었다. "일본은 문명의 생산국이 아니라 그 기류지라 해야 할 뿐이다. 결국 이 같은 상업의 경기(景氣), 문명의 외관(外觀)은 나라의 가난을 부르며, 오랜 세월이 지난 후에는 반드시 자국의 독립을 해칠 수 있는 것이다."[88]

후쿠자와의 '국민' 개념은 영어의 'nation' 혹은 'people'의 번역어인데, 『서양사정』과 『학문의 권장』에서 인민(人民), 국인(國人), 중인(衆人) 개념과 구별하지 않은 것을 보면 당시까지는 '국민 국가'와 '국민'에 대한 뚜렷한 역사적 논리를 갖추지는 못했던 것으로 보인다. 다만 후쿠자와는 권력의 정부 편중 현상을 지적하고 인민이 나랏일로부터 완전히 배제된 것이 일본의 특징임을 부각하려 했던 것이다. 정부 권력이 인민의 중론(衆論)에 기초하고 인민의 애국심과 보국(輔國) 심리가 형성되어야 문명국에 한 걸음 다가서게 된다. "서양 여러 나라의 인민은 반드시 지자(智者)만이 있는 것은 아니다. 그러나 …… 국가 사무의 모든 것을 동료와 의논하지 않는 것이 없다."[89]라고 하여 문명국의 이념으로서 루소의 천부인권설을 내세웠다.

메이지 10년대, 메이지 정부가 한창 신도국가주의 정책을 펼치고 있던 그 당시 지식인들이 일종의 계몽주의 사상에 경도되었다는 것은 흥미롭다. 천황의 시강(侍講)이었던 가토 히로유키(加藤弘之)조차 『국체신론』(1874)에서 "국가의 주안(主眼)은 인민이며 인민을 위하여 군주가 있고 정부가 있다."라고 설파했고, 인민의 의지에 기초한 '공명정대한 국체'를 건설하는 것이 중요하다고 하여 루소류의 천부인권설을 선호한 듯했다. 그러나 그는 2년 뒤 독일 헌법학자 요한 블룬칠리(Johann Bluntschli)의 『일반국법론』을 접하고 그것을 『국법범론(國法汎論)』으로 번역했다. 마침 전국적으로 확산된 자유 민권 운동에 회의와 불안을 느낀 그는 독일의 국민(Nation)과 민족(Volk) 개념을 일본에 본격적으로 소개한 그 번역서를 계기로 점차 천황 중심의 국가주의로 자신의 관점을 이동시키기에 이르렀다.[90]

가토가 번역 소개한 국민(볼크)과 민종(民種, 나찌온)은 비록 뒤바뀐 개념이었지만, 일본 민족주의의 진화에 커다란 반향을 불러일으켰다.[91] 지성계의 담론이 이어지면서 국민(나찌온)은 통합 국가의 정치적 구성원으로서 권리를 갖춘 인민을 지칭하는 개념으로, 볼크(Volk)의 번역어인 민족(혹은 족민)은 혈통주의를 연상케 하는 문화적, 역사적, 혈연적 개념으로 수용되었다. 그렇지 않아도 서양과의 차별성을 모색했던 메이지 초기 지식인들과 정치 지도자들에게는 계몽주의, 개인주의, 실리주의에 입각한 '국민'보다는 신화적 계보와 문화적 고유성을 중시하는 '민족' 개념이 훨씬 더 매력적인 것으로 다가왔던 것이다.

메이지 10년대 일본 사상계에 영향력을 미쳤던 계몽주의 사조가 메이지 20년대에 들어 일본적 고유성을 강조하는 국민주의, 국가주의로 점차 이행했던 것은 그런 일본적 상황과 고유성에서 기인한 것으로 보인다. '계몽적 민족주의'가 무르익기도 전에 사상계의 풍조가 '종족 민족주의'로 쉽게 이동한 것이다.[92] 국민은 '같은 영토에서 거주하며 하나의 정치적 단위를 이루는 정치 공동체'라고 한다면, 민족은 '동일한 혈통과 혈연을 기반으로 유구한 역사와 언어, 생활 양식을 공유한 문화 공동체'다. 막말에 크게 유행했던 양이론과 존왕론이 신주의 나라로서 일본 고유의 특성과 인종적 우월성을 내세웠던 전래의 사고 양식을 위기 극복의 방패로 설정했다. 국민 국가를 건설하는 과정에서도 천황제와 국체의 보전이라는 일본적 논리를 앞세워 인민의 개별적 권리를 역사적, 문화적 총체성에 위임하는 종족 민족주의의 '민족' 개념으로 훨씬 더 경도되었던 것이다. 국민 창출을 위해 1872년 제정된 교육령이 몇 차례에 걸쳐 수정되고, 전국적으로 정치적 저항을 유발했던 자유 민권 운동과 의회 설립 운동이 1880년대에 들어 쇠퇴하게 된 것도 그런 배경을 갖는다.

사실 자유 민권 운동은 권력에서 밀려난 일부 번벌과 사족이 메이지 정부의 독점적 성향에 도전한 일종의 저항 운동이었다. 공가와 화족, 삿초 연합의 주도 세력에 의해 완전히 독점된 메이지 정부에 참여가 불가능하다는 사실을 깨달은 소외 번벌 세력과 무사 그룹이 인민의 권리와 참여라는 자유주의적 계몽사상을 무기로 국정 참여의 기회를 모색했던 것이 자유 민권 운동의 본질이었다.

그것은 또한 당시 지성계에 영향을 미쳤던 후쿠자와를 비롯하여 나카에 조민(中江兆民) 등의 자유주의 사상가들과도 의기투합하는 노선이었다. 자유, 민권, 의회, 천부 인권, 삼권 분립, 민주주의 같은 계몽주의적 가치를 실현하는 것이 문명개화의 길이라고 생각했던 당시의 분위기를 활용하여 정권 참여를 모색한 것이다. 이들은 정부의 독점 권력을 견제하고 진정한 민권을 이루기 위해서는 인민이 스스로 선출하는 국회와 정당을 만들어야 한다고 역설했다. 민선 의회는 권력에서 소외된 그들이 선거를 통해 접근할 수 있는 좋은 돌파구였고, 인민의 권리, 즉 참정권은 자유주의와 민주주의적 이상에 맞는 멋진 명분이었다. 저항 그룹은 「5개조의 서문」을 앞세워 메이지 정부가 그 근본 원칙을 준수하지 않는다고 비판했다. 이들은 「민선 설립을 위한 건백서」를 천황에게 제출함으로써 자유 민권 운동의 기세를 높이고자 했다. 건백서는 비록 거부당했지만 대량 인쇄되어 전국에 배포되었다. 입지사(立志社)를 정점으로 전국에 수십 개의 결사(結社)가 조직되고 지방 유력 신문들이 그 취지에 동조하면서 자유 민권 운동의 물결은 전국적으로 확산되는 듯했다.

저희는 엎드려 현재 정권의 귀추를 살피건대, 위로는 제실이 있지 아니하고, 아래로는 인민에도 있지 아니하며, 오로지 유사(有司)에 있을 뿐이라. …… 만사가 이와 같거늘 천하의 통치가 평안하지 못함은 삼척동자라도 아는 바이다. 이제 구래의 폐습을 고치지 아니하고서는 필시 국가의 토붕(土崩)을 모면치 못할지라. 저희는 애국의 정(情)에 이를 진구할 방도를 강구코저 하니 이는 오직 천하의 공의(公議)를 모으는 길뿐이다. 천하의 공의를 모으고자 하니 이는 오직 민선 의원을 세우는 길뿐이다.[93]

조세 공납의 의무가 있는 자에게는 정부 참여의 길을 열어야 한다는 취지였다. 이 운동을 주도한 입지사를 중심으로 전국에서 지방 결사가 공공연하게 참여 방안을 논의했으며, 지방의 유력 신문들도 지방 자치와 민선 의원의 관계 및 인민의 기본권에 대한 여러 다양한 논의들을 게재했다. 1874~1884년 전국에 2100여 개의 결사체가 조직되었고, 도시 지식인들과 저널리스트들이 정부의 독점적 행보에 반대해 활발한 논의를 전개했다. 신문, 잡지, 문고 등이 관련 정보를 제공했으며, 이들 언론 기관이 개최한 연설회가 인민들의 큰 호응을 끌어냈다.[94] "입을 열어 국회를 주창하고, 압정이라고 외치고 또 집회조례라는 말을 내뱉기만 하면 아직 그 연설의 주제도 얘기하기 전에 장내가 솥 끓듯 하였다."라는 신문 기사는 당시의 열기를 말해 준다.[95]

이런 열기는 자유당(1881)과 입헌개진당(1882)이라는 정당 결성으로 이어졌고, 국회 개설을 요구하는 수십 건의 청원서로 집약되었다. 당시 정부 권력 그룹은 우회적으로 민권 운동의 요구를 수용하기는 했다. '국회 개설의 조칙'을 발표함과 동시에 10년 내 의회 개설을 약속함으로써 내각제 제안을 실질적으로 받아들였다. 그러나 권력 실세들이 구상했던 내각제는 유럽의 의회 제도와는 거리가 멀었다. 일단 집회조례와 신문지조례 개정을 통하여 언론 결사의 자유를 제한했으며, 흠정헌법 원칙과 전면 개방이 아닌 제한 선거를 고집했다. 당시 권력 중심부에 있었던 이와쿠라 도모미가 천황에게 제출한 헌법대강(1881)은 흠정헌법과 천황의 육해군 통솔권을 명시했으며, '민선 의원의 의원선거법은 재산의 제한을 둘 것'임을 천명했다. 다시 말해, 천부인권설이 아니라 천황제라는 특수한 입헌 군주제하에 인민의 권리를 제한하는 정체와, 내각제 역시 민선 의회의 견제에서 비교적 자유로운 독점적 형태를 애초부터 구상하고 있었다. 메이지 10년대의 계몽주의가 호명했던 '권리를 갖춘 인민', 즉 '국민'은 점차 퇴조하고 천황제 국가가 부과한 막중한 의무를 짊어진 '신민'(臣民)이 부상하게 된 배경이다.

인민을 국민으로 만드는 가장 효율적인 수단인 교육 제도 역시 이와 동일한 변형 과정을 거쳤다. 메이지 정부가 유신 선포 4년 만에 학제 개정에 착수한 것은 가급적 빠른 기간 내에 근대 국가의 명분에 걸맞은 국민을 창출하기 위함이었다. 메이지 정부는 '학제 반포'로부터 이 어려운 계몽주의적 작업을 시작했다. 인민들이 자유롭게 읽고 쓰는 능력을 키우고, 무엇보다 공통된 국민 의식과 정치 공동체의 일원임을 자각하는 근대적 국민을 만드는 것이 목표였다. 공공연하게 내세워진 것은 아니지만, 초기의 학제 개편에는 자유주의, 공리주의, 실학주의가 밑바탕에 깔려 있었다. 기존의 무사 대상의 한코(藩校), 서민을 위한 데라코야(寺子屋), 사설 교육 기관인 시주쿠(私塾)를 없애고 네덜란드, 프랑스, 독일 학제를 본떠 소학, 중학을 각 촌락과 행정 구역에 설치하고 그 정점에 대학을 설치하고자 했다.

국민 개학을 원칙으로 교육 단계를 구상했다는 점에서 적어도 초기에는 유럽식의 근대적 인간 형성에 초점을 두었다고 할 수 있다. 그렇다고 유교주의적 덕목이 배제된 것은 아니었다. 정부는 전통적 유교 윤리에 충실하면서도 근대적, 실용적 학문을 배워야 한다는 문명론적 관점에 더 관심이 많았던 것으로 보인다. 그리하여 전국을 8개 대학구, 256개 중학구, 5만 3760개 소학구로 구분하여 국민 개학 정책을 수행해 나갔다. "결국 개인주의, 공리주의, 실학주의에 기초한 극히 계몽성이 강한" 방향으로 틀을 잡았던 것이다.[96] 여기에는 이와쿠라 사절단에 합류했던 다나카 후지마로(田中不二麿)의 역할이 주효했다. 그러나 자유 민권 운동이 장벽에 부딪힌 것과 마찬가지로, 자유와 계몽에 초점을 둔 교육 이념에 제동이 걸리지 않을 수 없었다. 교육을 정치와 문화로부터 분리할 수 없다는 메이지 정부의 압력이 거세진 것이다.

유교적 가치에 더하여 국가 이념에의 헌신을 골자로 하는 「교학성지(教學聖旨)」가 천황 명의로 발표되자 계몽주의적 가치관에 입각한 교육은 사실상

단기간의 실험으로 끝이 났다. 그것은 천황제 이데올로기와 교육은 떼어 놓을 수 없다는 군국주의적 발상의 신호탄이었고 동시에 자유 민권 운동의 확산을 제어하려는 정부의 의도이기도 했다. 「교학성지」는 교육의 기본 방향을 이렇게 못 박았다.[97]

교학의 핵심은 인의충효를 분명히 하고 지식 재예를 연마해 인간의 도리를 다하는 것으로, 이것은 우리 조상으로부터의 가르침이고 국전의 큰 뜻으로, 상하 일반을 교화하는 것이다. …… 아직도 문명개화만을 좇아 풍속을 어기고 해치는 자가 적지 않다. …… 이것은 우리나라 교학의 본의가 아니기에 앞으로는 조정의 훈전에 기초해 오로지 인의충효의 길을 분명히 하고 …… 도덕 재예의 본말을 갖추어 대중지정(大中至正)의 교학을 천하에 포만시키려 함은 우리나라 고유의 정신이어서 세계에 부끄러움이 없을 것이다.[98]

"조정의 훈전에 기초해"라는 구절은, 말하자면, 정치와 교육의 합일을 명령한 것이다. 다나카 후지마로는 교육령 개정(1879)을 통해 정부의 거센 압력에 답했으나 충분치 못했다. 자유주의에 대한 국가주의의 압박이 점차 강해졌던 당시의 추세에 따라 교육령이 거듭 발효되기에 이르렀다. 1880년 「교육개정령」, 1885년 「재개정교육령」, 1886년 학교 단계별로 개정을 발령한 개별 「정령(政令)」 등을 거치면서 교육은 점차 국가가 의도하는 덕육과 지육의 함양, 국민 도덕과 국체 보전의 강화로 방향을 잡아 나가야 했다. 여기에 1880년대 초반, 집회와 언론통제법이 강화되고, 자유 민권 운동의 기세가 꺾이자 교육 역시 국가주의로 방향을 틀었다. 계몽주의적 근대인을 창출하고자 했던 초기의 교육은 국가주의와 애국심 함양, 궁극적으로 '국체의 정화'에 기여하는 이데올로기적 국가 기구로 변형되기에 이르렀다.

국가주의적 국민

근대 국가의 기본 골격이 어느 정도 완성되던 1880년대에 일본에서는 대내적으로는 헌법, 교육, 의회제의 성격을 둘러싸고 민권과 국권의 대립 구도가 형성되었지만, 대외적으로 '내부 식민지'의 개척과 이웃 국가에 대한 개입 문제는 별다른 이의 제기 없이 일사불란하게 추진되었다. 후자는 부국강병이라는 메이지 유신의 중대한 목표와 직결되었기에 '인민의 권리'보다는 '국가'를 우선시해야 한다는 국권론에 힘을 실어 주었다.

1875년에 일본은 러시아와의 교섭을 통해 가라후토(사할린)를 러시아령으로, 쿠릴열도를 일본령으로 확정했으며, 개척사를 창설해 에조치(蝦夷地) 직할 경영에 들어갔다. 대만에 표류한 일본 어민을 학살한 사건에 대한 책임을 물어 대만 출병을 감행했고(1874) 류큐 왕국을 오키나와현으로 복속시켰다.(1879) 이어 홋카이도청을 신설해 에조치의 원주민인 아이누족의 국민화와 농업 식민지 개척을 추진했다.(1886) 국가의 영토 확장과 경계 확정은 일본인들에게 국가의 존재에 관한 분명한 인식과 자부심을 길러 주기에 충분했다. 인민, 영토, 정부가 국가의 3대 요소라고 한다면, 일본의 1880년대는 헌법 제정을 통해 정부 형태를 확정 짓던 시간이었으며, 쿠릴열도, 홋카이도, 오키나와, 그리고 영국 점령지였던 오가사와라제도를 포함하는 국가 영토의 확장을 꾀하던 시기였다. 민권론에 대해 국권론이 점차 우위를 점해 갔던 시대적 배경이다.

그렇다고 민권론의 여파가 사라진 것은 아니었다. 민권론의 주장은 국가와 정부를 혼동하지 말라는 것, 그리고 조세와 징병을 의무화한 인민에게는 참정권을 허용하는 것이 옳다는 논리였다. 권리 없는 의무 부과는, 후쿠자와의 지적처럼, 인민을 무력한 소민(小民)으로 만들 뿐이며, 국가에 대한 애국심과 보국 의식이 없는 '객분(客分)'에 불과한 존재를 양산할 뿐이다. 그것은 국가가 아니라는 것이다. 정부는 단지 국가의 운영을 담당하는 행위자로서 언제든지 인민의 요구에 의해 정권 담당자가 교체될 수 있는 성격의 것이다. 그러므로 국가에 저항할 수는 없어도 정부에 저항할 수는 있다고 설파했다. 말하자면, 민권파는 루소와 로크의 사회계약설처럼 개별 인민이 국가에 속하게 될 때 자칫 억제될 위험이 있는 '국민의 권리'를 인식시키는 동시에 조국(fatherland)에 대한 '국민의 자각'을 일깨우고자 했던 것이다. 이런 관점은 입지사 주도로 작성된 '일본 헌법 초안'에 그대로 반영되었다. 천황의 신성한 권리를 부정한 것은 아니었더라도 민권파가 제출한 헌법 초안에는 인민의 권리를 과도하게 억압하는 폭력적 권력에 관한 경고 메시지가 분명하게 제시되었다는 점에서 의의가 있다.

이런 와중에 메이지 정부 실권자인 오쿠마 시게노부(大隈重信)의 '입헌 정체에 관한 의견서'가 천황에게 제출되었다.(1881) 그 의견서는 천황의 영도권을 심각하게 제한한 영국식 의회제를 그대로 모방한 것으로서 메이지 정부의 구상을 송두리째 부정하는 메시지를 담고 있었다. 당시 이와쿠라와 이토를 보좌하던 이노우에 고와시(井上毅)는 오쿠마의 의견서가 민권파의 헌법 초안과 유사하며, "군민 공치라 하더라도 정당과 의회가 실권을 쥐고 천황을 에도 시대와 같이 허기(虛器)"로 삼는 급진 과격파의 주장이라고 단정했다.[99]

이 의견서는 이와쿠라와 이토가 구상했던 독일식 헌법과는 거리가 멀었으며, 더욱이 천황의 절대적 권리를 강조해 온 메이지 정부의 노선과도 배치되는 것이었다. 이와쿠라의 명을 받은 이노우에는 일본 헌법은 "천황이 신민에게 하사하는 흠정헌법이어야 한다."는 취지의 반박문을 제출했다.[100] 헌법 청원을 계기로 오쿠마는 결국 축출되었지만, 민권파의 논리는 확산 일로에 있었다. 당시 정부 요직에 오른 이토 히로부미는 헌법 구상을 위해 유럽 시찰에 올랐고,(1882) 독일식 헌법을 토대로 일본의 정신과 문화를 담아 낼 헌법 초안의 장기적 구상에 돌입하기에 이르렀다. 독일에서 이토는 당시 대표적인 헌법학자인 루돌프 폰 그나이스트(Rudolf von Gneist), 알베르트 모세(Albert Mosse), 로렌츠 폰 슈타인(Rorenz von Stein)을 두루 만나 학습했으며, 천황제 입헌정제를 향한 길을 착실히 닦아 나갔다. 국가의 명분과 유기체적 의미를 우선시하는 국권론이 상승세를 타기 시작한 것이다.

사실 일본 사회의 저변에는 민권론보다 국권론과 친화성을 갖는 요인들이 더 풍부하게 깔려 있다는 것은 놀라운 일이 아니다. 일본 육군은 독일 군사 고문 메켈(Johann Meckel)의 조언에 따라 독자적인 지위를 갖는 참모부를 창설했으며(1878), 국민 개병제이면서도 천황의 군대임을 천명한 「군인칙유」가 선포되었다. 군대가 정당이나 의회에 의해 가동될 위험을 사전에 제거하고 독자적인 행동을 수행할 수 있는 법적 근거를 만들자는 의도였다. '짐은 너희 군인의 대원수'임을 전제로 충절, 예의, 무용, 신의, 검소를 군인이 지켜야 할 다섯 덕목으로 내세웠는데, 육군이 의회와 내각의 견제를 받지 않고 천황에게 직예하는 일본 군국주의의 기반이 그렇게 마련되었다. 군부의 호전성을 논외로 하더라도 1880년대 일본은 서양 제국주의에 대한 방어적 공포심 때문에 청국과 조선에서 벌어지는 사태에 신경을 곤두세워야 했다. 자연스럽게 부국강병을 앞세운 개입 논리가 민권파의 비간섭론을 물리치기에 충분했다.

1882년 조선에서 발생한 임오군란에서 일본 군인이 사망한 사건이 국내에 알려지자 조선 응징론이 비등했으며, 급기야 1884년 일어난 갑신정변에서 청국 군대에 쫓긴 일본군의 모습은 일본 군부와 지식인들의 자존심에 처절한 상처를 입혔다. 청국 공격론이 전국 각지로 확산되었고, 신문과 잡지에는 설욕을 위해 무력 침공을 불사해야 한다는 기사가 넘쳤다. "죽자, 죽자, 죽자 50년의 목숨, 무엇이 아까우랴 나라를 위해"라는 선동이 열렬한 호응을 얻을 정도였다.[101] 사실 청국 정복론은 참모 본부가 1882년에 작성한

「청국정토책안」에 이미 명확하게 제시된 바 있다.[102]

일본 제국의 독립을 유지하려면 국위를 신장하여 만국 속에 우뚝 설 수 있어야 한다. …… 일본이 중국의 땅을 약탈하여 부속적인 방어물로 만드는 것은 영국에서의 인도와 같은 도리이다. …… 가장 주의할 점은 시운에 맞춰 중국이 아직 유치한 시기에 처해 있을 때 그 사지를 꺾어 버리고 신체에 중상을 입혀 더 이상 활동하지 못하게 만들어야만 일본의 안녕을 유지하고 아세아의 대세를 유지할 수 있다.

그 유명한 후쿠자와의 탈아론적 주장이 출현한 것도 갑신정변에서 당한 모욕감 때문이었다. 《시사신보》에서 그는 이렇게 논리를 폈다. "옆 나라라고 하더라도 '특별히 봐주지' 말고, 서양인이 그들을 대하는 자세를 따라 처분해야 한다. 나쁜 친구와 친하게 지내는 자는 같이 악명을 뒤집어쓰게 된다. 우리는 아시아 동방의 나쁜 친구들을 사절할 마음을 먹어야 한다."라고.[103] 이른바 후쿠자와의 '탈아입구론'이 이웃 국가에 대한 '정벌론'과 결합하자 국가주의로의 진군은 더 이상 꺾을 수 없는 대세로 자리 잡았다. '국민'이 호명되었으나 국가의 독립과 부국강병을 위해 헌신하는 주체로 조명되었다.

여기에 이노우에 가오루 외상이 막말에 맺었던 일련의 불평등 조약을 개정하는 작업에 착수하자 국가적 자존심을 세워야 한다는 국민적 자각 운동이 일어났다. 이른바 조약 개정 반대 운동으로 불리는 1880년대 후반부의 사상적 조류는 일본인으로 하여금 본격적인 내셔널리즘에 눈뜨게 한 계기였다. 정교사 계열의 구가 가쓰난(陸羯南), 《국민지우(國民之友)》와 《국민신문(國民新聞)》을 주재한 도쿠토미 소호의 국민주의가 드높이 외쳐졌다.[104] 구가는 정치 공동체로서의 국민 개념을 바탕에 깔고 거기에 문화 공동체적 색채를 더욱 강조한 국수주의적 국민 개념을 제안해 '신민적 국민'으로 가는 다리를 놓았다. 도쿠토미는 국가의 명분과 목표에 헌신하는 국민, 즉 애국심과 보국순공의 정신으로 충만한 국민상을 제시함으로써 외국과의 전쟁에 기꺼이 참여할 의무를 짊어진 국민 개념을 널리 확산시켰다. 국민주의라는 점에서는 공통이지만, 구가는 문화적, 역사적 고유성에 비중을 두었고, 도쿠토미는 1890년대 대일본 팽창론을 합리화할 논리적 출구를 만들고, 궁극적으로 파시즘적 동원 체제와 상통할 국민 통합적 개념 지평을 모색해 나갔던 것이다.

교육 이념 역시 이러한 국제 질서적 변화 추세와 국가주의에 경도되었던 정치적 요청에 부응하지 않을 수 없었다. 다나카 이후 이토 내각에서 문부대신으로 등장한 모리 아리노리(森有札, 1847~1889)가 그 주역이었다. 모리 아리노리의 교육 이념은 1880년대 중반 이후 고조된 국가주의적 사상을 교육 내용에 직접 반영하고 국가에 헌신하는 인재를 양성하는 데에 있었다. 다나카 역시 그런 점에서는 유사했지만, 흠정 헌법을 비밀리에 준비 중에 있었던 이토 내각의 모리 아리노리는 교육을 천황제와 황도주의를 실현하는 가장 효율적인 기제로 생각했다는 점이 특별하다. 국민 도덕과 윤리의 정점에 황도(皇道)를 위치시키는 것이야말로 이토가 헌법 구상을 위해 유럽을 시찰했을 때에 꿈꿨던 바로 그것이었다.[105]

계몽주의적 지육(智育)에서 도덕주의적 덕육(德育)으로의 전환과 함께 국가 흥륭을 위한 도덕적 인재의 배양이 1880년대 교육의 목표로 설정되었고 그에 맞춰 여러 차례의 교육법 개정이 잇달았다.[106] 모리의 국가주의적 교육은 도쿠토미의 국민주의와도 일맥상통하는 바가 많은데, 황도주의의 내면화를 위한 의례와 의식을 교육 현장에 직접 적용할 정도로 천황제 이념에 철저했다는 점에서 '국민'에 함축된 약간의 중립적 색채를 적극적으로 탈색시켰다는 특징을 갖는다.

그것은 신민(臣民)으로 가는 길이었는데 어진영 배포와 국가적 의례의 정례화, 그리고 학년에 따라 헌신과 충성의 대상을 달리하여 국민 통합적 연대감을 고취하는 창가(唱歌) 보급을 통해 추진되었다. 모리는 천황의 사진을 각 학교와 학급에 보급하고 기원절과 천장절에는 사진 앞에서 '천황 폐하 만세' 의례를 정례화하도록 했다. 그것은 천황제 이데올로기를 주입하는 가장 효율적인 방법으로서 천황 절대주의와 국체 보전을 가장 중대한 행위 규범으로 내면화하는 과정이었다.

창가는 학생들이 제창하는 형식의 노래로서 인의충효, 충군애국, 군국미담에 이르기까지 국가적 가치관을 고양할 수 있는 모든 소재들이 동원되었다. 당시 출간된 문부성 창가집 중 초등학생을 대상으로 한 소학 창가집을 분석한 한 연구에 따르면, 천황 치세 및 충군 애국형 창가가 전체의 41.8퍼센트를 차지하는 것으로 나타난다.[107] 즉 창가는 초등학생들을 황도주의의 충실한 실행자로 만드는 수단이며, 교육 초기부터 신민화의 길로 끌어들이는 일사불란한 제창인 것이다. 예를 들면, 이런 창가가 있다. "천황 지위의 번창함은 천하 모두 끝이 없다./ 우리나라 빛은 세월과 함께 빛날 것이다./ 일본의 태양신의 한없는 은혜의 나라는 신의 자손의/ 천황이 계셔야 할 곳 신의 치세 때부터 정해졌다." 근대적 국민 개념이 도입되자마자 신화적 민족 개념에 자리를 내주었듯이, 신화적 민족 개념에 경도되자마자 곧 신국적 천황제와 결합해 '신민' 개념을 낳았다. 아시아를 두고 서로 경합하는 제국 열강들의 맹목적인 경쟁 구도가 빚어낸 틈을 비집고 약소국 일본이 제국으로 부상하는 메이지 30년대의 정신적 상황이 그러했다.

제국주의적 신민

국가주의적 국민 개념에 문화와 신화의 옷을 입히면 곧 신민이 된다. 신민화의 세례를 받은 국민 개념은 일본이 제국주의의 대열에 본격적으로 등장한 1890년대를 거치면서 '제국주의적 신민'으로 전환되었다. 「일본 제국 헌법」과 「교육칙어」는 아직 성숙되지도 않은 일본 국민들을 통째로 동원해 황국 신민의 길로 끌고 간 시대착오적 명령이었다. 근대화가 인민들을 신분과 경제적 예속에서 해방시켜 시민과 국민의 공간으로 안내하는 진보적 과정이라고 한다면, 일본의 근대화는 아직 국민으로 성숙하지도 않은 인민들을 신민화의 어두운 길로 안내한 역행의 과정이었다. 대일본 제국 헌법이 공포됐고, 곧이어 「교육칙어」가 반포됐다. 이로써 일본은 돌아올 수 없는 두 개의 다리를 건넜다. 그들은 신의 나라를 찬미하고 신민됨을 자축했지만, 어떤 비극의 씨앗이 뿌려졌는지를 알지 못했다.

이토가 헌법 구상에 착수한 지 7년 만에 추밀원 심의를 거쳐 1889년 2월 11일 대일본 제국 헌법이 공포되었다. 이와쿠라와 이토를 위시해 메이지 유신의 주도 그룹이 갈망했던 바와 같이 "대일본 제국은 만세일계의 천황이 통치하는 나라"로 규정되었다.(1조) 인민 주권설이 아니라 '천황 주권설'을 명확히 한 것이다. "천황은 범할 수 없는 신성한 권력"이다.(3조) 모든 권한과 권력을 천황에 집중시킨 제국 헌법 1장의 제목은 국체로서의 "천황"이다. 2장에 비로소 "신민의 권리와 의무" 조항이 열거되었는데, 일본인들은 국체 정화에 헌신하는 신민, '국민' 성숙의 단계를 생략한 '신민'이 되었다. 메이지 유신 22년 만의 일이다. 헌법 전문은 일본이 천황제 제국주의임을 만천하에 선언하고 신국의 혈통을 이어받아 신민의 도리를 다할 것을 천명했다.[108]

짐은 조종(祖宗)의 유열(遺烈)을 이어받아 만세일계의 제위(帝位)에 올라, 짐이 친애하는 바의 신민이 곧 짐의 조종께서 혜무자양(惠撫慈養)하신 바의 신민임을 헤아려, 그 강복을 증진하고 그 의덕(懿德)과 양능(良能)을 발달시키도록 하고 또한 그 익찬(翼贊)에 의하여 함께 더불어 국가의 진운을 부지할 것을 바라며, 1881년 10월 12일의 조명(詔命)을 이천(履踐)하여 이에 대헌을 제정하고 짐이 솔유(率由)하는 바를 밝히고, 짐이 후사(後嗣) 및 신민과 신민의 자손 되는 자로 하여금 영원히 순행(循行)하는 바를 알게 한다.

진무 천황의 창업 정신을 이어받아 새로운 국가를 세우고 신민의 강복과 안녕을 돌볼 것이라는 뜻이다. 근대 국가의 '근대적 헌법'이 천손 강림 신화의 허구성을 역사화하고 인민 주권이 아니라 '천황 주권'을 명시했다는 점은 마루야마 교수의 지적처럼 현실 위기에 대응하려는 작위의 논리였지만, 근대의 공간에서 전(前)근대와 초(超)근대가 필연성을 결여한 채 뒤엉켰다는 것이 일본 비극의 출발점이자 침략적 제국주의의 허망한 기반이기도 했다. 신민으로 규정된 일본인들은 근대의 공간에 필요한 규범과 의식을 갖추지 못한 채 천황제 이데올로기의 용광로 속으로 끌려 들어갔다. 이듬해에 반포된 「교육칙어」는 제국 헌법의 정신을 살리기 위해 교육 방향, 가치관, 덕목을 확정한 제국 신민 양성의 모판으로 다음과 같이 선언했다.[109]

짐이 생각하건대 우리 황조황종이 나라를 연 것이 굉원(宏遠)하고 덕을 세움이 심후(深厚)하다. 우리 신민이 지극한 충과 효로써 억조창생의 마음을 하나로 하여 대대손손 그 아름다움을 다하게 하는 것, 이것이 우리 국체의 정화(精華)이고 교육의 연원이 실로 여기에 있겠다. 그대들 신민은 부모에게 효도하고 형제간 우애하며, 부부 서로 화목하고 …… 일단 위급한 일이 생길 경우에는 의용(義勇)을 다하며 공(公)을 위해 봉사함으로써 천양무궁의 황운(皇運)을 부익(扶翼)해야 한다. 이렇게 한다면 그대들은 짐의 충량한 신민이 될 수 있을 뿐 아니라 그대들 선조의 유풍(遺風)을 현창하기에 족할 것이다. 이런 도는 실로 우리 황조황종의 유훈으로 자손과 신민이 함께 준수해야 할 것들이다. …… 짐은 그대들 신민과 더불어 권권복응(拳拳服膺)하며 널리 미치게 하고, 그 덕을 함께 공유할 것을 바라 마지않는다.

'황조황종의 나라에서 그 유훈을 받들어 '충량한 신민'이 되기를 바란다.' 이것이 근대 국가가 국민에게 내린 절체절명의 명령이었다. '충량한 신민'은 1910년 초대 총독 데라우치 마사타케(寺內正毅)가 부임했던 날 조선인에게 발포한 공식 명령이기도 했다. 청일 전쟁은 일본인을 '신민'으로 개조한 결정적 계기이자, '충량한 신민'의 충심(忠心)과 양능(良能)을 실험하는 기회였다. 헌법에 '대일본 제국'을 붙여 제국임을 자임한 이상, 일본이 진정한 제국이 될 수 있는지를 가늠할 결정적인 분수령을 넘어서야 했다.

청일 전쟁은 노쇠한 제국이 누리던 중심국의 지위를 쟁탈해서 새로운 제국이 탄생했음을 알리는 일대 격돌이었다. 헌법에 제국임을 천명하는 순간, 전쟁은 불가피한 성전이었다. 후쿠자와는 '문명과 야만의 격돌'이라고 했고, 도쿠토미는 '위대한 전쟁'이라고 미화했다. 청일 전쟁은 정부와 군대만의 전쟁이 아니라 '국민적 전쟁'이라는 것이다. '세계상의 우매를 타격하고 문명의 영광을 야만의 사회 속에 주입시키기 위한 전쟁'에 '위대한 국민'이 나설 것을 선동했다.[110] '위대한 국민'은 천황에 헌신하는 '충량한 신민'에 다름 아니다.

일본 참모부는 이미 1887년부터 청국과의 일전을 기획하고 있었는데, 그것은 헌법이 명시한 제국 이상(理想)을 실행하는 가장 절실한 과제였다. 군사 작전 계획도 완료한 상태였다. 북경과 상해에 상륙해서 대만과 청국 북부를 일본에 병합하며, 만주를 독립시킨다는 원대한 계획이 그것이다.[111] 조선의 병합은 그 원대한 제국을 만드는 전제 조건일 뿐이었다. 청일 전쟁 당시 조선 주재 일본 영사였던 우치다 사다쓰지(內田定槌)의 지적처럼, 조선은 제국 확대와 방어를 위한 '단단한 장벽'이었다.[112] 천황 주권설을 적극 지지하고 군민 공치의 정당성을 역설한 구가 가쓰난은 일본에 '제국' 명칭을 다는 것은 서양처럼 '침략적 국민주의'가 아니라 '자위적 국민주의'라고 정의했다.[113]

러일 전쟁을 앞둔 시점에서 한창 제국 일본이 국제적 지위를 높여 갔던 1900년대 초반에 제국주의라는 개념은 일본 지식인들과 군부, 일반 서민들에게는 진취적, 발전적, 개척적 함의를 띠는 용어로 널리 확산되었다. 사회진화론이 크게 유행했던 당시의 지식 풍토에서 제국주의는 황운을 이어받아야 하는 민족사적 과제와 결부되기도 했고, 아시아의 맹주로서 미개 국가를 문명화해야 한다는 세계사적 사명으로도 해석되었다. 도쿠토미의 동료이자 당시 대표적 지식인이었던 우키타 가즈타미(浮田和民)는 일본 제국주의를 '민족적 제국주의', 혹은 '윤리적 제국주의'로까지 미화하고 국민을 제국의 사범으로 양성하는 교육을 강조하기도 했다.[114]

도쿠토미, 구가, 우키타가 활약한 1890년대의 사상 풍조는 일본 헌법이 정초한 '제국'의 정신적 자원을 발굴하고 그 이념적 정당성을 치장하는 열기로 가득 찼다. 그러나 그런 노력이 결코 정상적인 것은 아니었다. 메이지 유신의 심리적 원천인 불안감과 공포심을 이웃 국가에 이양하는 사고방식이 낳은 뒤틀린 시선이었다. 마루야마 교수는 이를 "억압의 이양에 의한 정신적 균형의 유지"라고 해석했다.[115] 제국주의를 '자위적 국민주의' 혹은 '윤리적 제국주의'로 정의한 그 심리의 밑바탕에는 '억압의 이양' 원리를 국제적으로 연장할 때 발생하는 논리적 모순을 은폐, 해소하려는 욕구가 깔려 있다. 공포와 교만이 교차하는 특수한 콤플렉스가 낳은 발상이었다.[116] 일본 제국주의가 호명한 '신민'은 이 뒤틀림의 의식 구조가 잉태한 시대착오적 개념으로서 일본인들을 결국 전쟁의 화약고에 뛰어들게 만들었던 그 자체 '동양의 화란'이었다.[117] 천황에게서 위임받은 전제적 군권으로 무장한 여덟

명의 조선 총독은 조선인을 황조황종의 '충량한 신민'으로 만들 수 있다는 확신을 갖고 현해탄을 건넜다. 초대 총독 데라우치 마사타케는 조슈번을 대표하는 군벌이자 이토 히로부미의 정적이었던 야마가타 아리토모(山縣有朋)의 후예였다.[118]

2 동토에 피는 꽃: 식민지 공론장

제국의 도래

아! 나라와 백성이 당하는 치욕이 바로 이러한 지경까지 이르렀으니……
이 민영환은 한번 죽기로 결심함으로써 황제 폐하의 은혜에 우러러 보답하
고, 우리 2천만 동포 형제들에게 사죄드리고자 합니다 …… 작별의 인사를
고합니다.[1]

조수도 슬피 울고 강산도 찡그리오/ 무궁화 이 세계는 망하고 말았구려
등불 아래 책을 덮고 지난 역사 헤아리니/ 세상에 글 아는 사람 되기 어렵
기도 하구나[2]

금년 같은 흉작에는 관리가 되는 것이 제일 좋다. …… 나도 내년에는 관
리가 될까. (헌병) 보조원이 되려면 일본어를 알아야 하는데 지금부터 공부
해도 될까.[3]

바닷물이 검고 푸르러 현해(玄海), 여기에 물살이 여울처럼 흐른다고 탄

(灘)을 붙여 부른 이름이 현해탄이다. 검은 여울 강, 그러나 일본과 조선을 가르는 바다다. 유럽 해도에는 대한 해협(Détroit de Corée)으로 표기되어 있는 현해탄은 실상은 쓰시마와 규슈 사이의 긴 회랑을 지칭한다. 그러니까 대한해협의 일본 쪽 해협을 가리키지만 일제 강점기에 사람들은 흔히 그렇게 불렀다. 조선 통신사가 에도 막부와의 외교를 위해 건너던 좁은 해협, 일본 관리가 동래부에 외교 문서를 전하러 건너오던 현해탄은 조선과 일본 사이를 가르던 멀고도 가까운 해로다.

폭이 좁은 곳은 불과 50킬로미터에 불과한 그 바닷길은 섬나라 일본에는 대륙을 향한 꿈의 길이자 대륙과의 지정학적 분리를 운명 지은 고립의 길이었다. 대륙에서 떨어져 바다 쪽으로 고립되지만 않았더라면, 태평양이라는 망망대해에 홀로 면하지만 않았더라면, 고립과 공포가 집단 정서의 기저에 쌓이지 않았을 터이고, 대륙 국가들을 침탈하려는 욕망도 국경을 맞댄 접선 관계에 의해 어느 정도 제어되었을지 모른다.

그러나 일본은 홀로 질주했다. 마루야마 마사오가 정확히 짚어 냈듯이, 고립무원의 망망대해에서 제국의 출현과 위협에 직면하자 '고립과 공포'는 '방어와 공격'으로 변질됐다. 메이지 유신 이후 40년 동안 일본은 스러지는 중국을 대신해 제국의 길로 들어섰다. 영국, 독일, 러시아, 미국의 동아시아 출현과 약진에 대한 일본적 대응이었다. 대륙 진출은 제국 발흥의 필수 요건이었다. 러시아의 남진, 영국, 프랑스, 독일의 동진, 그리고 미국의 팽창에 대응하는 최선의 방책은 대륙 진출이었고, 거기에 조선이 있었다. 조선 문제는 1870년대 정한론 이후로 자주 거론되기는 했지만 메이지 정부로서는 선뜻 나서기가 벅찼다. 2000년을 지속한 문명 국가, 중화권의 주변국이지만 일본에 선진 문물을 전해 주던 반도 국가 조선은 만만치 않은 상대였다. 그러나 천황제 신정 국가를 선언한 메이지 정부에 선택의 여지는 없었다. 1890년 군부 실력자 야마가타 아리토모는 주권선과 이익선을 설정해 조선 점령을 공식화했다. 1894년 청일 전쟁 이후 일본의 정계와 지식인들에게 조선은 아예 내지(內地)와 다름없는 가까운 외지(外地)였을 따름이다. 『대동합방론』의 저자 다루이 도키치(樽井藤吉)가 조선 병합의 당위성을 설파한 것이 1885년의 일이다.

논리의 전도(轉倒)에 해당하는 이런 사고방식은 메이지 유신의 원류인 요시다 쇼인에게서도 발현되었는데 제국 정부의 수많은 논자들이 '조선 문제'와 '조선 인식'을 논할 때에는 아예 국가적, 문명적 사명으로 둔갑했다. "옛날 한인들에게 빚진 것이 많다. …… 이제 이들을 부흥시켜 성역에 올려놓는 것이 일본이 옛 은혜를 갚는 방법이다."[4] 낙후된 조선, 중국과 함께 무너지는 조선을 일으켜 세우고 문명화하는 것이 오랜 형제 국가이자 이웃 국가 일본에 국가적 대업으로 설정되었다. 그러나 청일 전쟁 이후 10년간 러시아의 진출로 인해 사정은 여의치 않았다. 아관파천과 대한제국의 수립, 그리고 독립을 향한 조선의 행보에 제동을 걸었지만 '약한 제국'으로 출발한 일본으로서는 열국의 감시와 눈초리를 의식(列國環視)하지 않을 수 없었다.[5]

메이지 정부는 세계 외교를 설계하고 시행함으로써 제국으로의 발판을 다졌다. 메이지 정부의 지도자들은 이와쿠라 미션(1872)을 통해 세계 외교의 중요성과 방식을 습득했고, 이후 10년간 주요 지도자들을 유럽과 미국에 유학시킴으로써 실질적 외교술을 익혔다. 1880년대가 제국의 세력 기반을 다지고 각종 제도를 수립하는 기간이었다면, 1890년대는 정치적 초점을 외부로 옮겨 아시아 맹주로서의 교두보 확보를 위한 전쟁에 나선 기간이었다. 국제 외교는 제국으로 나아가는 창구였다. 1894년 청일 전쟁의 승리에서 자신감을 얻은 일본은 중국과 독일, 영국을 상대로 외교적 우위를 확보할 수 있었다. 제국의 스승이었던 영국과는 일찌감치 영일 동맹(1902)을 성사시켜 러일 전쟁에서 전략적 이점을 최대한 활용했으며, 러일 전쟁 승리 후 가쓰라·태프트 협정(1905)을 통해 조선 반도에서 일본 주도권의 승인을 얻어 냈다. 전쟁 후 1905년 포츠머스강화회의에서 일본은 조선 보호국화에 대한 러시아의 승인을 획득한 데 이어, 미국과 영국의 승인을 동시에 받아 냈다. 남은 일은 강점뿐이었다.

러일 전쟁에 돌입하기 하루 전인 1904년 2월 9일, 일본은 보호국화의 전초 작업인 '한일 의정서'를 체결했고, 러일 전쟁이 한창이던 1904년 5월 30일 원로 회의에서는 "대한 방침에 관한 결정"을 결의하여 천황의 재가를 받았다. 그것은 국방, 재정, 외교, 교통, 통신 등 각 방면에서 일본의 실권을 장악한다는 원칙과 구체적인 실천 강령이었다. 이것이 동년 8월 22일 '제1차 한일 협약'의 가이드라인이었는데, 몇 달 사이에 '대한 방침'을 밀어붙일 정도로 조선 합방 문제에는 용의주도한 기획력과 실행력을 보였다. 서양 열강의 여론을 자극하지 않고 대륙 진출에 대한 열강의 적대감을 최대한 피하면서 조선 식민화를 향한 단계를 착실히 밟아 간 것이다.

러일 전쟁 승리를 목전에 둔 1905년 4월 개최된 전시 각료 회의에서는 한국의 보호국화 방침을 밝혔다. "한국에 대한 시책은 기정의 방침과 계획에 기초하여 보호의 실권을 장악하는 견지로써 점차 그 발걸음을 내딛는다."[6] 보호 조약의 체결은 이때 더욱 구체화되었다. "한국의 대외 관계는 전부 일본이 담당하고, 재외 한국 신민은 제국의 보호에 속한다."(1조)라는 조항에 따라 조선은 외교권과 재외 조선인 보호 권한을 빼앗겼다. '동양의 화란'을 근절하고, 황실의 안녕과 존엄을 유지하고, 조선 인민을 보살피기 위한 불가피한 조치라는 것이 제국 일본의 명분이자 이토가 고종을 설득한 논리였다.

재정과 외교권을 박탈한 조선의 보호국화는 임진왜란 이후 300년간 기다려 온 일본의 숙원 사업이었다. 임란 당시 대륙 침략의 발판이자 통로로 규정되었던 조선의 지정학적 의미는 20세기 초 제국으로 도약한 일본에는 여전히 변치 않은 전략적 개념이었다. 대륙 진출의 통로, 조선. 이번에는 한 가지 거대한 인류사적 구실이 더해졌다. 미개국 조선을 문명화한다는 것, 무능한 지도자들의 악정에서 조선 인민을 구제하고 재산과 생명을 보존하며 문명개화의 길로 인도하는 것. 보호국화는 일본이 식민지 획득과 운영을 요하는 제국주의 대열에 동참하는 대외적 선제 요건이었고, 조선의 식민화를 향한 단단한 디딤돌이었다.

조선 지도층의 내부 저항도 격렬했으나 이토와 군대를 내세운 제국 일본에는 그리 어려운 일은 아니었다. 조약이 강행되기 하루 전, 한양 성내는 일본군에 의해 포위되었는데 "안팎의 인심은 형용하기 어려울 만큼 겁을 먹고 두려움에 떨었다".[7] 조약 당일 이토는 한강에 주둔하던 일본군을 성내로 진입시켰다. "기병 700~800명, 포병 4000~5000명, 보병 2~3만 명이 동서남북으로 거침없이 달려갔다."라고 정교(鄭喬)는 적었다.[8] 일단의 일본군이 고종이 거처하던 수옥헌(漱玉軒)을 포위했고, 이완용 이하 내각 대신들이 황제에게 재가를 종용하는 사태가 벌어졌다. 몇 시간의 대치 끝에 대신들이 이토의 협박에 굴복했고 보호 조약 문서에 외부(外部)의 도장이 찍혔다. 1905년 11월 18일 새벽 2시의 일이었다. 도성은 울분에 잠기고 자살하는 사람이 속출했지만 대한제국의 쇠망을 막을 방법은 막막했다. 황제의 옥새가 위조되었다는 사실은 국제 무대에서 그리 중요한 일로 간주되지는 않았다.[9]

일본 국내 신문들도 '옥새 문제'를 더러 제기했는데 미국과 영국의 여론을 바꿀 정도는 아니었다. 조선의 보호국화는 일본의 용의주도한 외교로 인하여 이미 국제 무대에서 기정사실로 인정되었던 것이다. 일본 정부 기관지들은 이토 통감이 부임하기도 전에 그를 '조선 총독'으로 부르기 시작했고, 한국을 영국 지배하의 인도, 오스트리아·헝가리 지배하의 보스니아와 헤르체고비나에 비유할 정도였다.[10] 당시 이 문제를 검토했던 강대국들도 일본의 실질적 지배를 인정하는 분위기였다. 비록 외교권 장악에 초점을 둔 조약이지만, 조선의 내정과 외정, 최상부에서 최말단까지 모든 행정권과 통치권을 일본에 이전하는 식민화의 첫 발걸음임을 인정했다. 조선 황제의 옥새가 위조 날인되었다는 사실은 서방 세계에서는 중대한 결격 사유였다. 그런데 아시아적 맥락에서, 특히 일본과 조선의 양국 관계로 시각을 좁히면 외국의 개입이 그리 유효하지 않다는 것이 당시 열국의 대체적인 견해였다. 오스트리아·헝가리 제국 주일 공사가 본국에 보낸 보고서에서 그런 정황이 읽힌다.

문명 세계로부터 언제나 정직하고 겸손한 아이로 인정받고 싶어 하는 일본인들은 —— 사실상 그런 평가는 당치도 않은 것입니다 —— 이 허점투성이의 조약에 대해 어떤 변명도 늘어놓지 못할 것입니다. 이 조약은 …… 유럽과 미국의 방식대로 체결된 것이 아니라 일본과 한국 사이의 전적인 내부 문제로 간주되었습니다. 그러므로 이 조약은 유럽적인 것이 아니라, 아시아적인 사고방식과 진행 과정의 산물인 것입니다.[11]

조약 체결 석 달 뒤인 1906년 2월 이토 히로부미는 초대 통감에 부임했다. 일본으로서는 오랫동안 고대하던 국가적 숙원의 첫 단계가 완료되었다.

을사늑약은 500년 조정이 무대에서 사라지는 신호였다. 도성이 울분에 들끓었고, 유생들의 상소가 잇달았다. 의정부 참찬 이상설이 상소했으나 고종이 거부했고, 법부 주사 안병찬이 도끼를 들고 대안문(大安門) 앞에 엎드렸다. 전국에서 날아든 상소는 비분강개로 넘쳐 났다. "아아! 슬프도다. 아! 우리 온 나라 동포들이 오늘날 당한 일은 하늘이 내린 일인가? 사람이 한 짓인가? 단군 이래 4천 년 강토와 5백 년 종묘와 사직이 하루아침에 나라를 팔아먹은 간사한 역적의 손아귀에 넘어가 멸망할 지경에 이르렀습니다."[12] 특진관 조병세가 상소 끝에 자결했으며, 시종무관장 민영환(閔泳煥)이 자결로 항의했다. '우리 2천만 동포들께 작별을 고합니다.'로 끝나는 유서는 인민들의 심금을 울렸다. 그의 사회장에 수만 명 인파가 몰렸을 정도였다. 최익현은 이토에 의해 대마도로 유배되었다가 단식을 결행하고 순직했다. 전국에 울려 퍼졌던 '을사 5적' 성토와 보호 조약을 철회하라는 대중들의 요구는 궁극적 식민화를 향한 제국 일본과 이토의 행보에 어떤 영향도 미치지 못한 미약한 신음 소리였다.

이토는 조약 체결 직후에 가진 국내외 기자 회견에서 '한국의 파멸을 알리는 조종(弔鐘)'이라는 당시의 인식을 전면 부인했다. "(보호 조약에도 불구하고) 한국은 여전히 과거와 같은 형태로 존속한다는 사실입니다. 한국은 전과 같이 한국의 황제, 황실, 정부의 손안에 있습니다. 새로운 관계는 다만 한국 왕조의 복지와 권위를 증진하고 부강한 나라가 되도록 보조할 뿐입니다."[13]라고 덧붙였다. 이토의 이 언명이 천황의 조서(詔書)로 선포되는 데에는 채 5년이 걸리지 않았다. 일한 병탄의 변(辯)은 다음과 같았다. "짐은 한국 황제 폐하와 이 사태를 보고 두루 생각하다 부득이 한국을 일본 제국에 병합하여 시세의 요구에 응하기로 했다. 이에 한국을 영구히 일본 제국에 병합시킬 것이다. …… 동양 평화는 이에 의거해 더욱 그 기초를 공고히 하게 될 것임을 짐은 믿어 의심치 않는 바다."[14]

이토의 허구적 명분과는 달리, 을사늑약 이후 5년은 바로 식민화를 위한 본격적 준비 과정이었다. 대한제국의 제도적, 법적 기반을 허물어 버리고 그 터전에 구축된 각종 제도와 법령들은 1910년에 개막된 식민 통치에 그대로 수용되었다.[15] 통감으로 부임한 이토 자신이 조선의 근간을 무너뜨리고 식민 통치의 기반을 닦은 장본인이었다. 1905~1907년에 이토는 정부 대신과 일본 고문관이 참여한 '시정개선협의회'를 통해 조선의 정치, 경제, 행정을 간접적 방식으로 조정해 나갔으며, 군사 경찰과 주차군 제도를 고치고, 재판소법을 개정했다. 이토는 조선 인민의 저항을 최소화한다는 원칙하에 점진적 개선 방식을 선호했다. 그러나 헤이그 밀사 사건이 일어나 국내외 여론이 악화되자 이토의 행보도 빨라지기 시작했다. 이토 통감은 아예 시정개선협의회를 통한 간접적 통제 방식을 폐하고 직접적 통치로 나아갔다.

이를 위해 고종 폐위와 순종 즉위를 단행했고, 군대 해산을 거론했다.(1907년 7월) 급기야 7월 24일, 정미조약으로 불리는 '제3차 한일 협약'을 강행해 한국 정부를 무력화시킴과 동시에 통감을 한국의 최고 통치 기관으로 격상시켰다. 통감은 황제의 재가를 받는 번거로운 절차를 생략하고 직접 법령과 훈령을 발효할 법적 권한을 갖게 되었다. 모두 8개 항으로 구성된 정미조약은 '한국 황제가 행사했던 모든 행정 명령과 조직, 법령 제정과 관리 임면 등의 중요 사안은 통감의 승인을 받을 것'을 규정해 황제의 통치 권력은 소멸되었다. 통감은 제1성으로 한국 군대의 해산을 명했다. 군대 해산에 항의하여 전국 각지에서 의병이 일어나자 이토는 일본에 군대 증파를 요청해 총 8000여 명의 일본군이 조선주차군에 합류했다.

이토는 정미조약을 바탕으로 식민 통치에 필수적인 제반 법령들을 도입했다. 신문지법, 출판법, 집회취체, 보안법, 재판소구성법, 사립학교령, 회사령, 헌병경찰제 등등, 정치와 경제는 물론 사회 일반에 해당하는 모든 행위와 규칙에 대해 자율권을 금압하고 통감부의 감시를 받도록 했다. 1905~1910년에 통감부가 재정하거나 개정해 공표한 새로운 법령이 약 1800개에 달했을 정도로 대한제국의 정체성은 말 그대로 식민지로 전락하기에 이르렀다.[16]

식민화의 강요는 내외부에서 동시에 발생했다. 제국 일본 내각에서 조속한 식민화를 주창한 무단파가 신중한 자세를 견지하던 문치파와 비밀 회동을 통해 합병 결의를 성사시킨 것과, 일본 무단파와 손잡은 국내 일진회 세력이 한일 합병 조약을 공개적으로 요청한 사건이 그것이다. 헤이그 밀사 사건으로 조선 독립 문제에 관한 열국의 관심이 점차 고조되는 가운데 일본은 만주 진출을 사이에 두고 러시아와 담판해야 하는 국면에 처해 있었다. 조선의 식민화는 선제적인 요건으로 떠올랐다. 1909년 4월, 무단파를 대변하는 고무라 주타로(小村壽太郎) 외무대신은 가쓰라 다로 수상에게 「대한 시설 강령」을 포함한 「한국 병합에 관한 건」을 제출했고, 그해 7월 내각 결정을 거쳐 천황의 재가를 받았다. 한 달 전, 고무라 외상은 '병합준비위원회'를 설치해 한국 인민의 통치 방침, 황실과 황족에 대한 예우, 원로 귀족에 대한 처우 등을 구체화했으며, 병합 시기도 '적당한 시기'로 지목해 병합이 도래했음을 강력하게 시사했다. 고무라 외상이 제출한 문서의 전문은 이렇게 시작한다. "한반도에서 우리의 실력을 확립하고 아울러 한국과 여러 외국과의 조약 관계를 소멸시키기 위해 적당한 시기에 한국의 병합을 단행해야 함을 지난 묘의에서 결정한 바 있다."[17] 문서는 더 나아가 '병합의 방법', '병합의 선포', '외국에 대한 선언' 등에 관한 구체적인 안을 밝혔다.

조선총독부 설치가 최초로 언급된 것이 이 문서라는 점에서 식민화의 총체적 구상은 이미 1909년 7월에 초안이 나왔고, 이후 일정은 바로 이 '한국 병합에 관한 건'에 준했다는 사실은 주목할 만하다. 1909년은 한반도에서 의병의 저항이 소강 상태로 접어든 때였고, 통감부의 무력 탄압에 의해 국내 정치 세력도 통감 정치에 완전히 복속되던 시기였다. 의병이 곳곳에서 패퇴하고 의병대장들이 체포, 사형되었다는 소식이 속속 들려옴에 따라 인민 대중은 어찌할 수 없는 무기력 상태로 빠져들었다. 친일 단체 일진회의 '한일합방청원서'가 나온 것도 그런 분위기에서였다.

청원서는 메이지 유신 군벌을 대표하는 데라우치가 일본의 흑룡회와 조선의 일진회 사이에서 긴밀히 기획한 합작품이었다. 흑룡회는 병탄론자인 가쓰라와 데라우치의 급진 병합론을 지원하는 정치 단체로서 1907년 헤이그 밀사 사건 이후로 신문과 캠페인을 통해 국내 여론을 조기 합방론으로 기울게 만든 극우파의 전형적 단체였다. 흑룡회 회장인 우치다 료헤이(內田良平)는 이토의 통감 부임 시 조선에 건너와 친일 단체인 일진회를 지원하고 이용구, 송병준, 이완용, 박제순과 각별한 우의를 다졌다. 곧 다가올 한일 합병의 조선 교두보를 구축한 것이다. 통감부로부터 송병준이 거액의 보조금을 받도록 주선한 인물도 그였다.[18] 병합론의 논리적 명분과 조선 총독부의 통치 이념인 일시동인(一視同仁), 황조황종(皇祖皇宗), 동종동문(同宗同門)을 비롯하여 동양평화론, 문명화론이 흑룡회의 정치적 신조였다.

안중근 의사가 이토 히로부미를 암살했다. 국내외 여론은 다시 비등했다. 일본은 보복과 복수를 다졌고, 외국 언론은 다시 조선 독립에 조명을 비추기 시작했다. 일본이 눈독을 들이고 있는 만주에서 러시아의 남하와 중러 갈등이 점차 심화되던 때였다. 1909년 12월 초, 일진회원 수백 명이 서울에서 모여 성명서와 상소문을 작성했다. 성명서는 총회 명의로 발표되었고, 상소문은 일진회원 100만 명 명의로 고종, 이완용, 통감 소네 아라스케(曾禰荒助)에게 올려졌다.

　　동등한 정치적 권리를 획득하는 것을 법률에서 '정치적으로 나라를 합친다(政合邦)'고 합니다. 이 말을 이해하지 못하는 사람들이 '합병(合倂)' …… 갖가지 다른 말로 선동하면서 인심을 현혹시키고 …… 헛갈리게 합니다. …… 아아, 다행히 이 두 날개로 함께 날고 두 바퀴로 함께 구르는 정치의 범위가 성립한다면, 살려고 해도 살 수 없으며 죽으려고 해도 죽을 수 없는 우리 이천만 국민은 노예의 모욕에서 벗어나고 희생의 고생을 모면할 것입

니다.[19]

다행히 우리나라는 일본과 본래 같은 종족에서 나와 아직까지 탱자와 귤처럼 판이하게 달라지지 않았고 서로 다투는 것도 심하지 않습니다. 국경을 확 치우고 두 이웃 사이의 울타리를 말끔히 없애 버려서, 두 나라 백성들로 하여금 하나의 정치와 교화 밑에서 자유로이 노닐면서 함께 살고 함께 다스려지는 복리를 고르게 누리도록 한다면 …… 일본 천황 폐하께서는 지극히 어지시니 우리 이천만 동포를 교화하시고 길러 내어 동등한 백성으로 만드실 것이 틀림없습니다.[20]

투병 중인 소네 통감 후임으로 육군 군벌의 상징인 데라우치 마사타케가 부임했다. 그의 손에는 한국 병합 실행 방안과 세목이 쥐어져 있었다. 1910년 8월 16일, 총리대신 이완용을 불러 합병 문안을 전달하고 황제의 재가를 받도록 종용했다. 8월 22일, 몇 시간 대치 끝에 황제의 전권 위임장을 받아 든 이완용은 통감 관저에서 조약문에 서명 날인했다. "한국 황제 폐하는 한국 전체에 관한 일체의 통치권을 완전히 또 영구히 일본국 황제 폐하에게 양여한다."(1조) 이로써 통치권은 일본에 이양되었다. "일본국 황제 폐하는 전조(前條)에 게(揭)한 양여를 수락하고 또 완전히 한국을 일본 제국에 병합하는 것을 승낙한다."(2조) 조약문 2조에 의해 조선은 지구상에서 절멸되었다. 조선 총독부의 폭력적 통치하에서 '충량한 신민'이 되는 절망의 시간, 수난의 시간이 시작되었다.

절망의 시간

조선의 주권이 지구에서 사라진 날, 일본 국민은 밤새도록 축하연을 벌였다. 동양의 화란을, 대륙 진출에 걸림돌로 작용했던 나라를 성공적으로 병합한 것에 대한 자축 파티였다. 일본인에게는 섬나라에서 대륙 국가로 도약하는 길이 닦였다는 확신을 불러일으킨 대사건이었다. 류큐와 대만을 정복한 일본이지만, 대륙 문명을 전승해 준 나라이자 관념론적 성리학에 파묻혀 세계사적 흐름을 도외시해 온 나라를 합병했다는 소식은 일본 열도를 들끓게 만들었다. 합병을 자축하는 신문 만평들이 쏟아졌다. 집집마다 국기를 걸었고, 상가는 철시한 채 고객들에게 축배를 돌렸다. 악대가 피리와 북으로 흥을 돋웠다. "마루노우치 니주바시(丸の內 二重橋) 앞에는 아침부터 나온 군중의 만세 소리가 끊이지 않았다."[21] 천황의 유시처럼 '일본은 바야흐로 동양 평화의 주도국으로서 면모를 갖췄고, 조선으로 하여금 제국 문명의 은총을 누리게 할 것'임을 믿어 의심치 않았다.

일본 신문들은 대서특필로 한일 합병을 축하했다. 기필코 이뤄야 할 대업을 성사시켰다는 논조였고, 이를 기반으로 일본은 문명 대국으로 거듭나야 한다는 각오와 자찬으로 가득 찼다. 보호 정치 제도는 사실상 어려운 것으로서 지구상에 "영국인만이 감당할 수 있는 과업이지만, 일본이 그것을 해냈다는 것은 천황의 은덕이자 외교의 승리라고 할 수 있다."(《동경 아사히 신문》) 조선인들은 자립 능력이 없기에 불안한 상태를 벗어나지 못했는데, "이제 그들은 우리의 훌륭한 황제의 직접적 신민이 되었기에 안정과 번영을 영구히 확보하게 된 것이다".(《국민신문》)

《동경일일신문》은 한술 더 떠서 합병을 미화하는 데 열을 올렸다. 조선 황제가 조선인들의 복리를 열렬히 바라지 않았던들, 일본 황제가 조선인들을 자식처럼 사랑하지 않았던들, "합병을 결코 결심하지 않았을 것이다. 종속이니 항복이니 하는 문제는 전혀 있을 수 없다".《요미우리신문》은 확장된 제국 영토를 환영해 마지않았다. "합병에 의해 일본은 하나의 대륙국이 됨과 동시에, 천만의 새로운 인구와 1만 4000에이커의 새로운 영토를 획득했다."라고 찬사를 아끼지 않았다.[22]

이에 비해, 합병에 대한 대한제국 황제의 조칙문은 서글프다 못해 처절하기까지 했다. "생각건대 너희 관원과 백성들은 나라의 형편과 시기의 맞음을 깊이 살펴서 괴로워하거나 어지럽히지 말고 각자 안심하고 업무에 종사하여 일본 제국의 문명과 새 정체를 복종하야 행복을 여럿이 누려라. …… 짐이 오늘 이렇게 제시한 것은 …… 너희들을 구원하여 생존시키고자 하는 덕이 지극히 충실히 드러남이니……."[23] 일본 신문에 발표된 이 조칙문을 읽은 동경 외교관들의 심정은 엇갈렸다. 당시 일본으로 기울어진 국제 역학을 고려하여 대한제국 황제의 조칙을 그대로 수용하는 사례도 있었지만, 조칙문 행간에 가려진 순종(純宗)의 심정을 미뤄 짐작하는 사례도 발견된다.[24] "이척 황제가 8월 22일 그 조약에 서명하기까지 그 어떤 내적 압박들을 받을 수밖에 없었겠는가 생각하면 그저 가슴이 아플 뿐입니다. …… 조선은 이제 국가 목록에서 사라지게 되었고, 황제 자신도 …… 연금 백오십만 원을 받고 …… 사인(私人)의 삶으로 돌아가게 된 것이니까 말입니다."[25] 그럼에도, 외교관들의 관심은 합병 전 조선과 맺은 각종 조약과 협약, 조선 광산과 철도에 투자한 비용이 향후 어떻게 처리될 것인지에 쏠려 있었다. 고무라 주타로 외상은 합병과 관련한 각종 법령과 제도 마련에 정신이 없었던 나머지 외교관들의 이런 질문에 공식 입장을 표명할 수 없었다. 합병 전 몇 달 동안 추진해 온 조선 총독부 설치가 시급한 문제였기 때문이다.

데라우치 초대 총독이 업무를 개시했다. 데라우치는 메이지 유신의 군벌 계보를 잇는 무장으로서 강제력을 앞세워 내선동화라는 목표를 조기에 달성해야 함을 주장하는 무단파의 수장이었다. 영국의 선례를 따라 식민지의 자치를 허용하면서 지배 정당성을 단계적으로 구축할 것에 비중을 둔 자치파의 목소리는 이토의 피살 직후 급격히 잦아들었다.

1910년 5월, 일본 정부는 식민 통치의 체제 문제를 두고 대륙 국가와 오키나와, 대만의 사례를 면밀히 검토한 끝에 전권을 총독에게 위임하는 형태의 조선 총독부안을 마련했다. 7월 내각에 내려진 「한국 병합 실행에 관한 방침」은 거의 그대로 통과되었다. 그 취지는 천황에 의한 조선의 직접 통치를 법제화하되, 조선 총독이 그 권한을 위임받아 직접 수행하는 것이 골자다. 일본 헌법을 그대로 적용하지만, 조선의 특수한 사정에 의해 제령을 발령할 수 있는 권한을 위임받았다. 헌법 적용을 유보하거나 중지할 수 있다는 뜻이다. 총독은 천황에게 직예하되 내각 총리대신을 거쳐 천황의 재가를 받는, 말하자면 천황에게만 책임을 지는 대리인이자 직접 통치자로 규정되었다. 조문은 이렇다.

1. 조선에는 당분간 내헌법(일본 헌법)을 시행하게 하고 대권에 의해 이를 통치할 것,

2. 총독은 천황에게 직예하여 조선에서 일체의 정무를 통할하는 권한을 가질 것,

3. 총독은 대권의 위임에 따라 법률 사항에 관한 명령을 발하는 권한을 부여받을 것.

천황의 대리인이자 직접 통치자로서 총독은 사실상 전제정의 독재자와 다름없었다. 현대의 전체주의는 입법, 사법, 행정의 모든 권한이 통치자에게 집중되고, 무력 기관인 군부와 경찰이 강제력을 행사하는 구조다. 일체의 권한을 위임받은 조선 총독은 내각 총리대신의 재가를 받게 되어 있지

만, 일본 정관계에서도 서열이 여섯 번째로 높아 누구의 간섭도 받지 않는 무소불위의 권력을 행사할 수 있도록 설계되었다. "조선에서 법률을 요하는 사항은 조선 총독의 명령으로 규정한다."라는 긴급칙령 제324호가 총독의 무한한 자율권한을 뒷받침했다.

칙령에 의해 제정하는 법령을 제령(制令)이라 불렀는데, 칙령, 제령, 부령(府令), 도령(島令)으로 이어지는 법률 위계가 조선 총독부의 전제적 권력을 구성한 법적 체계이다. 다른 식민 통치에 비해 가장 특이한 것이 제령이었다. 누구의 간섭이나 재가도 받지 않고 통치의 필요성에 의해 독단적으로 발령할 수 있는 것이 제령이었다. 「조선민사령」, 「조선형사령」, 「조선태형령」, 「사상범보호관찰법」, 「집회법」, 「취제법」, 「범죄즉결령」 등이 그 범주에 속하는데, 식민 통치기에 총 676개의 제령이 공포되고 시행될 정도였다.[26] 데라우치는 1910년 9월부터 불과 몇 년간 조선의 법률 제도를 통째로 변조하여 식민 통치의 효율성을 기하고자 했다.

법률 제도와 함께 전제적 식민 통치를 뒷받침하는 두 개의 제도 영역이 행정 제도와 군·경찰 조직 및 사법 제도이다. 행정 제도는 '조선총독부관제'에 의해 전면 재편되어 대한제국 정부의 존재는 지워졌다.

'조선총독부관제'가 합병 한 달 만에 선포된 것은 1907년 개편한 '통감부 및 이사청관제', 그리고 사법 조직과 군·경찰 조직이 단단하게 존속하고 있었기 때문이다. 일제는 경무부, 농상공부, 총무부, 외무부로 구성된 통감부 통치 조직을 식민 기구로 개편하여 총독관방, 총무부, 내무부, 탁지부, 농상공부, 사법부 등 1방 5부로 골격을 갖췄다. 총독관방 하에는 무관실(武官室)을 두어 육해군을 총괄 지휘할 통수권을 부여했으며, 1908년 의병 진압을 위해 경찰 기관을 조선주차군 사령관 휘하로 예속시킨 헌병경찰제를 강화함으로써 통감의 통치력에 치안 기능을 보강했다.[27]

중앙 행정 조직의 재편과 동시에 이뤄진 것이 지방관 관제다. 일제는 조선의 향촌이 주로 양반 유지를 중심으로 관할되고 있음을 간파하고, 행정의 일원화 및 지방 지배층의 교체 내지 체제 내부로의 포섭을 꾀하고자 했다. 지방 행정 단위를 도, 부, 군, 면으로 위계질서화하여 13도 12부 317군 4408면을 확정 고시했다. 토지 조사 사업의 시행과 중첩된 행정 개편은 촌민의 많은 불만을 낳았는데, 1914년 전면 시행된 면, 동, 리 통폐합 조치에서 특히 여론이 악화됐다. 도와 부는 그대로 두고, 317개 군을 220개로, 4336개 면을 2522개로, 6만 1000여 개 동을 5만 8000개로 재조정했다.[28] 행정 구역의 인위적 구획은 편의성과 효율성을 가져왔지만 자연 부락의 경계가 무시되고 풍습이 서로 다른 촌락과 촌민들이 같은 단위에 편입되어 예기치 않은 불편과 갈등을 촉발하는 계기로도 작용했다. 게다가 지방관 관제 중 '면에 관한 규정' 2조는 도장관에게 면장 임명권을 부여하여 통감부 시기까지 명맥을 유지하던 자치제가 결국 소멸되었다. 주로 일본인이 장악한 도장관이 일제 협력 인사를 군수와 면장으로 발탁하고, 이들이 인허가권과 인력 및 물자 동원을 주도함으로써 향촌 권력 구조가 친일 세력으로 새롭게 재편되는 결과를 가져왔다.[29]

한편, 군대와 경찰은 전제적 식민 통치에 필수적인 물리적 억압 기구로서 합병 전에 일제는 이미 '조선주차군'과 '헌병사령부'를 설치한 바 있다. 합병과 동시에 일제는 조선주차군을 2개 사단으로 편성하여 함흥에 사령부를 둔 19사단과 서울 용산에 사령부를 둔 20사단 병력으로 증파해 무력 지배의 기반으로 삼았다. 1910년 헌병경찰제가 도입되면서 초기 6000명이었던 일반 경찰은 1919년경에는 헌병 8000명, 일반 경찰 6000명, 총 1만 4000명에 달하는 헌병경찰이 운영되었다.[30] 여기에 주로 한국인으로 구성된 헌병 보조원까지 합하면 모든 일상을 감시하고 탄압하는 치안 병력은 거의 2만에 달했다. 실제로 일반 경찰제로 전환한 1920년경 총독부가 내세웠던 '1면 1주재소' 원칙에 의해 전국 치안 병력은 경찰 2만 83명, 경찰서 251개, 파출소

2354개소가 운영되었다.[31]

사법 제도의 개편 역시 전폭적인 것이었다. 한국인의 재산과 생명, 안전을 보호한다는 구실로 새로운 제도가 도입되었는데, 일본인과의 민족적 차별은 물론 총독부의 통치력 강화와 저항을 탄압하는 합법적 수단이 되었다. 1907년 통감부가 제정한 「재판소구성법」을 필두로 식민 통치의 법적 기초를 만들었는데 이는 곧 「통감부재판소령」(1909)과 「통감부사법청관제」(1909)에 의해 한층 보완되었다. 이어 조선총독부재판소령(1910)이 선포되고 민사와 형사를 관장하는 「조선민사령」과 「조선형사령」(1912)이 발포되었다. 대한제국 당시 행정관에 의한 임의적 법 적용 전통을 '법적 지배' 형태로 전환했고, 생명과 재산에 대한 제도적 보호를 꾀했다는 의미는 있으나 대체로 일본인과의 차별적 적용, 경찰권·사법권 인정, 태형의 존속 등 식민 통치의 야만성이 그대로 온존되었다. 특히 태형의 폐지 요구에도 불구하고 「조선태형령」(1912)을 제정해 여전히 존속시킨 것은 세계 식민사에서 유례가 없는 것이었다. 태형에 처해진 사람은 장독에 의해 거의 불구가 되거나 시름시름 앓다가 사망에 이르는 사례가 빈번했다. 그럼에도 징역과 구류, 벌금, 과태료를 태형으로 환형할 수 있도록 만든 일제의 법적 폭력은 식민 초기인 1910년대를 통해 계속되었다.[32]

일제 식민 통치의 폭압성은 세계 식민지사에서 찾아보기 어려울 정도로 혹심하고 그 성격도 유럽 제국의 식민 체제와 구별되는 독특한 것이었다. 논자마다 강조하는 점에 따라 성격 규정도 달라지는데, 대체로 '내지연장주의'에 입각한 '동화주의'이자 간접 통치가 아닌 직접 통치라는 점에 의견을 같이한다.[33] 직접 통치의 궁극적 목적은 조선 민족의 완전한 동화(同化)였는데, 이를 위해 일제는 점차적으로 강압력을 높여 결국 1930년대 이후 민족 말살 정책으로 나아갔다.

내지연장주의란 일본의 법과 제도를 그대로 조선에 연장 적용하는 것을 의미하고, 그것을 통해 조선인의 일본인화, 즉 내선일체를 이루는 것이 일제가 노렸던 식민 통치의 목적이었다. 흔히 황민화 정책으로 집약되는 '충량한 신민 만들기', 그리하여 천황에게 절대 충성하는, 일시동인(一視同仁)의 자애로운 뜻을 각성해서 일본국의 은혜에 감복하는 식민지민을 만드는 것이었다. 미개와 무지에 허덕이는 이웃 국가 조선을 일본의 선진적 문명 세례를 통해 민도를 높이고 문명국으로 인도하는 것, 그러면서 천황의 품에서 황민으로 거듭나도록 돕는 것이 이른바 문명화의 사명임을 일제는 믿어 의심치 않았다. 조선사편수회가 발간한 『조선반도사편찬요지』에 그 대강이 그대로 드러나 있다.

제국 일본과 조선과의 관계는 강역이 서로 인접하여 있고 인종이 서로 같으며 …… 혼연한 일대 영토를 구성하고 상호 간에 이해휴척을 함께하여 왔던 것이다. 그러므로 조선인을 방치하여 그들이 일진신보의 대열에서 낙오하는 것을 돌아보지 않음은 원래부터 국가의 기초를 공고히 하는 소이가 아닌 것이다. …… 어디까지나 그들을 교화하여 인문의 영역으로 나아가게 하고 일치합동의 단합된 힘으로 제국의 전도에 융성을 도모하게 함은 만세의 양책으로서 병합의 큰 뜻이 여기에 있다 할 것이다. …… 오늘의 밝은 세상이 첫째로 오로지 병합의 은혜에서 비롯된 것임을 망각하고 부질없는 구태만을 회상하여 …… 이와 같이 된다면 어찌 조선인 동화의 목적을 달성할 수가 있을 것인가.[34]

이 글은 비록 1938년에 나온 것이지만, 그 논지는 19세기 말 이후 일본의 합방론자들이 견지해 오던 굳은 신념이었다. "일본의 황통은 본래 만세일계(萬世一系)"이기에 무지몽매함에 빠져 있는 조선인들을 교화하고 "부형적 애정과 도덕적 사명으로 조선을 교육"[35]하는 것이 일본 식민 통치의 성스러운 목적이었다.

　제국 일본에는 성스럽기 그지없는 저 신념은 조선인에게 깊은 절망과 체념을 선사했다. 일제에는 영광의 시간이었지만, 조선에는 절망의 시간이었다. 그 절망이 언제 끝날지 모르는 암흑의 시대가 시작되었다. 비록 조선이 1884년 이후 청의 위안스카이에 의해 약 10년간 내정 간섭에 시달렸고, 갑오경장 이후에는 일본의 진출에 의해 위태로운 시간을 겪어 온 터였지만, 정작 나라가 강점당하고 주권이 송두리째 뽑히는 현실 앞에서 조선인들은 망연자실할 수밖에 없었다. 역사상 초유의 사태 앞에서 어떤 지략도, 어떤 지혜도 짜낼 수 없었으며, 어떤 희망을 떠올리기에 현실은 그저 막막할 뿐이었다. 민영환은 1905년 을사늑약 당시 자살로 현실을 부정했다. 30년간 시국의 흐름을 기록으로 남겼던 황현은 절명시를 남기고 세상을 떴다. "조수도 슬피 울고 강산도 찡그리오/ 무궁화 이 세계는 망하고 말았구려/ 등불 아래 책을 덮고 지난 역사 헤아리니/ 세상에 글 아는 사람 되기 어렵기도 하구나." 제국의 도래 앞에 우왕좌왕했던 조정을 질타했던 황현으로서는 달리 방도가 없었을 것이다. 정교는 합병과 함께 세상을 등진 사람들을 기록에 남겼다. 전 판서 김석진, 금산 군수 홍범식, 환관들이 스스로 목숨을 끊었다.

　이에 반해, 매국 5적으로 불리게 될 내각 총리대신 이완용, 내부대신 박제순, 탁지부대신 고영희, 학부대신 이용직, 농상공부대신 조중응은 총독부로부터 작위와 함께 은전을 받았다. 포상과 작위는 합병 조약문에 명시된 것이다. 한국 황족과 후예들에 대해 상당한 명예와 대우를 규정한 조약문 4조에 의해 의친왕 이강(李堈)과 흥친왕 이희(李熹, 이재면)는 황족의 예우를 받았고, 황실령 14호로 공포된 「조선귀족령」에 의하여 종2품 이상의 고위 관직을 역임한 자들이 그에 상당한 대우를 받았다. "일본국 황제 폐하는 훈공이 있는 한국인으로서 특히 표창을 하는 것이 적당하다고 인정되는 자에 대해 영작(榮爵)을 수여하고 은금(恩金)을 준다."라는 조약문 5조에 의거하여 자작과 남작 직위가 대한제국 대신들과 귀족들에게 수여되었고, 그 외 많은 귀족들이 은사금을 받았다. 작위 대상자가 총 76명에 달했는데, 윤용구, 홍순형, 민영달, 조경호, 유길준, 조정구처럼 작위 수여를 거부한 사람들도 더러 있었다.

지방 유지, 양반 유생, 지주, 지식인 들의 반응은 각각 달랐다. 많은 사람들이 친일 세력에 합류하기도 했고, 식민 통치를 활용하여 출세의 길로 도약한 자들도 부지기수였다. 더러는 해외 망명의 길을 택했다. 상해, 미국, 연해주가 해외 망명객들에게는 나라를 찾는 원대한 여정에서 절치부심할 수 있는 은신처였다. 신채호는 만주와 북경을 향해 떠났고, 이광수는 이르쿠츠크와 블라디보스토크로 갔으며, 안창호는 미국으로 갔다. 많은 청년들이 일본을 배우러 유학길에 올랐다.

국망에 대한 인식

총독부가 들어섰고, 나라가 망했다. 『대한계년사』는 8월 29일 경술국치의 마지막 장면을 끝으로 대한제국의 파란만장한 역사 서술을 마감했다. 500년을 지속한 나라의 길고 긴 여정이 끝나는 장면은 단순했다. 8월 22일, 오후 6시, 이완용과 윤덕영이 두 조칙에 옥새를 찍으라고 황제를 윽박질렀지만 황제는 무슨 일인지 몰랐다. 김윤식이 황제에게 사태의 황급함을 알렸는데 이미 늦었다. "이완용과 윤덕영은 일본인의 지휘를 받아 곧바로 김윤식과 여러 사람을 쫓아냈다. 마침내 옥새를 가져다 그 문서에 찍었다."[36] '옥새를 찍었다'로 『대한계년사』가 마감됐다. 조선도 운명을 거뒀다. 곡산군수로 있던 정교는 한일 합병 직후 고향 이리로 낙향해 그곳에서 일생을 마쳤다. '나라'와 '조정'의 운이 다했음을 알았던 지배 계급의 일원이었다.

《황성신문》이 폐간됐다. 9월 14일의 일이었다. 《대한매일신보》는 매각돼 총독부 기관지 《매일신보》로 둔갑했다. 윤덕영은 합방 직전 자기 친인척에게 직각(直閣) 70여 자리를 나눠 주었다.[37] 황현은 썼다. "정2품으로 자품이 오른 자가 저자를 이루어 금관자(金貫子)가 거의 동이 날 지경이었다."[38] 매국 5적이 나눠 준 벼슬자리는 엄청난 규모였을 것이다. 매국의 보상인 은사금과 작위를 받으려 안달했던 고관들이 무리를 이루었다. '한국이 망하매, 전 진사 황현이 약을 마시고 죽었다.' 『매천야록』의 마지막 구절이다. 매천은 죽기 전 자신의 자결을 사체(史體)로 기록했다. '한국이 망하매'라고 해서 조선을 '한국'이라 칭했다. 대한제국의 약호일 것이다.

정교의 '나라', 황현의 '한국'은 '국가'라는 근대적 개념이 아닌 여전히 군주가 다스리는 군주국이었다. 정교는 이완용과 윤덕영이 황제를 압박할 당시 김윤식이 황제에게 품의했던 말 그대로 '한국'이란 명칭을 썼다. "우리 한국은 폐하 한 분의 한국이 아닙니다."(惟我韓國非陛下一人之韓國也) 황현의 경우처럼 한국은 대한제국의 약호다. 정교와 황현에게 한국은 근대적 국가가 아니라 군주국이었다. '민유방본'이라는 전통적 군주국에서 군주가 일본으로 교체된 구조, 민(民)은 거기서 떨어져 나와 홀로 고립하는 상태로 인식되었을 것이다.

향촌 양반들의 인식이 대체로 그러했을 것이고, 국가보다는 나라와 조정에 훨씬 친숙했던 일반 평민들 역시 다를 바 없었다. 군주와 사대부를 대신해서 왜(倭)가, 일본이 통치한다는 것! 고종과 순종은 살아 있었다. 군주는 일개 황족으로 물러나고, 그 자리를 일본이, 조선 총독부 총독이 차지한 것이다. 근대적 국가 개념이 생소한 당시에 식민 개념을 제대로 인식하기는 더욱이 어려웠다. 다만, 나라를 빼앗겼다는 울분과 앞으로 어떤 일이 일어날지 아무도 모르는 불안감이 엄습할 뿐이었다. 향촌 양반들은 일제 치하에서도 자신들의 재산과 지위를 유지할 수 있을지에 관심을 가졌을 터이고, 일반 평민들은 '왜가 좀 나을까' 하는 막연한 기대감을 가졌을지 모른다. 1910년대는 기대와 절망이 엇갈리면서 식민의 냉혹한 현실을 절감해 가는 시간대였다. 일본의 본질과 식민지의 압제적 현실, 군주가 없는 나라의 암울함을 절감하는 데에는 그리 많은 시간이 걸리지 않았다.

지식인들은 달랐다. 국망(國亡)은 곧 국가 소멸이었다. 국가와 국민 개념이 지식인들의 관심사로 부상한 것은 만민공동회가 좌초되고 난 이후였다. 《독립신문》은 아직 국민 개념을 시기상조로 보아 일반 대중을 지칭하는 용어로 '인민', '백성'을 주로 썼으며, 자주와 독립을 위한 인민의 자격과 인민이 갖춰야 할 덕목에 초점을 맞추었다. 《독립신문》 폐간 직후 발간된 《제국신문》과 《황성신문》은 논조를 인민과 백성에서 국가와 국민으로 옮겼다. 《제국신문》은 「미국 백성의 권리론」을 게재해 인민의 권리가 국가의 기본임을 소개했고, 《황성신문》은 「국민의 평등 권리」라는 논설에서 국가, 국민, 권리라는 낯선 개념들의 상호 관계를 조목조목 설파했다. 만민공동회에서 제기되었다가 역모 사건으로 단죄된 '공화제'의 연장선이었다. 군주가 존재하는 상황에서, 그것도 대한제국이라는 전제정을 선포한 이후 공화제를 거론하는 것은 역모(逆謀)였다. 그런 위험에도 불구하고 만민공동회에 참여했던 지식인들은 자주와 독립을 위해 우선 선행돼야 할 조건을 국가 구조의 변혁에서 찾으려 했던 것이다. 군민 공치라는 입헌 군주제도 전제정을 선포한 대한제국 황제에게는 커다란 도전으로 인식되던 상황이었다. 만민공동회 좌초 후 지식 사회에 잠재되어 있었던 국가 구조의 변혁 열망은 을사늑약과 더불어 터져 나왔다.

1905년~1910년 국민 국가에 대한 논의와, 국가와 국민의 요건에 대한 모색이 공론장을 가득 채웠다. 이에 관해서는 『시민의 탄생』 5장에서 상세하게 논의한 바 있거니와, 《황성신문》 계열의 남궁억, 장지연, 김상연 등이 앞장섰고, 안종화의 『국가학요』(1907), 안국선의 『정치원론』(1907)과 《만세보》에 연재한 「국가학」 등으로 확산되었다. 보호 조약이 발동하는 상황에서 조선의 자주와 독립을 모색하려는 지식인의 노력이 '국가론'으로 모아진 것이다. 이준이 결성한 헌정연구회, 그 후신인 대한자강회(1906), 신민회(1907) 같은 정치 결사들도 민권과 국권의 기본 원리를 논의함으로써 국민 국가 건설의 기반을 닦으려 했다. 인민과 백성이 민권을 보유한 국민으로 진화하고, 그 국민에게서 단일한 정치적 공동체를 관할하는 통치권을 위임받은 국가를 만드는 원대한 과업이 곧 '국민 국가 만들기'였다.

당시 지식인들에게 국민 국가는 일본의 억압 통치를 극복할 수 있는 혁명적 발상으로 받아들여졌다. 조건이 필요했다. 국가와 군주의 분리, 국가와 국민의 접합이 그것이다. 이 두 가지 요건은 그야말로 혁명적 발상이자 시도였다. 군주는 살아 있었고, 인민은 민유방본의 전통적 사고에 젖어 있었다. 거기에 통치권을 잠식해 들어오는 일본이 있었다. 지식인의 국민 국가 구상은 강제 합병으로 끝났다. 전제정 국가는 소멸했고, 국민이 되지 못한 인민은 홀로 고립되었다. 국망은 말 그대로 국가의 붕괴이자 국가의 소멸을 뜻했다. 조선이라는 나라가 영원히 역사의 뒤편으로 사라지는 것을 뜻했다.

신채호는 '정신적 국가'를 구분해 냄으로써 '현실 국가'의 소멸을 애써 부정하고자 했다.

정신으로 된 국가라 함은 무엇을 이르느뇨. 그 민족의 독립할 정신, 자유할 정신, 생존할 정신, 굴복하지 아니할 정신, 국권을 보존할 정신 국가 위엄을 발양할 정신, 국가의 영광을 빛나게 할 정신 등을 이름이라. …… 오호라, 국가의 정신이 망하면 국가의 형식이 망하지 아니하였을지라도 그 나라는 이미 망한 나라이며 국가의 정신만 망하지 아니하면 나라의 형식은 망하였

을지라도 그 나라는 망하지 아니한 나라이니라.[39]

'나라의 형식' 현실 국가는 망했다. 그러나 국가의 정신을 붙들고 있으면 그 나라는 망하지 않은 나라다. 국혼(國魂), 국백(國魄), 민족, 역사, 국수(國粹) 등 정신상 국가의 요건들이 1910년대 지식인의 인식 공간을 채웠던 이유다. 1911년 만주 환인으로 이주한 박은식은 신채호의 국혼론을 『한국통사』에서 되살려 냈다. 상해에서 출판된 이 통사의 첫 장에 백두산 천지, 경주의 고분, 이순신의 거북선, 금강산 전경을 실어 정신적 국가가 살아 있음을 입증하려 했다. 을사 5적과 매국 7적을 가려 성토하고, 민영환과 안중근의 영정을 실어 국혼의 기백이 한국 역사에 서려 있음을 보여 주었다. 박은식의 인식 공간에서 죽은 한국은 생명력을 얻었다. 국가 쇠망을 체험한 지식인들이 일제 치하의 1910년대를 건너는 방식이었다. 박은식의 요청에 응한 캉유웨이(康有爲)는 『한국통사』 서(序)에 국망의 현실 고통을 이렇게 썼다.

거부가 걸인 신세가 되고 권력 있는 귀족이 노예로 되며, 일반인이 수갑을 찬 채 고문을 당하고 담금질을 당해 살점이 베어진다면 그 고통은 말로 형용할 수 없는 것인데, 한국이 바로 이와 같은 처지이다. …… 이 통사를 읽으면 일본이 한국을 망하게 하는 술책이 코뿔소의 뿔을 태우는 것과 같고 쌀알을 일일이 세는 것과 같으니 두렵고 애통하고 놀라고 분통할 따름이다.[40]

박은식이 직접 쓴 서문은 신채호의 역사관을 재현한다. "옛 사람들이 이르기를 나라는 멸망하더라도 역사는 망할 수 없다 했다. 나라라는 것은 형체만을 말하는 것이고 역사는 바로 신명과 같은 것이다."[41] 신명이 국혼이고 국백이었다. 상해에서 회상하는 국망의 현실은 이렇게 냉혹했다.

지식인들이 모두 국혼을 붙들고 있던 것은 아니다. 국망과 일제 통치를 인정하지 않을 수 없는 상황에서 일제 강점 수용론 내지 실력 양성론으로 전환한 인사들도 속출했다. 만민공동회의 열렬한 참여자이자 대한자강회 회장을 맡아 국민 국가 구상에 진력했던 윤치호가 그렇다. 윤치호는 '105인 사건'에 연루돼 1912~1915년 옥고를 치렀다. 105인 사건은 총독 데라우치가 압록강 철교 개통식에 참가하러 가는 도중에 애국 인사들이 총독을 암살하려다 미수에 그쳤다고 허위 조작한 사건이다. 신민회 활동을 감시하고 있던 일본 경찰이 애국지사들을 옭아매려는 것이 목적이었는데, 양기탁, 유동열, 임치정 등 신민회 주요 인사들이 대거 체포되었고 윤치호는 핵심 인물로 지목돼 3년간 복역했다.[42]

윤치호가 1883년부터 썼던 일기는 이 기간이 누락되어 있는데, 어떤 필기도구나 책도 허용되지 않은 옥중 상황 탓이었다. 문명화를 내세운 일제의 통치가 허구라는 사실, 일제가 개발하는 모든 유형의 산업, 도로, 철로가 총독부의 선전과는 달리 모두 일본의 이득을 위한 것이라는 사실을 누구보다도 명백히 인식하고 있었던 윤치호는 출옥 후에 독립운동의 의미를 부정하기에 이르렀다. 일제 통치를 현실로 받아들이면서 인격 수양과 민족성 개조에 힘을 써야 하며, 무엇보다 실력 양성이 급무라는 생각 쪽으로 선회했다. 실력이 없으면 독립운동이나 독립 투쟁은 시기상조다. 이회영, 이시영 일가가 진즉 모든 재산을 처분하고 만주로 이주한 뒤였다. 안동의 이상용 가문도 만주로 가서 무관 학교를 설립해 독립운동 전사들을 길러 내던 때였다. 모든 인민의 민도와 실력 양성이 없다면 윤치호가 보기에 부질없는 짓이었다. 1919년 3·1 운동을 반대한 이유이기도 하다. 그는 파리강화회의에서 조선 문제를 거론할 것이라고 희망하는 독립운동 단체를 낭만적이라 비판했고, 강대국이 조선 독립을 도와줄 거라 믿은 당시의 낙관적 견해를 정면 부정했다. '독립운동 무용론', '독립운동 유해론'으로까지 나아간 윤치호의 국망 인식은 유화적 국면인 1920년대를 거쳐 급기야 친일 노선으로 가는 통로가 되었다.[43] 미개하기 짝이 없는 한국의 상태로 미루어 독립의 길은 멀고 멀어서 일제와의 협력이 결국 자강(自彊)의 유일한 방책이라는 결론을 내렸던 것이다. 국망은 자강, 자강은 친일로 연결되었다.

향촌의 재지사족들은 일본의 통치가 조선의 전통적 지배 의식을 파괴하고 재산과 지위를 송두리째 흔드는 것을 주로 경계했다. 국망은 그들의 안위를 위협하는 최대의 위기였다. 위기의식 저변에는 조선의 멸망에 대한 안타까움이 깔려 있다. 예천 박씨의 일기에서 국권 피탈은 "일인(日人)들이 면내에 나와서 세금을 독촉하고 있다."라는 말로 시작된다.[44] 그 외에도, "면장이 양반·유생가의 전토와 소, 말, 닭, 돼지, 개 그리고 과실나무와 뽕나무까지 자세히 적어 갔다."라고 썼다.(11월 21일) 그들의 안정적 일상사에 변고가 발생한 것이다. 때로는 다른 동리에서 일어난 불상사를 극히 경계하고 탄식하는 사례가 빈번히 발견된다. "영주의 한 마을에 일군 토벌대가 들이닥쳐 …… 노략질을 당했다. 여자와 남자의 옷을 벗겨 나체로 둘씩 나무에 묶어 놓고 희롱하였다 하니 하늘이 굽어보고 어찌 천벌을 내리지 않으시는지……."(12월 29일) 일본 강점은 무법천지였다. 국망은 일본에 의해 재산과 생명이 유린되는 상황에 다름 아니었다. 그럴수록 폐망한 조정에 대한 아쉬움은 역으로 커질 수밖에 없다. 일본인 관찰사는 지방 유지들에게 일본 관광을 권고했다. 문명국을 본받아 향촌을 발전시킬 수 있는 지혜와 안목을 넓힌다는 취지에서였다. 일기에는 관찰사의 시책에 더러 응했던 선비들의 소감을 적어 두었다. "동경이라는 곳에 가 보니 별로 볼 것도 없고 다만 수목이 빽빽한 가운데 나라가 있을 뿐이었다."(6월 7일자) '수목 가운데 나라가 있다'는 그 선비의 의식에서 나라는 조정이었을 뿐, 근대적 의미의 국가는 아니었다.

무너진 나라에서 평민들은 우왕좌왕했고, 일본 통치에 대한 긍정과 부정적 사고가 엇갈렸다. 강제 합병 직전인 1909년 통감부는 민정 시찰을 통해 민심 동향을 파악하고자 했는데, 겉으로는 통치의 공평함을 높이 평가하는 듯하지만, 속으로는 여전히 일본 정부를 신뢰하지 않는다고 보고했다. 왜(倭)에 대한 멸시와 불신이 여전했던 1909년경 상황이니 충분히 짐작이 간다. 국망이 예견되는 가운데 일본이 영토와 재물, 군주의 권력을 노략질한다는 당시 일본에 대한 부정적 시각은 절정에 달했다. 조선 실상을 탐사하고 진단하는 글에서 샤쿠오 교쿠보(釋尾旭邦)는 조선인을 이렇게 묘사했다. "막걸리와 보리밥에 배가 부르면 …… 아리랑이라는 망국의 곡조를 흥얼거리며 태평을 즐기는 요보부인코배(輩)도 무의식적으로 대한국(大韓國)을 외치고……."[45] 먹고살 것이 해결된다면, 즉각 일본을 경멸하는 무의식이 발동되는 당시의 민심을 지적한 것이다. 그럼에도 어떤 학정과 착취가 예정되어 있는지, 일본 강점이 자신들의 생애에 어떤 예상치 않은 고통과 절망을 가져다줄지 모르는 가운데 평민들의 불안감은 극에 달했다.

총독부 기관지인 《매일신보》는 대중들에게 신문명의 화려함과 문화적 물질적 욕망을 부추겨 불안감을 해소하려 노력했다. 백화점을 소개하고 새로운 상품을 선보이고, 생활의 쾌락과 안정을 가져오는 여러 가지 신문물을 광고에 게재했으며, 생활을 편리하게 만드는 새로운 풍속이 확산되는 장면을 대중 독자들에게 전파했다. 일본이 만드는 신문명의 이점을 널리 알려 일본에 대한 거부감을 해소하고 통치의 정당성을 높이려는 목적이었다. 극장과 연극, 서커스단의 신기를 묘사함으로써 대중들의 궁금증과 호기심을 부추겼다. 춘절기 창경원 나들이, 하절기 금강산 관광을 비롯하여 여행의 즐거움과 각종 행사의 흥청거림을 상세히 소개했다. "어원 안 중요한 길에 좌우로 심은 사쿠라는 정치 만개라 분홍 구름이 좌우로 엉기는 듯하여 표사는 곳에서 사람에 취한 사람은 홍화문을 들어서면서 꽃에 취하지 않을 수 없다."[46] 1917년 4월 24일 자 창경원 놀이에 모인 군중들의 표정이다. 이 기사를 읽으면 동물원으로 변모한 창경원에 나들이 가고 싶은 생각이 절로 솟는다. 불안감은 어느덧 호기심으로 바뀌고, 호기심은 곧 일제 통치에 대한 관용성을 높인다.

1915년 개최한 조선물산공진회는 조선 민중을 일본의 통치 내부로 끌어들여 일선동화(日鮮同化), 일시동인(一視同仁)이라는 식민의 목적을 조기에 달성하고자 한 행사였다. 식민 당국은 문화적 전파를 통해 식민지민을 고양하는 것, 열등 민족에게 문명개화, 식산흥업을 가르쳐 국리민복으로 나아가게 하는 것이 문명적 사명이라고 선전했다.[47]

강점 직후 수백 개의 제령과 법령을 선포해 식민지 기반을 닦은 총독부는 일제에 대한 조선 민중의 공포와 두려움을 해소시킬 필요가 있었다. 1915년 조선물산공진회가 그런 목적 아래 기획되었다. 당시 세계에서 유행하던 박람회를 식민지 수도 경성에서 개최하고자 한 것이다. 조선의 군주가 대대로 거주한 곳이자 조선 정치의 상징인 경복궁을 개최 장소로 택한 것은 통치 권력이 바뀐 현실을 주지시키고, 5년간의 식민 통치가 조선의 발전에 얼마나 많은 성과를 가져왔는지를 확인시키려는 의도였다. 과거에는 대신들과 사대부들이 늘어섰던 근정전 앞뜰과 경복궁 내원이 전시장으로 꾸며졌고, 서민들에게는 금단의 장소였던 성스러운 궁전이 일반 평민들에게 개방되었다. 조선 총독부는 수산, 공업, 교육, 교통, 미술품, 기계, 철도 등으로 전시장을 구분하고, 행정 단위별, 산업별로 출품할 것을 지시했다. 조선물산공진회에 출품한 인원은 1만 8976명, 출품 총수는 4만 2026점에 이르렀다. 총독부는 도장관과 지방 관리에게 관람을 권고하는 지시를 내렸는데, 조선인 44만 명, 내지인 22만 명 등 관람객 총수가 무려 116만 명에 달했다.[48]

당시 성인 인구의 약 10퍼센트가 관람했다고 보면, 식민 초기의 공포와 나라 잃은 서러움을 신문물에 대한 선망과 식산흥업의 희망으로 교체하는 계기가 되었을 것이다. 관람객의 인식 공간에서 구체제에 대한 원망과 비난이 자연스럽게 싹텄을 가능성이 크다. 일제가 노린 것이 바로 그것이었다. 신구 체제의 현실을 대비시켜 식민자의 우월성을 각인시키고, 식민 통치가 서양 제국의 진출과 착취에서 조선인들을 보호하고 안정화하는 데에 필수적인 과정임을 확신시키는 것, 일본의 문명적 세례와 천황의 덕화를 나눠 '충량한 신민'으로 거듭나게 하는 것에 조선 대중이 일말의 회의도 품지 않게 만드는 것이 공진회의 최대 목표였다. '조선총독부 시정 5년 기념'으로 기획한 공진회의 의미는 이렇게 설파되었다.

신시정 이래로 5개 춘추에 조선 통치의 기초가 확립되고 제반의 시설 경영이 유익진전(愈益進展)하여 …… 신구 시정의 비교 대조를 명확히 하고, 타방면으로는 내지 물산 중 특히 조선에 관계가 유(有)한 자를 진출케 하여 일(一)은 조선 산업 무역의 발달에 자(資)하고, 일(一)은 진보 개선의 목표를 범시(範示)하여, 이로써 조선인의 지식 사상을 계발하는 동시에 일변 내지인을 다수 유치하여 상세히 조선의 실상을 소개함도 조선 개발상에 긴요함이 막대함.[49]

그럼에도 향촌의 사정과 분위기는 그리 달라지지 않았다. 1915년 예천 박씨의 일기는 흉흉한 세상에 대한 탄식으로 가득 차 있다. "일본 헌병이 백정 8, 9명을 거느리고 와서 마을의 개와 돼지 10여 마리를 때려잡아 갔다." (1916년 3월 4일) "대저 국변(경술국치)이 있은 뒤로부터 닭이 뿔 달린 병아리를 낳는가 하면 말이 뿔 달린 망아지를 낳고 우물에서 피가 흐르는 괴변이 잇따랐다. 또 산이 무너지고 갈라지는 등 해괴한 일들이 일어났다. 인사의 강상(綱常) 또한 무너져서 괴변이 속출하고 있는데 이루 다 기록할 수가 없다."(1916년 8월 27일) 향촌 재지사족인 박씨는 일제 강점과 식민 현실을 국변(國變)으로 표현했고, 흉흉한 인심과 변괴를 삼강오륜이 무너진 탓으로 해석했다.

식민 당국도 향촌 사회의 비관적 분위기에 주목해서 향촌민의 사고와 행동 규범을 근대적 공간으로 끌어들이고자 노력했다. 총독부 기관지인《매일신보》가 일반 대중 독자들이 접근하기 쉬운 단편 소설과 단형 서사를 자주 게재했던 까닭이다. 주로 공모 형식으로 발굴한 단형 서사의 주제는 계몽과 인격 수양, 일제 정책에의 공감과 동참에 관한 내용이 주를 이루었다. 민족, 독립, 역사에 관한 관심은 의도적으로 배제하고, 도덕적 인간과 선한 인간상을 목표로 하는 일제의 문명화 사업에 비추어 조선인들의 타락과 부패상, 게으름과 무지, 협잡과 불륜 등을 대비시키는 형식이었다.[50] 민족성 개조, 내지 인간성 개조를 우선 강조했던 실력 양성론이나 애국 계몽 운동과 궤를 같이하는 의도로 볼 수 있겠다. 개조의 물결에 동참하는 개인적 각성이 부각되는 가운데 국망의 서러움은 은연중 약화되고 새로운 통치자에 대한 기대가 싹트는 무의식적 효과를 노렸던 것이다.

식민 초기 5년간, 일제는 식민 통치의 효과가 극대화되기를 기대했고, 일시동인, 동종동근, 일선동화 이데올로기가 향촌에 깊숙이 스며들기를 고대했다. 민심의 동향이 궁금했던 총독부가 헌병 경찰에게 지시하여 작성한 문서가 『주막담총(酒幕談叢)』이다. 충청남도 경찰부와 공주헌병대가 1912~1915년 저잣거리에서 수집한 자료로서 변복 경찰이 주막에서 들은 평민들의 담소를 그대로 기록한 문서다. 1912년 452편, 1914년 391편, 1915년 251편이 수록되어 있는데, 그야말로 서민들의 불만과 분노의 대상이 무엇인지를 판단케 하는 귀중한 자료이다. 식민 통치에 대한 긍정과 부정이 엇갈리고, 절망과 기대가 혼류된 당시의 민심을 짐작게 한다.[51] "옛날 양반은 오늘날의 양반이 아니다. …… 옛날 일을 생각하면 이가 갈린다. 우리는 오늘날 문명화된 세상을 맞이하여 설날을 맞이하는 느낌이 든다."(1912, 공주헌병분대)라거나, "한 푼의 임금도 주지 않은 채 도로만 좋아졌다 해도 많은 논밭이 매립되어 …… 인민은 어떻게 살겠는가, 죽을 수밖에 없다."(1912, 천안헌병분대)라는 솔직한 토로에서 일제에 대한 촌민들의 이질적 감정과 평가를 엿볼 수 있다.[52]

도로 개설이나 토지 정리에 강제 동원된 촌민들의 불평은 이만저만이 아니었다. 그런 반면, 양반들의 횡포와 행세가 사라지고 그들이 자신들과 같은 처지로 몰락하는 광경을 후련한 심정으로 바라보는 서민들의 정서도 만만치 않았다. 일본에 협력해 벼락출세를 하는 사람도 속출했다. "일본어를 아는 놈은 다 건방지고 장유유서를 잊는다."(1914, 천안헌병분대)라는 비난에는 경멸과 함께 출세에 대한 시기심도 서려 있다. 글 서두에서 예시한 "나도 내년에는 관리가 될까. (헌병) 보조원이 되려면 일본어를 알아야 하는데 지금부터 공부해도 될까."라는 말도 조선과 일본 사이에서 우왕좌왕하는 민심을 표현한다. '거부'와 '수용'의 줄다리기였다.

이런 상태에 놓인 양반과 평민을 어떻게 천황의 충량한 신민으로, 황국의 국민으로 끌어들이고 그들에게 내지인과 동일한 국민적 정체성을 갖게 할지가 총독부가 고민하던 가장 중대한 문제였다. 나라와 조정 개념에 젖어 있는 조선인들에게 근대적 국가 개념과 국민 정체성을 부여하는 것은 지난한 과제였는데, 무단 정치기에 데라우치 총독이 가장 공을 들였던 문제이기도 했다. 기관지 《매일신보》가 그 역할을 맡았다. 기존의 모든 언론 매체를 금압하고 식민지 공론장을 독점한 《매일신보》는 인민과 시민의 정체성을 희석하고 거기에 국민 개념을 욱여넣었다.

식민지 공론장

타민족에 의한 압살, 그것도 한 민족의 역사적 자취를 완전히 지워 버리는 일이 가능한가? '일선동화', '내선일체'라는 개념 자체는 이론적으로는 가능하지만 현실 세계에서도 이뤄질 수 있을까. 하나의 민족이 다른 민족을 완전히 압제해 자취도 없이 말살하려 했다는 사실은 현재 시선으로 보건대 놀랍기 그지없다. 그것은 폭력이었다. 인간이 차용할 수 있는 수단을 동원한 압제였다. 지금까지의 분석을 통해 일제의 식민 통치가 인간이 고안해 낼 수 있는 폭력적 장치의 극단에 있음을 확인했다. 그리고 1장에서 충분히 살폈듯이, 식민 통치는 '무책임의 전통'이 낳은 극단적 정신 분열증이자 결국 헛된 욕망이었다. 종착역을 알지 못한 채 질주하는 정신 분열적 폭주 기관차였다. 비극적 종말은 예상되어 있었지만 폭주 과정에서는 누구도 알려 하지 않았다.

우리의 핵심 주제로 진입해 보자. 이런 폭력과 압제 아래에서 '공론장'은 형성되는가? 식민 통치 아래서 공론장이 존재한다면 그것은 어떤 형태인가? 공론장의 구조 분석에서 우리가 추적해 왔던 인민-시민의 진화 과정 끝에 '국민의 탄생'을 확인할 수 있는가? 이것이 우리가 최종적으로 답해야 할 질문이다. 이와 관련된 질문은 여럿이다. 예를 들면 다음과 같은 것들이다.

―폭력과 압제 아래 형성되는 공론장은 어떤 구조를 갖추고 있는가?

―그 공론장은 식민지민의 절박한 요구와 생활 세계를 어떻게 왜곡하고 변형시키는가?

―식민 당국과 식민지민의 정치적 교환 행위가 협력과 저항, 지배와 자치, 복종과 반항 같은 이분법적 프레임으로 충분히 파악되는가?

―『시민의 탄생』이 도달한 결론인 '동굴 속의 시민'은 식민 통치 아래에

서 어떻게 되었는가? 그 시민은 동굴 밖으로 나와 진화와 성숙 과정을 거쳤는가?

— 유례없는 폭압 정치 10년 만에 3·1 운동과 같은 거대한 민족적 저항이 어떻게 분출할 수 있었는가?

식민 통치 아래에서도 공론장은 존재한다. 다른 정치 체제와 마찬가지로 식민 통치 역시 공론장을 통해 지배 권력의 정당성과 효율성을 구축해 나간다. 자율성을 박탈당한 공론장, 식민 당국의 독단적 의도가 독단적으로 관철되는 공론장이라는 의미에서 그것을 '식민지 공론장'(colonial public sphere)이라고 정의한다. 자율성을 갖춘 부르주아 계급이 자유와 합리성을 앞세워 계급 이익과 영향력을 넓히는 경쟁의 영역이 아니라 식민 당국의 헤게모니적 통치력이 일방적으로 행사되고 관철되는 영역이다.

이런 의미에서 자율적 경쟁을 전제로 한 하버마스의 공론장 개념과는 멀리 떨어져 있다. 사적 영역인 생활 세계로부터 분출된 부르주아의 사고방식, 생활 신조, 행위 양식이 자율 시장을 바탕으로 공공 영역인 법, 제도, 규칙으로 발전되는 것, 그리하여 공공 영역에서 시민 계급의 세계관을 창출하고 확대하고 수정하고 다시 포용력을 높여 시민 계급의 지배력을 확대 재생산하는 기제가 부르주아 공론장(bourgeois public sphere)이다. 그러나 이 개념을 반드시 자유주의(liberalism)와 자본주의(capitalism)에 국한할 필요는 없다. 공론장은 어떤 정치 체제에서든 존재하기 때문이다. 독일 국가사회주의가 명료하게 입증했듯이, 전체주의와 파시즘도 공론장을 주조하고 활용한다. 공산주의를 공적으로 규정해 국민 결속력을 다지고, 극단적 인종주의를 동원해 유대인 말살을 획책했던 것에 일말의 의구심도 갖지 않았던 독일 국민들은 나치즘이 창출한 공론장의 포로였다. 조선의 강점에 일본 열도가 열광했던 것도 일본 제국이 만든 공론장의 소산이었다.

공론장은 통치 집단의 지배력과 영향력을 증대하는 매우 효율적인 무기다. 공론장은 이데올로기의 서식처다. 어떤 이데올로기나 공론장에서 발원해 성장한다. 식민 당국이 식민지민의 인지 동원과 자원 동원을 위해 활용하는 모든 통치 수단과 그것의 실행 과정에서 강요된 말과 행동, 억압적 언술 구조와 행위 규칙의 총체가 식민지 공론장이다. 식민지 공론장은 식민 당국의 지배 전략에 종사하도록 식민지민의 사고방식과 행위 양식을 규율하는 이데올로기적 플랜테이션(ideological plantation)이다.

루이 알튀세르의 고전적 개념을 원용하면 일제 통치는 '식민지 이데올로기 국가 기구'(Colonial Ideological State Apparatuses, CISAs)에 해당한다. 일반적으로 모든 국가는 지배의 효율성을 증진하기 위해 각종 이데올로기적 기구들을 동원한다. 병원, 군대, 경찰, 교육, 언론 등이 ISAs에 해당하는데, 국가 기구를 '이데올로기적'이라 했던 알튀세르의 개념은 어떤 정치 체제든 일방적 억압은 지속 불가능하다는 전제 위에 놓여 있다. 억압과 교화, 교화와 타협이 동시에 작동하는 것이다. 그래서 이데올로기 기구다. 교화가 없으면 지배는 불가능하다. 폭압적 통치, 이민족에 의한 물리적 강압이 최고조에 달한 통치라 해도 교섭과 타협의 공간을 허용하지 않을 수 없다. 그렇지 않으면 ISAs는 곧 저항 이데올로기에 직면할 위험이 있다. 저항 이데올로기는 물리적 폭력으로 일관하는 정치 체제에서 더욱 잘 번식한다.[53]

식민지 공론장 역시 그러하다. 폭력의 효율성을 위해 교섭과 설득 공간을 허용할 수밖에 없다. 일제는 교화(敎化)라는 용어를 썼다. 교섭과 타협의 공간에는 설득과 감화도 발생하지만 동시에 식민 당국에 대한 '위협 요인'도 촉발된다는 사실에 주목할 필요가 있다. 기존 연구자들이 주목했던 '협력과 저항', '지배와 자치', '복종과 반발'이 동시에 형성되는 공간인 것이다. 교섭과 타협의 공간에서 '감화와 위협'이 동시에 발아하는 것은 전체주의 체제와 식민 통치의 공통된 특성이다. 여기서 '탈식민지 문화'와 '식

민지 정체성'의 형성 과정을 분석한 호미 바바(Homi Bhabha)의 논지를 원용해 보자.[54]

식민지 정체성을 분석하는 연구의 일반적 특성인 제국주의와 민족주의의 이항 대립을 탈구조주의적 관점에서 벗어나려는 것이 호미 바바의 의도였다. 에드워드 사이드(Edward Said), 가야트리 스피박(Gayatri Spivak), 스튜어트 홀(Stuart Hall)의 문화 이론에 영향을 받은 바바는 식민 치하에서 식민지민의 삶의 형식은 텍스트, 담론, 수사학의 매개 과정에 깃들어 있음에 주목했다. 주체와 현실 세계의 끊임없는 억압과 교섭에서 감화와 반발이 동시에 자라난다는 것이다. 특히 그는 반발의 요소에 주목했다. 식민 통치는 한층 발전된 문명과 문화의 강요된 전파를 통해 통치 합리성을 제고하는데 식민지민에게 제공한 '모방'의 기회 속에는 역으로 식민 통치를 '위협'하는 요소가 생성된다. 모방은 단순한 이식이 아니라 교섭 과정에서 이뤄지기 때문이다.

그래서 교섭 과정은 모방과 위협이 삼투하는 혼종성(hybridity)의 공간이 된다. 식민지민의 요구와 욕망은 식민 본국이 제공하는 문명의 표상 구조 속에서 객관화되며 이 객관화된 이미지는 깊숙한 정신적 심연, 즉 역사적 총체성과 맞닿아 '투명하게 전이시키면서 서로서로를 반영한다'. 차이가 생겨 나는 지점이다. 호미 바바는 이것을 '응시'로 설명했다. 식민지민의 정신적 심연에서 '살아남아 잔존하는 눈'(역사적 총체성에서 발화하는 시선)은 교섭의 공간을 꿰뚫고 자신의 정체성 영역으로 표상 구조를 변형시키는 것이다. '탈식민지 이산(離散)의 시학'을 창출하는 역사의 기호로 식민 본국을 바라보는 '불길한 눈의 응시'와 지배자의 시선이 교차하는 곳에서 탈식민의 저항 욕구가 자라난다.[55] 호미 바바의 관찰은 의미심장하다.

문화의 의미의 짐을 나르는 것은 상호의 공간(전이와 교섭의 첨예한 가장자리, 사이에 낀(in-between) 공간)이라는 사실이다. 그 공간은 민족적이면서 반민족주의적인 '국민'(people)의 역사를 구성하는 일을 시작하게 해 준다. 그리고 그 같은 제3의 공간을 탐색함으로써, 우리는 양극성의 정치학을 벗어날 수 있으며, 우리가 우리의 자아의 타자들로서 나타날 수 있을 것이다.[56]

일제는 '동굴 속의 시민'을 불러내야 한다. 협력과 순응이 없이는 지배가 불가능하기 때문이다. 그것이 공론장이다. 그렇다면, 억압과 협력, 강요와 교섭 '사이에 낀 공간'(in-between space)을 탐색하는 일이 '식민지 공론장'의 연구의 초점이 된다. 말하자면, 식민지 공론장의 거대 구조와 본질은 주체와 객관 세계의 매개 공간, 중간에 끼인 공간에서 더욱 선명하게 드러난다는 말이다. 그렇다고 식민지 공론장을 그 매개 공간과 일치시킬 필요는 없다. 공론장은 거시 구조이고, 매개 공간은 미시 구조다. 일제 강점기에 식민지 공론장은 통치 전략의 변화와 식민지민의 저항의 수준과 양식에 따라 성격 변화를 일으켰다. 1910~1945년 식민지 공론장은 식민지민의 저항 수위와 통치 전략의 성격 변화를 기준으로 유형 구분을 할 수 있다.

(1) '전제적 공론장'(despotic public sphere): 1910년 일제의 폭압 정치가 관철되는 무단 정치 시기

(2) '회유적 공론장'(conciliatory public sphere): 3·1 운동 후 유화와 회유 국면이 전개된 1920년대에서 중일 전쟁이 발발한 1937년까지

(3) '헤게모니적 공론장'(hegemonic public sphere): 파시즘으로의 전격 전환과 총체적 탄압이 이뤄진 1937~1945년

우리의 분석 대상은 '전제적 공론장'이다. 전제적 공론장은 식민 통치의 폭력성이 법과 제도로 정착되는 단계에서 형성되는 정치적 교환의 장이다.

설득과 감화보다 강요와 강제가 점철되는 공간에서 공공성은 그 자체 공권력이다. 강요된 공공성(enforced publicity)이다. 교섭과 타협이 낄 여지가 현격하게 축소된다. 식민지민은 숨죽여 엎드려 있을 뿐, 무엇이 전개될지 예상하지 못한다. 1910~1919년이 그러했다. 암흑의 시기였다. 모든 매체는 사라졌고, 운동 단체도 해체됐다. 그 빈 공간에 식민 당국의 법령과 규제가 쏟아졌다. 식민지민이 어떤 의사를 표출할 공간도 사라졌다. 그럼에도 '공권력에 의해 회수되지 않는 공적 영역이 존재하고' 꿈틀댄다는 사실에 주목한 윤해동의 연구는 이 시점에서 매우 중요하다. 그는 이것을 '식민지 공공성'으로 개념화했다. 호미 바바의 관찰을 상기하면 '중간에 낀 공간'을 '식민지 공공성'이라 명명한 것이다.[57]

'식민지 공공성' 개념을 구태여 시도한 윤해동의 문제의식은 호미 바바와 일맥상통한다. 역사학 연구에서 가장 일반적인 수탈-저항의 논지가 혹시 중요한 무엇을 놓치게 하거나 심지어는 그 유실된 것으로 인하여 식민 통치와 민족주의적 대응의 본질을 왜곡하는 것은 아닐까 하는 의구심이 그를 '매개 지대'로 데리고 갔다. 외세와 민족, 선과 악의 단선적 과정으로 식민지사가 제대로 복원될 것인가 하는 의심과, 모든 현상을 '국민 국가의 완성'을 향해 일렬종대로 나열하는 목적론적, 국민 국가적 폐쇄 회로에서 벗어날 방도를 찾아야 한다는 절박감도 작용했다.[58]

"식민 지배 아래 저항과 협력이 교차하는 지점에 '정치적인 것'으로서의 '공적 영역'이 존재하고, 여기에 새로운 의미를 부여하는 것은 식민지기 저항의 의미를 새로이 규정하기 위한 것이다."[59] 그래서, "식민지 공공성의 성립을 통하여 (식민지민의) 개인적 주체의 형성을 논의하는 것", 어쩌면 시민 사회론의 방식을 '거꾸로 취하는 것'이라는 점에서 매우 유용한 시선이라고 할 수 있다.[60] 말하자면, 식민지 공공성은 식민 당국과 식민지민의 강제와 순응, 압제와 저항이 섞이는 경쟁의 장(contested terrain)에서 점멸하는 접선

(接線)들이다. 선명하기도 하고 흐릿하기도 한 접선들, 존재했다가 소멸되기도 하는 각종의 타협, 저항의 언어들이다.[61]

그렇다고 접선 내지 경계로 표현된 '식민지 공공성'이 그 자체 식민지 공론장을 뜻하지는 않는다. 윤해동의 논지에서는 식민지 공공성에 대한 과도한 강조에 의해 식민지 공론장과 혼류되는 단점이 발견된다. 그의 논지에서는 공공성이 돌출돼 공론장의 실체가 지워진다. 공공성은 공론장의 산물이다. 공론장은 식민 통치가 창출하는 공적 규율의 총체일 터, 공공성은 그 내부에서 반짝이는 모순의 소재, 변형의 계기, 식민 당국이 의도하지 않은 결과의 현현(顯現) 등에 적용되면 좋을 것이다. 미시적 의미 천착에서 거시 구조로 나아가는 해석이 유용하다.

이런 점들을 고려해 우리의 공론장 분석의 시각을 정리하면 이렇다.

첫째, 전제적 공론장은 공론장 하위 영역에 깊숙이 삼투해서 통치 목적을 완성하고자 하는데, 여기에서 순응과 저항, 복종과 반발이 발생한다. 1910년대에 저항과 반발은 대체로 제압되었지만 저항의 씨앗은 그 순간에도 뿌려진다. 그것이 식민 통치에 변형을 가하는 저항적 압력을 만들어 내기도 하는데 '삼투'(滲透)에 대한 '역투'(逆透)의 과정으로 조명할 수 있겠다. 전제적 공론장은 삼투와 역투의 치열한 접전을 관리하며 유지 존속하거나 변형의 경로를 밟는다. 우리의 분석 대상인 1910년대 전제적 공론장은 세계 식민사에서 찾아볼 수 없을 만큼 강고한 유형이었다. 그럼에도 삼투와 역투의 접전에 끊임없이 직면해야 했다. 일제가 강요한 모방의 내부에는 '위협'의 씨앗이 숨어 있는 것이 식민 통치의 역설이다.

둘째, 위협은 어디에서 발아하는가, 그리고 그 발생 구조는 무엇인가? 국적이 박탈된 식민 상황에서 인권(또는 시민권)은 과연 허용될 수 있는가? 이 질문은 해나 아렌트의 역설(逆說)을 상기시킨다. 아렌트는 나치를 탈출해 미국에 정착했다. 독일을 탈출한 1933년에서 1951년까지 아렌트는 국적 없는 지식인이었다. 국적을 버리는 순간 인권도 버려졌다는 것을 아렌트는 실감했다. 여기서 인권의 모순이 기원한다. 그의 저서 『전체주의의 기원』 중 9장 「국민 국가의 몰락과 인권의 종말」이 '인권의 아포리아'에 대한 경험적 통찰이다.[62] 시민사회론자들의 규범적 신념과는 달리 인권은 탄생과 함께 주어지는 '천부 인권'이 아니라 국적을 전제로 한 '조건부적 권리'였던 것이다.

식민지민의 상황이 하나도 다를 바가 없다. 국적 상실과 동시에 인권은 소멸되었다. 그래서 인권에 대한 재검토가 필요하다. 아렌트는 인권을 '권리를 가질 권리'(right to have rights)로 재정의해 천부 인권이라는 이론적 개념을 현실 세계에서의 정치적 투쟁 개념으로 수정했다. '권력을 행사할 자격을 갖지 못한 자들의 권력'이라 하면, 그 권력을 쟁취하기 위한 정치적 투쟁의 장으로 식민지민을 이동시킨다.[63] 식민 당국의 억압 정치 아래에서 식민지민이 의식, 무의식적으로 '상상적 인권'과 '상상적 국적'을 떠올리게 되는 이유다. 즉 식민지민들은 공론장의 끼인 공간에서 '국적을 리허설'하는 순간을 자주 대면한다. 접선에서 경쟁이 표면화되고 현실화되는 순간이다.

이것은 지극히 자연스러운, 인간의 본성에 가까운 현상이다. 아렌트는 『인간의 조건』에서 '인간의 복수성(複數性)'을 분석했다.[64] 마치 뒤르켐이 인간의 이중성(homo duplex), 이기심과 이타심의 양면을 관찰했듯이, 아렌트는 인간의 조건을 두 가지로 분류했다. 외면적으로 타인과 구별되는 개인의 기질과 자질(what-ness, 무엇 됨)이 있고, 더 깊은 심연에는 자신의 고유한 인격(who-ness, 누구 됨)이 있다.[65] 달리 말하면 '공적 세계'와 '사적 세계'의 구분과 대응한다.[66] 인간의 정체성은 '무엇 됨'과 '누구 됨'의 상호 작용에서 형성되는데, 전체주의적 억압은 양자의 관계에 폭력적으로 개입한다. '무엇 됨'을 바꾸거나 '누구 됨'을 다른 어떤 것으로 치환하고자 한다. 정체성의 아노미 상태에 대한 식민지민의 반발은 당연한 귀결이다. 인권과 국적이 박탈된 상태에서 일어나는 정신적, 심리적 혼란을 수습하는 방법으로 전체주의적 억압에 완전히 귀의하거나(설득당하거나), 전체주의에 대한 저항을 내면화하는 길이 있다. 후자는 위험하기 짝이 없지만, 공론장에 산재하는 다양한 공간에서 안식처를 찾아 몸을 숨길 수밖에 없다. 저항의 씨앗이 뿌려지는 순간이다. 무엇 됨과 누구 됨의 자율적 관계가 흩뜨려지는 계기들, 그리고 그 계기들이 공론장 내부에서 착지할 곳을 찾아내 저항을 배양하는 과정을 추적하는 것이 바로 위협 요인의 발생 구조 분석이다.

이것이 이 연구가 수행할 핵심 과제다. 한마디로, 1910년대 '식민지 공론장'의 구조 분석이다. 삼투와 역투, 모방과 위협이 교차하는 역동적 공간을 조명하고자 한다. 식민지 공론장은 여러 영역으로 이뤄진다. 매체, 종교, 행정, 경제, 법, 정치, 사회 운동 중에서 이 연구가 주목한 것은 세 가지다. 매체(문예) 공론장, 종교 공론장, 그리고 사회 운동 공론장. 이 세 영역을 선택한 이유는 자명하다. 『인민의 탄생』과 『시민의 탄생』에서 분석 대상으로 삼은 것이 이 세 가지 공론장이었기에 연구의 연속성을 기하고자 했다. 앞의 두 연구와 약간 다른 점은 '정치 공론장'을 '사회(저항) 운동 공론장'으로 대체한 것이다. 1910년대 정치 공론장은 별도의 분석이 필요하겠지만, 시민에서 국민으로의 진화 과정을 분석하기에는 사회 운동 공론장이 더 적합하다는 판단에서였다. 1910년대 대중 정치는 사회(저항) 운동 영역에서 발생했다. 그렇다면 각각의 분석 영역으로 진입할 차례다. '동굴 속의 시민'은 어떻게 되었는가? 그들은 과연 시민 의식을 갖춰 국민으로서의 행군을 할 수 있었는가? 엄혹한 무단 정치 아래에서 국민은 탄생했는가?

Ⅱ부
식민지 공론장
구조 분석

3 매체 공론장: 동굴 밖으로

빛을 찾아서

폐쇄된 공론장

1900년대 초기 10년은 모색과 탐색, 고뇌와 번민의 시간이었다. 풍전등화의 조선에 새로운 출구가 보이는 듯도 했고, 미래 지평이 소멸되는 듯도 했다. 초기 5년간(1900~1904) 러일 전쟁과 국내의 정치적 요동에 조선인들은 거의 정신을 차릴 수 없었다. 만민 공동회가 좌초되자 뜻있는 지사들과 지식인들은 뿔뿔이 흩어졌고, 밀려오는 외국 자본과 외국 상인들이 한반도의 자원을 분할해 이익 확보에 돌입했다. 광산과 어업의 채굴권이 팔려 나갔고, 외국 대상(大商)들이 초라하기 짝이 없는 시장을 분할했다. 외국인의 진출에는 문명이란 이름이 내세워졌다. 신분 질서와 분수를 지키고 천명(天命)을 헤아린다는 정신적 차원의 문명 개념은 초기 5년 동안 생활 공간의 편익을 도모하고 새로운 상품을 욕망하는 물질적 차원으로 빠르게 이동했다. 식민화 전초 작업이 이루어졌던 일제 통감부 시기(1905~1910)에는 주권을 몰수하고 문명을 제공한다는 제국주의 이데올로기가 한반도를 뒤덮었다. 친일과 반일, 매국과 구국, 침략과 의병이 맞부딪쳤는데 통감부 통치 아래에서 정국의 흐름은 대체로 전자에 절대적으로 유리하게 작동했다. 지식인들은 학회를 조직했고, 정치인들과 지사들은 단체를 설립해 문명 이데올로기의 위험과 함정을 따졌다. 일찍이 이 시기만큼 신문과 잡지 등 대중 매체가 활발하게 일반 서민들에게 다가간 적은 없었다.《만세보》,《황성신문》,《제국신문》,《대한매일신보》등 민간지를 비롯해 종교 단체가 발행한 각종 월보, 학회 중심의 학회보가 국란의 원인과 이를 극복할 수 있는 지혜를 대중에게 전파했다.

1900년대 초기 10년은 신문과 잡지의 시대였다. 조선 역사상 일반 대중 매체가 이토록 활발하게 펼쳐진 때도 없었다. 이른바 초기적 '매체(문예) 공론장'이 형성된 것이다.[1] 양반 공론장은 이미 와해되었고, 양반과 중인 출신 식자들이 일반 서민과의 소통 방식을 개발하고 그들을 공론장에 끌어들였다. 지식인과 인민의 조우와 합류가 이뤄졌다. 지식인은 한문체를 버리고 국문과 순한글로 글을 써서 시대적, 국가적 고민을 서민에게 확산시켰다. 1910년까지 조선인과 일본인이 발행한 신문이 17종을 넘어섰고, 크고 작은 규모의 잡지도 30여 종을 헤아렸다. 을사늑약 이후 해외로 망명한 지사들이 발행한 신문도 7종을 헤아렸다.[2] 신문은 대체로 정치 언론에 비중을 두었고, 잡지는 전문 지식의 확산과 문명을 전파하는 데 심혈을 기울였다. 국내 학회와 동경 유학생들이 간행한 학회보는 신문에서 제기된 논리를 심화하고 쟁점화하거나 국가와 사회의 자립에 필요한 정신적 자양과 물질적 요건들을 궁구하는 데에 관심을 쏟았다.

이 시기 신문과 잡지가 어느 정도 대중에게 접근했는지를 가늠하기는 쉽지 않다. 당시 주요 민간지들의 발행 부수가 1000~3000부였고, 가장 많은 구독자를 모았던《대한매일신보》가 초기에는 약 4000부로 시작해 1910년에는 1만 부를 돌파했기에 신문 구독자 총수는 어림잡아 2만 명 안팎이었던 것으로 보인다.[3] 그러나 신문은 돌려 가며 읽는다는 일반적 관습을 고려하면 일반 독자는 약 10만 명 정도에 이를 것으로 추산된다. 그래도 당시 인구 1236만 명에 비추면 1퍼센트 정도로 극소수에 해당한다.[4] 문해율이 지극히 낮았던 당시 상황과 도시 형성이 지체된 탓으로 도시민 규모가 작았음을 감안하면 이해되지 않는 것은 아니다. 그럼에도, 각종 민간지가 당시 중요한 직책을 가졌던 사람들, 지식인들과 전문가들, 그리고 《제국신문》처럼 일반 부녀자들에게까지 전파되었다는 것은 대중 공론장의 초기 형성에서 주목을 요하는 장면이다. 여기에 지식인과 전문가 중심으로 간행된 여러 유형의 잡지를 합하면 초기 매체 공론장은 상당히 활발한 양상을 띠었다고 할 수 있다.[5]

매체 공론장의 형성은 동서양을 막론하고 근대 이행기의 일반적 특징이었다. 서양에서 근대 시민의 형성 과정에서 살롱, 커피숍, 전시회를 위시하여 각종 신문과 전문 저널, 동업 조합 회보 같은 언론 매체는 상승 계급과 하강 계급의 엇갈린 운명을 조명하고, 부흥하는 산업과 쇠퇴하는 산업 간 이해 갈등을 더욱 첨예하게 조명하는 거울이었다. 근대화 과정에서 서양의 시민들은 자신의 이익 극대화에 매진하고 시장 경쟁에서 유리한 위치를 점하는 지식과 기술을 개발하는 것, 그리고 각종 이익 단체를 설립해 상승 계급의 사회적 발판을 만드는 것에 전념할 수 있었다면, 조선의 시민들은 쇠락하는 국가의 운명을 가늠해야 했다는 점이 다르다.

의약품, 비단, 안경, 석유 등 신상품 광고와 상업 부흥과 산업 개발에 관한 기사가 가끔 등장하긴 했지만 조선에서는 그게 시급한 쟁점이 아니었다. 남대문 시장과 동대문 시장이 고객을 맞고 칠패 시장이 어물전을 열고 마포 나루에 외국 상선이 들락거리기는 했지만, 신문과 잡지의 가장 중대한 사안은 존망에 처한 국가를 구제하는 방법이었다. 국가와 사회에 관한 논설 및 기사, 각종 논문 들이 홍수를 이뤘다. 일제가 강제한 「신문법」(1907), 「개정신문법」(1908)과 「출판법」(1909)에도 불구하고 논설과 사설, 잡지의 논문들이 국가와 사회에 관해 그토록 많은 지면을 할애한 경우는 다른 나라에서 찾아볼 수 없는 약소국 조선의 풍경이라 할 것이다.

그러나 1910년 일한 병탄에 의해 모든 것이 해체되고 결빙됐다.[6] 일인이 발행하는 지방 신문과 전문지를 제외한 모든 민간지는 강제 폐간되었고, 잡지와 학술지도 대부분 발행 금지 처분을 받아 소멸됐다. 총독부가 강제 매입한 《대한매일신보》는 '대한'을 삭제한 《매일신보》로 개칭돼 총독부 기관지 《경성일보》의 부속 기관이 됐다. 국망과 함께 초기 매체 공론장에 사망 선고가 내려진 것이다. 매체 통제는 일찍이 통감부 시절 '신문법'과 '출판법'에 의해 구체화되었는데, 1910년 총독부가 들어서면서 전면 폐간으로 치달을 줄은 상상하지 못했던 터였다.

「신문지법」(1907)은 21조에 "내부 대신은 신문지가 안녕 질서를 방해하거나 풍속을 괴란(壞亂)하는 자(者)로 인(認)하는 시(時)는 그 발매 반포를 금지하여 차(此)를 압수하며 또는 발행을 정지 혹 금지함을 득(得)함"이라고 규정했고, 또 26조에 '위의 사항을 위반한 경우에는' "발행인·편집인을 10개월 이하 금옥(禁獄) 또는 50원 이상 300원 이하 벌금에 처함"이라 하여 반일 감정의 고취와 항일 사상의 발아를 원천 봉쇄했다. 매체 공론장이 일제의 엄격한 통제 아래 종속된 것이다.

암흑 상태, 이것은 시발점에 지나지 않았다. 일제가 통치 기간 동안 신문지법을 수차례 개정하여 공론장의 식민화를 심화해 나갔음은 물론이다. 1908년 개정 규칙에서는 "일한 양 황실의 존엄을 모독하는 사항"을 포함시켰고, 1909년 개정 규칙에서는 "공안 또는 풍속을 해칠 우려가 있는 인쇄물의 발매와 반포를 금지하고 이를 차압(差押)할 수 있다." 하여 특정 매체의 폐쇄 조치를 가능케 했다.[7] 이를 바탕으로 총독부가 식민 기간 내내 신문지 압수 처분에 관한 구속력을 높여 갔음은 물론이다. 1908년 연간 압수 부수는 2만 4706부, 1909년 2만 947부에 달할 정도였는데,《대한매일신보》1910년 5월 14일 자 기사 「소위신문압수처분」에 따르면 다음에 해당하는 자로 명시되었다.[8]

　─ 회복의 명(名)을 자(藉)하여 일본 보호를 반대하고 반기를 게(揭)함을 고취한 자
　─ 일본의 보호를 목(目)하여 한국을 병탄(併呑)함이라고 고하여 일반 한민(韓民)의 반감을 기(起)케 한 자
　─ 국권 회복은 국민의 공동 일치를 요한다 하여 단체의 조직을 장려한 자 등등.

　1909년 제정된 '출판법' 역시 이와 유사하다. 출판법은 저작권과 판매권 등이 미분화되었던 구한말 출판계에 근대적 계약 관계를 도입하기도 했지만, 대체로 국권 회복과 애국심 고취, 반일 감정을 촉발하는 서적을 압수하고 심지어는 금서 조치를 통해 아예 독서계에서 소멸시키려는 목적이었다. 식민 당국의 분서갱유였다. 출판법 11조는 "국교를 저해하거나 정체를 변괴하거나 국헌을 문란하는 문서 도서를 출판한 시는 3년 이하의 역형", "풍속을 괴란하는 서적은 10개월 이하의 금옥" 조치를 신설했고, 급기야 안녕 질서 방해, 풍속 괴란의 경우에는 발매 금지 또는 해당판, 인본(印本)을 압수할 수 있다고 명시했다.(16조)
　신문법, 출판법에 의해 조선의 매체 공론장은 여지없이 파괴되었다. 총독부는 강제 병합 직후 경무총감부 고등경찰과에 도서계를 설치하고 신문과 출판 검열 업무를 분장했다. 도서계는 정보 수집과 비밀 수사를 전담했던 기밀계와 긴밀한 협력 아래 모든 출판물과 인쇄물을 조사하고 감시했다.[9] 1910년 도서계는 풍속 괴란의 혐의로 총 51종에 대해 판매 금지 처분

을 내렸는데, 각종 교과서와 역사, 전기 소설, 지리서, 번역서가 포함되었다. 신채호, 장지연, 현채, 안국선, 이해조, 박은식, 변영만, 윤치호, 이승만, 안종화 등이 쓴, 당시 스러지는 국운에 대한 전 인민의 관심과 경각심을 불러일으키는 내용의 서적들이 주로 대상이 되었다. 금서 조치는 서적의 판매 유통을 금함은 물론, 판본과 인본을 압수하여, 그렇지 않아도 간신히 명맥을 이어 가던 영세한 출판사는 심각한 타격을 입을 수밖에 없었다.[10] 1910~1919년 동안 발매 금지 및 압수된 서적만 총 121종에 이른다.

1910년 8월 29일 일한 병탄 조약 체결을 기해 매체 공론장은 진공 상태로 돌입했다. 신문지법과 출판법을 더욱 강하게 적용했음은 물론, 국권 회복과 조선의 정체성을 탐색하는 서적들은 금서 및 압수 대상이 되었다. 모든 민간지는 폐쇄, 정간 조치를 당한 암흑 상태에서 일본판 《경성일보》와 국한문, 한글판 《매일신보》의 독주 시대가 열렸다. 이와 함께 영문지 《The Seoul Press》가 경성일보에서 나왔다. 3개 신문만이 허가를 받은 상태는 1919년까지 지속되었다. 조선인이 접근하기 불가능한 일본판 지역 신문과 잡지는 총 26개가 발행된 것에 비해, 조선인 독자를 위한 신문은 《매일신보》가 유일했다. '무신문기'(無新聞期), 또는 '공론장의 암흑기'가 도래한 것이다.[11]

데라우치 총독은 일본에서 언론계 대부로 칭송받는 도쿠토미 소호를 불러들였다. 도쿠토미는 청년 시절 《국민의 우(國民の友)》(1887)를 창간해 국민의식을 고취하는 데 공헌한 지식인이자, 1890년에는 《국민신문(國民新聞)》을 창간해 천황의 충량한 신민을 배양하는 데 앞장선 인물이었다. 아직 국민의식이 초기적 발아 상태에 놓여 있던 조선인에게 '일본의 국민' 개념과 신민 개념을 불어넣어 조선인을 '충량한 신민'으로 만들려는 데라우치의 통치 이념에 가장 적합한 인물이었던 것이다. 조선총독부의 시정 목표는 '일시동인'(一視同仁), 일인과 조선인은 동일한 인민이라는 점에 맞춰졌고, 그것을 바탕으로 일선융화(日鮮融和)의 길을 닦으려 했다. 도쿠토미는 부임과 동시에 1945년 8월 종전까지 하루도 빠짐 없이 간행된 《매일신보》의 신조를 이렇게 밝혔다. "《매일신보》의 존재 이유는 우리 천황 폐하의 지인지애(至人至愛)하심과 일선인에 대한 일시동인의 뜻을 받들고 그것을 조선인에게 선전하는 데에 있다." 《매일신보》는 초기에 판매량이 2000부가량으로 현격하게 떨어져 고전을 면치 못했으나, 점차 대중 독자의 관심을 살 수 있는 지면과 기사, 단형 서사, 이야깃거리, 독자 투고를 적극 활용해 부수를 늘려 가는 데 성공했다. 어느 정도 안착을 확신했던 1910년대 중반 《매일신보》는 신문의 취지를 다시금 확인했다.[12]

조선 언론계의 중진으로 위대한 권위로써 천황 폐하의 일시동인하옵시는 성의(聖意)를 일반 선인에게 선전하고 총독 정치의 취지 방침을 보급하야 이천여만(二千餘萬) 동포로 하야금 귀향(歸向)하는 바를 실지(悉地)케 하고 식산흥업 교육 보급의 지도자가 되야 민지(民智)의 개발 풍속 개량의 선구자로 권선징악의 기관 된 아(我) 매일신보……

위 기사에 나오는 일시동인, 성의, 식산흥업, 민지, 풍속 개량 등의 단어들은 1910년대를 거쳐 강점기 말에 이르기까지 줄곧 일제 통치의 등뼈를 이루는 핵심 개념이자 국제 정세의 변화에 따라 국내 정국의 방향을 수정할 사유가 발생할 때 개념 변용의 옷을 갈아입고 꾸준히 반복된 용어들이다. 일선융화가 일선동화, 내선일체로 개념 변용을 거듭했고, 민지는 민도(民度), 신민은 황민(皇民), 풍속 개량은 심전(心田) 개발, 식산흥업과 '황민 되기'는 국가 총동원, 익찬(翼贊) 운동 등으로 번져 갔다.

동굴 밖으로

필자는 『시민의 탄생』(2013) 말미에서 일제하 조선인 상태를 '동굴에 갇힌 시민'으로 개념화한 바 있다. '시민'이라고 해서 서양의 주체적 개인에 비견되는 그런 존재는 아니었다. 1900년대 초반 10년은 개화 물결과 계몽 운동에 의해 문자 해독력을 가진 '문해 인민'이 신분 질서의 질곡에서 벗어나 사회적 변동에 눈을 뜬 '개명 인민'으로, 여론 매체, 사회 운동, 상공업에 노출된 개명 인민이 '초기적 시민'으로 변화하는 시간이었다고 정의했다. '초기적 시민'은 사적 공간에서 걸어 나와 공적 쟁점과 자신의 존재를 연결하는 주체적 인간을 말한다. 자의식에 눈뜨고 사회와 국가란 무엇인가를 질문하는 존재, 그 관계망 속에서 사회적 삶을 어떻게 영위할 것인가를 탐색하는 그런 존재가 형성되기 시작했다. 1900년대 초기 10년은 그런 기간이었다. 그러나 이 '초기적 시민'은 일한 병탄에 의해 동굴 속에 갇혔다. 게다가 바깥세상과 자신의 인식을 연결해 주는 매체도, 사회 운동도, 서적도 소멸되었으며, 권력에 항의할 수 있는 제반 창구도 차단되었다. 암흑기였다. 3부에 해당하는 이 책의 가장 중요한 주제이므로 조금 길지만 인용해 보겠다.[13]

개인과 사회는 동굴 속에 갇혔다. 시민과 시민 사회의 출현을 낳았을지 모르는 조선의 근대 이행은 그렇게 중단되었고, '시민의 탄생'은 식민 통치 하에서 유일하게 허용된 상상력의 공간, 문학의 영역에 기대할 수밖에 없었다. …… 시민은 탄생했는가? '불여의(不如意)한 실사회(實社會)'에서 '시민의 탄생'은 어려웠다. 그러나 불가능한 것은 아니었다. …… '상상적 시민'을 현실에 접목시키는 것, 현실 속에 그것을 구현해 내는 것이 식민지 지식인들과 개인들의 시대적 과제였다. 식민 통치하에서 실재 시민과 시민 사회는 과

연 태어났는가, 그것의 출현과 형성 과정은 어떻게 진행되었는가? 상상적 시민은 어쨌든 현실 세계와 기어이 접목하고, 접목하고야 만다. '동굴 속의 시민'은 환한 세상의 빛을 찾아 과감한 외출을 감행해야 했다. 식민 통치의 탄압으로 왜곡과 변형이 불가피했다 할지라도 현실 세계에서 그것을 현현하려는 시도는 조금씩 결실을 맺었고 그와 함께 시민 사회라고 불러도 될 만한 작은 징후와 영역들이 발현되었다. 동토 위에 시민의 존재가 싹을 틔웠고 뿌리를 내린 것이다.(강조는 필자)

'동굴 속의 시민은 어쨌든 과감한 외출을 감행해야 했다.' 그렇기도 했거니와, 식민 당국의 관점에서도 그들을 불러내야 했다. 그러지 않으면 지배는 성립되지 않는다. 일제 통치 체제는 예컨대 영국, 프랑스, 독일 등의 식민 통치에 비해 직접적, 폭압적, 인종적 차별성을 갖는다. 초기의 무단 정치로부터 말기의 전시 동원 체제에 이르기까지 작동했던 식민 이데올로기는 융화, 동화, 일체로 나아갔지만, 결국 내지연장주의는 식민 본국과 식민지 간 격차와 불평등을 끝내 고수했다. 그 내부에 함축된 논리적 모순을 봉합한 것은 다름 아닌 자격 요건의 강요 및 민도의 개발, 폭력적 주입과 세뇌였다.[14]

방기중은 일제 통치를 '식민지 파시즘'으로 정의했다.[15] 폭력적 수단을 동원한다는 측면에서는 그러하지만, 독일과 이탈리아에서 보았듯 파시즘적 독재 체제가 광범위한 이데올로기적 동의와 국민의 자발적 참여에 의한다고 보면 약간 어긋난 점도 있다. 아무튼, 일제 통치는 유례없는 폭력을 수반했다는 점에서 '전체주의'였고, 조선의 수많은 인사들을 팔굉일우 이념과 황모익찬(皇謨翼贊)을 통한 천황친정(天皇親政) 질서로 교화했다는 점에서 파시즘적이다.[16]

알튀세르의 고전적 개념을 원용하면 일제 통치는 '식민지 이데올로기 국가 기구'에 해당한다. 국가는 지배의 효율성을 증진하기 위해 각종 이데올로기적 기구들을 동원한다. 병원, 군대, 경찰, 교육, 언론 등이 CISAs에 해당하는데, 교화를 통해 지배 효율성을 높이는 기제들이다. 교화가 없으면 지배는 불가능하다. 강제력을 한층 높인 유형, 그것도 이민족에 의한 물리적 강압 수위를 최고조로 올린 통치라 해도 교섭과 타협의 공간을 허용하지 않을 수 없다. 그렇지 않으면 CISAs는 곧 저항 이데올로기에 직면할 위험이 있다. 1910년대(1910~1919) 공론장의 암흑기는 그대로는 지속될 수 없었다. 식민 통치의 효율성을 위해 교화가 필요했고 교섭이 요청되었으며, 문명의 이점을 전파해야 했다. 협력과 자발적 동원을 이끌어 내야 했다. 1910년대 중반까지 수백 개 법령의 제정과 반포를 통해 식민 통치의 기반을 급속하게 창출해야만 했던 총독부로서는 암흑의 공론장에 출구를 만들어야 했다. 게다가 《매일신보》의 판매 부수가 현격하게 떨어져 총독부 시정을 알릴 방법이 막연했다.

　그나마 관보도 끊기고, 지방의 향청도 기능을 상실한 식민 통치 초기에는 서울과 전국 각지에서 일어나는 일들을 정확하게 전달받을 수단이 없었다. 우편 사업이 시작돼 전보와 통신이 전국을 연결하고 있었지만, 향촌에 거주하는 재지사족과 향민들에게 소식을 전달할 방법은 거의 없었다. 대체로 여행객들에게서 풍문으로 듣고 짐작할 뿐이었다. 도시 공론장이 폐쇄된 뒤 향민들은 아예 통치권역 바깥에 있었다. 가끔 관청에서 파견된 일본 순사들과 세금 징수원들이 국망의 현실을 체감케 해 주었다.

　향촌의 경우 초기 몇 년간은 그런 상태였다. 예컨대, 경상북도 예천 맛질에 거주하는 양반 박씨는 일기에(1911년 2월) "합천 등지로부터 온 사람의 말에 의하면 이경주가 세운다고 한 학교는 사실과 다르고 풍문을 듣고 모였던 학생들도 거반 집으로 돌아가고 몇 명 남지 않았다 한다. 이른바 무선전화니 태양등이니 하는 말은 말짱 거짓말이었다 한다."라고 적었다.[17] 같은 해 2월, 황제의 근황 역시 풍문으로 들었다. "혹자는 구황제 부자(고종과 순종)가 지난 12월에 차례로 일본에 들어갔다고 하며 혹자는 말하기를 일본에서 돌아왔다고 하는데 성세(聲勢)로 보아 그럴듯하다."라고 썼다. 성세, 목소리 기운으로 보아 설득력이 있다는 판단이다. 암흑기 공론장은 풍문의 시대였다.

《매일신보》독해를 통해 1910년대의 키워드를 잡아낸 저서에서 권보드래는 "소문과 풍설"로 시대의 장막을 연다. 권보드래는 이렇게 썼다.

> 《매일신보》를 읽어 나가다 보니 풍문이라는, 채 언어화되지 않은 잡음이야말로 1910년대의 특징이 아닐까 하는 생각을 하게 되었다. 풍문은 저항도 아니고 순응도 아니며 의식에도 무의식에도 귀속되지 않은 채 그 경계에 위치한다. 풍문은 스스로의 정신을 발견하지 못한 시대, 모색은 다양하지만 아무것도 결정되지 않은 시대, 불안하게 웅성거리고 두리번거리듯 생활에 적응해 가는 시대에 어울린다.[18]

'암흑의 공론장'은 과연 풍문의 시대였다. 서울에서 총독부가 추진하는 유례없는 일들이 벌어졌지만, 정보를 만들 주체도, 전달받을 주체도 사라진 시대였다. 경부선, 경인선 철도를 이용하는 여행객은 극소수였고, 동경 유학에서 돌아온 유학생들도 군 전체에 하나 있을까 말까 할 정도였다. 1912년 4월 예천군 맛질 박씨는 "면장이 농민들에게 지시하기를 각기 소유의 전답에 푯말을 세우되 푯말에는 번지수를 매기고 지주의 이름까지 써 붙이라 한다."라고 썼는데 토지 조사 사업이 시작된 줄도 모르고 있었던 것이다.[19] 사정이 이러니 총독부로서도 '동굴 속에 갇힌 시민'을 불러내야 했다. 교화와 협력을 위해, 저항을 극소화하고 지배 효율성을 극대화하기 위해 공론장을 부분적으로 개방해 인민들을 불러들여야 했다.

일제는《매일신보》를 대중에게 개방해야 했다. 이야기와 서사를 통해서였다. 풍문의 시대는 '이야기의 시대'였다. 정확한 정보가 결핍된 상황에서 제조된 이야기에는 공포, 희망, 절망, 계몽, 자각, 기대, 분노가 뒤섞였고, 다시 변형, 왜곡, 굴절된 형태로 이웃에게 전파되었다. 그런 유산이 '암흑의 공론장'에 그대로 유입되었다. 풍문과 이야기는 검열 기제를 넘나들고 공식적 여과 장치를 그대로 통과한다. 이야기의 전통, 풍문의 관습이 1910년대 암흑의 공론장에 빛을 투사하기 시작했다. 일찍이 초기 신문들이 개발한 단형 서사와 단편 서사물들이 끊이지 않고 암흑의 공론장으로 흘러들어왔다. 논설과 서사가 혼합된 유형의 글, 계몽과 각성을 위한 글들, 이야기를 앞세우면 '논설적 서사'가 되고, 주장과 논리를 앞세우면 '서사적 논설'이 됐다.[20] 선승악패(善勝惡敗), 권신징구(勸新懲舊), 신승망구(新勝亡舊), 거구취신(去舊就新), 독립자존(獨立自存)의 가치들이 논설과 서사에 뒤섞였다. 이런 혼류가 1910년대에 들어서면서 약간의 분화 조짐을 보였다. '논설적 서사'는 신소설, 장단편 소설, 번역·번안 소설로 진화하고, '서사적 논설'은 이야기 비중을 덜어 내면서 수필과 논설의 경로로 접어든 것이 그것이다. 전자는 주로《매일신보》가 맡았고, 후자는 단행본 저작물과 잡지가 맡았다. 통제된 공론장에 문학과 지식의 분화, 이야기와 논리의 분화가 진행된 것이다.

춘원 이광수는 1916년에 「문학이란 하오」를 썼다. 그 이전까지 사실상 문학과 논설은 약간의 분화 징후를 보이면서 혼류하고 있었는데, 이광수의 소설 『무정(無情)』이 본격적 분화를 선언한 것이다. 우리의 주제와 관련해 중요한 논점은 이렇다. 과도 단순의 위험을 무릅쓰고 하나의 가설을 제안한다면, 분화의 과정에서 문학은 '시민적 서사'의 역할을 맡고, 지식은 '국민적 논설'을 끌어들였다. 전자는 일반 독자를, 후자는 지식계와 지사들을 겨냥했다는 점에서도 그러하다. 공론장에서 '시민'과 '국민' 담론이 조금씩 고개를 들고

소설과 논설의 역할 분화가 이뤄지기 시작한 것이다. 각각은 어떤 양상을 보였는가, 그리고 시민과 국민은 어떻게 발아하고 접합했는가? 1910년대 '암흑의 공론장'을 특징짓는 가장 중대한 현상, '시민'도 '국민'도 여전히 발아 상태였지만 시민과 국민 담론이 어떤 방식으로 상호 접합하고 삼투했는 지를 조명하는 것이 이 장의 관심사다.

'암흑의 공론장'에 빛이 살짝 스며들었다. 암흑에 스며든 빛, 그것은 세 줄기였는데 그것을 따라가면 대체적인 윤곽을 파악할 수 있다.

첫째, 일한 병탄 이전 5년간 민간지에 게재되어 독자들을 사로잡았던 신소설과 단형 서사, 다양한 유형의 서사 작품이 1910년대에 번성했다는 사실이다. 1906년 이인직이 《만세보》에 「혈(血)의 누(淚)」를 발표한 이후 '신소설'로 불리는 작품들이 민간지를 장식했고, 이와 더불어 이야기가 가미된 '서사적 논설'과 '논설적 서사'가 풍미했으며, 그 밖에 이야깃거리, 인물 기사, 잡보, 고담(古談), 기담(奇談)란에 인물과 스토리가 얽힌 짧은 서사적 작품들이 독자들의 관심을 끌었다.[21]

저조한 판매량에 고심하던 《매일신보》가 이를 적극 활용하여 신소설과 단편 소설란을 신설하거나 작품 응모와 게재를 공개적으로 추진함으로써 독자들을 끌어들였다. 《매일신보》는 그전부터 존재했던 신소설이란 명칭을 1912년 이해조의 『봉선화』 연재를 끝으로 더 이상 사용하지는 않았지만, (신)소설의 연재는 계속되었고, 연재가 끝나면 단독 출판물로 간행되어 세간에 읽혔다. 1910~1919년 《매일신보》에 게재된 소설과 서사 작품이 140여 편에 이를 정도인데,[22] 서사적 형태의 인물 기사, 사건 기사, 희곡, 동화, 여행기를 위시해 그 밖의 이야기를 품은 계몽 논설들을 감안하면 1910년대는 '풍문의 시대'이자 '이야기의 시대'라고 봐도 과언이 아니다.

우리의 중심 논제인 '시민의 초기적 형성'과 관련해 주목할 것은 바로 신소설과 이후 연재된 소설 작품이다. 함태영은 《매일신보》 기사 분석에서 1910~1919년《매일신보》에 게재된 소설 작품이 총 98편에 이르고, 장편 37편, 단편 61편이라고 지적했다.[23] 연재 후 이 작품들은 단독 출판물로 널리 유통되어 세간의 관심을 사로잡았다. 구소설이 널리 읽혔듯이, 신소설과 이후의 작품들이 '연간 10만 부'에 근접하는 판매고를 올렸다는 점에서 공론장의 중요한 담론 소재였다.[24] 신소설과 이후 출현한 번역, 번안 소설은 '개명 인민'의 구각을 벗기고 초기적 시민의 잉태에 지대한 영향을 미쳤다고 볼 수 있다. 초기적 시민을 잉태하려고 산통을 앓는 산모와 같았는데, 아직 아기는 산도(産道)를 완전히 벗어나지 못한 상태로 산통만을 전달하고 있었다.

둘째, 초기적 시민의 잉태는 춘원 이광수에 의해 이뤄졌다. 약관 26세 동경 유학생 이광수가《매일신보》에 발표한『무정』은 근대 소설의 제반 요건에 비춰 손색이 없는 작품으로서 '근대 시민의 형상화'에 성공했다고 평가할 수 있다. 물론, 신소설류의 비약과 뜬금없는 기연(奇緣)들이 돌출하기는 하지만, 주체성과 자아의식을 갖춘 인물들을 창출하고 언어와 심리 묘사, 사실성을 갖춘 서사 형식은 근대성(modernity)에 비춰 손색이 없다. 19세기 프랑스의 스탕달과 발자크의 리얼리즘적 현실 진단에는 훨씬 못 미친다고 말할 수 있겠지만, 일제의 외압이 가중된 가운데 초기적 시민의 현실적 초상과 인식의 내면을 그려 내는 데에는 성공했다. 당시 학생과 청년, 지식인들은『무정』의 독자로 포섭되었다.『무정』은 연재가 끝난 후 단독 출판물로 독서 시장을 풍미했다. 독자들은 자신의 자화상을 무정의 주인공 이형식에 견줘 보고, 이형식의 언어, 사고방식, 행동 양식과의 거리를 측정했던 것이다.

주지하다시피, 이광수는『무정』을 발표하기 훨씬 전부터, 그리고 연재 기간과 그 후에도 최남선이 주재하는 잡지《소년》,《청춘》과 유학생 잡지인《학지광》,《반도시론》에 많은 글을 썼는데, 그 내용을 종합적으로 고려해 보면 '시민의 탄생'에 근접하는 근대적 시민의 잉태에 가장 중요한 출구를 뚫은 작가다. 그러나 자유를 결여한 시민은 가능한가? 식민지민은 본질적 의미의 시민이 될 수 있는가? 이 냉혹한 질문을 식민 말기 임화가 던졌다. 춘원이 묘사한 '자유가 없는 이상주의적 인물들'은 시민이 될 수 있는가? 답은 냉정하다. 개인의 품격인 윤리와 도덕을 자유와 분리하여 밀고 나간 춘원의 문학은 '허위' 그 자체이며, "한정된 반분(半分), 즉 기본적인 사회적, 정치적 현실성을 사상한 불구의 정신이 일면적으로 과장되어 표시되었다."[25] 근대적 시민의 초상이 불구라면 그것은 1910년대 시민의 형성에서 어떤 의미를 갖는가? 이것이 주요 논제다.

셋째, '불구의 시민'에 또 다른 길을 닦고자 했던 사람이 최남선이다. 앞의 두 주제가 신문을 통한 것이라면, 최남선은 주로 잡지를 통해 '시민의 길'을 개척하고자 했으며, 동경 유학생 중심의 잡지들도 그러했다. 춘원에 의해 잉태된 '불구의 시민'에 최남선은 다른 유형의 요소를 채워 넣으려 했는데 한반도의 역사 지리적 위치 인식과 민족의 기원, 나아가서는 민족의 정체성이 그것이었다. 자유가 박탈된 상황에서 장기적 안목의 우회였고, 일본 제국주의를 합리화해 준 천황 이데올로기와 일본 신화를 상대화하는 작업이었다. 최남선은 '바다'(지리)로부터 '산'(단군)으로 돌아왔다. 단군의 역사적 실체를 찾으려는 시도였다. '시민'에 '민족'의 옷을 입히는 것, 그리하여 결격 사유를 최소화하려는 것이 최남선의 목표였다. 신문관 발행 《소년》과 《청춘》은 최남선의 지적 고뇌를 실어 나른 비행체였다.

한편, 동경 유학생들은 '불구의 시민'을 '국민'의 영역으로 데려가고자 했다. 국민 개념은 일반 서민들에게는 여전히 생소했으나, 일본 유학생들에게는 매우 익숙한 용어였다. 총독부는 국민 개념을 넘어 신민 개념까지를 창출해 조선인들을 고무했다. 유학생들의 국민 개념은 두 갈래로 갈라졌다. 신채호가 그랬듯, '정신 국가'에 맞춰 '현실 국가'를 창출하는 데에 필요한 가장 중대한 요소인 국민과 국민 의식, 이것은 국가 독립과 국권 회복의 필수 요소였다. 다른 하나는 시기상조론에 입각해 식민 본국의 국민(신민)이 되는 것. 회복론과 준비론에 해당하는 이 두 개의 담론이 불구의 시민을 양쪽에서 끌어당겼다. 1910년대 후반은 막 잉태된 '불구의 시민'과 민족 정체성을 결합하려는 시도, 다른 한편으로 국권 회복과 일본 국민 되기의 자장(磁場)이 섞여 인민의 각성이 심화 확산되는 시기였다.

신소설: 탈각의 산통

신소설과 시민상

소설은 시대적 상황과 고뇌를 반영한다. 작가는 인물을 통해 시대의 쟁점을 표현하고 그것이 어떻게 세태와 섞여 굴곡진 삶을 창출하는지, 사회 구조가 개인의 삶에 어떻게 침투하는지를 보여 준다. 구조와 대결하는 개인은 연약하다. 연약한 모습을 그대로 재현하는 것, 또는 미약할 수밖에 없는 개인이 거대한 힘과 대면하는 치열한 접점에서 당대의 시대상과 세계관이 도출된다. 사회와 개인들의 인식 공간을 파헤치고 행동 양식을 조망한다는 점, 구조와 환경의 경계 밖으로 외출하고자 하는 인간의 욕망을 담아낸다는 점에서 문학은 연대기이자 시대의 거울이다. 문학은 또한 예술의 영역에 속한다. 시대적 가치를 다룬다고 해서 미학적 시선과 표현을 결여하면 문학이 아니다. 그런데 소설의 이런 근현대적 의미를 우리의 분석 대상인 신소설에 기대하기는 무리다. 신소설은 근대 소설의 출발점인지, 근대 소설 자격을 취득할 수 있는지 여부를 두고 벌어진 연구자들의 논쟁을 일일이 점검하지는 않겠지만, 대체로 자격 미달, 기껏해야 근대 소설로 가는 징검다리 역할을 했다는 게 일반적이다.

　신소설은『춘향전』,『흥부전』,『숙영낭자전』,『장화홍련전』과 같은 고소설의 연장선에 놓이면서 그것과는 여러 측면에서 차별성을 갖는 새로운 형태의 작품군이다. 발을 고소설에 담근 채 몸은 그것에서 빠져나오려는 일종의 문화적 몸부림이다. 고소설과의 중첩 양상에 초점을 두면 자격 미달 판정이 내려지고, 그 전에는 볼 수 없었던 신기(新奇)적 양상에 시선을 옮기면 근대 소설을 향한 귀중한 시도, 근대 소설의 문을 열어 준 진경(進境)으로 평가되는 것이다. 신소설을 발굴하고 문학사적 의의를 규명한 초기 연구자 전광용은 개화기를 대변하는 신소설이 '하나의 과도기적 시도에 불과했다'고 평가하면서 조건을 달았다. 한국의 개화기가 그 자체 한계가 있었다는 사실을 염두에 둬야 한다고 말이다. 그런 다음, 조금 긍정적인 지평으로 평가를 이동시켰다. "작가로서의 주체성을 지니는 동시에, 적으나마 예술적 창작 의욕을 지니고 있었다는 점에서, 또한 작가 의식의 대전환을 가져온 점이라고 보지 않을 수 없는 귀중한 계기를 마련하여 놓은 것이다."[26]

　이인직과 이해조의 작품을 두루 분석한 논문에서 초기 연구자의 한 사람인 신동욱은 다시 평가를 부정적 방향으로 틀었다. 18세기 한국의 평민 소설(고소설)과 비교했을 때에도 신소설 작가들의 것은 훨씬 퇴보했다는 것이다. 전통의 시대적 계승도 이루지 못했고, 새로운 인식 공간에서 신생의 세계를 만들어 내지도 못했다는 것이다. 그리하여, "신소설은 신·구 소설의 교량 역할에서 매우 불충분하다". 더욱이, 근대적 인간상을 한 사람도 오롯이 형상화하지 못했기에 "신소설의 문학적 가치는 빈약하기 짝이 없다."라고 결론을 내렸다.[27]

　사실, 1906~1912년에 출현한 신소설에서 근대적 인간상을 발견하기란 쉽지 않다. 이해조의『자유종』이 그나마 근대적 가치관과 인물들을 보여 주고는 있는데, 『자유종』은 엄격히 말하면 소설 형식을 빌린 논설이다. 이해조는 1911년 《매일신보》에 연재한 『화(花)의 혈(血)』 「서언」에서 옛사람의 고루한 얘기나 허황된 것을 피하고 "모두 현금에 있는 사람의 실지 사적"을 쓴다고 약속했다. "허언낭설은 한 구절도 없고 일동일정은 일호 차작 없이 편집한 소설"이라는 약속과는 달리 『화의 혈』에는 여전히 옛사람이 등장하고 고소설류의 정절(貞節)과 관리의 토색질이 주제다. 주인공 이시찰(이 도사)은 탐관오리이자 여색을 밝히는 인물인데 어느 날 느닷없이 자신의 행동을 반성하고 개화 인물로 둔갑한다. 고소설적 인물이 새로운 시대의 성찰적 주인공으로 변신하는 계기는 작가의 설명뿐이다. 그러니 근대 소설에 한참 못 미친다는 부정적 평가가 나올 법하다.

신소설이 근대적 인물의 전형을 창조하는 데 실패했다는 지적은 일찍이 1940년 임화가 제기했다. 그는 인물의 창조만이 아니라 시대적 고뇌를 외면하고 역사적 발전의 계기를 왜곡했다고 혹평했다. 사실 신소설에 대해서든 춘원에 대해서든 긍정과 부정, 애정 어린 비판과 인색하기 짝이 없는 혹평 사이를 자유롭게 왕래하는 임화의 시선은 활짝 피지 못한 신경향파의 리얼리즘을 식민지 조선에 정착시키려는 데에 맞춰져 있었다. 민족 부르주아와 일제의 이중적 억압에 당면한 노동자·농민 계급의 구조적 모순과 발아 부진한 존재 양태를 문학 공간에서 형상화하지 못하는 프로 문학의 현실을 자탄하고 고발하고 싶었던 것이다. 그렇기에 프로 문학도 뿌리를 내릴 수 있는 토양, 자양분이 풍부한 유산이 필요했다.

신소설과 춘원의 문학에서 시민적 원형의 발아를 목격하고 싶은 임화의 간절한 욕망이 애증의 양 차원으로 두서없이 분출되는 것은 당연하다. "강대한 구세계의 세력하에서 무참히 유린당하고 노고(勞苦)하는 개화 세계의 수난 역사"[28]로서 신소설은 개화의 조선, 청년의 조선의 자태를 '불충분하게나마 반영한 유치한 거울'이라 해도, 대부분 권선징악, 권신징구, 신승망구의 구태를 벗어나지 못했다고 적었다. 국부적 리얼리즘, 트리비얼리즘 속에서 초기적 시민상은 자취를 찾을 수 없다는 것이다. 이런 평가는 춘원에게도 그리 다를 바 없다. 프로 문학은 부르주아 계급의 세계관을 담아낸 시민 문학의 토양에서 성장한다. 임화는 이렇게 결론지었다. 신경향파 문학의 발화 지체는 곧 "조선 근대 문학의 특질, 특히 시민 문학의 발전이 얕고 빈약한" 탓이다.[29]

1940년대 프로 문학은 자신의 토양으로, 혹은 정신적 유산으로 시민 문학을 애타게 호명할 수는 있겠다. 그러나 그런 기대를 신소설에 대입하는 것은 무리다. 문학이 사회적 소산이라면, 전광용의 말처럼, 한국의 근대화 과정이 압제되었듯 신소설 역시 정상적 발아를 기대하기는 어렵다. 그럼에도 우리의 논제와 관련하여 이런 질문은 가능하다. 신소설에서 시민상(像)의 초기적 발아가 목격되는가? 1910년대 개명(開明) 인민이 계몽 물결과 일제의 문명화 사업에 영향을 받아 어떤 형태로든 인식의 변화 과정을 경험했을 테고,[30] 1910년대 초기의 신소설, 조중환에서 시작되는 중기의 번안 소설과 번역 소설, 그리고 상업적 오락 위주의 성격으로 흘렀다고 비판받는 후기의 이상엽, 양건식, 최찬식, 김교제, 심우섭, 진학문의 작품에서 시민의 그런 변화 양상을 형상화했을 개연성을 배제할 수는 없다.

신소설류가 연간 10만 부가량 판매고를 올렸다면 10년간 100만 부, 더러 돌려 읽기도 했다면 200만~300만 명의 독서 시장을 개척한 것이 된다. 아무튼 신소설은 1919년까지 매체(문예) 공론장의 주역이었다. 그만큼 대중성과 오락성을 겸비하고 있었기에 이해조의 새로운 작품을 연재하기 전 《매일신보》는 홍보용 광고문을 실었다. "『봉선화』라는 소설을 찾으려 해도 없을 터이니 어찌 어렵지 않으며 쉬운 것은 본보를 청구하여 매일 보시기 곧 하시면 배 먹고 이 닦기로 신문 보고 소설 보고 그 아니 훌륭하오 보시오 독자 제군이여 참절진기(斬絶珍奇)의 신소설."[31] 신소설이 인식의 신지평을 개척하는 것보다 구습을 타파하는 데 더 치중했다고 해도 징구(懲舊)와 망구(亡舊)로부터 초기적 시민의 형상이 싹틀 수도 있겠다.

임화보다 20년 전, 김동인은 자신이 근대 문학의 본격적 영역으로 진입할 수 있었던 것은 신소설 덕분이라고 진단했다. 이인직이 시도한 새로운 양식과 문제의식을 높이 산 것이다. "당시의 많은 작가들이 모두 작중 주인공을 재자가인(才子佳人)으로 하고 사건을 선인(善人) 피해에 두고 결말도 악인필망(惡人必亡)을 도모할 때 (이인직은) 학대받은 한 가련한 여성의 일대를 우리에게 보여 주었다. …… 이 『귀(鬼)의 성(聲)』뿐으로도 이 작가를 한국 근대 소설의 조(祖)라고 서슴없이 명언할 수 있다."[32] "근대 소설의 조"는 근대는 아니지만 근대적인 무엇인가를 암시하거나 그 단편적인 모습을 품고 있는 조다.

그 모습은 대체로 구습에 빠진 구태의연한 것이지만, 의식 공간에서는 권신(勸新), 신승(新勝), 취신(就新)의 욕망이 반짝거린다. 외양은 인민, 내면에는 시민적 의식이 싹트는 초기적 형상이 조(祖)의 초라한 모습이다. 산도를 빠져나오지 못한 상태, 그 순간 엄습하는 산통에 작가 자신들도 포박되어 쩔쩔매는 과정에서 나온 작품이 신소설이다. 신소설이 있었기에 근대 소설도 잉태되었으며, 신소설이 여러 결격 사유를 품고 있었기에 1920년대 문학이 근대적 품격을 갖출 수 있었던 것이다.

우리의 논제인 시민의 관점에서 본다면, 서양에서 수십 년 걸렸던 근대 시민의 초기적 잉태 과정이 1910년대 신소설에 오롯이 담겨 있다. 누더기가 된 구습의 옷을 여전히 걸친 채로, 그것을 벗고자 새로운 지평 쪽을 응시하는 상태, 그러나 그 새로운 지평이 무엇인지를 정확히 헤아릴 수 없는 상태에 출현한 문학이었다.

탈각의 진통[33]

신소설의 작가는 대체로 당대의 지식인이었다. 국초(菊初) 이인직은 관비 유학생으로 일본 동경정치학교를 졸업하고 러일 전쟁 당시 통역사가 되어 귀국했다.《만세보》주필, 이완용 비서, 일제하 경학원 사성(司成)을 지낸 당대의 식자였다. 이해조는 대원군, 김윤식 집안과 친밀한 왕족 출신이었다. 그의 조부 이재만은 과거에 급제하여 홍문관 수찬을 지낼 만큼 학문 전통이 깊었다. 1905년 애국 계몽기에 이해조는 온건 개화파 활동을 시작해 제국신문사 기자로(1907), 기호흥학회 회원이자 회보 편집인으로 당대의 지식인들과 광범위하게 교류했다. 1910년 그는 총독부 기관지《매일신보》에 입사한다. 당시《매일신보》기자로 활동한 인물은 이해조, 선우일, 조중환, 이상협, 윤백남, 백대진, 심우섭 등 일본 유학생 출신이 대부분이었다.[34]

이들이 바로 1910년대 중후반부터《매일신보》연재소설을 담당한 작가군이다. 이인직을 계승한 것으로 평가받는 최찬식은 중인 최영년의 아들인데, 일찍이 최영년은 일진회와 깊은 관계를 맺고《국민신보》의 사장으로 활약했다. 최찬식은 서울 소재 사립 중학교를 졸업하고《자선부인회잡지》의 편집인이 된다. 그의 처녀작인 『추월색(秋月色)』이 일인 발행 신문에 최초로 연재되었던 것을 보면 최찬식과 그의 집안은 친일적 전통이 깊었던 듯하다.[35] 김교제 역시 명문인 추사(秋史) 김정희 가문에 속한 가계로서 대한제국 시기에 관직을 제수 받은 식자였다. 그런데 대한제국의 멸망과 동시에 자리에서 물러나 소설 창작에 매진했다.[36]《매일신보》가 공모한 단편 소설의 작가들도, '채란'이라는 기생도 있긴 했지만, 대부분은 교사, 청년 지식인, 한학자, 사회단체 서기 등 식자들이었다.[37]

그런 까닭에, 이들에게 새로이 펼쳐지는 문명 세계는 직접 목격한 것이거나 지인들로부터 들어 이미 친숙한 풍경이다. 신소설은 구관습과 신문명의 전선을 오락가락하면서 구각(舊殼)을 벗게 하는 외적 충격, 피할 수 없는 일종의 운명으로 신문명을 위치시켰다. 작품 곳곳에서 펼쳐지는 문명에 관한 묘사는 해결이 불가능한 인물 갈등, 제도 모순, 시대적 부조리의 짐을 일시에 해결해 주는 이상향이었다.

이인직의 소설 『혈의 누』의 주인공 옥련은 갖은 시련 끝에 '화성돈'(워싱턴)에 유학하고 그의 은인이자 유학생인 구완서와 혼인을 서약하고 귀국한다. 문명의 세례를 받고 옥련의 인생은 구제도의 모순에서 벗어난 것이다. 그때 샌프란시스코에서 옥련의 아버지 김관일이 뜬금없이 등장하는 기연, 그리고 후속작인 『모란봉(牧丹峰)』(1913)에서 하인 출신인 서숙자가 최씨 부인(옥련의 계모)의 남동생인 최여정과 홀연 인천항에 출현해 스토리를 끌고 가게 만드는 설정 역시 시민을 배양하는 토양으로서 문명을 상정한 것이다.

화륜선과 기차는 제도적 모순과 작별하는 문명의 총아다. 이해조의 소설 『빈상설』의 주인공 서정길이 부모를 찾아 나설 때 기차를 탔고, 압록강에서 조난을 당하고 천신만고 끝에 구조돼 상해로 갈 때 화륜선을 탔다. 최찬식의 『안(雁)의 성(聲)』(1914)에서는 아예 문명의 목록이 전개된다. 포도주, 기차, 화륜선, 전차, 공원이 등장하고, 조선의 과거 대신 변호사 시험, 총독부 경찰서, 순사가 등장한다. 『추월색』의 주인공인 이정임과 김영창은 부부가 되어 만주와 북경으로 신혼여행을 떠난다. 기차 안에서 바라보는 만주의 풍경은 야만적이다. 김영창은 영국 유학생, 이정임은 동경 유학생이다. 그들의 대화는 구각을 깨는 문명의 힘에 대한 찬양인데, 최찬식의 출신 배경에서 유래한 친일적 시선이 슬쩍 슬쩍 개입한다.[38]

영창 이곳은 일로전역 당시에 일본군이 대승리하던 곳이오구려. 내가 이곳을 지나가 본 지 몇 해가 못 되는데 벌써 황량한 고전장이 되었네.

정임 아…… 가련도 하지. 저 청산에 헤어진 용맹한 장사와 충성된 병사의 백골은 모다 도장 속 젊은 부녀의 꿈속 사람들이겠소구려.

영창 응, 그렇지마는 동양 행복의 기초는 이곳 승첩에 완전히 굳히고 저렇게 철도를 부설하며 시가를 개척하여 점점 번화지가 되어 가니, 이는 우리 황색 인종도 차차 진흥되는 조짐이지요.

다른 한편, 문명은 국운을 흥하게 해 주는 각성의 기운이자 내부 모순을 타파하는 성찰의 힘이다. 신소설에 거듭 등장하는 주제들, 신분 모순, 남녀 불평등, 처첩 부조리를 깨뜨리는 것은 다름 아닌 문명의 쇠망치이고, 찰완고와 찰개화의 논쟁, 자유 결혼의 정당성 설파, 혼인 논쟁, 망국론을 궁극적으로 해결하는 열쇠는 문명에 속한다. 『구마검』(1908)에서 해결사로 등장한 함일청이 그의 작은아버지이자 무녀, 판수, 무속 무리에 현혹돼 재산을 탕진한 함진해에게 아뢰었다.

엎드려 바라건대 형장은 무식한 자의 미혹하는 상태를 거울하사, 간악 요괴한 무리를 일절 물리치시고, 서양 사람의 실질을 밟아 일절 귀신 등의 요괴한 말을 한비에 쓸어 버려, 하늘도 가히 측량하며, 바다도 가히 건너며, 산도 가히 뚫으며, 만물도 가히 알며, 백사도 가히 지을 마음을 두면, 비단 형장의 한 댁만 부지하실 뿐 아니라, 나라도 가히 강케 하며, 동포도 가히 보존하리이다.[39]

이런 표현은 1905년 이후 애국 계몽기에 민간지에 등장한 수많은 계몽 논설을 소설 형식으로 전환한 것이다. 대부분의 계몽 논설은 인민의 고루한 사고방식, 관습, 고정 관념을 타파하는 데에 초점을 맞추고 있고, 계몽과 탈각의 최종 목적지는 각성한 사회와 독립 국가의 건설이었다. 자립적 사회와 독립 국가, 그것도 강건한 국가는 시민 됨의 기본 요건이자 시민의 책무였다. 작가가 주인공의 입을 빌려 사회와 국가의 중대성을 환기시키는 장면은 신소설의 주요 화소(話素)였다.

이해조는 『자유종』(1910)에서 생일 파티에 참석한 부인의 입을 빌려 아예 웅변조로 사회와 국가에 기여하는 개인의 책무를 역설하고 있으며, 이인직은 『은세계(銀世界)』(1908)에서 주인공 옥남을 통해 신학문 공부가 곧 국력을 신장하는 길임을 외쳤다. 홀로 늙는 어머니를 모시러 조선으로 돌아가자고 조르는 누이 옥순을 옥남이 설득하며 다음과 같이 말한다.

부모의 은혜를 받은 이 몸이 나라의 국민의 의무를 지키고 국민의 직분을 다하는 것이 부모에게 효성이라…… 이 나라를 붙들고 이 백성을 살리려 하면 정치를 개혁하는 데에 있는 것이니 우리는 아무쪼록 공부를 많이 하고 지식을 넓혀서 아무 때든지 개혁당이 되어서…… 아무리 우리 집에 박절한 사정이 있더라도 그 박절한 사랑을 돌아보지 말고 국민 동포에게 공익(公益)을 위하여 공부를 더 하고 있습시다.[40]

옥순과 옥남은 귀국해 강원도 집에서 모친과 상봉하여 살아가던 어느 때에 의병 무리와 맞닥뜨렸다. 옥남이 용감하게 나서서 의병무용론을 일장 연설 했다. "여러분들 하는 일이 이득은 없고 국민 생명과 국가 행정에 폐만 끼치니, 진실로 분한 마음이 있으면 국권 잃은 근본을 살펴보고 국권 회복될 일을 하는 것이 옳은 일"이라고 했다가 의병대장에게 잡혀 갔다. 의병은 분노의 발현이지만 종국적으로 좌초할 터이니 나라 형편상 다른 일에 몰두하는 것이 유용함을 암시한 대목이다. 『은세계』는 원주 감영의 토색질로 시작해 의병 무용론으로 끝난다. 작가 이인직은 국란의 여러 원인을 혁파하고 장기적 안목의 국권 회복 사업에 정진하라는 것, 그 속에 시민의 맹아가 싹튼다는 점을 말하고 싶었던 것이다. 옥순과 옥남은 어설프기 짝이 없고 상황 전개에 내맡겨진 피동적 인물이었지만 그들이 점차 세계 정세와 조선의 상황을 파악하고 적극적 주체로 변모해 가는 과정은 비약적이지만 인상적이다.

시민적 덕목을 갖춰 가는 인물들, 구습을 타파하려 갖은 시련과 대면하는 인상적 인물들은 여기저기 출몰한다. 작첩(作妾) 행태 고발과 첩의 악행 척결은 대단히 인기 있는 주제다. 여기에는 조선 사회에 팽배했던 조혼 문제가 중첩되어 있다. 세상 물정을 모르는 어린 나이에 혼처를 미리 정해 일어나는 가족 문제는 심지어 이광수의 논설에도 자주 등장한다. 조혼은 작첩의 원인이고, 작첩은 가족의 화합을 파괴한다. 첩이나 후처가 왜 악인의 전형으로 등장하는지는 따져 볼 문제이나, 첩은 하인과 모의해 전처소생 자식들을 학대, 살해하고, 재산을 탈취하는 사람이다. 신소설에서 다뤄지는 대체적인 갈등과 시련이 여기에서 출발한다. 주인공은 고부 갈등, 조혼, 정절 문제, 관리의 탐학과 박해, 심지어는 인신매매라는 극한적 범죄의 와중에 던져져 있다.

이런 주제들을 한꺼번에 묶어 장중한 드라마를 펼친 것이 이인직의 『치악산』(상편, 1908)이다. 후취로 들어온 김씨 부인은 전처소생 백돌의 처이자 며느리인 이씨 부인을 증오하다 못해 몸종 옥단이와 그녀의 애인 최치운을 시켜 치악산 산중에서 교살하려 한다. 이씨 부인은 개화파 이 판서의 딸로 원주의 찰완고 홍참의 집 며느리가 됐다. 이런 와중에도 백돌은 무슨 연유인지 신학문을 배운다고 동경 유학길에 올라 사라졌다가 이 복잡한 얽힘의 결말을 짓기 위해 소환되는 인물이다. 그러니까 치악산은 독자들에게 신비와 공포를 동시에 함축한 무대다. 이씨 부인을 납치해 치악산에 끌고 간 최치운은 느닷없이 나타난 또 다른 포악한 인물 장 포수의 총에 맞아 죽고, 이씨 부인은 천신만고 끝에 산중에 숨어 목숨을 부지한다. 이씨 부인은 수월당이라는 여승에 의해 구출되어 속세를 잠시 떠났다가, 어느 날 신세 한탄 끝에 우물에 몸을 던진다.

신소설에서 우물은 시련을 끝내는 장소다. 기구한 운명을 마감하는 장소로서 우물은 안성맞춤이다. 『화의 혈』의 천하일색 주인공 선초도 우물에 몸을 던졌고, 『귀의 성』의 길순도 우물에서 자살을 시도했지만 박 참봉이 발견해 겨우 살아난다. 신소설에 자주 등장하는 자살은 도저히 헤쳐 나갈 수 없는 기구한 운명을 마감하는 행위다. 『혈의 누』의 옥련은 대동강에 투신했고,(그녀의 모친도 한참 뒤에 대동강에 투신한다.) 『은세계』의 옥순·옥남 자매는 화성돈 건물에서, 『빈상설』의 이씨 부인, 『화세계』의 김수정은 강물에 투신했으며, 『해안』의 경자는 인천 바다에 투신했다. 그러나 실제로 목숨을 잃은 사람은 극히 소수다. 특히 우물은 사람들이 자주 나타나는 장소이기에 누군가에 의해 구출되고야 만다. 『치악산』에서 이씨 부인은 산중에 있는 우물에 투신했는데도 구출되었다. 그것도 시부(媤夫)인 홍 참의에 의해. 홍참의는 최치운을 찾아 송도로 갔다가 첩을 얻어 고향으로 '돌아가'는 중이었다. 아예 작가는 구출될 것을 미리 예고하기까지 했다. 이씨 부인이 몸종 검홍이가 죽었다고 생각하고 신세 한탄하면서 자살을 기도하는 장면이다.

에그 내가 겪은 일을 생각할수록 소름이 죽죽 끼치고 진정 참혹하다. 검홍이 죽었는가 살았는가, 오냐, 살아 있으면 다행하고 죽었으면 저승에 가서 만나리라, 하더니 웅그리고 앉은 채로 눈을 딱 감으면서 우물 속으로 뚝 떨어지는데 물속에서 물구나무를 섰다.[41]

'물구나무를 선 어떤 여인', 즉 자신의 며느리를 홍 참의가 구출해 어깨에 메고 인가에 데려다 놓았다. 기연(奇緣)이 불쑥 튀어나오는데 이런 모습은 신소설을 관통하는 일반적 특성이다. 문제는 사건의 발단인 계모 김씨 부인이다. 제주 유배에서 풀려 귀향한 개화인 이 판서(이씨 부인의 친부)가 치악산에서 살아 돌아온 검홍에 의해 음모의 대강을 파악한 후 개인적 지략을 통해 처벌을 단행하는 일련의 과정이 후반부 줄거리다. 김씨 부인이 가장 두려워하는 귀곡성과 혼불을 밤마다 출몰시켜 혼을 빼 놓자 결국 김씨 부인과 공범자 옥단은 죄를 자백하고 참살형을 받는다. 운명에 몸을 맡긴 이씨 부인과는 달리, 그의 부친인 이 판서는 정황을 냉철하게 판단하는 이성의 소유자이며, 구습의 작태를 단죄할 줄 아는 개화인이다.

『혈의 누』 후편인 『모란봉』의 서일순은 재산으로 옥련을 취하고자 일종의 해결사(서숙자)를 고용하는 기지를 발휘한다. 어쨌거나 운명을 개척하는 인물이고, 『귀의 성』 강동지 역시 살해된 딸의 원한을 갚기 위해 계략을 동원할 줄 아는 인물이다. 딸을 살해한 김승지 부인과 그의 몸종인 점순을 부산 통도사에서 죽이고 강동지 부부는 해삼위로 떠난다. 소설 도입부에서는 강동지와 처가 이런 기예를 품고 있으리란 생각이 전혀 안 들지만 어쨌든 이야기는 그렇게 전개된다. 『빈상설』의 이승지, 『구마검』의 함일청, 『모란병』(1911)의 송순검, 『원앙도』(1911)의 말불, 『화세계』의 선초 여동생 모란, 『구의산』의 효손, 『안의 성』의 김상현 등이 대체로 운명을 개척해 가는 시민적 원형이다.

새로운 가치들에 눈뜨고 구태에서 탈각하고자 하는 인간 유형, 그러나 가치들이 서로 연결돼 하나의 일관된 이념으로 발전하지 못한 채 조각조각 떨어진 파편들을 붙잡고 사회적 상황을 헤쳐 나가는 모습이 초기 시민의 원형이다. 이런 모습을 두고 근대적 인간을 형상화하는 데에 실패했다고 평가하는 것은 조금 인색하다. 왜냐하면 1900년대 당시 한국의 상황이 그와 전혀 다를 바 없는 상동 구조(Homology)였기 때문이다. 이 상동 구조가 신소설의 기본 프레임인 것을 두고 근현대적 시각으로 재단하는 것은 무리다. 신소설은 때로 상업적 오락적 경향에 치우쳐 상당한 우려를 받고 있었던 것도 사실이다.

당시 독서계를 사로잡았던 잡담패설의 폐해를 의식해서인지 이해조는 『자유종』의 등장인물 '국란'의 입을 빌려 계몽과 교화를 위한 양서를 개발할 것을 주문했다. 국란이 소리쳤다. "말할진대 춘향전은 음탕 교과서요, 심청전은 처량 교과서요, 홍길동전은 허황 교과서라 할 것이니 국민을 음탕 교과서로 가르치면 어찌 풍속이 아름다우며, 처량 교과서로 가르치면 어찌 장진지망이 있으며, 허황 교과서로 가르치면 어찌 정대한 기상이 있으리까?"[42] 그럼에도 이해조의 초기 작품들과 《매일신보》에 발표한 『봉선화』 (1912), 신구서림 간행 『우중행인』(1913)과 『비파성』(1913)에도 역시 처량한 장면들이 속출하거나 허황된 인물들이 등장한다. 사건 전개가 벅차서 논리적 비약이 발생하는 곳도 여럿이다. 그럼에도 신소설의 주요 인물들의 공통된 시선이 구시대를 딛고 밝아 오는 새로운 지평으로 향하는 점은 주목을 요한다.

이런 한계와 결점은 서양의 초기 사회 소설에도 드러난다. 상승하는 계급을 위해 흥미 있는 읽을거리를 제공하는 것, 당시의 생활상과 사회적 정황을 사실적으로 묘사해 상상력을 자극하는 데에 문학과 신문의 결합은 획기적 사건이었다. 1910년대 한국에서 그랬듯이, 1830년대 이후 유럽에서 가장 인기를 끈 것은 연재소설이었다. 프랑스의 발자크와 외젠 쉬(Eugène Sue) 는 《프레스(Press)》에 연재를 시작했으며, 《시에클(Siecle)》은 알렉상드르 뒤마 (Alexandre Dumas)를 대항마로 내세웠다. 연재가 독자의 인기를 끌자 아예 작가들은 대리 필자와 서사를 고용해 주문 생산 체제를 갖추기도 했다.

오락과 흥미는 가장 중요한 요소가 되었다. 문예란은 일찍이 프랑스 대혁명 시기에 출현했는데 단편 소설과 여행기, 희곡이 주로 실렸다. 그중 가장 인기 있는 주제는 유괴, 간통, 폭행과 잔인에 관한 것이었다고 아놀드 하우저(Arnold Hauser)는 적었다.[43] 예측 불허의 인물이 등장해 줄거리를 끌고 가는 장면은 흔한 일이었다. 마치 1900년대와 1910년대 공론장을 수놓은 신소설의 주제와 줄거리가 그렇듯이 말이다. 하우저는 문학과 신문의 결합은 "문학의 유례없는 대중화, 독자 대중의 거의 완전한 평준화"를 산출한다고 썼다. 신소설은 '문학의 대중화'의 초기 단계를 이뤄 낸 전사(戰士)였다는 점에서 스토리의 비약과 예측 불허 인물의 난삽함, 논리적 비약 등의 결점을 일단 수용할 수 있겠다.

신소설은 조선인 신문이 사라진 상황에서 《매일신보》와 출판을 통해 매체(문예) 공론장을 아로새긴 총아였다. 많은 단점과 결점에도 불구하고 그것은 '암흑의 공론장'에 한 줄기 빛이 되었다. 세 가지 측면에서 그렇다.

첫째, 구시대와 새로운 시대, 혹은 문명개화의 대결 양상을 본격적으로 다뤘다는 점이다. 가치의 접전(接戰)은 가족사를 사회사로 확장해 사적 공간에 공적 성격을 부여한다. 인민들은 가족사가 결코 개인에 그치는 일이 아니라 사회 전반으로 확장돼 거대한 구속력으로 작용한다는 것을 알아차렸다. 애국 계몽기에 많은 지사들과 지식인들이 논문과 사설을 통해 설파했던 그 장면들을 독자들은 소설적 구성과 이야기 형태로 깨달았던 것이다.

둘째, 이것을 각성의 과정이라 한다면, 각성 인민은 자아와 주체성을 내면화한 존재들이다. 그 가치 편린들이 서로 연결되지 않은 채 비록 조각조각 흩어진 것이라 할지라도 인식 공간 속에서 서로 충돌하며 하나의 일관된 세계관을 형성하게 된다. 다만, 시간과 확산 속도가 중요해지고 매체의 풍부함이 요긴해진다.

셋째, 사회와 연결된 개인들이 시민의 원형이라면, 국가가 소멸된 현실에서 자신들을 완성체로 만들어 줄 국가를 탐색하는 여행에 나서는 것은 자연스러운 이치다. 애국 계몽기에 많은 식자들이 국가와 국민을 논했지만, 그것이 과연 무엇인지 정확하게 내면화한 인민들은 그리 많지 않았다. 다만 왜적(倭敵)이 왔고, 양적(洋敵)이 왔으며, 이들이 주권을 침탈하려 한다는 것, 아직 백성의 부모인 고종(高宗)이 살아 있는 한 종묘사직은 지속된다는 작은 기대에 희망을 걸었을 뿐이다. 앞에서 이해조가 '국민'을 언급했지만 국가 개념도 정착되지 않은 상황에서 그것은 생소한 용어였을 뿐이다. 그런데 이제 신소설의 스토리를 통해, 군데군데 숨겨 놓은 작가의 웅변을 통해 국가의 소중함을 알아차리기 시작했다. 식민 통치하에서 국가는 더욱 절실하게 다가왔기 때문이다.

신소설은 이런 방식으로 '동굴 속의 시민'을 불러냈다. 그들은 우연히도 총독부 기관지인 《매일신보》를 통해 개인이 사회의 일원임을 깨달았고, 먼 곳으로 가 버린 국가의 소중함도 알아 차렸다. 그럼에도 아직 어떤 가치관과 신념이 필요한지 암중모색할 수밖에 없는 상황이 지속되었다. 발은 여전히 구습에 담근 채 시선은 희망의 신호를 향한 상태, 이것을 '탈각의 산통'이라고 한다면 신소설은 초기적 시민의 산통을 이야기체로 담아냈던 것이다.

이광수: 시민의 출현

신소설과 결별하다

신소설은 1913년을 기해 조중환, 이상협, 민태원의 번안·번역 소설에 주도권을 넘겨줬다. 이해조는 『옥중화』를 필두로 고전 소설과 판소리를 개작하는 쪽으로 방향을 틀었다. 『강상련』, 『연의 각』, 『토의 간』을 연달아 《매일신보》에 연재했는데, 『춘향전』, 『심청가』, 『박타령』, 『토끼타령』을 연재물로 고쳐 쓴 것이다. 조중환이 이해조를 이어받았다. 1912년 《매일신보》는 지면 쇄신을 계기로 독자를 끌어들일 만한 연재물이 필요했다. 조중환이 응답했다. 일본에서 유행했던 가정 소설이 그것이었다. 《매일신보》 기자였던 조중환은 1912~1915년 동안 번안·번역 소설로 독서계를 풍미했다. 『쌍옥루』, 『장한몽』, 『국의 향』, 『단장록』, 『비봉담』, 『속편 장한몽』이 그것이다.

연극으로도 상영된 『장한몽』은 일본 가정 소설을 조선 실정에 맞게 개작한 것으로 이수일과 심순애의 비애적 사랑 얘기로 세간의 입에 오르내렸다. 원작은 일본 오자키 고요(尾崎紅葉)의 『금색야차(金色夜叉)』였다. 19세기 말 일본의 가정사와 사회상, 기괴와 흥미, 오락을 가미한 가정 소설은 조닌(町人) 계급의 요구와 욕망을 충족했을 만큼 선풍적 인기를 끌었다.[44] 이를 번안한 조중환의 소설 역시 신소설류가 퇴조한 독서계를 채웠는데 독자 시장의 확장을 꾀하고자 했던 《매일신보》의 목적에 꼭 맞아떨어졌다. 가정 소설과 함께 일역(日譯)된 서구 소설을 한글로 중역한 이상협과 민태원의 작품들인 『정부원』, 『해왕성』, 『애사』 역시 청년 학생층과 지식층을 독자로 끌어들이는 데 주목할 만한 기여를 했다. 이들 역시 일본 유학생 출신으로 《매일신보》 기자였다. 안착 단계를 넘어 확장 단계로 들어선 《매일신보》는 이제 청년 지식층을 포섭하기 시작했다.[45] 여기에 이광수가 화답했다. 아니 당대 문필가로 이름을 날리던 춘원을 끌어들였다.

춘원이 왔다. 아직 산도를 완전히 빠져나오지 못한 시민의 초기 형상을 멋지게 조립한 완성체를 들고 말이다. 이광수는 신소설에 여기저기 체계 없이 흩어진 근대적 가치의 조각들을 주워 담아 나름 독자적인 조립체를 만들었다. 유아기 고아 경험, 박 대령과 그의 딸 실단의 기억, 평양에 처음 갔을 때 느꼈던 놀라움, 그리고 동경 유학과 오산학교 시절, 상해에서 블라디보 스토크를 거쳐 치타까지 러시아 체험, 다시 동경 유학과 연애, 이런 모든 개인적 경험이 메이지 학원과 와세다 대학에서 습득한 근대 지식의 프리즘을 통해 뿜어져 나왔다.[46]

임화가 원했던 시민상과는 거리가 멀었지만 신학문과 문명 세례를 받고 구질서를 완전히 탈각한 주체적 개인이 식민지 조선에 출현했다. 『무정』의 이형식이었다. 당시 청년 지식인들과 학생들은 이형식과 자신의 거리를 측정하느라 안달이었다. 구습, 구질서와 대적하는 이형식의 고민과 논리, 자유 결혼과 연애의 옹호, 친일 명사(名士)에 대한 과감한 도전, 철학과 문학, 사회학에 이르는 근대적 지식 습득의 궤적 등이 증가 일로에 있던 공립 학교와 민립 학교 학생들을 열광시켰다. 소설이 독자의 현실로 뒤바뀌어 정신을 매료한 것이다.

『무정』은 신소설의 구태의연한 테마들을 완전히 땅에 묻고 새로 태어난 소설이라는 점에서 근대 소설의 효시다. 귀곡성과 무녀의 칼춤은 사라졌다. 계모 학대도 옛날이야기가 됐고, 신분 모순, 관리의 토색질, 처첩 갈등, 노비 음모, 도깨비불도 더 이상 소재가 아니다. 신소설의 서막은 예외 없이 교교한 풍경 묘사로 시작한다. 예를 들면, 이인직의 『치악산』은 이렇게 시작한다.

치악산 높은 곳에서 서늘한 가을바람이 일어나더니, 그 바람이 슬슬 돌아서 개 짖고 다듬이 방망이 소리 나는 단구역말로 들어간다. 달 밝고 이슬 차고 베짱이 우는 청량한 밤이라. 소소한 바람이 홍참의 집 안 뒤꼍 오동나무 가지를 흔들었는데……[47]

그리고 그 풍경 속에 주인공이 출현하는 식이다. 『무정』은 풍경보다 인물이 먼저다. 그 유명한 첫 구절. "경성학교 영어 교사 이형식은 오후 두 시 사년급 영어 시간을 마치고 내리쬐는 유월 볕에 땀을 흘리면서 안동 김 장로의 집으로 간다."[48] 첫 문장에 인물 경력과 사건의 실마리가 응축되어 있다. 첫인사를 어떻게 할지 고민하는 모습과 주인공의 심리가 펼쳐지고, 느닷없이 그의 친구이자 조연급인 신문 기자 신우선이 등장하면서 독자는 상상력의 개활지로 나아간다.

『무정』이 기존 신소설류와 구분하는 시대적 획을 그었다고 평가받는 질적 차별성은 여럿이다. 작품 분량이 단연 독보적이다. 1917년 1월부터 11월까지 연재가 지속될 정도였으니 당시로서는 장편 중 장편에 속한다. 신소설의 시점(視點)은 들쑥날쑥해 주인공 관점인지 작가 관점인지가 헷갈리는 경우가 많았으나, 『무정』은 전지적 시점을 일관되게 유지함으로써 근대 소설의 요건을 갖췄다. 문장 또한 '하더라', '하더이다', '것이라' 등 고어체를 탈피하고 '하였다', '한다' 등 근대적 종결체를 도입했다. 그것은 언문일치의 완성이라 할 만큼 획기적인 사건이다.

주시경이 주관했던 국문연구소가 1908년까지 23회 회의를 거쳐 문체, 정서법, 음운론에 관한 최종안인 「국문연구의정안」을 내놓았으나 정치적 상황 때문에 국문 글쓰기의 공식 규준은 아직 나오지 않은 상태였다.[49] 그런 상황에서 언문일치의 글쓰기를 선보인 것은 근대적 문체의 도입과 더불어 공론장의 혁명적 변화를 촉진한 일대 사건이었다. 신소설은 국한문 혼용체이거나 국문이어도 한자와 한문 구절을 즐겨 원용한 사례가 많았는데, 이광수는 과감하게 국문으로 돌아섰다.[50] '국문 공론장'은 일반 서민 독자와 지식인, 작가가 합류해 공동체적 연대 의식을 생성한다는 점에서 근대의 필수 요건이다.[51] 무엇보다 국문 공론장은 독자의 평준화를 촉진해 시민 공동체의 기반을 다진다.

『무정』의 인물들은 문명의 주인이다. 문명을 누리고 즐기고 문명 속에서 살아가는 인물들이다. 신소설의 문명이 멀리 있는 대상, 습득할 대상이었다면, 『무정』의 문명은 등장인물들이 살아가는 환경이자 배경이다. 문명이 『무정』 속에 들어와 있다. 신소설에서 유학생은 문명의 상징이자 표상이었다. 언어와 사고방식이 약간 깨어 있을 뿐, 문명을 아직 체화하지 못한 인물들이 대부분이었다. 심지어는 『혈의 누』의 김관일, 『모란봉』의 옥련, 『치악산』의 백돌처럼 유학을 다녀왔는데도 줄거리 전개에 별 영향을 미치지 못하는 인물도 수두룩하다. 『은세계』의 옥순과 옥남이 후반부에서 약간의 돌출적 언어와 행동을 보여 줄 뿐이다. 그러나 『무정』은 문명이라는 양탄자를 배경에 깔고 스토리가 전개된다. 형식이 제자 희경의 안내를 받아 영채가 있다는 기생집으로 향하는 대목이다.

우미관에서는 무슨 소위 대활극을 하는지 서양 음악대의 소요한 소리가 들리고, 청년회관 이층에서는 알굴리기를 하는지 쾌활하게 왔다 갔다 하는 청년들의 그림자가 얼른얼른한다. …… 형식과 희경은 종각 모퉁이를 돌아 광통교로 향한다. 신용산행 전차가 커다란 눈을 부릅뜨고 두 사람의 앞으로 달아난다. 두 사람은 컴컴한 다방골 천변에 들어섰다.[52]

아마 천변은 청계천일 터, 그곳 골목에는 반개(半開)가 있고, 종로 부근에는 문명이 있다. 형식이 재직하는 학교는 종로에 있고, 형식은 그 부근에 산다. 신우선은 신문 기자이고, 경성학교 이사장은 귀족, 형식의 경멸 대상인 배 학감은 동경 유학생 출신이다. 후반부, 형식과 선형이 유학길에 오르기 위해 남대문에 내렸을 때 형식은 또 문명의 소리와 마주친다.

차가 남대문에 닿았다. 아직 어둡지는 아니하였으나 사방에 반짝반짝 전기등이 켜졌다. 이 모든 것을 합한 도회의 소리와…… 도회의 소리? 그러나 그것이 문명의 소리다. 그 소리가 요란할수록 그 나라가 잘된다. 수레바퀴 소리, 증기와 전기 기관 소리, 쇠마차 소리…… 실로 현대의 문명은 소리의 문명이다. 서울도 아직 소리가 부족하다. 종로나 남대문통에 서서 서로 말소리가 아니 들리리만큼 문명의 소리가 요란하여야 할 것이다. 그러나 불쌍하다. 서울 장안에 사는 삼십여만 흰옷 입은 사람들은 이 소리의 뜻을 모른다.[53]

'문명의 소리'의 참뜻을 체화한 사람이 시민이다. 그 문명이 일제인지 서양인지는 아직 문제가 되지 않는다. 다만, 작품의 배경과 스토리가 시민적인가 아닌가가 중요하다. 자아의식을 가진 독립적 존재, 문명의 세례를 받고 그것을 체화한 개인, 작가의 구상에 활용되는 소모적 인물이 아니라 적극적, 능동적으로 사건을 전개해 나가는 개성적 인물이야말로 근대적 인간, 즉 시민이다. 신소설에서 주인공은 작가가 만든 사건과 줄거리에 어떤 항변도 하지 못했다. 『무정』의 인물들은 얽히고설키면서 사건의 줄거리를 제조한다. 기존의 구습에 완강히 거부하는 인물들에 주목해 김동인은 이광수를 '용감한 돈키호테'로 지칭했고, 탈각의 고통을 벗어나는 신작로를 개척한 신선한 시도를 박영희는 '사막에서 헤매는 나그네에게 주는 감로수이자 오아시스'라고 평했다.[54] 신소설이 잉태하고자 했던 '영아(嬰兒)적 시민'을 받아 내 구습을 탈각한 '온전한 존재'로 독자에게 선을 보였던 것이다.

『무정』에도 고소설적 흔적이 남아 있기는 하다. 조연급 인물인 영채는 세상살이와 기구한 운명에 몸을 맡긴 소극적 인물인데, 후반부에 가서야 약간 각성된 존재로 거듭난다. 가족사와 세상 현실에 희생된 운명을 팔자로 알고 살아온 영채에게 주체적 자아를 불어넣는 일, 이광수는 그 과정만큼은 고소설적 기연에 호소한다. 시민적 관점에서 『무정』의 흠결이다.

박진감 있게 전개한 전반부의 스토리를 마감하기가 벅찼던 작가 이광수는 마치 무성 영화의 변사(辯士)처럼 장면 전환을 시도한다. 김 이사장과 배학감에게 겁탈당한 현장에서 형식과 우선에게 구출된 후 대동강에 빠져 죽으러 떠난 영채는 어떻게 되었을까. 강물과 자살은 신소설이 즐겨 쓰는 레퍼토리다. 영채의 친구이자 언니인 기생 월화(月花)도 대동강에 투신했던 차였다. 월화를 따라 세상과 하직하려고 평양으로 떠난 영채를, 우물과 강에 각각 투신한 『모란봉』의 최씨 부인, 『치악산』의 이씨 부인, 『귀의 성』의 길순, 『화세계』의 수정처럼 누군가 구출해 주는 기연으로 해결할 수는 없었다. 독자에게 양해를 구하는 수밖에 없다.

이제는 영채의 말을 좀 하자. 영채는 과연 대동강의 푸른 물결을 헤치고 용궁의 객이 되었는가. 독자 여러분 중에는 아마 영채의 죽은 것을 슬퍼하여 눈물을 흘리는 이도 있을지요. …… 영채도 아마 대동강에 빠지려 할 때에 어떤 귀신에게 건짐이 되어 어느 암자의 승이 되었다가 장차 형식과 서로 만나 즐겁게 백년가약을 맺어, 수부귀다남자하려니 하고, 소설 짓는 사람의 좀 된 솜씨를 넘겨보고 혼자 웃으신 이도 있으리다.[55]

우물 속에 오똑 물구나무를 선 이씨 부인을 홍 참의가 우연히 발견해 구출한 『치악산』의 스토리와는 다르다는 것을 암시한 구절이다. 그러나 별로 다르지는 않았다. 평양행 기차 안에서 세상과 작별을 결행하려는 여자의 눈물을 유심히 본 사람이 있었다. 활달한 여장부, 동경 유학생인 병욱을 조우한 것이다. 캄캄한 산중 홍 참의나 기차 객석 병욱의 출현은 주인공을 어쨌든 살려 내야 하는 작가의 어설픈 구도다. 병욱은 음악을 전공한 신여성이고 시대적 부조리와 대면할 지성을 겸비한 구세주다. 작가는 여기에서 한 발 더 나아가 병욱의 오빠 병국을 형식의 동경 유학 시절 친구로 설정하는 모험을 감행했다. 우연치고는 극한 우연이다. 『무정』의 극적 결말인 삼랑진 자선 음악회를 염두에 둔 무성 영화적 장면 전환으로 이광수는 신소설의 경계를 빠져나가 자신의 특기인 계몽의 영역으로 성큼 들어섰다. 스토리 끝부분, 주인공들은 부산행 기차에서 조우한다. 형식과 선형은 결혼하여 미국으로, 병욱과 영채는 일본으로 유학차 가는 길이다. 다른 객석에 탄 영채를 만나고 온 후 말없이 고민하는 선형과 마주한 채 형식은 참사랑과 조국 현실에 대한 성찰에 애를 쓴다.

자기(형식)의 사랑은 과연 문명의 세례를 받은 전인격적 사랑이라고 할 수 있을까?[56]

이제 보니 선형이나 자기나 다 같은 어린애다. 조상 적부터 전하여 오는 사상의 계통은 다 잃어버리고 혼돈한 외국 사상 속에서 아직 자기네에게 적당하다고 생각하는 바를 택할 줄 몰라서 어쩔 줄은 모르고 방황하는 오라비와 누이…… 형식의 생각에 자기와 선형과 또 병욱과 영채와 그 밖에 누군지 모르나 잘 배우려 하는 사람 몇십 명 몇백 명이 조선에 돌아오면 조선은 하루 이틀 동안에 갑자기 새 조선이 될 듯이 생각한다.[57]

조혼이나 부모가 정해 준 혼례를 벗어난 전인격적 사랑, 교육받은 선각자의 사회 활동은 조선의 탈각과 진보를 위한 필수 요건이었으며, 이런 논조의 글을 이광수는 유학 시절 학회보와 최남선이 발행한 《청춘》, 총독부 기관지 《매일신보》에 수도 없이 썼다. 그것은 진정한 시민 됨의 요건이기도 했다. 춘원은 무정을 연재하는 동안에도 '조선의 가정이 행복한지, 조선의 부부가 화합을 하는지'를 물었다.[58] 그리고는 '조선의 가정은 풍파와 적막과 반목과 비수와 죄악과 불행의 소굴'이라고 단정했다. 사랑이 없이 부부가 되고 되어야 하는 조선의 혼인 제도 때문이라는 것이다. 전인격적 참사랑이야말로 가정의 시원이고 출발점이기에 자녀 혼인을 가문 결합과 기득권 존속에 이용하는 부모의 이기, 무지, 강권으로부터 해방시켜야 함을 역설했다. 자녀 중심이 되지 않으면 조선은 한 발짝도 진보하지 못한다.[59] 직분의 자유, 효의 현실화, 교육의 의무, 사유물이 아닌 공물(公物)로 대우하고 개성적 인물로 키우기 등 이광수가 내민 리스트는 곧 자녀의 시민화를 위한 제도 개선의 목록이었다.

시민의 요건

성찰의 조건은 자아와 내면 의식의 배양이다. 신소설의 주인공들은 작가의 플롯에 따라 움직이는 수동적 존재였고 내면의 모습을 드러내는 인물은 거의 없었다. 『무정』의 주인공들은 이 점에서 획기적으로 다르다. 이광수는 인물의 심리 묘사와 의식의 흐름을 생생하게 보여 줬다. 김 장로와 선형을 만날 때 어떤 태도를 갖춰야 하는지에 대한 형식의 쓸데없는 고민은 사실상 관계 맺음에 관한 근대적 모색이다. 인물의 내면이 그렇게 환히 드러난 작품은 그 전에는 없었다. 근 10년 만에 조우한 영채를 대하면서 형식의 내면은 속절없이 헝클어진다. 그 마음을 추스르는 형식의 안간힘을 생생하게 조명한 작가는 자기 합리화와 죄의식 사이를 오가는 형식의 내면을 길게 추적한다.

기생임이 분명한 영채가 남에게 몸을 허락하지는 않았는지를 의심하다가 옛사랑이 북받쳐 다시금 회한에 잠기고, 흐느끼는 영채의 모습에 선형의 아름다운 자태를 겹쳐 보는 복합 감정이 며칠간 연재분에 박진감 있게 전개되는 소설을 독자들은 처음 접했던 것이다. 의식의 흐름은 곧 자아 형성의 징표다. 심리 묘사를 통해 주인공의 번민과 고뇌를 형상화하는 것은 근대

소설의 권리이자 근대 시민의 탄생을 알리는 신호이기도 하다. 선형이 뿜어내는 살냄새, 옷고름, 아름다운 자태, 숨을 쉴 때 달싹거리는 모시적삼, 이 진정한 사랑의 재료에 매혹된 형식은 오랜만에 사랑의 기쁨을 느꼈다. 영채에 대한 죄의식이 순식간 물러났다. 세상 만물이 새로운 모습으로 다가왔다. 번민 끝에 형식은 자신의 내면에 은신했던 속살을 목격했다. 그것은 '사람'이었다. "형식은 이제야 그 속에 있는 '사람'이 눈을 떴다. 그 '속눈'으로 만물의 '속뜻'을 보게 되었다. 형식의 '속사람'은 이제야 해방되었다."⁶⁰ 고정 관념과 고루한 사고로부터 해방은 자아 각성의 일대 계기다.

번민이 낳은 성찰적 의식이라도 '속사람', 곧 주체적 자아를 찾는 여행은 지속될 수밖에 없다. 시민의 잉태는 계속되는 번민과 고뇌, 방황 속에서 완성된다. 영채에 대한 죄의식은 완전히 소멸된 것이 아니라 어떤 계기만 주어지면 발화를 거듭하는 뿌리 깊은 정서다. 영채와의 불륜을 의심하는 선형을 두고 형식은 다시 한번 마음을 뒤친다. 참사랑인가? 아니다. 그것은 외모에 대한 맹목적인 사랑이었다. "그의 사랑은 아직 진화를 지나지 못한 원시적 사랑이었다. …… 자각 없는 시대에서 새 시대, 자각 있는 시대로 옮아가려는 과도기의 청년(조선 청년)이 흔히 가지는 사랑이다."⁶¹ 죽으러 간 영채 찾기를 중단하고 평양에서 서울로 돌아온 형식에게 하숙집 노파가 생각 없이 던지는 말에 항변하지 못하는 형식의 자아는 아직 형성 중이다.

(노파) 그렇게 십여 년을 그립게 지내다가 찾아왔는데 그렇게 무정하게 구시니까.

'무정하게'라는 말에 형식은 놀랐다. 그래서,

형식 무정하게? 내가 무엇을 무정하게 했어요?

노파 무정하지 않구. 손이라도 따뜻이 잡아 주는 것이 아니라…….

형식　손을 어떻게 잡아요?

노파　옳지, 내가 보니까 영채는 선생한테 마음을 바친 모양이던데, 그렇게 무정하게 어떻게 하시오……[62]

그래서 제목이 '무정'(無情)이다. 무정은 사랑의 참뜻을 찾아가는 괴로운 여정이자 근대적 인간으로 태어나는 길이다. 사랑에 대한 본질적 정서와 냉철한 관찰을 통해 진정한 '유정'(有情)으로 나아갈 수 있다. 이광수의 자유연애 찬미와 사랑 찬양은 청년 시절의 중요한 화두다. 고해(苦海)와 같은 인생에서 사랑은 섬광이다. 인생은 암흑, 사랑은 유일한 광명이고, 인생이 악취라면 사랑은 유일한 향기, 이 험악한 이기주의적 세대에도 "추악한 투쟁과 시기와 살육의 인생에 유성(流星) 모양으로 간단히 섬광을 발한다".[63] 그것은 사랑 타령이 아니라 인간의 본성과 본질에 대한 통찰이고, 가족과 사회를 건강하게 만드는 원동력이다. 조선인은 흔히 그런 구습에 젖은 삶을 팔자 타령으로 돌렸고 운명으로 간주했다. 적어도 신소설은 그러했다. 더러 운명의 극복에 나선 주인공들도 있었지만 작가가 길을 열어 준 것에 불과했다.

'팔자 타령'은 조선인의 오랜 관습이자 극복해야 할 대상이었다. "일종의 운명론이라 할 조선인의 사고방식은 대대로 중국 사상에 근거하고 있다."[64] 자신에게 닥친 고난 앞에서 팔자 타령 속에 숨는 사람은 열패자요, 사회와 국가가 요청하는 대업을 감당할 수 없는 속물에 불과하다는 것이다. 친일 전향서로 읽히는 글 「민족 개조론」에서 이광수는 민족성을 '본질적 성격' 과 '부속적 성격'으로 나눠 후자를 부식해야 정신적 파산, 지식적 파산, 경제적 파산을 막을 수 있다고 역설했다.[65] 숙명론과 팔자론은 다행히 부속적 성격으로 분류되었지만, 민족 개조의 대의는 사랑에도 적용되었던 것이다.

『무정』은 형식, 영채, 선형을 통해 '탈각의 산통'을 고스란히 감당하면서 온전한 시민, 도덕과 지성, 합리적 판단 능력을 갖춘 '온전한' 시민의 탄생을 성공적으로 그려 냈다. 그 과정은 실로 고통스러웠다. 『무정』을 연재하는 동안에도 작가가 끊임없이 고투한 흔적이 역력하다. 집안 결합에 의한 혼인으로 불행한 삶을 살게 된 어린 누이를 기리는 『소년의 비애』(1917)와, 동경 유학 시절 흠모했던 여인을 그리는 『어린 벗에게』(1917)를 《청춘》에 발표했고, 심지어는 동성애를 비관해 자결한 친구의 비애를 담은 『윤광호(尹光浩)』(1918)를 연달아 발표했다. 그것이 영채가 새로 태어나는 과정에, 형식이 선형에 대한 사랑의 진실성을 몇 번이고 다짐하는 과정에 투사되었다.

독일 교양 소설의 기원인 괴테의 『젊은 베르테르의 슬픔』에서 다른 사람의 약혼녀 로테에 대한 사랑을 막는 신분적 장벽을 뛰어넘지 못해 자살을 택한 베르테르의 고뇌와 상동 구조였다. 시민 계급인 베르테르에게 사랑의 적(敵)은 귀족의 품위와 고상한 생활 양식, 시민이 감히 넘볼 수 없는 유구한 전통의 예술적 취향이었다면, 1910년대 이광수에게 사랑의 적은 인간적 감성의 결합을 막는 조선의 구태였고, 그것에 순응하는 운명론적 민족성이었다. 괴테의 작품이 교양 소설의 물꼬를 텄다면, 이광수의 『무정』은 1910년대 조선 현실에서 '시민의 자격'과 더 나아가 그 '중추 계급'인 교양 시민(Bildungsbürgertum)의 품격을 물었던 것이다.

『무정』의 테마인 교육은 젊은 시절 이광수 '개조론'의 핵심 주제였다. 구태의 덫에서 빠져나오는 힘, 자아와 주체 의식을 기르고, 문명의 속뜻을 체화하는 것은 모두 교육의 소산이었다. 교육은 시민으로 가는 지름길이었다. 공립·민립 학교의 신설로 학생 수가 급증했다. 청년 지식층과 유학생이 늘었다.[66] 기독교와 천도교가 신교육에 나섰다. 『무정』의 주인공들은 대체로 시민 계급의 중추인 '교양 시민'의 일원이거나 그 후보자다. 영채도 음악을 전공해서 전문가로 태어날 예정이다. 독일의 시민 사회가 형성되던 1840년대에 주도 계층으로 부상한 교양 시민은 교사, 목사, 예술가, 직업 군인, 공무원, 건축가, 엔지니어 등으로 구성된 전문가들이었다.

이들이 시민 사회의 핵심 덕목을 창출하고 발전시키는 시민 사회의 전위 부대다. 이와 더불어 시민 사회의 생산력 발전과 시장 확장을 통하여 경제적 기반을 풍부하게 만드는 상공업 계층이 이른바 '경제 시민'(Wirtschaftsbürgertum)으로서 양자는 시민 사회의 쌍두마차다. 한국적 개념으로는 상공업 민족 부르주아지다.

이광수가 교육을 통해 구축하고자 외쳤던 것은 바로 이 두 계층, 자신이 '중추 계급'이라 불렀던 교양 시민과 경제 시민이었다. 계몽론과 개조론의 필자 이광수는 이 점에서 작가라기보다 사회학자였다. 사회의 동력은 중추 계급에서 나온다. 혁명도 중추 계급의 몫이다.[67] 3·1 운동이 혁명적 시도라면, 실패의 이유는 자명하다. 사회력을 지탱하고 발전시킬 중추 계급의 결핍 때문이다. 중추 계급은 민족적 생활의 설계와 정신적 창조를 담당하고, 조직과 주요 공적 기관을 통하여 개인의 집합체를 이끌어 갈 그런 세력을 말한다. 그러나 조선에는 그런 계급이 결(缺)하였다고 썼다. 더 구체적으로,

민족적 생활의 도안(圖案)을 공통히 하는 계급, 능히 정치적 생활을 담당할 만한 인재의 질과, 수학자, 공업가, 교육가, 은행가, 종교가, 예술가, 전신 기수, 기차 운전수, 바다에 배를 부릴 만한 자, 도로나 교량의 설계나 공정을 맡을 자가 결핍합니다. …… 사회 조직의 각 기관을 분담 운전할 만한 인격자의 충족함이 필요하다 함이외다. …… 선량한 정치가, 선량한 관리, 선량한 상공업자. 교육자, 예술가, 선량한 종교가, 이러한 인재의 일단(一團)이야말로 실로 민족의 생명이외다.[68]

전문가들을 배양하는 일이 곧 사회 진화의 지표인 도덕적 자산, 지식적 자산, 경제적 자산을 쌓는 데에 요청되는 선행 작업이다. 이광수는 아예 전문가들의 규모까지 계산했다. 조선 민족 1700만 명이 타국의 업신여김을 받지 않을 정도의 민족적 생활을 영위하려면 적어도 전문가 1만 명 이상이 필요하다는 것이다. 시민 사회를 성숙시키고 자립 자존의 국가를 만들기 위해 필요한 최소한의 전사들이다. 최소한으로 잡아도, 관공직 종사자 2000명, 농공상 전문가 3000명, 교육자 2000명, 종교가 300명, 학자 500명, 예술가 200명, 의사 2000명이 요청된다.[69] 이광수는 사회의 설계자, 당대의 사회학자였다.

인재의 일단(一團)-이광수가 역점을 두는 점이 전문가의 조직화, 『소년에게』에서 '수양(修養) 동맹'과 '수학(修學) 동맹'으로 불렸던 일단의 전문가 단체들이다. 단체를 만들어 배우고 사회 활동을 펼쳐야 한다는 것. 왜냐하면, 개인은 미약한 존재이고 힘이 부쳐 쉽게 중단할 위험이 있기에 이광수는 단체 활동을 실천의 가장 중대한 방식으로 꼽았다. 탁월한 개인이라도 개인적 영역에 한정될 뿐이지만 단체는 개인의 힘을 사회적 자산으로 바꾼다. 개인의 행위에 사회성을 부여한다는 것이다. 단체는 개인의 역량을 합하여 운동에 영속성을 부여하고, 사회적 영향력이 큰 사업을 추진할 수 있다. 일본과 서양의 문명 제국이 강성해진 것은 바로 개인의 단체화, 단체 활동을 통해 개인의 사사로움을 공익적 관점으로 바꾼 데에 있다고 썼다. 이광수는 역설한다. "민족 개조는 오직 동맹으로 해야만 된다. 그러므로 이 동맹으로 생긴 단체는 가장 견고하여 영속성을 가짐이 필요하다."[70]

현대 사회학적 표현으로 바꾼다면, 자발적 결사체의 회원이 되어야 시민은 비로소 시민 됨(civicness)의 자격증을 획득한다. 자발적 결사체는 사회적 참여 활동을 통해 개인적 욕망을 억제하고 신뢰 자본을 창출하는 엔진이다. 선진국일수록 시민 단체의 가입률이 높다는 사실은 현대사회학 이론에서 이미 입증된 바다. 사회적 자본, 신뢰 자본이 풍부하면 거래 비용이 낮아지고 공익적 관점의 동의 기반이 넓어진다.

와세대 대학 철학과에서 수학한 결과이겠지만, 이광수는 일찍이 그것을 꿰뚫었다.[71] 조선 사회의 진보를 이뤄 내려면 고등보통학교 이상의 교육과 전문가의 배양이 중요하고, 수학 동맹과 수양 동맹이 필수적이라는 것을. 이쯤 되면, 이광수는 당대의 사회학자였다. 다만, 자유 없는, 주권이 소멸된 시민을 대상으로 외친 설계였다는 점이 치명적이다. 임화가 '한정된 반분(半分)'이라 비난해 마지않았던 춘원의 이상주의가 여기서 발원한다.

사실 춘원은 《매일신보》에 발표한 「대구에서」(1916)부터 전향의 조짐을 보이기 시작했다. 춘원이 대구에 내려가 집단 강도 사건의 전말을 듣고 집필한 글인데, 춘원을 아꼈던 아베 요시이에(阿部充家) 《매일신보》 사장이 한참 후에 총독 사이토 마코토(齊藤實)에게 헌책(獻策)으로 건의했다고 한다.[72] 이 글에서도 춘원이 안타까워하면서 강조한 것이 자존심, 직업이었다. 강도 사건을 저지른 조선 청년은 대체로 교육받은 중추 계급이었는데, 이들이 고등 유민이 된 것은 "일본인의 손에 전반 사회의 주권이 들어가니 감히 만반사 위해 보무(步武)를 같이할 수 없게 된" 탓이다. 관계(官界)도 일본인이 채웠고, 사립 학교도 기반을 잃고, 실업계에는 실력과 지식이 없으므로 발을 담글 수도 없고, 그리하여 "그네는 우금 6~7년래(來)를 아무 할 일도 없이 우울하게 지냈던" 때문에 강도 짓을 할 수밖에 없었다고 진단했다.[73] 교육, 직업, 계몽이 필요한 시점이라고 역설했다.

달리 표현하면 교양 시민이 되는 것, 그 방도를 구상하고 있었던 것이다. 이광수가 보기에 교양 시민에는 세 유형이 존재한다. 첫째 유형은 귀족 계급이자 유학생 출신으로서 친일적 행동을 마다하지 않는 부류다. 그들은 기생집을 드나들고, "번쩍이는 양복을 입고 일본말로 회화하며 동경 가서 대학교에 다니던 얘기를 하고 매우 젠체 신산 체하는"[74] 부류다. 경성학교 교주 김 남작과 배 학감이 꼭 거기에 속한다. 귀족 출신인 김 장로도 다를 바 없다. 서양 문명의 본질도 모르면서 안락한 생활을 즐기고 "철학과 예술과 경제와 산업도 모르고, 그가 종교를 아노라 하건마는 그는 조선식 예수교의 신앙을 알"[75] 뿐인 허접한 인물이다.

둘째 유형이 바로 이형식이다. 첫째 부류를 경멸해 마지않는 깨어 있는 지식인이다. 조선의 현실 개혁보다 자신의 높은 신분과 안락함에 안주하는 명사들의 민족적 타락과 비루함을 어찌해 볼 힘은 없지만, 그래도 교육과 각성, 사회 운동과 문명 운동을 통해 새로운 지평이 열릴 것을 기대한다. 이형식은 이광수의 대리인이다. 교육은 이들의 희망의 출구다. 홍수로 물바다가 된 삼랑진의 어느 여관에서 이형식은 다시금 각오한다. 문명을 배워 조선을 구출하겠다고. 형식은 생물학을 배워 오겠다고 외친다. 좌중 누구도 생물학이 무엇인지 모른다. 형식이 차례로 묻자, 병욱은 음악, 영채도 음악, 선형은 수학을 배우겠다고 다짐한다. 교양 시민 후보자들의 각오다.

셋째 유형은 『무정』에는 없다. 저항 지식인 혹은 해외로 망명한 독립투사들. 전체주의적 식민 통치하에서 저항 지식인이 설 자리는 없다. 1910년 일한 병탄 전후에 신민회 청년들과 지사들, 지방의 명망가들이 앞다투어 상해와 연해주로 이주했다. 미국에도 건너갔다. 해외에서 활약한 교양 시민들은 국내에 형성 중인 시민들에게 '국민' 개념을 꾸준히 송출했다. 일제 검거망에 걸려 많은 지사들이 희생되었지만, 그들의 항거는 독립운동의 에너지를 창출하는 생산 기지가 됐다.[76]

「대구에서」(1916)부터 「민족개조론」(1922)에 이르는 이광수의 일련의 글은 우파 민족주의, 개량주의 노선의 실력 양성론과 꼭 맞아떨어진다. 이 시기의 논조에서 1920년대 중반 급격한 친일 전향과 만년의 악명 높은 친일 행각의 씨앗이 움트기는 했어도, 적어도 그때까지의 글을 친일로 채색하는 것은 좀 인색하다는 생각이 든다. 임화의 '한정된 반분' 역시 인색하기는 마찬가지다. 다른 길이 가능했던가? 3·1 운동에 대한 이광수의 진단은 당시로서는 설득력이 있어 보인다. 총칼로 무장한 일본 병력 앞에 민족적 의지를 보여 줬다는 점, 식민 통치의 방향을 바꿨다는 점은 3·1 운동의 역사적 의의임에 틀림없는데, 국제 사회 누구도 저지할 수 없었던 일제의 무력 행사에 저항하지 못했음을 뒤늦게 지적하는 임화의 논리는 어찌 보면 군색하다. 일제의 식민 통치는 세계에서 유례없는 폭력 정치였다. 그래서 이광수의 이런 회한 어린 평가가 나오는 것이다.

정치적 독립은 일종 법률상 수속이니, 이는 독립의 실력이 있고, 시세가 있는 때에 일종의 국제상의 수속으로 승인되는 것이지, 운동으로만 될 것이 아니외다. 우리는 과거의 쓰라린 경험으로 이 귀한 진리를 깨달았습니다. 우리는 다시 구원을 우리 밖에서 구하는 우(愚)를 반복하지 아니할 것이요, 우리는 목적을 요행(僥倖)에서 달(達)하려는 치(穉)를 반복하지 아니할 것이외다.[77]

친일 여부를 떠나 원인 진단은 어느 정도 수긍할 점이 있다. 그는 동경에서 「2·8 독립선언서」를 공표하고 상해로 피신했다가 1921년 조선으로 돌아왔다. 「2·8 독립선언서」는 최남선이 쓴 「기미독립선언서」보다 훨씬 과격하고 실천적인 맹약을 포함하고 있다. 「대구에서」, 「신생활론」과 같은 실력 양성론을 집필하고 『무정』을 쓴 작가가 어떻게 이 과격한 맹약을 기초하게 되었는지를 김윤식 교수는 이광수의 개인적 기질과 박영숙과의 연정에 빠졌던 당시 정황에 비춰 해석했다. 그것도 일리가 있으려니와, 청년 이광수의 마음속에는 여전히 낙후된 조선의 현실이 고통의 뿌리로 넓게 퍼져 있었으며, 개조와 실력 양성을 통해 거듭 문명화된 조선이 꿈틀대고 있었다고 봐야 한다.[78] 동경의 번화한 거리, 활력 있는 행인들, 빌딩들과 상점들을 목격하면서 미개한 조선을 겹쳐 떠올리고, 문부성이 주관한 미술 전람회에 걸린 김관호(金寬鎬)의 「석모(夕暮)」를 보고 감동의 눈물을 짓는 그의 가슴에는 조선이 내내 아려 왔던 것이다. 「동경잡신」(1916)에도 이광수의 신념, 문명화에 대한 욕망이 가득 차 있다. 조선 사회의 진보는 곧 문명화였다. "갱(更)히 피등(彼等)의 장래 조선 사회에서 활동하려는 방향을 관(觀)하건대, 문명 보급과, 사회 개량과, 산업 개발의 삼도(三途)에 불출(不出)하나니, 차삼자는 실로 조선인으로서 조선을 위하여 노력할 최대최급할 방면(方面)이라."[79] 문명 보급, 민족 개조의 길은 일제 통치의 테두리 내에 있었던 '교양 시민의 최대치'였던 것이다.

아무튼 이광수는 신소설의 시대를 묻었다. 산도를 미처 못 빠져나온 태아를 받아 내 자아와 주체 의식을 갖춘 시민의 형상화에 성공했다. 시민이 잉태된 것이다. 그의 글처럼, '불여의(不如意)한 실사회(實社會)'에서 그런 시민이 얼마나 성장했는지, 사회의 주도권을 어느 정도 행사했는지는 별개의 문제. 적어도 1910년대 후반기에 들어서 시민 계층은 성장 일로에 있었다. 노동자가 늘었고, 상공업 종사자들이 증가했다. 1910년대 '암흑의 공론 장'에서 신소설이 인기리에 유통되었고, 총독부 기관지 《매일신보》가 독자층의 이런 요구를 수용하지 않으면 안 되었다. 1915년 이후 《매일신보》 판매 부수는 1만 부를 상회했고, 그 전에는 외면했던 청년 지식층을 파고들었다. 『무정』은 《매일신보》의 시장 확대뿐 아니라, 시민의 형상화와 시민 계급의 창출에 중대한 계기를 만들었다. 이형식의 형상이 도처에 흘러 들어갔고, 선형과 영채, 병욱과 병국의 행적이 초미의 관심사가 되었다.

『무정』을 통해 《매일신보》가 독자들에게 허용한 '모방'은 중추 계급으로 확산되면서 자아와 주체성을 향한 시민적 요청을 자극하게 되었다. 그것은 '위협'의 요인을 품고 있었다. 이광수와 동일한 경계 내에서 활동했던 최남선은 이광수가 창출한 '자유 없는' 시민 형상에 무엇을 주입해야 할지를 고민했다. 그것은 최남선의 평생 과제인 역사와 민족이었다. 시민과 민족의 결합이 이뤄질 차례였다. 민족의 기원과 정체성. 최남선은 바다에서 산으로 돌아왔다. 단군을 향한 긴 여정이 시작되었다.

시민과 국민 사이

역사와 시민의 결합

최남선, 홍명희, 이광수. 흔히 대한제국 '3대 천재'로 불리는 세 사람이 일본에서 교유를 맺은 것은 우연이었다. 홍명희가 최연장자(1888년생), 최남선이 두 살 아래(1890년생), 이광수는 최남선보다 두 살 연하였는데(1892년생), 세 사람은 자비 관비 유학생 혹은 일진회 장학생 자격으로 도일했다. 홍명희와 이광수는 다이세이 중학교 졸업 후 메이지 학원에 진학했고, 최남선은 동경부립제일중학교에 입학했다가 1906년 와세다 대학 고등사범부 역사지리과에 진학했다. 메이지 학원을 다니던 이광수에게 홍명희가 최남선을 소개한 때가 1908년이었다. 동경의 어느 하숙집에서 일어난 일이지만, 훗날 전개된 드라마를 떠올리면 그것은 역사적 사건이었다.

홍명희는 사대부 가문, 최남선은 서울 중인, 이광수는 평안도 서민 고아 출신이었다. 양반, 중인, 서민의 앙상블은 각자의 기질만큼이나 다채롭고 드라마틱했다. 방랑적 한사(寒士) 기질이 다분했던 홍명희는 남방을 경유, 싱가포르까지 진출해 세계의 풍습과 흐름을 즐기고 관찰했다. 이광수는 낭만적 기질에 출세욕이 다분했고, 진중하고 호방한 성격의 문필가 최남선은 일본의 문화, 출판 사업을 조선에 펼칠 구상에 가슴이 벅찼다. 톨스토이, 예이츠, 발자크, 위고의 작품을 닥치는 대로 읽고, 철학과 예술에 걸쳐 당시의 서양 사상을 계통 없이 흡수하던 청년들은 훗날 각자의 길을 걸었다. 홍명희는 인민, 최남선은 국민, 이광수는 시민의 길을 갔다. 1930년대 최남선과 이광수는 황민(皇民)과 신민(臣民) 개념에서 조우해 서로 상응하는 친일 지식인이 됐고, 홍명희는 인민 개념을 지키다가 해방 후 월북해 북한 부수상을 지냈다.

1910년대, 최남선과 이광수는 애국 계몽 운동의 시야를 세계적 지평으로 확대하는 데에 의기 투합했다. 이광수는《소년》에 「어린 희생」(14호), 「금일아한청년의 경우」(18호)를 발표해 구습 타파와 신문명의 수용에 초점을 뒀고, 최남선은 「해상대한사」, 「세계영웅전」, 「세계여행기」 등 연재물과 반도의 역사, 지리학, 문명론 등의 논설로 청년의 시야를 세계로 넓히고자 했다.《소년》이 총독부의 검열로 1911년 폐간되자 3년 공백을 거쳐 최남선은 다시《청춘》을 창간했는데, 1918년까지《매일신보》를 외면한 청년 지식층을 끌어모아 매체 공론장의 총아가 됐다. 최남선은 1915년 8호 첫 페이지에 '매진 감사' 사고(社告)를 냈다. "고맙습니다.《청춘》지난 호는 의외의 환영으로 발행된 지 미(未) 10일에 대부(大部)를 매출하고 좀 더 지나서는 이미 한 부도 남지 아니하기에 이르니 고맙습니다." 당시 약 4000부가 팔려 나간 것으로 미뤄 매체 공론장에서 차지하는《청춘》의 위상을 짐작게 한다.

소년(1908)이 청년(1914)으로 성장했다. 식민지 정국은 절망에 떨어졌지만, 그만큼《청춘》은《소년》의 고뇌를 심화, 격상하는 논설과 취재 기사, 여행기, 영웅전, 세계 각국 동향과 역사를 유감없이 게재했다. 거기에 신학문의 유형과 내용, 동물과 식물, 박테리아와 현미경, 잠항정과 군함 등 세계의 신무기, 수양론과 문명론, 진화론, 자아의 발달, 세계 식민국 상태, 연암외전, 톨스토이 번역, 주시경 연혁 등에 걸친 다방면의 글들은 암울한 현실을 떨치고 최남선의 박학다식이 여지없이 발휘된 일종의 백과사전이었다. 총독부 자매지《반도시론》의 필자조차 이렇게 평했다. "군(君)과 같은 성실과 독학(篤學)의 사(士)는 이 나이에 둘도 못 보았다. 혹자는 군을 역사가라 칭하며, 혹자는 군을 문학자라 칭하나, 여(余)는 군을 의지화(意志化)의 반도 백과사전이라 칭하겠다."[80]

그는 말 그대로 백과사전이었다.《청춘》에 게재된 많은 글을 그가 썼으며, 이광수가 소설과 논설로 보조를 맞췄다. 일한 병탄 직후 '조선광문회'를 창립해 조선의 문화적, 학술적 유산을 대중화하는 작업을 추진한 것은 최남선의 독자적 저항 방식이었다. 문화민족주의에 해당하는 최남선의 행적은 고서 및 고적 간행 사업, 외국 고전과 문학 번역, 고대 소설과 신소설의 확산 등에 모아졌다. 조선광문회가 발행한 책 목록에는 총 35종 59책이 올랐고, 신문관이 발행한 한국 고전과 고서는 60여 종에 이를 정도다.[81]《청춘》은 신문관 발행 책들의 홍보 수단이기도 했다. 당시 확산 일로에 있었던 우편 제도를 활용해 지방 판매까지 시도했는데 요즘 택배의 원조라 할 만하다. 이광수의『무정』이 인기를 끌자 곧 광고를 냈고,『연암외전』,『연려실기술』,『동국통감』,『택리지』,『열하일기』,『경세유표』의 번역이 완간되자 우편 주문 광고를 냈다. "서적 잡지 주문은 신문관으로"라는 제하에 "수응신속(酬應迅速), 포장견실(包裝堅實), 가격무헐(價格務歇), 신용확수(信用確守)"라는 문구를 달았으며, 전화번호와 송금 구좌까지 게재했다.

최남선의 지적 관심은 실로 엄청난 분야를 섭렵했지만, 그의 전공 '역사 지리'가 말해 주듯 조선의 지정학적 위치와 특성을 인지하고, 역사적 기원과 정체성을 정립하는 것이 요체였다.《소년》에서 바다(해양)와 세계 문명을 두루 주유한 그는 이제《청춘》시대를 맞아 산으로 돌아왔다. 산은 한반도 문명의 출생지였다. 산을 새로 발견한 것이 아니라 바다로 나갔을 때부터 돌아올 귀환지로 설정하고 있었다. 세계 문명을 관찰한 궁극적 이유는 조선 문명의 특수성과 보편성을 파악하고자 함이었다. 그런 의미에서 '산의 발견'이라기보다 산을 통한 조선 역사의 해석이었다. 「산에 가거라」(1917)에서 그는 이렇게 썼다.

조선의 역사는 산의 역사이라 수국(首國) 이래로 건국 설도(設都)에 반드시 산악으로써 기점을 삼았나니 단군의 단(檀)은 배달이라 하야 조산(祖山)의 의(意)오 그의 남천한 아사달은 취(取)한 산의 의(義)이며…… 다 그 현증이오 국가의 혁세와 제왕의 창업에 반드시 신승(神僧)이란 이와 도참(圖讖) 가진 명산이 중대한 소이를 보이는 것이 다 우리 역사와 산악의 교섭(交涉)이 엇더케 밀접함을 가르치는 것이라……[82]

1908년 《소년》에 『태백산 시집』을 게재했을 정도로 산에 대한 인식은 최남선의 뇌리에 자리 잡고 있었다. 이광수가 일찍이 청년에게 준 글에 '대황조단군'(大皇朝檀君)이란 구절이 보이는 것도 역사지리를 전공한 최남선의 영향이었다.[83] '신승과 도참을 가진 명산이 역사와 교섭한 궤적'에서 보듯, 풍속, 관습, 유적, 민속, 생활 방식, 문화 등은 물론 미신, 풍수, 신앙에 이르기까지 일체의 기록과 문물이 최남선의 민속학적 역사 개념에 포괄되었다. 식민지 상태라도 신대한(新大韓)을 건설하려면 우리 속에 있는 '유형의 부'와 '무형의 부'를 발견하고 갱신해야 한다고 외쳤다.

그는 세계의 활자 사용 사례를 검토하면서 적어도 고려 고종 이래 활자를 실용화한 것을 증명할 수 있다고 주장했다. 활자의 실용화에서 세계 선두를 달렸던 나라 "조선이 창의와 실용의 백화두(白花頭)라 한들 누가 감히 이의를 제기하겠는가"라고 단정한 뒤 그는 "무형의 부가 유형의 부를 만들고, 시간의 부가 공간의 부를 창조하는 그 독창력"을 간직한 조선 민족의 재발견이야말로 신대한 건설의 최대 과제임을 강조했다.[84] '무형의 부'는 정신과 도덕을 포함하여 민족 기질과 민속, 신앙과 생활 방식, 사상 체계 등 모든 비물질적 특성을 포함했다. 그런 복합적 퇴적의 결과물인 민족은 그 가운데 단연 핵심 개념이었다.

애국 계몽기에 국민 개념을 가장 아끼고 많이 썼던 사람은 신채호였다. 신소설이 출현하고 대중 독자의 관심을 끌던 무렵 「애국삼걸전」 같은 역사 전기 소설을 통해 고취하려던 것도 국민 정신이었다. 《대한매일신보》의 비중 있는 필자로서 그는 국민의 자격 요건, 국어국문, 국수의 요체, 국가의 본질과 요건에 대한 글을 자주 기고했다. 『시민의 탄생』 4장에서 이미 밝힌 바와 같이 양계초와 일본 사상계의 영향이 컸는데, 신채호는 국민(國民), 신민(新民) 개념을 독자적인 지평으로 발전시켰다. 1909년 국망 위기에서 제안한 '정신상 국가'와 '형식상 국가'의 구분은 신채호의 고뇌를 응축한 눈물겨운 논설이었다. 형식상 국가 —— 강토, 주권, 대포, 군대 —— 가 소멸된다 할지라도 정신상 국가인 국혼과 국수, 국백을 잃지 않으면 언젠가 자주 독립은 올 것이다.[85] "오호라, 정신상 국가만 불망하였으면 형식상 국가가 망하였을지라도 기(其) 국(國)은 불망한 국이라."라는 이 절규는 국민 국가의 구축을 향한 신채호의 평생 신념이었다.

그러나 당시 일반 서민들에게 국민, 국가는 여전히 낯선 개념이었고, '국민 국가'는 더욱 그러했다. 1910년을 전후한 당시 서민들에게는 국가보다 조정, 국민보다 인민 개념이 더욱 친밀했고 익숙했다. 고종이 살아 있었고, 고종과 궁중 사대부들이 곧 국가였기 때문이다. 말하자면 당시 인민들의 정체성은 개화된 신민(臣民), 시민적 분화를 시작한 인민 정도에 머물러 있었다. 신채호는 인민들에게 낯선 국민 개념의 기반을 다지기 위해 '역사'로 진입했고, 결국 단군이라는 민족의 기원을 찾아냈다. 만주와 북경 체류 기간에 신채호는 단군 유적을 답사했으며, 중국 고서를 뒤져 단군의 실재성을 입증하는 데 주력했다. 그의 노력은 1930년대 초반 『조선상고문화사』,

『조선상고사』로 응집되었고, 단군으로부터 시작하는 조선 민족의 장중하고 유구한 역사가 정립되기에 이르렀다.

애국 계몽기에 최남선은 당시의 지적 분위기에 맞춰 국민, 국민성 같은 개념을 더러 쓰긴 했지만 1910년대에 들어서는 국민보다는 민족 개념을 선호했다. 국가가 사라진 마당에 국민은 요원한 개념이었다. 대신 민족, 민족성, 역사 같은 개념을 즐겨 썼다. 민족의 특성을 정립하는 작업, 민족의 기원을 찾아 그 형성과 진화의 궤적을 체계화하는 작업이 최남선의 평생 과업이 된 것은 우연한 일이 아니다. 그의 민족 개념이 초기적 출현 상태에 있던 시민과 결합하는 것은 시간문제였다. 그것이 비록 암흑의 공론장이더라도, 서민들에게 친숙한 언어와 문자와 개념은 어떤 식으로든 유통되기 마련이다. 신소설이 있었고, 《매일신보》가 전국의 사건을 기사화해 널리 알렸으며, 소문과 풍설이 돌아다녔다. 의도적이든 아니든 이광수가 여러 논설과 소설을 통해 형상화한 '시민' 개념에 역사성을 부여하는 일을 최남선이 맡은 셈이다. '시민'과 '역사성'이 결합하면 '국민'이 된다. 《청춘》이라는 지식 멍석을 펼치고 이광수와 최남선은 국민 개념을 향해 각자의 소임을 착실히 수행한 것이다. 신채호에게 그랬던 것처럼, 단군은 그 중심에 놓여 있었다. 최남선은 단군의 실재성을 입증한다는 원대한 포부를 일찍이 《소년》에 밝힌 바 있다.

우리 반도의 역사는 본토 민족의 건국적 천재와 국민적 특장을 발휘함으로부터 시초하니 단군조선의 건국 당시로 말하면 이 세계가 거의 다 야만초매인(野蠻草昧人)의 소유요 겨오 한팔한발이나마 문명에 드려노혼 자는 이집트·지나(支那)와 인도의 양 삼처(三處)뿐이라 그런데 우리 반도에는 그때부터 혹 그 이전부터 이미 문명의 정도가 국가=제도=군장을 필요할 만큼 진보하얏으며……[86]

최남선이 단군에 착목한 것은 『독사신론』의 저자 신채호와 단군교를 창교한 김교헌의 영향도 컸지만, 무엇보다 일본 제국의 정신적 기원인 '태양신화'와 비견하는 민족의 보검을 찾으려는 목적이었다.(1부 참조) 일본에서 수학한 역사지리학적 방법과 민속학적 지식을 활용해 역으로 일본 신화의 허점을 벗기려 한 것이다. 일본 『고사기』와 『일본서기』에서 발원한 아마테라스 신화를 방법론적으로 상대화하고 '단군의 역사화'가 가능하다는 생각이 그를 고무했다. 단군 신화의 재해석과 단군의 실재를 입증하면 황조황종, 동조동근이라는 천황 이데올로기를 일본 열도에 국한시키고 조선은 정신적 역사적 자원을 가진 어엿한 독립 국가로 탄생할 수 있다.

신화의 상대화를 통해 제국 통치의 허구를 벗길 수 있다는 민속학적, 역사학적 의지가 최남선을 단군 연구로 끌고 갔다. 마침 일본 신화학과 민속학의 대표적 학자들이 조선의 단군 신화는 날조된 것이며, 『삼국유사』와 『환단고기』의 단군은 가공인물에 지나지 않는다는 학설을 앞세웠다.[87] 일본 학자들의 '단군 허구론'은 목적이 분명했다. 조선을 지구상에서 지우려는 것, 일본 신화의 체계 안으로 조선을 끌어들여 일시동인, 일선동조를 향한 제국 통치를 완성시키려는 것이었다. 단군론은 언어학적, 민속학적, 고증학적 방법론을 동원해 일제의 허구적 행진을 일시에 중단시킬 수 있는 정신의 칼날이었다.

최남선의 '단군론'은 1926년이 되어야 일단 모양을 갖추지만, 그 이전에 시도가 없었던 것은 아니다. 《청춘》(6호)에 이미 고조선의 건국과 영토적 경계를 논하고 이후 반도에 국가가 들어선 고대사적 변동 과정을 조명한 논설을 실었다. 그는 먼저 영토의 광대함을 논했다. 한반도의 원류가 되는 최초의 국가인 고조선은 북으로 흑수(黑水), 남으로는 명해(溟海)를 멀리 두고, 동으로 하이(遐夷)와 서로는 돌궐(突厥)에 인접하는 실로 광대한 영토를 다스린 나라였으며, 지나 내륙인 황하(黃河) 남북에도 조선과 한민족이 잡거하는 영역이었다고 했다. 조선 민족은 숙신, 예, 맥으로 불렸고 연해주에 식민지를 경영했다고도 했다.[88]

이어 그는 고조선과 단군에 관한 진일보된 본격적 논문인 「계고차존(稽古箚存)」을 《청춘》(14호)에 게재했다. 중국 고전과 역사 기록을 면밀히 검토하여 고조선의 건국 과정과 단군의 실존성을 보다 정교화하고 그로부터 한반도에 존재한 국가들의 역사적 과정과 특성을 체계화했다. 그는 이 논문에서 획기적인 논리를 펼쳤다. 단군은 제정일치 시대 고조선을 다스린 임금을 지칭하는 용어이며, 단군 신화에 나오는 환웅천황(桓雄天皇)을 비롯해 대대로 이어지는 임금의 총칭이라는 것이다.

단(檀)은 원훈(元訓)으로 배달 혹 박달이라 하야 백산(白山) 곧 존도지(尊都地)의 명(名)이며 또 주상의 칭호도 특수 개별(箇別)한 것이 무(無)한 듯하며 다만 세세에 임검으로써 칭하니 임은 주(主)의 의(義)오 검은 신(神)의 의로 합하면 신성하신 주인의 의(義)를 성(成)하는 것이라 …… 또 국호를 관하야 단(檀)으로써 병칭하니 단군의 명은 실로 후인의 칭위함이며 또 일세일인(一世一人)의 전명(專名)이 아니라 역대 임검의 총명(總名)이러라.[89]

단군은 가공인물이 아니라 실재 인물이라는 것, 고조선의 역대 임금을 모두 단군으로 불렀다는 것, 고조선이 다스린 영토는 만주와 연해주 일대, 심지어는 황하에 이르는 광대한 지역이었다는 사실을 밝히려 했다. 후에 발표된 『단군론』은 백산(白山)과 '붉 사상'의 언어학적 의미를 밝혀 '불함문화론'의 이론적 골격을 만들었는데, 언어학, 민속학, 신화학과 중국 고전을 동원해 단군 실재론을 정립한 최남선의 학설에 일본 학계가 긴장했다.

유럽에서 근대 시민은 시장을 무대로 탄생한다. 농민이 신분적 제약을 벗고 성민이 되고, 성민은 시장의 질서를 활성화해 주체적 개인으로 발전한다. 자본주의와 시장 기제가 시민의 경제적 조건이라면, 사회적 활동과 사적 공적 이익의 도모를 위한 조직화는 사회적 연대를 촉진한다. 여기에 역사적 동질성과 정치적 연대를 부여해 경계를 구획하고 타국에 대한 배타적 공동체임을 선언하면 국민 국가의 '국민'이 탄생한다. 형식상 국가, 즉 현실 국가가 소멸된 상황, 자유와 주권이 박탈된 식민지에서 이광수가 어렵사리 '반분의 시민'을 형상화하고 시민적 요건을 불어넣는 데에 중대한 계기를 만들었다면, 최남선은 민족 기원의 역사적 정체성을 복원하고 보완해서 반분의 결함을 조금이라도 메꾸려고 안간힘을 기울였다.

그런데 매체 공론장의 현실 권력을 장악한 제국 통치의 기획은 실로 위력적이었다. 모방의 틈새를 통해 탄생한 '반분의 시민'에게서 위협 요인을 제거하는 것, 미약하기 짝이 없는 신생의 시민을 국민 개념 속으로 끌어들여 황조황종의 충량한 신민으로 용해하는 것이었다. 최남선의 민족과 단군론은 시민과 국민 사이를 갈라놓는 방파제, 일제의 강압적 견인을 단기간이라도 막아 내는 칸막이 역할을 했다고 할 수 있겠다.

일제, 국민을 호명하다

조선인에게 일본은 여전히 왜(倭)였다. 일본의 위력과 문명 발전을 목도하고 세계 강국으로 발돋움하는 과정을 직접 체험하고(유학생), 풍문으로 듣고(서민), 아예 제국의 일원이 되기를 원하는 부류(친일 관료)가 빠르게 늘었지만, 한반도에 널리 퍼져 살았던 향촌민들에게 일본은 왜였다. 조선 500년을 관통해 온 '왜'라는 정체성은 소멸하기도 어렵고 '문명국'으로 인식 전환이 이뤄지는 데에도 시간이 걸렸다. 그런 일본이 강요한 국민 개념은 조선인의 인식 공간에서 파열음을 일으켰다. 무단 정치하에서 향촌에 자주 출몰했던 순사들과 말단 관리들의 횡포 때문에 '왜는 공포'라는 이미지가 우선 자리를 잡았다. 세금을 올렸고, 신작로 공사에 동원해도 수당을 지급하지 않았고, 가축을 마음대로 징발했고, 서책을 압수했으며, 서당을 폐쇄했고, 농지를 측량하고 종자를 바꾸라 명령했다. 덕치와 예치, 민유방본의 시각으로 보면, 후안무치한 폭정과 다를 바 없었다.

이런 상황에서 '일본 국민' 되기를 총독부 제령과 훈령에 명시하고 각종 행사와 절차로 의례화해도 일반 서민의 가슴속을 파고들기는 어려웠다. 그렇지 않아도 일한 병탄을 기해 지식층에서 자주 거론되던 국민 개념은 자취를 감췄다. 국가 소멸 상태에서 국민을 거론하는 것이 허망할 뿐 아니라, 총독부의 용례를 이탈하는 것도 허용되지 않았다.

일본에서 국민 개념의 전파에 앞장섰던 도쿠토미 소호가 초빙되어 조선에 왔다. 데라우치 총독은 《국민의 우(國民の友)》를 창간하고 《국민신보》 사장을 지냈던 그에게 임무를 부여했다. 조선인의 의식을 적극 개조해 천황의 충량한 신민, 즉 황민으로 만들라는 임무가 그것이었다. 황민은 천황 이데올로기에 목숨을 바치는 파시즘적 국민을 뜻한다. 도쿠토미 소호는 병탄 직후 가을 《경성일보》에 「조선 통치의 요의(朝鮮統治の 要義)」라는 글을 일어로 게재했다.

우리 텐노헤이카(天皇陛下)와 국법은 무엇보다 일시동인을 필요로 한다. 일본인으로서 동포 형제 관계를 원한다. …… (조선인의) 위로부터 아래까지 자자손손 그들의 운명은 일본 국민이 되는 길밖에 다른 방법이 없음을 생각해야만 한다고 말해 줄 뿐이다. 조선은 이미 엎질러진 물로 여기에 복종하는 것 외에 다른 방법은 없다.[90]

'자자손손 조선인의 운명은 일본 국민'이라는 냉혹한 구절은 법령 제정과 시정 개선책을 공표하고 통치에 중대한 사건이 발생할 때마다 한반도의 인식 지형을 바꾸기 위해《매일신보》가 항시적으로 동원하던 관용구였다. 그러므로 '국민'은 사회 모든 영역의 통제와 취체를 정당화하는 최우선적 가치 개념이 되었다. 교육, 종교, 언론, 상공업, 사회 집회, 시정에 적용되었고, 심지어는 조선 귀족의 의무를 명시하는 사설에도 국민이 앞세워졌다. "즉기(即其) 충군애국의 성의는써 국민을 지도함에 족하고 기(其) 지식급(及)덕의는 사회의 모범 됨에 족하여야 (함)."[91] 이런 유형의 표현은《매일신보》사설 중 '권고성 사설'에 전형적으로 나타난다. 도쿠토미가 고문으로 재직한 1910~1918년 권고성 사설은 전체 사설 1613편 중 약 10퍼센트를 점했다.[92] '국민'은 총독부의 통치 이념이자《매일신보》의 표상이었던 것이다. 즉, 당시 서민들의 머릿속에는 '매일신보=국민=무단 정치'라는 등식이 새겨졌다.

기사 역시 마찬가지다. 가령 제목만 보면, "절제가 있는 국민을 조(造)" (1912. 5. 21), "납세는 국민 의무"(1913. 4. 25), "가정은 국민의 원기를 함양함"(1915. 5. 8), "우리 국민의 치욕"(1916. 4. 11), "구주대전과 흥아책, 일선양토의 국민적 일치"(1917. 1. 26), "국민 통일과 국어"(1917. 2. 28), "국민의 정신 저축"(1919. 1. 1), 이런 식이다. 일선양민이 하나의 국민이라는 관용구에는 어떤 사건이나 훈계의 배경에 깔린다. 가정 박람회를 개최하면서 그 의의를 강조하는 사설에서, "대저 국민의 원기가 가정에서 길리우며 익어짐은 말할 것도 없는 일로 그 국민의 가정생활을 보고 즉시 그 국가의 성쇠를 점쳐 안다 해도 관계치 안을 것이라."라고 했다. 국어를 강조하는 사설에서는 "일선인의 융합 동화에는 최(最)히 국어(일본어)의 보급이 필요하다 하노니 개(蓋) 조선인에게 국어가 보급케 하며 국어를 습승게 하여야 비로소 일선 교제상에 진진한 정미(情味)를 생하고 연하야 만반의 사정을 소통하기 용이할지라."라고 썼다.

1910년대 초반《매일신보》의 발행 부수는 2000부로 뚝 떨어졌다. 민간지를 모두 폐간 조치한 후 향민들에게 국민 개념을 설득할 효과적 수단은 사라졌다. 다만 총독부 법령, 훈시, 공문서, 학교 교육에서 한정적으로 통용될 뿐이었다. 게다가 조선 지식층에서도 국민 개념의 사용을 꺼렸다.《소년》에 가끔 등장했던 '국민'과 '국민성'은《청춘》에서는 자취를 감췄다. 친일 잡지라는 오명을 뒤집어쓸 위험이 있었다. 일본 유학생이 발행했던《학지광(學之光)》도 국민보다는 민족을 선호하던 차였다.《청춘》과《학지광》은 그런 의미에서 의기투합했다.《학지광》은 일한 병탄과 함께 해체됐던 여러 조선 유학생회를 통합해 만든 조선유학생학우회의 기관지로 1914년 창간됐다. 몇 차례의 압수 조치를 견디면서 1930년 29호를 끝으로 종간된 지식인 잡지로서 그 관심과 내용은《청춘》과 같이 (교양) 시민으로 수렴된다.[93]

1910년 이전 유학생 잡지가 국가와 국민을 수시로 거론했다면 1919년까지《학지광》에는 '국민'이란 단어가 한 군데도 나타나지 않는 것은 흥미롭다. 특히 사회적, 정치적 논설을 주로 썼던 논객들, 예를 들면 신석우, 현상윤, 김이준, 김용준, 설산, 서상일, 최두선, 안확 등도 국민을 거론하기를 꺼렸다. 대신 국가, 국력, 민족, 사회, 개인이라는 단어는 자주 등장했다.

말하자면, 식민 통치의 핵심 개념인 '국민'은 조선인을 포섭하는 데에 그리 효과적이지 않았다. 매체 공백이 발생한 공론장에서《매일신보》의 논조는 서민들에게 전달되지 않았고 오히려 신소설류의 이야기와 패관잡설, 풍문이 인기를 끌 뿐이었다. 지식층은 시민 개념에 주목했다. 자유가 박탈된 상태에서 계몽의 목적은 '시민 만들기'였고, 이들에게 국민 대신 민족 개념을 고취하는 길은 비교적 열려 있었다. '동조동근', '황조황종'도 민족 개념에 터하고 있었을 뿐 아니라, 민족 개념의 허용은 조선인을 대화(大和) 민족에 포섭하는 길이라는 총독부의 기대가 작용했다.

그러나 총독부의 기대는 대체로 빗나갔다. 이광수와 최남선의 활약에 힘입어 시민은 민족과 결합하는 양상을 나타냈고, '시민＋민족'은 총독부와 도쿠토미의 '국민' 개념을 밀어냈다. 총독부로서는 특단의 조치가 필요했다. 1913년《매일신보》가 지면 쇄신을 단행하고 인기 작가를 끌어들였다. 조중환이 번안 소설로 화답했고 구연학과 이상협이 번역 소설을 들고 공론장에 진입했다. 1916년 이광수를 끌어들인 데에는 이런 의도가 깔려 있었다.『무정』이 절찬리에 연재되자 독자층이 현저하게 늘어났지만 여전히 국민 개념은 친화력을 획득하지 못한 상태였다. 여기에《반도시론(半島時論)》이 그 역할을 자임하고 나섰다.

《반도시론》은 1917년 4월 10일 동경에서 창간된 잡지《신문계》를 발행하던 다케우치 로쿠노스케(竹內錄之助)가 사장을 맡았던 월간지로서 서울 분소를 통해 판매됐다. 발행 부수는 그다지 많지 않았고 1921년 4월 25호를 끝으로 종간된 것으로 미뤄 공론장에 던진 영향은 그리 크지 않았던 것으로 판단된다.[94] 그럼에도《반도시론》은 매체 공론장의 흐름을 바꿔 보려 안간힘을 썼다. 창간호에 신임 하세가와 요시미치(長谷川好道) 총독의 근영을 싣고 천황의 무신조서(戊申詔書)를 첫 페이지에 게재했다.

다케우치는 아예 첫 논설을 맡아 썼는데 이렇게 포고했다. "금일 천지에 반도 동포도 명의상이나 실행상에 당당히 제국 신민이라 세계와 대치할 책략을 강구치 아니치 못할지니 차가 즉오인이 무침불매(撫枕不寐)하고 임찬망식(臨餐忘食)하는 일대 문제라." 제국 신민은 국민이었다.《반도시론》 필자들은 주로 총독부 관리, 조선의 명사와 최상급 친일 지식인들로 구성되었다. 이들의 글에 국민이 핵심 개념으로 등장하는 것은 당연한 일이다. 총독부 시학관(視學官)은 반도 청년에게 주는 글에서 아예 경고를 서슴지 않았다. "청년은 호(好)하든지 불호(不好)하든지 금에는 대일본 국민이라 약(若) 대일본 국민 됨을 불호하야 국민된 의식이 무(無)하면 기인(其人)에 대하야는 여차한 불행이 무(無)하도다."[95] 국민 의식이 없으면 그런 불행이 없다는 뜻이다.

창간호는 조선 명사들의 축사를 실어 논조의 설득력을 높이고자 했다. 윤치호, 이능화, 선우일이 동원됐다. 이후 게재된 논설은 대개 하세가와 총독의 훈령과 시정 방침을 필두로 조선인의 병폐, 동양 평화를 위한 각오, 전쟁 후 국민의 의무, 반도 경찰의 업무, 실업 부흥을 위한 전략, 사회 풍속 개량 등이었다. 일반 서민이 흥미를 느낄 만한 소재는 가끔 게재한 단편 소설이 유일했으므로 독자층을 파고들기에는 한계가 있었다.

1910년 일한 병탄과 동시에 총독부가 매체 공론장을 폐쇄한 대가는 혹독했다. 1919년까지 국민과 국민 의식을 주입할 효과적인 매체를 만들어 내지 못했다. 지식층은 그렇다 해도 일반 서민과 향민을 국민 의식의 공간에 불러들일 매체가 마땅치 않았다. 유일한 국문 신문인 《매일신보》가 대중적 관심을 끄는 데에는 몇 년이 걸렸고, 그것도 구습에 몸을 담근 초기적 시민을 그렸던 신소설류와 이광수의 소설을 통해서 가능했다. 《청춘》이 시민의 출현에 가세했고, 민족과 역사를 파고든 최남선의 탐색은 이광수가 형상화한 '시민'에 '역사 정체성'을 불어넣었다. 시민과 역사의 결합은 곧 '민족'으로 발현되었다. 1910년대 중반 이후 매체 공론장에서 '민족과 국민의 경쟁'이 한동안 치열하게 진행되었는데 일반 서민에게 낯선 국민 개념은 친일적 감정을 내포한 용어로 인지되었다. 일시동인, 일선융화가 내세운 '국민'은 민족 개념에 밀려 통치 이념의 효율성을 발휘하지 못했다. 아직 '왜(倭)'로서의 인지가 강했던 조선인들에게 총독부가 신성시하던 국민은 오히려 의구심을 불러왔다. 우리가 과연 '왜의 국민'인가라는 의구심 말이다.

'모방'을 강조한 식민 통치에서 '위협' 요인이 발생하는 지점이다. 이 의구심이 어떤 계기를 만나 민족과 국민의 결합이 이뤄지면 광범위한 저항 의식이 싹튼다. 삼투(滲透)는 역투(逆透)를 낳는다. 낯선 개념이 스며들면 그것에 대항하는 역류 현상이 생겨나는 것이다. 삼투에 대한 회의와 의구심, 이 것이 역투다. 위협과 역투는 조선인의 의식 공간에 모종의 각성을 요청하면서 무단 정치하에 억눌렸던 조선 민족, 대한 국민을 촉발하는 계기를 기다려야 했다.

4 종교 공론장: 시민 종교와 시민 만들기

마음의 식민과 종교 공론장

영어 'Colonialism'의 번역어가 식민주의다. 민을 심는다는 뜻의 '식민'(植民)이 영어의 원뜻을 제대로 담아내는지는 의심스럽다. 식민 초기 제국 일본은 조선 반도에 일본인을 대거 이주시켜 말 그대로 식민 사업을 펼치려 했지만 본격적인 진출은 아니었다. 일본인을 대규모로 이주시켜 종족의 재생산 자체를 아예 희석시키는 '혈연 식민'은 상상하지 못했다. 혈연적 계승은 그대로 둔 채 대화(大和) 민족의 하위 범주에 위치시키거나, 내지(內地)와 외지(外地)를 엄격하게 구분한 제국 통치를 행했을 뿐이다.[1]

내지와 외지의 경계(境界)는 법률과 각종 규정, 공문서, 유시문에 종종 출현해 식민지민의 차별과 불평등을 정당화했다. 식민지민에게 현실적 고난이 가중될수록, 절망의 깊이가 심화될수록, 그리고 빠져나갈 통로가 차단될수록 그 이데올로기적 경계 지음은 체념과 포기를 낳았다. 게다가 식민지민의 정신을 송두리째 뽑아 버리는 '마음의 식민'은 지극히 어려웠다. 체념과 포기는 정체성의 혼란을 가져오는데, 정신적 아노미 상태에 낯설기 짝이 없는 일본적 정체성을 이식하기란 더욱 어려웠다. 총독부가 초기에 부딪힌 문제가 그것이었다. '마음의 식민'은 용의주도한 기획과 오랜 시간을 요한다는 사실, 더욱이 유구한 전통과 문화를 품고 있는 조선에서 '조선적인 것'을 '일본적인 것'으로 교체하는 완전한 식민은 문명개화(文明開化)만 갖고 될 일은 아니었다.

종교가 그러했다. 영토와 주권을 빼앗기고 국가를 강탈당한 사람들이 마음의 안식처를 찾아 헤매는 그 '보이지 않는 길'을 무력으로 막아 낼 수는 없었다. 망국(亡國)의 인민, 절망과 체념에 빠진 인민이 절실하게 요구했던 바는 고갈된 정신과 마음을 채워 줄 신앙이었다. 신심(信心)은 인류의 고행과 더불어 태어났고, 인류사에 내장된 고행의 동반자가 되어 달라는 실존적 기대와 열망의 터전에서 성장했다. 지진과 홍수, 전염병과 가뭄에 시달렸던 암흑 시대 중세인들에게는 한밤중에 들려오는 교회 종소리가 구원이었다.[2] 흑사병에 신음하는 환자들은 교회에 모여 아픈 심신을 달래고 구원을 빌었으나 훨씬 빠른 전염으로 집단 발병과 죽음을 겪어야 했다.

제국 일본의 억압 통치 아래서 조선인들은 진정 마음의 위안을 구하고 정신적 구원의 손길을 원했다. 종교가 그 어느 때보다 절실한 순간이었다. 그러나 조선에는 내세를 약속하는 신앙 체계가 없었다. 『인민의 탄생』(2010)에서 상세하게 분석했듯이, 유교는 조선의 공인 종교였으나 내세가 없는 종교였다. 내세관이 없는 종교가 과연 종교적 범주에 속할 수 있는지는 이미 밝혔다. 그것은 천(天)의 윤리로 현실 세계를 운영했던 현세적 종교였다. 많은 조선인이 천주교 신자가 된 이유도 이것이다. 영적 세계에 귀의하면 현실의 고통은 견딜 만한 것으로 변했다. 고종은 1899년 4월 조칙을 내려 '유교를 국교로 한다'고 재차 확인했지만, 유생과 유림을 달래려는 의도였을 뿐 이미 서울 한복판에서 정동교회, 명동성당, 약현성당이 종소리를 타전했고 동학의 주문(呪文) 소리가 인민들에게 익숙해진 다음의 일이다.

내세관이 없는 유교는 대한제국의 멸망과 함께 주저앉았다. 국가의 요건과 그 준비 태세에 대한 모색만큼이나 신앙에 대한 요청이 비등했던 때가 바로 한일 합방 이후 5년간이었다. 교양 시민의 선두 그룹을 형성했던 지식인들과 개신 유림들이 국가 건설과 종교의 관계를 논하기 시작했다. 종교는 국가의 정신이자 신국가 건설에서 빼놓을 수 없는 핵심 요소라는 점에 대부분 동의했다. 메이지 유신에서 이토 히로부미도 이 문제에 골몰했다. 프러시아의 역사적 경험에 비춰 문명개화에 돌입한 일본 역시 국민적 연대감을 촉진할 종교가 필요했는데 당시 일본에는 수백만 좌의 혼령이 난립한 신도(神道)뿐이었다. 1장에서 살폈듯이 이토는 연희식 신명장(延喜式 神名帳)을 활용하여 신도를 정비했고, 천손 강림 신화와 연계한 '신도의 계통화' 작업을 통해 '신도 국교주의'를 창안했다. 신정적 천황제가 그렇게 탄생했다. 조선에서도 그랬다. 종교는 문명개화를 촉진하는 원동력이자 문명 그 자체라는 논지까지 제출되었다. 당시 민간지에서 종교에 관한 논설은 쉽게 찾아볼 수 있다.

무형(無形)의 자강(自强)과 유형(有形)의 자강이 유하니 유형의 자강은 재력과 무력 등이 시야(是也)오, 무형의 자강은 신교력(信敎力)이 시야라. 무론하국(無論何國)하고 기시야(其始也)에 필개(必皆) 무형지강이 선립(先立)하야 기 효과가 유형지강을 성취하나니, 피(彼) 미국의 독립과 희랍의 독립이 개기(皆其) 인민의 신교력으로 유(有)한지라. …… 금(今)에 대한 현상(大韓 現狀)을 관한 즉 유한지강은 고무가론(固無可論)이나 무형지강은 심유기망(甚有期望)하니 하야(何也)오 하면 종교 사회(宗敎社會)가 시야(是也)라.[3]

'종교는 무형의 자강으로 국력(유형의 자강)을 낳는 원천인데 오늘날 대한을 보건대 유형지강은 말할 것이 없지만 무형지강은 지극히 바랄 만하니 그것이 종교'라는 논지다. 당시 논객들은 유럽이 기독교와 천주교에 기반해 국력을 일으켰고, 미국과 그리스가 종교의 힘으로 독립을 이뤘다는 사실에 주목했다. 이런 논지는 이미 미국 유학을 경험한 독립협회 계열 지식인들에게는 공유된 신념이었으며, 일본 유학 출신 지식 청년들과 개신 유학자들에게도 널리 퍼져 있는 신국가 건설의 명제였다. 개신 유학자였던 박은식과 신채호도 사설과 논설에서 자주 종교의 필요성을 언급했다. 박은식은 역사를 국혼(國魂)과 국백(國魄)으로 나누고 종교를 국혼의 핵심 요소라고 썼다. 일한 강점 직전 신채호는 논설 「20세기 신국민」에서 국가의 요건을 일일이 열거한 후 그것을 묶어 주는 최심급 '정신 기개'와 '정의 도덕'의 발원지로서 종교의 의미를 논했다.

종교는 국민에게 양감화(良感化)를 여(與)하는 일대 기관이라, 국민의 정신 기개가 차(此)에서 기(基)하는 자(者) 다(多)하여, 국민의 정의 도덕이 차에서 발하는 자 다하나니, 피(彼) 구미 열강이 종교와 교육을 자매의 관계로 보호 확장함이 차(此)를 이(以)함이라.[4]

국민적 정신 기개의 발원지, 무형의 자강 등은 모두 국가에 초점을 맞춘 논지이지만, 개개 인민의 입장에서 보자면 실의와 좌절을 위무하고 마음의 힘을 회복해 주는 최심급 안식처이다. 그리하여, 조선 역사에서 볼 수 없었던 '창교(創敎)의 시대'가 전개됐다. 유교가 지리멸렬해진 자리에 인민의 신심을 채울 새로운 종교가 빈번하게 출현했다. '종교의 르네상스'라고 칭해도 좋을 만큼 새로운 종교의 각축전이 그 짧은 기간에 일어났다는 것은 놀라운 현상이다. 유교에 의해 수백 년 억제되던 인민의 신심이 폭발했을 수도 있고, 국망이 초래한 절망과 체념이 그만큼 깊고 처절했다.

동학의 후손을 자부하며 증산교가 태어났다. 민족의 원류를 잇는다는 원대한 웅지를 품고 단군교의 중광(重光)이 선포됐다. 유교의 종교화를 선언한 대동교가 출현했는데 통감부의 강압을 수용해 공자교(孔子敎)로 명칭을 바꿨다. 태극교, 경천교, 보천교, 대성종교가 출현했다. 함경도, 평안도, 황해도, 강원도 지역에는 아직 동학이 잔존하고 있었다. 해월 최시형이 교수형을 당한 때가 1898년, 불과 10여 년 전의 일이었기에 하날님에 대한 신심이 널리 퍼졌다. 동학을 이은 천도교가 1906년 정식으로 종교를 선포해(大告天道敎) 공식 활동에 들어갔다.

일제로서는 기독교를 제외하곤 대부분의 신흥 종교들이 민족적 자산에 뿌리를 깊이 내리고 있다는 점이 문제였다. 보호 조약에서 병탄으로 치닫고 있던 그 시기에 조선인들이 신흥 종교에 귀의해 민족적 기억을 되살리는 것은 식민 정책에 커다란 장애였음에 틀림없다. 천도교는 동학의 후예로서 척왜(斥倭)를 더 이상 거론하지는 않았지만 여전히 시천주(侍天主)와 양천주(養天主)의 '천'(天)에는 억압과 차별에 대한 저항이 숨어 있었다. 대종교는 단군을 인격화해서 천황 신화의 기원인 아마테라스 오미카미 천신과 대적하는 신심을 널리 알렸다. 창교자 나철은 1909년 간도로 이주해 대종교 교당을 설립했다. 독립투사들에게 민족 종교로서의 위상을 확립해 민족 지사들의 활동 무대가 되기도 했다. 청림교와 대종교는 3·1 운동을 전후해 북간도에 무장 단체를 조직해 활약했다. 증산교는 창교자 강일순을 신격화해 고통에 신음하는 중생을 구제해 주기를 기원했다. 강일순은 땅, 하늘, 인간계 삼계대권(三界大權)을 주재하는 신인으로 모셔졌으니 천황과 동격이었다. 일제는 식민지 종교 정책의 골격을 가다듬고 있었지만 탄압 외에 별다른 묘책이 없어 궁색한 양상을 드러냈다.

기독교 탄압은 구미 열강의 항의를 촉발할 것이기에 열국환시(列國環視)에 신경을 썼던 일본에는 그리 좋은 선택이 아니었다. 선교사들에게 재산

소유와 세금 면제, 선교 자유권을 허락하는 대신 통감부의 전반적 규제에 따를 것을 종용하는 수밖에 다른 방도를 마련하지 못했다. 병탄 전에는 치안 유지법, 보안법, 집회 취체에 관한 법으로 신흥 종교를 통제했고, 병탄 직후에는 「경찰범처벌규칙」을 적용해 당국의 허용 범위를 넘어서는 활동을 규제했다. '단체 가입을 강요하는 자', '길흉화복을 점치고 혹세무민하는 자', '신부(神符), 부주(符呪)로 치병하는 자', '불온 문서를 배포하고 현혹하는 자'에 대해 처벌을 적용해 신흥 종교의 확산을 막고자 했다. 총독부는 이미 「사찰령」(1911)을 선포해 불교의 예속화를 시행했고, 경학원규정(1911)을 반포해 성균관을 폐지하고 전국 향교와 유림을 행정 체계 내로 흡수하는 조치를 취한 바 있다. 문제는 신흥 종교였다. 신흥 종교는 유사 종교로 규정되었다. 다음의 문서는 병탄 직후 총독부가 본격적인 종교 취체를 준비하고 있었음을 보여 준다.

조선인 및 외국인의 종교에 관한 것은 아무런 법규도 없이 포교소가 함부로 설치되고 있는 등 그 폐해가 크다. 특시 조선인의 조직과 관계되는 것으로는 천도교, 시천교, 대종교, 태극교, 원종종무원, 공자교, 경천교, 대성종교 등 여러 종이 있는데 그 종류가 너무 많고 잡다할 뿐 아니라 그 움직임도 정치와 종교를 서로 혼동하여 순연히 종교라고 인정하기 어려운 것도 많아 그 취체가 불가피하다.[5]

1911년 당시 총독부가 특히 주시한 종교는 천도교와 기독교였다.[6] 포교소와 포교인이 급증하고 있었기 때문이다. 통감부는 일찍이 일본조합교회를 조선에 진출시켜 조선 기독교 세력을 장악하려는 시도를 했다. 일본조합교회의 와세다 목사를 앞세운 이른바 '조선 전도론'이 그것이었다. 단순한 복음 전파뿐 아니라 제국 일본의 팽창 사업에 기여하는 기독교를 목표로 조선에 진출한 일본조합교회는 총독부의 후원을 받아 조선의 교회와 목사를 포섭하고자 시도했으나 세 확장에 그리 성공하지는 못했다. 이에 반해, 기독교도는 1910년 20만 명에서 1920년 32만 명 선으로 증가했으며, 포교소와 포교인 숫자도 동시에 늘었다. 천도교는 1906년 종교 선포 직후 교리와 조직 정비에 착수해 1911년 16만 6314호(戶)가 입교했고, 1916년에는 107만 408명을 신자로 등록했다.[7] 1915년 총독부가 제정한「포교규칙」에 의해 성장세가 둔화되었으나 총독부로서는 긴장하지 않을 수 없는 증가세였다. 더욱이, 천도교는 군 단위에 교구(敎區)를 설치했고 면과 동에는 교리 강습소와 전교실을 만들어 교인들의 의식과 행동을 교리(敎理)에 맞춰 조직화하는 양상이 두드러졌다. 그 말단 조직에서 무엇을 가르치고 무엇을 논의하는지, 어떤 교감이 오가는지 총독부는 긴장을 늦출 수 없었다.

기독교는 전국에 학교를 신설해 청소년들에게 종교 교육과 신학문을 제공했고, 교회와는 별도로 설치한 집회소와 공소에서는 노인, 부녀자, 아동을 위한 사경회(査經會)를 수시로 개최했다. 1910년 당시 800여 개 학교에 3만여 명 학생이 등록한 상태였으며, 집회소 1100개에서 2500여 명의 조선인과 선교사가 주최하는 사경회가 열렸다. 사경회에서는 성경 읽기와 복음은 물론 실업과 계몽, 시국에 이르기까지 광범위한 토론과 설교가 이뤄졌다.[8]

천도교와 기독교가 교정 분리 원칙을 천명해서 그 원칙을 준수하고는 있지만, 일제로서는 마음을 놓을 수 없는 상태였다. 포교소와 포교인의 총독부 허가제를 도입한「포교규칙」(1915)은 이런 배경에서 발령되었다. 교회, 성당, 천도교당은 물론 지방 지부와 전교실, 집회소, 공소를 감시하고 규제하겠다는 취지였다. 이와 동시에「개정사립학교규칙」(1915)을 발령하여 종교 기관이 운영하는 사립 학교에서 일체의 종교 교육을 금지시켰다.

포교 규칙의 골자는 (1) 종교 시설의 설립과 변경에 대해서는 의무 신고와 허가제(9조), (2) 종교 종사자에 대해서는 신고제와 자격제를 도입한 것이며(2조와 3조), 「개정사립학교규칙」에 의해 (1) 종교 계통 사립 학교에서 종교 교육과 의례 금지, (2) 교사 자격 요건 강화, (3) 사립 학교 설립 요건 강화와 허가 없는 학교의 경우 상급 학교 진학 자격 박탈이 명문화되었다.[9] 무엇보다, "본령에서 종교라 함은 신도, 불교 및 기독교를 위(謂)함"(「포교규칙」, 1조)이라 하여 세 개 종교만을 공식 인가했고 다른 것은 모두 유사 종교로 취급했다는 사실에 주목을 요한다. 기독교를 포함해 천도교와 여타 유사 종교를 식민 통치의 경계 내로 강제 편입해 '종교의 정치화'와 '민족 이념 고취' 위험을 사전에 제거하는 강력한 조치였다.[10] 총독부 외사국장 고마쓰(小松綠)는 두 법령의 취지를 각각 이렇게 정당화했다.

오늘날 조선을 구한국 시대와 같이 보지 말아야 할 것이다. 옛날에는 교육 제도라 이를 만한 것이 없고 각국의 원시 시대와 같이 자녀의 교육은 단순히 양친의 임무에 속하고 국가는 대개 그것을 등한히 하는 시대가 있었지만 …… 점차 국민 교육의 중요성을 깨닫고 …… 특히 병합 이래에는 크게 그 면목을 일신하여 조선 영토가 제국의 구성 분자로 되고 또 그 인민이 모국 국민과 마찬가지로 제국 신민이 되어 마침내 이에 적용해야 하는 교육 제도의 확정을 보기에 이르고, 그 본뜻은 일찍이 우리 천황 폐하께서 내려 주신 교육 칙어에 기초하여 충량한 제국의 신민을 양성할 완전한 교육을 실시함에 있다는 것을 조선 총독이 누차 훈시한 뜻에 비추어도 명료한 것이다.[11]

과거 조선의 교육은 원시적이었지만 천황의 은덕을 입어 근대 교육, 국민 교육을 시행하게 되었다는 것이며, '제국 신민'을 창출하는 '국민 교육'에서 종교와 교육을 분리하고, 종교 기관이 운영하는 사립 학교의 시설과 교육 내용, 교사와 재단에 모두 일정한 자격 요건을 적용하여 관리 감독을 강화한다는 뜻이다.

'마음의 식민'은 가능했을까? 좌절과 절망의 늪에서 안식처를 갈구하는 인민에게 구원의 손길을 내미는 성령의 그 보이지 않는 길을 차단하는 것은 가능했을까? 총독부가 공인한 종교 중 신도(神道)는 조선인에게 낯설었고, 승려의 도성 출입 제한 조치가 해제된 불교는 「사찰령」(1911)을 통해 총독부의 통제로 완전히 편입되었다.[12]

기독교는 사정이 조금 달랐다. 기독교는 천주교가 거의 100여 년에 걸쳐 일궈 놓은 고난과 박해의 땅에 발을 디뎌 초기 선교 비용을 최소화하는 이점을 누렸다. 개신교가 조선에 상륙하기 이전, 천주교 박해로 9명의 신부가 순교했고 조선인 신도 1만 5000여 명이 효수형에 처해졌다.[13] 1880년대 초반, 영국, 미국, 독일과의 수호 조약을 계기로 조정의 박해는 끝났다. 그 직후, 앨런 목사가 제물포에 입국하고(1884), 장로교의 언더우드, 감리교의 아펜젤러 부부(1885), 한 달 후 감리교의 스크랜턴 목사가 입국하면서 기독교 선교의 역사가 시작되었다. 교육과 의료를 앞세운 개신교의 선교 활동은 상당히 성공적이어서 1890년대 초반 이미 신자 수가 수천 명을 헤아리게 되었다. 북부 지역에서도 장로교와 감리교가 활발히 진출해 평양과 원산에 1만여 명에 달하는 신자가 생겨났다.[14] 일한 병탄 전후, 천주교와 개신교를 합한 기독교인은 20만 명을 상회했다. 「포교규칙」이 발효된 당시, 전국에 천주교 성당 232개소, 공소 1039개가 존재했고,(1916년) 개신교 교회를 위시해 교리 강연회와 기도회가 열리는 크고 작은 집회소가 2800곳에 달했다.(1918년) 말하자면, 기독교는 천주교와 더불어 식민지민의 '마음의 안식처'가 되었다.

여기에 천도교가 가세했다. 비록 총독부 공식 종교로 인정받지는 못했지만, 기독교의 '천주'와 천도교의 '상제'(上帝)는 조선인의 신심 공간에서는 친화성이 있었다. 천도교는 종교 선포 이후 '상제' 개념을 쓰지 않았는데, 동학의 기억이 각인됐던 조선인들에게는 여전히 상제이고 '하날님'이었다.[15] 천도교는 기독교보다 훨씬 빠른 속도로 민간에 스며들었다. 두 종교의 신자 수는 1910년대 중반 거의 150만 명을 헤아렸다. 우리가 이 연구에서 두 번째로 주목하는 '종교 공론장'의 형태이자 존재다.

종교 공론장은 '포교규칙'의 감시가 닿지 않는 곳에서 은밀하게 번창했다. 절망과 좌절의 늪이 깊으면 깊을수록 종교 공론장은 더욱 번져 나갔다. 마치 암흑의 매체 공론장에서 신소설과 이광수의 소설이 번창하듯이, '억압의 천개(天蓋)' 아래에서 종교 담론은 성스러운 은총과 함께 퍼져 나갔고, 사람과 사람을 이었고, 교회, 성당, 교구당의 지속적인 건립에 힘입어 전국적인 조직망을 갖춰 나갔다. 종교 공론장은 세계에서 유례없는 억압적 식민 통치에서도 '마음의 식민'이 불가능함을 입증하는 중요한 사회적 기제다. 그것도 성령과 은총의 확산과 더불어 생활 세계(Lebenswelt)의 변혁을 촉진하는 교리의 확산이 자율적 시민 사회의 핵심 요소인 '시민 도덕'(civic virtue) 혹은 '시민 윤리'(civic ethics)의 생성을 동반했다는 사실은 주목할 현상이다.

그것을 총독부가 놓칠 리 없었다. 총독부는 그것을 '충량한 국민'의 활력소로 끌어당기고자 했지만, 시민 도덕과 시민 윤리 내부에는 자유와 평등 개념이 이미 싹트고 있었고,(기독교) 지방 자치와 자율적 연대감에 대한 욕구가 자라나고 있었다.(천도교) 1910년대 종교 공론장은 '시민 만들기'의 배양소였다. 그런 의미에서 기독교와 천도교는 영성(靈性)의 유형이 달랐어도 '시민 종교'(civil religion)라는 점에서 일치했다.

종교 공론장과 시민 종교

일제는 공인 종교든 유사 종교든 교정(敎政) 분리 원칙을 강요했다. 종교는 오직 영성(靈性)의 세계 안에만 머물러 있어야 하며 영성이 교육에 스며드는 것, 사회 활동과 생활 세계에 스며드는 것은 용납할 수 없다는 원칙이었다. 1915년 「개정사립학교규칙」을 공포하면서 학무국장 세키야 데이사부로(關屋貞三郎) 역시 고마쓰와 동일한 취지의 훈시를 발령했다. "국민 교육을 완전히 종교 밖에 두는 것은 제국 학정(學政)의 주의이다. …… 대개 교육과 종교는 …… 양자의 분계가 분명해야 비로소 교육의 참된 목적을 이루며 아울러 종교의 자유도 확보할 수 있다."[16] 이 언명 자체는 모순을 내포한다. 일본의 공교육은 「교육칙서」(1889)에 명시한 바와 같이 일본 국교인 '신정적 천황제'에 충실할 것을 명령하고 있기 때문이다. 국교에 복속된 교육은 '교정 일치'다. 일본조합교회, 신도연맹, 불교계 모두 교정 일치를 실천하면서 식민지민에게는 유독 '교정 분리'를 강요했던 것이다.

조선의 전통은 철저한 교정 일치였다. 유교 국가의 엄정한 통치 이념이 『경국대전』에 집약됐다. 개신 유학자들이 발행했던 《황성신문》에 '종교는 정치의 모(母)', 즉 종교와 정치는 떼 놓을 수 없는 관계라고 주장한 것은 그리 별스런 일도 아니었다.

여가 세계열국진화역사를 삭교(朔巧)컨대 기(其) 정치의 개량이 필기(必其) 종교의 개량으로 유(由)하얏나니 …… 종교는 정치의 모(母)라 개인(蓋人)의 일신은 심혼(心魂)이 위주(爲主)하고 체혼(體魂)이 종(從)이나 고로 사회의 개량은 필기인군(人群)의 심혼이 선도되야 체혼이 기(其) 후원을 작함이라.[17]

정치적, 사회적 개량에 성공한 나라는 모두 종교 개량이 주효했으니 심혼을 일으켜 체혼(사회 개량)에 활력을 불어넣어야 한다는 말이다. 개신 유학자들이 보기에 유교는 더 이상 심혼에 적합하지 않았다. 기독교를 위시해, 천도교, 대동교, 단군교로 시선을 돌렸다. 유교 500년 역사를 간직한 개신 유학자들의 절절한 심정이 묻어나는 대목이다.

종교는 '영성'과 '실천'으로 구성된다. 프랑스 사회학자 뒤르켐의 원시 종교에 관한 연구를 보더라도, 원시적 토템 신앙이 부족민들에게 하나의 단단한 믿음(faith)이 되어 오래 존속된 까닭은 종교 의례 때문이다. 종교 의례는 부족민들의 공포심을 덜어 주고 의례에 참여한 부족 간 연대(solidarity)를 증진시킨다. 연대와 공감은 종교의 가장 중요한 기능이다.[18] 의례를 통해 연대를 만들어 내는 부족민들의 행동 양식이 곧 실천 행위다. 영성이 실천으로 연결되는 통로다. 영성이 지시하는 행위 코드는 부족민들의 생활 습관과 가족 양육, 심지어는 사냥과 축제 놀이에도 영향을 미친다. 교정 일치는 원시 사회로부터 이어진 오랜 인류사적 습속이다. 그렇기에 영성과 구원에 치중해도 종교의 사회적 상호 관계는 차단할 수 없다.

근대 사회에서 종교의 중요성을 설파한 사람이 프랑스 철학자 루소였다. 시민사회론의 효시인 '사회계약론'(Social Contract)을 체계화하면서 말미에 인간 종교(religion of man)와 시민 종교(religion of citizen)를 대비시켰다. 당시 프랑스 사회가 오랜 기독교(천주교 포함)적 전통에 기반을 두었기에 루소는 근대 사회의 필수 덕목으로 강조해 마지않았던 일반 의지(general will) 또는 도덕(morality)의 창출과 기독교의 상호 관계를 분석하면서 두 개념의 차이에 주목했다. '인간 종교'는 개인적 신심(信心)과 영성 그 자체이고, '시민 종교'는 그 개별적 신심이 시민 사회의 다른 사람들에게 미치는 피해와 사적 욕망을 제어하고 공적 이익(public interest)에 기여하도록 작동하는 '사회화된 신심'을 뜻한다. 이 경우 시민 종교는 '도덕'의 다른 말이다.

뒤르켐의 용어를 빌리면, 인간 종교가 성(聖, the sacred)이고 시민 종교는 속(俗, the secular)이다. 시민 종교는 성의 세속화 과정이다. 세속화된 종교의 핵심이 바로 도덕 내지 시민 윤리(civic ethic)라는 뜻이다. 도덕이 상실되면 근대 사회는 성립되지 않는다. 모든 시민은 '도덕'을 지킬 책무를 부여받는 다. 그러나 그것이 어렵다는 점은 홉스(Thomas Hobbs)와 로크(John Locke) 등 초기 시민사회론자들도 모두 인정하는 바다. 시민사회론의 이론적 완결성 과는 달리 주권 시민들이 권한을 위임한 최상위 도덕체인 국가는 현실 정치 의 장에서 일반 의지 혹은 도덕에서 이탈할 위험이 상존한다. 도덕 그 자체 는 시민의 동의와 합의 공간에서 생성되고 그것을 지킨다는 시민들의 강력 한 믿음 속에서 작동하기에 도덕의 존재론적 기반은 허약하다.[19] 이 점이 시 민사회론의 강점이자 약점, 아킬레스건이다. 루소가 말한다.

> 그러므로 국가는 시민들로 하여금 그의 책무를 사랑하게 만드는 종교(믿 음)를 갖도록 해야 하는 것이 절대적으로 중요하다. …… 종교적 도그마가 아니라 사회성(sociability)의 정서를 결정할 주권의 헌장, 믿음을 추진하는 시 민적 맹약이 중요한데, 그것이 없으면 선량한 시민이 될 수 없다.[20]

여기에서 '사회성의 정서'는 다른 구절에 자주 나오는 '사회적 유대'(social unity) 또는 '사회적 결속'(social bond)의 동의어이다. 사회적 유대와 결속이 매우 어려운 시민 사회에서 종교는 사회적 서비스(the service of society)에 공 헌해야 한다는 규범적, 이론적 명제가 도출된다. 그렇지 못하면 시민 사회 는 성립 불가하다. 말하자면, '시민 종교'는 사회적 유대와 결속을 창출하는 도덕(morality)의 다른 이름이며, '인간 종교'의 영성을 실천하는 윤리적 코드 의 집합체로 정의되었다.

시민 사회가 태동해 성장 일로를 달렸던 19세기 유럽 사회에서 사회사상가, 철학자 들을 괴롭혔던 쟁점이 바로 이것이었다. 약화된 절대 군주와 종교의 세속화가 진행되면서 사회 질서의 새로운 구심점이 요청되었던 것이다. 절대 군주와 교회 권력을 대체하는 새로운 권력체는 무엇인가? 산업화가 빠른 속도로 이뤄지고, 계급 분화가 진전되고, 도시의 팽창이 농촌 공동체의 습속을 침해하면서 사회 질서는 요동쳤다. 부르주아 계급의 부상과 귀족층의 쇠퇴가 교차하는 지점에서 무질서, 정신적 아노미 현상이 빈발했다. 노동 분화는 계급 투쟁을 일으켰으며, 부상하는 상공업 계층은 귀족층에 권력 분점을 요구했다. 홉스봄의 용어를 빌리면 19세기는 '혁명의 시대'와 '자본의 시대'가 중첩된 기간이었다. 2000년 역사의 종교는 세속화 과정에 접어들었다. 성(聖)과 속(俗)의 관계는 매우 복잡해졌는데 성의 주체로서 종교는 어떤 역할을 할 것인가? 여기에 루소의 뒤를 이어 뒤르켐 자신이 평생 연구한 사회학적 처방을 내놨다. '시민 종교로서의 시민 도덕'이 최종 답이었다.

두 가지 논지만 조명하기로 하자. 뒤르켐의 최대 관심은 사회 질서 유지에 필수적인 '유기적 연대'(organic solidarity)가 어떻게 생산되는지였다.[21] 이것이 뒤르켐의 유명한 저서인 『사회적 노동분업론』(1893)이다. 노동 분업은 원래 유기적 연대의 가장 중요한 생산 기제여야 하는데, 산업 사회에 접어들면서 이해 갈등과 개인적 일탈로 인하여 계급 갈등과 투쟁의 온상이 되고 말았다는 것이 그의 진단이었다. 산업 사회에서 되살리고 싶었던 것은 중세 시대의 길드를 계승한 '직업 집단'(occupational groups)이었다. 직업 집단은 그래도 중세 시대의 공동체적 심성인 상호 우애(fraternity)를 간직하고 있는 조직체였다. '우애의 근대적 재생산', 뒤르켐의 최대 관심사를 구현할 수 있는 실체가 바로 직업 집단이었다. 예를 들면, 고용자 연합들과 사용자 연합들이 연대하면 개인적 이해를 훼손하지 않는 공공 권위(common authority)와 중세 길드의 우애심을 창출할 수 있다는 게 그의 논지였다.

여기에서 '개인성의 손실 없는 공적 권력'이 중요하다. 국가의 개입은 개인적 권리의 훼손을 낳을 위험이 있기 때문에 산업 사회에서 여전히 존재하는 '직업 집단'의 활성화가 필요하다. 이것의 집합체가 곧 루소의 이론적 기대처럼 '일반 의지'로 상승한다. 뒤르켐은 사회 질서에 관한 공화주의적 명제를 정초했다. '개인의 자유는 규제의 산물이다.' 그런데 규제의 주체는 도덕적이어야 한다는 전제가 붙었다. 개인 권리, 우애의 생산, 직업 집단으로 이어지는 논지는 자연 상태에서 국가로 이어지는 시민사회론의 이론적 전개 과정과 일치하고, 그것을 유지 존속시키는 가장 중요한 가치로 시민 덕목(civic virtue), 시민 도덕(civic morality)을 요청했다는 것도 그렇다.

둘째, 시민 덕목과 도덕이 바로 세속화된 종교의 몫이다.[22] 직업 집단만 갖고는 전체 사회 구성원들의 공감과 열정을 창출하기에 역부족이기 때문에 종교에 중요한 역할과 기대를 부여할 수밖에 없다. 프랑스 제3공화국에서 크리스티아니티(christianity)는 누구나 귀의하는 신앙심이자 영성이기 때문이다. 영성의 세속화, 종교의 세속화가 바로 도덕 교육(moral education)이며, 전 국민의 도덕 교육을 담당한 기독교는 비로소 '시민 종교'로 전환한다. 영성의 세계를 현실 세계로 실현하는 것이 바로 시민 종교다. 우애, 공경, 상호 이해의 실천 교육이 여기에서 나온다.

종교사회학자인 벨라(Robert Bellah) 역시 유사한 시각으로 '시민 종교' 개념을 사용했다. 미국처럼 다양한 인종, 다양한 종교가 공존함에도 사회를 하나의 통합적 연대로 묶어 주는 합의된 가치인 시민 도덕을 시민 종교로 명명했다. 모든 종교가 동의하는 가치 덕목, 자유, 우애, 공감, 협동과 같은 미국 사회의 저변을 형성하는 공동체적 가치관이 시민 종교다. 시민 종교를 통해 공감 영역을 확대하고 공동 관심사를 개발하며 공동체적 협력체의 기반을 닦는다.[23]

사회학적 이론 자원을 장황하게 설명한 이유는 분명하다. 1910년대 일제 강점하에서 '기독교와 천도교는 시민 종교였다.'라는 명제를 확인하기 위함 이다. 더욱이 교정 분리 원칙을 강요한 '억압의 천개(天蓋)' 아래에서 교정 합일을 고집할 수 없다면, 사회 개량의 온유한 길을 택할 수밖에 없다. 일부 러 교리(敎理)를 내세워 총독부와 각을 세울 필요가 없었다. 문명개화는 일 제도 강조한 개량 정책이었으니 '문명개화'의 공간으로 진입하는 것은 허용 되었고 격려까지 받아 낼 수 있었다. 기독교로서는 총독부의 감시를 완화할 수단이었고, 천도교로서는 유사 종교로 가로막힌 암울한 상황을 뚫을 수 있 는 길이기도 했다. 방식은 달랐지만 두 종교 집단 간 사회 활동 또는 선교 활동의 성격과 유형에 서로 닮은 점이 많다는 사실은 우연의 일치가 아니 다. 강점 직전, 민간지에서도 기독교와 천도교에 그런 역할을 기대하는 글 들이 자주 실렸다. '문명개화의 첨병은 종교'라는 논지였다. 가령 다음의 두 글이 그렇다.

만세보라 명칭한 신문은 …… 아한 인민의 지식 계발키를 위하야 작(作) 함이라 희(噫)라 사회를 조직하야 국가를 형성함이 시대의 변천을 수하야 야매한 견문으로 문명에 진(進)케 하며 유치(幼穉)한 지각으로 노성(老成) 에 달케 함은 신문 교육의 신성함에 무과(無過)하다 위할지라. …… 단히 인민 뇌수의 문명 공기를 관주(灌注)코자 하는 열심적 유출함이니 …… 이 천만 동포는 자국의 현금 시대를 관측하고 전도 영향을 연구하야 장래 노 예기반(奴隷羈絆)을 탈하며 희생참사를 면할 일지침은 지식 계발에 재하 고……[24]

이제 대한 사람이 국권이 다 없어진 나머지에 일만분이라도 자유권을 엇 을 거슨 예수교에 있으니 전국 이천만 인민으로 하여금 한 가지 일로 도라오

면 사회 단체와 교육 식산의 사업을 다른 사람의 져해를 입지 아니하고 진
보할 긔관이 잇을지라. ······ 교육과 식산의 만반 사업이 날노 진보하야 막지
못할 형셰가 생길지라.[25]

앞의 글은 천도교 기관지인《만세보》창간사인데 천도교의 사회적 역할
을 신문에 천명한 것이라고 할 수 있다. 지식 계발을 먼저 내세웠고, '인민
뇌수에 문명 공기를 주입'한다는 것, 국제 정세를 살펴 노예 상태를 탈출
할 지혜를 탐색하는 것을 강조했다. 후자의 글은《대한매일신보》가 기독교
에 거는 기대를 요약했다. 예수교가 제공하는 자유권을 향유해서 교육 식
산, 사회 단체 활동, 계몽에 나서는 길이 국권 회복의 좋은 방도임을 강조했
다. 식산과 교육, 지식 계발, 구습 타파와 생활 개혁은 '문명개화'로 나아가
는 가장 중요한 경로였고, 이것 또한 일제가 환영해 마지않은 시정 개선의
골자였다.

시민 종교의 길은 열려 있었다. 이 말은 '억압적 천개' 아래에 '종교 공론
장'이 형성되었음을 뜻한다. 포교소와 신자 수의 급증이 말해 주듯, 1910년
대 종교 공론장은 확대 일로에 있었다. 교리의 민족적 성격은 최대한 은폐
하면서 영성의 선교에 주력했다. 앞에서 지적했듯 선교는 생활 세계에서의
실천 행위다. 의례, 교리 암송, 영적 체험이 실행되는 교회와 전도실에서 문
명개화의 전사들이 태어났다는 사실이다.

종교 공론장은 세 가지 층위로 이뤄졌다. (1) 교회, 교구당 같은 중심 조
직, (2) 공소, 기도소, 집회소, 예배실, 전도실 같은 지방 조직, (3)《천도교회월
보》,《긔독신보》같은 선교지가 그것이다.《천도교회월보》는 1910~1937년
295호가 발행되었고,《긔독신보》는 1915~1937년 개신교 합동으로 발간된
신문이다. 주로 도시 중심 교도들에게 배포되었지만 함경도와 평안도 벽지
의 천도교인들과 기독교인들에게도 친숙한 매체였다. 신문과 월보, 성경과

교리서의 보급은 신도의 문해율을 향상시키는 효과를 낳았다. 여기에, 특히 기독교의 경우 전국에 관공립 학교보다 더 많은 사립 학교를 운영했고, 영성과 문명개화 교육을 받은 학생들을 쏟아 냈다. 천도교의 향촌 조직인 전도실에는 자심(自心), 자천(自天), 자시(自侍)를 실행하려는 교도들이 모여들었다. 교도들은 때로 새끼 꼬기, 작농반, 과수 작목반을 조직해 식산 운동에 나서기도 했다. 그 행위들에 도덕과 공개인(公個人) 개념이 싹텄다는 점이 중요하다.[26] 종교라는 공적 영역(public sphere)은 생활 세계라는 사적 영역(private sphere)에 공공성을 주입한다는 점이 다른 영역과 다르다. 그 공공성(publicity)이 '민족'과 접촉하면 저항적 이념의 터전이 된다. 이런 삼투와 역투 작용들이 '억압의 천개' 내부 터전에서 뿌리를 내렸고 꽃을 피웠다. 그것이 식민 통치에 전혀 예기치 않은 위협 요인으로 전환되고 있다는 사실을 총독부는 눈치채지 못했다.

천도교: 시민 종교 (1)

성(聖)에서 속(俗)으로

천도교 이론가 이돈화(李敦化)가 함경도 교구를 방문했다. 촌로가 물었다. "내 죽은 친구의 정령이 영적 생활을 어떻게 하는지 말해 달라."[27] 그는 신도들의 신앙심을 책임지는 원산교구장이었다. 그 질문은 교구장조차 갈등을 느낄 정도로 천도교 내세관에 영성(靈性)이 부족하다는 암시다. 영력(靈力)의 결핍은 교세 확장에 치명적이다. 신도들은 영적 구원을 갈망한다. 현실의 고통을 이겨 낼 성령이 충만해야 신도들은 다시 교구당을 찾아 주문을 외고 하날님을 공경한다.[28] 하날님은 누구인가? 인격적 신(神)인가, 아니면 비인격적 신인가?

최제우의 득도 과정에는 인격적 신이 출현한다. 목소리와 모습을 갖고 있는 인격적 신이 영부(靈符)와 선어(仙語)를 건넸다. 최제우가 "왜 그러십니까?"라고 물으니, "의심하지 말고 의심하지 말라."라고 타이르고는, "나에게 영부가 있으니 그 이름은 선약이요, 그 형상은 태극이요, 또 다른 형상은 궁궁이니 …… 나의 주문을 받아 오래 살아서 하날님의 높으신 덕을 온 세상에 펴라."라고 했다.[29] 하날님은 인격적 신이었다. 말도 했고 영부도 건네주었다. 그것으로 최제우는 광제창생했다. 동학도였던 원산교구장에게 천도교의 '천'은 동학의 하날님과 다를 바 없었을 것이다. 그런데 이돈화의 설명은 조금 달랐다.

신자의 영령은 영원히 현세에서 영적 생활을 영위한다고 생각합니다. 왜냐하면 두 사람이 돌아가신 뒤 오늘날 두 사람의 가족과 그 인근 마을의 신앙생활이 점점 나아지는 것은 두 사람의 영력이 (아득하고) 그윽한(冥冥) 곳에서(가운데) 자손만대를 위하여 활동하기 때문입니다. …… 환원하신 우리 두 신사의 정령과 수천수만의 신도가 우리 뇌의 영좌(靈座) 속에서 (아득하고) 그윽한 교훈을 주고 있습니다.[30]

'신자의 영령이 떠돌아다니면서 우리를 행복의 길로 인도한다'는 것인데, 사실 교구장은 '하날님이 그에게 영생(永生)을 줘서 저세상에서 행복하게 살고 있다'는 말을 듣고 싶었을 것이다. 내세를 약속하지 않은 종교는 종교가 아니다. 대신사 최제우는 하날님을 모시고(侍天主) 하날님을 평생 잊지 않으면(永世不忘) 대도를 받아 모든 일을 깨닫게 해 주신다고 했다.(萬事知) '만사지'는 고통의 현세에서 행복의 내세로 건너가는 교량이다. 천(天)의 뜻을 접하고(至氣) 그것이 기화(氣化)하면 하날님의 기운이 만방에 나타난다는 것, 이것이 동학의 내세였다. 득도(得道)가 창도(創道)가 되고 이윽고 창교(創敎)로 발전한 원리였다. 거기에는 구체적 형상을 갖춘 인격적 신인 상제이자 하날님이 존재했다. 그런데 이돈화의 답에는 '인격적 신'보다 오히려 '신자'가 앞선다. 그의 영력이 온 마을에 퍼져 신앙심을 돈독하게 하는 책임을 수행하고 있다고 설명했다. 영성의 결핍은 천도교의 장점이자 약점이었다. 1905년 12월 창교 광고문에서 '도(道)즉 천도(天道), 교(敎)즉 천도교(天道敎)'라 했을 때 '천도'는 이미 세상을 관장하는 원리, 우주의 법칙과 같은 범신론 쪽으로 기울어져 있었다. 천도교의 천(天)은 목소리도 없고 형상도 없는 '비인격적 신'이었다. 성(聖)의 속화(俗化, secularization)에 해당하는 이런 변환은 천도교가 '종교의 세속화'를 지향한 전형적 사례임을 뜻한다. 1910년대 후반 이돈화의 교리 정비 작업이 세속화에 부합한다. 함경도 방문 이후 이돈화는 '종교의 세속화'를 추구하는 글을 다수 썼는데 「신앙성과 사회성」(1919)은 일종의 마침표이자 출발점에 해당한다. 대도주 손병희의 성훈(聖訓)을 인용해 그는 이렇게 썼다. "성훈에 이르기를 '사람에게는 선천적으로 두 개의 본능이 있으니, 곧 신앙성과 사회성이다."[31] 신앙과 사회는 동전의 양면이고 분리 불가다. 신앙을 통해 사회를 개량한다는 종교의 사회적 책무에 무게를 두었던 것이다. 봉산 역시 종교의 신앙과 사회의 규칙에서 이렇게 강조했다. "차(此)의 종교가 아니면 번민 의구의 심(心)을 하지(何地)에 안정하며 차의 사회가 아니면 위험 고독의 신(身)을 하소에 존립하리오 일언단지왈 종교와 사회는 오인의 생명이니라."[32]

한 해 전인 1918년, 이돈화의 글 「종교의 양 측면」은 앞 절에서 우리가 논의한 '인간 종교'와 '시민 종교'의 구분과 정확히 일치한다.

현대 종교는 개인적 측면과 사회적 측면을 종합적으로 파악할 책임을 가졌다. 각 개인의 측면에서 본 종교는 각 개인의 전공(專攻)적 수양을 요구하

고, 사회적 측면에서 본 종교는 그 전공적 수양을 사회에 응용해서 협동주의를 취해야 한다.[33]

개인적 측면의 종교는 신심에 해당하는 보편적 '인간 종교'(religion of man), 사회적 측면의 종교는 교리의 세속화를 통해 사회적 연대를 추구하는 '시민 종교'(religion of citizen)다. 뒤르켐이 직업 집단에 주목했듯, 이돈화는 협동주의에 주목했다. '시민적 도덕'을 창출하는 핵심 기제이기 때문이다. 천도교 창교 후 1910년대는 종교의 세속화를 추진하면서 시민 종교로 나아간 기간이었다.

그렇기에 '영성 결핍'은 여전히 천도교를 괴롭힌 쟁점이었다. 《천도교회월보》가 1911년 6월호부터 언문부를 신설하고 신도들의 영적 체험을 담은 「영적실기(靈迹實記)」와 「지방 소식」을 게재하기 시작한 이유도 이것이다. 마음과 정성을 다해 치성을 드린 신도들의 신비한 체험을 모아 전국 각지에서 알렸다. 원래 무식한 사람인 한 신도가 49일 치성을 드렸더니 '갑자기 몸이 떨리고 마음이 서늘해 붓을 잡고 싶어 장지에 글을 쓰니 신필(神筆)과 같았다.'는 내용, 49일 치성을 드린 병자가 '비몽사몽간에 양위신사가 나타나 을을궁궁을 외우라 해서 밤새 외웠더니 병이 낫고 기력을 회복했다.'는 얘기들이 신도들에게 전파됐다. 영적 체험을 갈망하는 신도들의 갈증을 채워주고 치성을 장려하려는 의도였다.[34]

이 두 사례는 최제우의 득도와 포교 과정에 이미 내장돼 있다. 그 정황이 「안심가(安心歌)」에 묘사되어 있다. "공중에서 외는 소리가 천지를 진동할 때/ (중략) / 경황실색 우는 자식 구석마다 끼어 있고/ 댁의 거동 볼작시면 자방머리 행주치마/ 엎어지며 자빠지며 종종걸음 한창 할 때/ 공중에서 외는 소리 물구물공(勿懼勿恐)하였어라." 정신을 수습한 최제우는 종이를 가져오라 해서 상제가 보여 준 영부를 그렸는데 형태가 태극 혹은 궁궁 같았다.

영부의 다른 이름은 선약이었다. 「안심가」에서는 '삼신산불사약'으로 불렀다. 영부를 태워 물에 타 먹어 보니 몸이 윤택해지고 병이 나았다.〔潤身差病〕 원래 궁궁을을(弓弓乙乙)은 동학이 설정한 유토피아로 궁을촌(弓乙村)을 뜻한다. 동학도가 일본군을 향해 돌진할 때 총알이 피해 간다고 믿었던 그 주문(呪文)이 '궁궁을을'인데, 그래서인지 동학도는 '궁을' 두 글자를 쓴 종이 딱지를 가슴에 붙이고 다녔다. 말하자면, 「영적실기」의 목적은 '영성의 환기'였다. 이돈화가 시민 종교적 성격을 심화하려고 논리적 탐색을 해 나가던 당시 신도들은 대신사의 영적 체험을 갈망했던 것이다.

이것뿐 아니다. 《천도교회월보》는 1910~1920년 동안 이야기 형식의 단형 서사와 단편 소설 27편을 게재했다.[35] 역시 같은 목적이었다. 천도교 이론가 이종린, 오상준이 작가로 이름을 올렸고, 박달성과 방정환이 참여했다. 일본 유학생 출신인 이종린은 필명 '봉황선인'(鳳凰仙人)으로 《청춘》과 《학지광》에도 다수의 글을 쓴 지식인이었다. 그는 1910~1912년에 「모란봉」, 「해당화하몽천옹」, 「가련홍」, 「일셩텬계」를 수록했는데 대체로 치성에 대한 하날님의 보답이 주제였다. 신심이 지극한 가족에게 물동이에 금은보화를 한가득 내렸다는 얘기(모란봉), 독실한 신자 부부에게 천인장(天印帳)을 내렸다는 얘기가 흥미롭게 전개된다. 천인장 역시 최제우의 강서(降書) 체험의 연장선이다. "우리 부인과 우리 아히들 수도 잘흔 결과로 이번에 한우님과 셩스서 우리 정셩을 감응ᄒ샤 텬인장을 이럿케 나리셨으니"(「일셩텬계」, 1912)에서 'ᄒᄂ늘님'이 '한우님'으로 표기된 것도 흥미롭다.[36] 'ᄒᄂ늘님'이 한우님, 한울님, 한울로 전화해 가는 과정인 것이다.

「영적실기」는 '영성 결핍'의 문제를 어느 정도 덜어 주었을 것이지만, 총독부의 비난과 탄압의 실마리가 되기도 했다. 손병희는 최면술사, 정신병자로 비난을 받아야 했고, 천도교 집단은 정신 나간 '유민구락부'로 경고를 받았다. 《매일신보》가 총독부의 훈시를 받아 쓴 사설 「경고천도교도(警告天道

敎徒)」의 논조는 위협적이었다.

천도교도는 구습이 상존하야 영적(靈迹)이라 칭하는 허망의 참설(讖說)로 민심을 교사(敎唆)하며 성미(誠米)라 칭하는 가식의 명의(名義)로 민재를 취렴(聚斂)할 뿐 아니라 소위 교주는 의절(儀節)이 범람하야 왕자(王者)에 의(擬)하고 …… 단히 한담낭설(閑談浪說)로 정치의 득실을 논란함이 아니면 인물의 시비를 비평함에 불과한즉 차를 어찌 종교가의 본의라 위(謂)하리오 약차 불사(不巳)하면 성령을 수련하는 교문이라 칭키 난하고 녕(寧)히 유민구락부(遊民俱樂部)라 위(謂)함이 가하도다.[37]

이 사설이 「사찰령」, 「개정사립학교규칙」, 유사 종교에 대한 총독부의 경고가 나온 직후여서 더욱 위협적이었을 것이다. 천도교로서는 유사 종교의 낙인을 피하고 혹세무민하는 집단이 아님을 증명해야 했다. 천도교는 교정 분리의 원칙을 재차 천명해 총독부 정책에 보조를 맞출 것임을 확인해 주고, 철학적 논리의 부각과 사회 개량에의 헌신을 강조했다. 어찌 보면 천도교의 태생적 과정에 철학적, 사회적 세계관이 주요한 축으로 내장되어 있었다. 다시 말해, 시민 종교의 길은 '억압의 천개' 아래에서 생존 가능성을 높이는 불가피한 선택이자 천도교의 태생적 본질이기도 했다.

시민 종교로의 길은 의암 손병희가 일본 체류 기간에 쓴 「삼전론(三戰論)」과 창교 직후 발표한 「준비 시대(準備時代)」에 이미 예정되어 있다. 러일 전쟁의 위기가 고조되던 때에 손병희는 조선에 닥쳐오는 검은 구름에 불길한 징조를 느꼈다. 조선을 둘러싼 열강의 각축전은 한 치 앞을 내다볼 수 없을 정도로 요동쳤는데 조선은 나라를 건사할 힘이 없었다. 일본에 협력해 승리를 거두면 그 대가로 완전한 독립까지는 아니더라도 적어도 자치 정도를 얻어 낼 수 있다면 다행이었다. 일본 정부에 1만 원의 거금을 투척한 것도 그런 이유였다. 국가는 삼전에 대비해야 독립을 지켜 낼 수 있다. 당시 일본 체류 중이었던 권동진, 오세창과 심도 있는 토론을 거쳐 국가 독립에는 세 가지 투쟁이 중요하다는 결론을 도출했다. 도전(道戰), 재전(財戰), 언전(言戰)이 그것이었다. 도전은 국가 원기를 지켜 낼 정신적 자원을 풍부히 하는 것, 재전은 식산흥업을 통해 국력을 부강케 하는 것, 언전은 외교 역량을 키워 열강과의 국제 관계를 잘 맺고 운영하는 것으로 이는[38] 일본 체류에서 습득한 보국(報國)의 지략이었다.

「준비 시대」는 여기에서 더 나아가 부국, 강국, 문명국을 만드는 포괄적 청사진이다. 열강을 따라잡으려면 야만에서 탈피하여 문명국이 되어야 하며, 식산흥업, 교육, 경제, 군대, 철도, 광산, 법 제도 등 근대 국가의 골격을 튼튼히 갖춰야 함을 역설했다. 병원과 청결, 위생, 호구 조사, 인구, 관리의 부패와 범죄 등 사회의 모든 방면에서 철저한 개혁이 이뤄져야 한다고 했다. 문명국이 되는 원동력은 국가가 아니라 결국 국민에서 나온다는 근대 국가적 논리도 동원되었다.

《만세보》에 연재된 이 논설은 4년 후 신채호가 쓴 「20세기 신국가」의 근간이 되기도 하지만, 국망 위기를 이겨 낼 포괄적 기획이라는 점에서 의미가 깊다. "유아 동포는 식식(食息)에 국가를 불망하며 …… 일언일사와 일거일동에 국가를 시념(是念)하야 써 강국과 부국과 문명국과 자유국 될 도(道)를 모(謨)함이 가하니……"라고 설파하고, 도(道)의 중요성을 환기시켰다. 도가 정립된 국가는 군주가 나랏일을 할 때 일부 정치인을 물리치고 '국민의 공론(公論)'을 듣는다고 했고, 중앙 정부가 모든 일을 책임지기보다는 향자치(鄕自治)가 효율적이고 국력 배양과 실력 양성에 도움이 된다고 설파했다.[39] 실력 양성에 비중을 둔 손병희의 세계관은 의병 운동을 완고, 보수로 비판하고 천도교의 진보주의와 대비하기도 했는데,[40] 다른 시각에서 보면, 유길준이 쓴 『서유견문』의 1900년대 버전이라 할 만하다. 중요한 사실은 천도교 선포 직후 종단의 책무를 스스로 다짐했다는 점이다.

의암 손병희의 의식 공간에는 도로써 구국을 도모해야 한다는 실천적 의지가 더 충만했다. 이런 실천적 의지가 교리(敎理)에 투영되어 1910년대 천도교 사상의 저류를 형성했다는 점을 지적하는 것이 중요하다. 천도교의 도(道)란 무엇인가? 천(天)이 천도교 영성의 수원지라면 천은 어떤 원리에 입각하고 있는가? 그것은 동학과 어떻게 같고 다른가? 교리 체계화 작업은 대도주 직임을 물려받은 박인호(朴寅浩)에 의해 추진되었다.

박인호는 동학전쟁에 참여했던 노숙한 동학 접주로서 손병희를 도와 천도교의 근대화에 가장 중요한 역할을 한 지도자였다.[41] 그의 초기 노력이 아니었다면 천도교는 식민 당국의 탄압에 주저앉았을지 모른다. 교리의 정교화와 교단의 전국적 조직 체계 구축이 그것이었다. 동학의 핵심 사상을 천도교에 접목하고 난국의 시대상에 맞게 사상의 혁신적 계승을 도모했으며, 중앙 총부와 지방 조직 간 효율적 관리와 소통 체계를 정비함으로써 종단(宗團)의 근대적 요건을 갖출 수 있었다. 손병희의 그림자처럼 그는 성사(聖師)의 가르침을 교리와 교단 설계에 최대한 반영하고 실행한 지도자 겸 조력자였다. 교리의 골격은 「대종정의(大宗正義)」(1908)와 「무체법경(無體法經)」(1909~1910)에 집약되었다.[42] 종지가 인내천(人乃天)임을 처음 천명한 것이 「대종정의」였고, 인과 천이 성심체 삼단(性心體 三端) 합일이며 수양과 자천(自天)을 거쳐 범신론적 각성의 교리임을 설파한 것이 「무체법경」이었다.

'인내천'은 교주 최제우의 '시천주'와 해월 최시형의 '양천주'를 계승하면서 '천' 개념의 영적 성격을 덜어 내고 우주 법칙으로의 철학적, 사상적 확장을 통해 그것을 인지하는 사람(人)의 성찰과 해탈, 그리고 다시 현실 세계의 개혁 주체로 나설 것을 부각시킨 점이 다르다. 교주의 '천'이 인격적 신(神)이었다면, 천도교의 '천'은 비인격적 신(神), 오히려 세계 만물을 관통하는 보편적 원리이자 우주 법칙이다. 해월 사상의 요체인 범신론을 더욱 확대해 '우주의 원리'로 개념화했고, 우주의 원리인 천을 만물로 분산하기보다는 다시 인간 중심적 교리로 수렴시켰다는 것이 다르다. 천은 하날님(최제우)에서 사인여천, 물물천의 범신론적 신(神)으로(최시형), 이것이 다시 우주의 대법칙과 '자연적 활기(活氣)'를 자심(自心)한 사람 중심의 인내천, 천내인(天乃人)으로 진화한 것이다.

최제우도 인즉천(人卽天)을 말했고, 최시형도 사인여천(事人如天), 물물천(物物天), 사사천(事事天)을 중시했다. 창교자는 수심정기를 통해 천을 품에 안으면 인은 천이 되고 무극대도(無極大道)로 나아간다고 말했다. 영적 구원을 갈망하던 당시 인민들에게 무극대도는 자주 전능한 상제, 고통을 위무하는 하날님으로 인지되었다. 치성으로 천심을 인심에 불러들이면 구원의 은총을 받을 수 있다고 믿었다. 1대 교주의 가르침에는 각지(各知)가 우선이었다. 각자 깨달음, '내유신령 외유기화 각지불이'(內有神靈 外有氣化 各知不移)가 중요하다. 안으로는 신령, 밖으로는 조화의 기운이 뻗치는 바를 각자 깨달아 각성을 흔들리지 않게 함이다. 신령, 기화, 각지가 교리의 골자다. 「논학문」에 피력했듯이, 형상은 없고 자취만 있는 하날님 이치(夫天道者 如無形而有迹)를 깨달으면 인심은 천심이 된다.

여기에서 최시형은 한 걸음 더 나아가 천을 모든 형상에 확장했다. 대인접물(待人接物), 물물천사사천, 이천식천(以天食天)이 그래서 나온다. 범신론적 관점에서 마음속에 천주를 정립하는 것, '양천주'를 말했다. 이천식천(천이 천을 먹는다), 모든 인간과 사물은 천이기에 항상 겸손하고 공경해야 한다는 양천주의 가르침은 신도들의 생활 세계와 접목되어 실천철학으로 발전하는 길을 열었다. 초기의 천이 (1) 천주, 상제, (2) 신령, 천신, 신선, (3) 천리, 천도, 무극대도, 세 개념으로 표현되었다면, '양천주'의 '천'은 사람을 포함한 삼라만상으로 적용 범위를 확장했으며, '인내천'은 (1)과 (2)의 비중을 경감하고 (3)을 사람 중심으로 수렴해 '인간은 신〔人卽神〕'이라는 명제를 정립했다. 마음 수양을 통한 자천자배(自天自拜)와 각천(覺天)이라는 단서가 붙었다. 이 과정에서 성심신삼단(性心身三端) 합일론이 제출되었다.

대신사는 오교의 원조라 기(其) 사상이 박(博)으로 종(從)하야 약(約)에 지(至)하니 기 요지는 인내천이라 인내천으로 교(教)의 객체를 성(成)하며 인내천으로 인(認)하는 심(心)이 기 주체의 위(位)를 점하야 자심자배하는 교체(教體)로 천의 진소적 극안(眞素的 極岸)에 입하나니 차는 인계(人界) 창조한 대종정의라 위(謂)함이라[43]

성(性)은 리(理)라 성리(性理)는 공공적적하야 무변무량무동무정한 원소 따름이오 심(心)은 기(氣)라 심기(心氣)는 원원충충하고 **활활발발(活活潑潑)** 하야 …… 고로 이자(二者)에 일(一)이 무(無)하면 성도 아니오 심도 아니라 만일 성리가 무하면 …… 이는 어자(魚子)의 무수(無水)라 도(道)를 수(修)하는 자는 명(明)히 할지니라.[44]

교리 요체에 해당하는 첫 번째 인용문에서 천을 사람 중심으로 해석한 것이 드러난다. 교(教), 그것을 인지하는 심(心), 자심자배하는 교체(教體, 신도)의 삼위일체가 '인내천'이다. 둘째 인용문이 그것을 보완한다. 성(性)을 보고 인지하는 심(心)을 견성각심(見性覺心)이라 할 때, 수도하는 자(者)의 몸속에 체화하는 것이 성심신삼단이다.[45] "정종정문(正宗正聞)은 성심신삼단이라 합(合)하야 써 시(示)하며 분(分)하야 써 시(示)함이니", 중생(衆生) 간 상애(相愛)가 이 삼자의 합일을 이루는 영교(靈橋)라고 했다. 상애는 각천으로 나아가는 실천 방략인데 후에 이것이 이돈화에 의해 '현세의 도덕'으로 개념화되기에 이르렀다.

아무튼, 인내천의 종지에는 처음부터 성심신의 교호 작용이 중시되었는데 영성에 해당하는 성(性)을 '우주의 대법칙', '우주의 활정(活精)'으로 정의하고, 만유진화의 극점인 사람이 각심(覺心)으로 인간 세계(人界)에 실천하면 '지상천국'이 온다는 것이다.[46] 우주의 활정은 곧 성리적(性理的) 성령(性靈)인데 이것으로 포덕하면 보국안민, 지상천국이 도래한다는 믿음은 선대 교리와 같았지만 성령의 해석과 내용은 사람 중심과 현실 세계 실천으로 수렴되었다. 이 명제를 도출하는 과정에서 하날님은 한울님, 한울로 변화했으며, 궁극적으로 한울은 우주의 본체, 섭리, 우주의 활정(活精)으로 정의되었다. 이돈화는 성령의 재해석과 사람 중심적 사상을 발전시켜 '신이 인간이다'(神卽人)라는 명제로까지 나아갔다.[47] 아무튼, 천도교의 인내천은 성심신 삼위일체, 교정합일론이었으며 영성의 세계를 생활 세계로 연결하는 영교(靈教)에 무게를 두었다. 그래서 종지를 설파하는 최초의 교리서에 이런 말이 나오는 것이다.

교의 신앙과 철학과 제도를 삼구(三區)에 분(分)하야 인심(人心) 경향의 준적지(準的地)를 정하니 신앙은 인이 천에 점착(粘着)하야 기신(其身)의 자유(自有)를 망(忘)하며 철학은 성신 양단을 분(分)하야 기진핵(其眞核)을 미(味)하는 자요 제도는 천인합일적 요점을 추출하야 성령인의 정적(正的)과 육신인의 정궤(正軌)를 정하니 신선한 면목이 일대천국을 구성한 자이니라.[48](밑줄은 필자)

성심신의 삼위일체는 곧 종교, 철학, 제도의 삼위일체다. 영성이 철학을 통해 제도로 변환되는 과정은 곧 사회 개혁이다. 사회 개혁이 철학을 통해 지상천국의 구성 요소로 승화되는 과정이 신인합일의 거룩한 영성의 세계다. '억압의 천개' 하에 사회 개혁은 문화 운동으로, 문화 운동은 1920년대에 천도교청년당 강령으로 발전했다. 영성과 현실 세계의 접목을 종교의 근대화라고 한다면, 천도교는 종교의 근대화를 개척해 나간 것이다.[49] 실천의 관점에서 보자면 앞에서 소개한 「삼전론」과 「준비 시대」의 요지와 일맥상통한다.

이런 의미에서 김정인이 지적하듯 성심신이 합일되는 세계는 나라가 소멸된 식민 통치 아래에서 '하나의 대안 정부' 혹은 '소국'(小國)이 될 수 있었다.[50] 성령의 법규로 통치되는 소국은 총독부로서는 일종의 치외법권 영토였다. 식민 통치 내부에 별도로 존재하는 '한울 공동체'였고,[51] 자심, 자배, 각천이 활발한 세계이자 개혁과 창조의 주체가 되는 세계였다. 의뢰의 시대를 마감하고 주체의 시대로 나서라는 설법은 식민 통치의 암울한 상황을 스스로 타개하라는 심적, 행위적 환풍구였다. "오교의 과거는 의뢰 시대라 고로 천(天)이 기적영적(奇蹟靈蹟)으로 인(人)을 인도하엿으나 오교의 금일은 희화(熙和) 시대라 비(譬)하면 백일이 당천에 만상이 함요(含耀)함과 같으니 …… 우리 신도는 이제부터 천주와 신사께 의뢰하는 마음을 타파하고 자천(自天)을 자신(自信)하라."[52] 소국을 가꾸고 개혁의 주체가 되어 나서는 것이 자천을 실천하는 길이다.

자천의 길은 생활 세계에서 신도를 규율하는 행동규범과 윤리 기준으로 표현되었다. 계주(戒酒), 계색(戒色), 계도(戒盜)는 물론, 마음가짐에 공경신(公敬信)이 강조되었다. 농사일과 실업에 매진하며 근면, 청결, 위생이 권장되고 타인의 모범이 될 것을 설법했다. 1906년 발한 종령(宗令) 1호에 규율의 포괄적 원칙이 천명되었다.

개인의 품행단정은 오교 영향 발표로 인(認)함이요 교인은 인족사회상에 정당한 규칙을 준수하여 종지면목을 무오(無汚)하며 자신상 죄루(罪淚)를 물초(勿招)할지요 육신은 성령의 댁(宅)이라 육신을 양하기는 성령식(性靈息)에

관한 초두문정(初頭門庭)이니 각히 농공상의 의무를 면종하여 교문낙지(敎門樂地)에 안거할지어다.[53]

그것은 도덕의 주체가 되라는 뜻이다. 천도교 이론가 중 한 사람인 오상준은 이미 1907년 신도 교육용 교과서에서 공덕, 공익 개념을 소개하며 지공무사(至公無私)의 행위 양식을 강조했다. 공덕과 공의를 실천하는 사람, 사회적 상황을 파악하고 사회적 요청에 화답하는 사람이 '공개인'(公個人)이다.[54] 교리 이론가 중 한 사람인 이종일은 「윤리와 도덕을 힘쓸 일」이라는 논설에서, 도덕은 범죄를 예방하고 공덕을 쌓는 일이니, "사람마다 예와 염치를 배양하라."라고 일렀다.[55] 천도교인은 공개인이 되어야 한다는 이 명제는 인내천에 이미 내장되어 있으며, 공익에 나서는 사람이 지기의 기화를 받아 각천(覺天)에 이른 사람이다. 이런 개인과 심성이 집단심으로 발현되고 집단 양심(collective conscience)을 이룰 때 사회 전체를 관장하는 시민 도덕(civic virtue, 혹은 morality)이 형성된다. 이른바 도덕 공동체다. 이런 종지가 이미 초기에 천명되었다.

　於是乎 民富國泰則 道德文明 廣國於天下也 天下孰能當之[56]

　(이를 말하자면 민부와 국태 규칙은 도덕 문명이니 이를 나라와 천하에 널리 하면 천하는 이를 당연히 여겨 능숙하게 한다.)

각지불이의 깨달음을 실천하는 도덕공동체는 시민공동체였다. 주체성과 도덕이 시민의 덕목이었다. 인민을 신민(臣民)으로 만들려는 식민 통치하에서 천도교 공동체의 신도들은 자배(自拜)하는 시민으로 진화했다.

도덕 공동체: 조직과 담론

도덕 문명은 천도교의 제일 덕목이었다. 이를 실행하는 기구의 정비가 1906~1911년 중앙총부의 주도로 이뤄졌다. 마치 국가의 조직과 운영 규칙처럼 전국 조직망을 설립하고 운영하는 전반적 규칙이 「천도교대헌(天道教大憲)」에 집대성됐다.[57] 중앙은 지방 조직을 관할하고, 지방 조직의 의견을 수렴하여 정책에 반영하고, 여러 가지 지역적 쟁단을 처리하고, 임직원, 도사(道師), 전교사 들을 관리한다. 중앙의 중요한 결정이 각 지역으로 빠르게 전달되고, 각 지역 교구가 해결할 수 없는 문제는 중앙 총부가 주관하여 상급 임원들의 상론을 거친 결론을 내려 보내는 쌍방향적 의사 소통 구조가 천도교 교단의 기본 설계였다. 그러므로 중앙총부는 행정, 사법, 대의 기구를 갖춰 지방 교구의 각종 업무를 감독하되 포교와 운영에 관련된 지방 조직의 쟁점을 즉시 해결해 주는 민원 기구이기도 했다.

1906년 중앙 총부는 종단의 업무를 크게 몇 가지로 구분하여, 현기사(玄機司), 이문관(理文觀), 전제관(典制觀), 금융관(金融觀), 서응관(庶應觀)으로 편재했다. 현기사는 교직 임면 사항, 이문관은 입교인과 교빙(敎憑) 분급 사안, 전제관은 상벌 처리, 금융관은 경비 조달과 분급, 서응관은 공유물 조사의 업무를 분장했다. 1911년 교구와 신도가 증가해 업무가 늘어나자 중앙 총부의 기구 개편을 단행해 대종사(大宗司), 현기관, 공선관(共宣觀), 전제관, 금융관, 감사원으로 다시 분장했다. 대종사는 대도주의 의사에 따라 교단의 정책을 결정하고, 현기관은 교리 연구, 교서 편성, 연원록을 관장하며, 공선관은 교구 확장, 교구직 선발, 『천민보록』 보관, 위생 실시, 교당 교구의 부동산 관리를 맡는다. 전제관은 교율교법, 포상, 의례를 관장하며, 금융관은 재정 회계 지출 업무를, 감사원은 교직원의 비리와 부패를 감시 감사하는 기능을 맡았다. 여기에 직책 임용 규칙의 개정, 기념가, 교안 작성과 하달, 쟁점 심의와 포상, 처벌에 관한 규정도 시의에 맞게 수정했다.

손병희가 「준비 시대」에서 강조한 '향자치'의 기본 골격을 갖춘 것이다. 국가는 중앙 정부, 향자치는 지방 정부다. 향무소(鄕務所)는 작은 정부, 향회는 지역 의회, 향장은 자치장과 같다. 천도교는 소국이자 자치 정부였다. 근대 국가 중앙 정부의 축소판이었다. 나라를 잃은 신도들이 대리 국가로 의존할 만한 공동체였다.

따라서 임직원은 행정원이다. 근대 국가와 마찬가지로 임직원의 직책과 직무를 구분하여 자격 요건을 명시했으며, 직책에 따른 봉급과 여비 규정을 마련했다는 것은 흥미롭다. 임직원에게 교단의 품위 유지에 관한 서약 준수를 명시해 사회적 평판에 각별히 신경을 쓴 흔적이 역력하다. 교인이 지켜야 할 기본 품행은 천도교의 사회적 기능이 무엇인지를 가늠하게 한다. 덕업상규(德業相規), 사교필신(社交必信), 면수윤리(勉守倫理), 명발실리(明發實理), 국민의무(國民義務), 개입공권(箇入公權)이 그것이다.

교단은 임직원은 물론 신도들에게 준수할 윤리 덕목을 명시하여 '공개인'을 창출하고자 했다. 임직원은 직급에 따라 일정 시험을 통과해야 했다. 신리학(神理學)에는 천도교 교리인 천인상여(天人相與), 영신상자(靈身相資)를 부과했고, 인계학(人界學)에는 윤리, 법률, 개입, 법인, 국가, 사회, 실리, 실업, 품행을 부과했다. 학식에 따라 고등 시험과 초등 시험을 달리 분류했다. 말하자면, 임원과 고위직원은 높은 수준의 학식과 품격을 갖춰 시민 사회를 지도하는 '교양 시민'이 되도록 자격 요건을 적용했으며, 낮은 직급에는 시민적 덕목을 수행할 능력을 키웠던 것이다. 임직원은 교양 시민과 시민의 집합체였다. 앞 장에서 관찰했듯이, 이광수가 근대 사회의 자립 요건으로 호소한 종교의 중추 세력이 이렇게 형성된 것이다.

한편, 교단의 기도회를 뜻하는 성화회(聖化會)의 규약도 만들어 엄숙하고 검소하게 치를 것을 기본 규칙으로 설정했다. 교구 단위에 따라 강사, 정주

강사, 순회 교사를 구분하여 각 업무를 분장했는데, 이 역시 업무의 경중에 따라 월급과 경비를 지급했다. 전교실에 부인교령(婦人敎令)을 임명할 수 있도록 해서 일찍이 남녀평등을 구현했다는 점은 시민 종교로서의 의미를 다시 한번 되새기게 한다.

중앙 총부 아래 지방 교구의 조직화가 활발하게 이뤄졌다. 대체로 포교의 기본 단위는 가정(호)이었으므로 교인 명부인 『천민보록』에는 가정과 가족원이 등재된다. 단, 교인의 자격을 15세 이상으로 제한했다. 교인 100호 단위로 소교구가 설치되고, 10개의 소교구에 대교구를 설치하도록 정했으며, 지리적 특성에 따라 중교구 설치를 허용했다. 동(洞) 단위에는 전교실, 군(郡) 단위에 소교구, 몇 개의 군을 묶어 중교구, 10개의 교구가 모이면 대교구를 설치했다. 1914년 전국에 대교구가 37개, 교구가 191개 생겨났으며, 교세 확장이 이뤄진 1916년에는 203개 교구에 신도 수가 100만 명에 달했다. 가정 단위로 입교했기에 15세 이상 가족원을 모두 포함한 수치였을 것이다. 1910년대 말에는 대교구 72개, 교구 280개로 증설됐다. 충남 지역 연구에 따르면, 1914년 당시 신도 수는 1만 6219명, 교구는 11개가 설립되었고, 전라도 지역은 신도 수 12만 명, 교구 41개에 대교구 5개가 조직되었다.[58]

포교는 동학의 접소에 해당하는 연원(淵源) 조직이 작동한다. 마을 단위에서 신도가 친인척과 개인 교제망을 활용하여 포교하고 그 결과 일정한 신도들이 규합되면 전교실을 설치하는 것이다. 전교실이 없으면 신도 가정이 성화회와 기도회의 장소로 활용된다. 그러므로 연원 조직은 포교의 가장 기본적인 단위이자 신앙심에 기초한 자발적 결사체(voluntary association)라 할 수 있다. 혈연과 개인 친분으로 연결된 결사체인 연원 조직이야말로 끈끈한 연대와 도덕의 발원지다.[59] 이 단위가 촌락과 마을에서 소규모의 협업과 상부상조, 상애를 실행하는 생활 조직이었다. 3·1 운동에서 전국 촌락의 산발

적 시위를 주도한 조직이 바로 연원이었다.[60]

그렇다면 생활 세계인 촌락 단위에서 신도들의 활동과 신념은 어떠했는가를 관찰해 봐야 한다. 촌락과 마을에서 이들은 어떤 생활 신조를 배양했으며, 공동체적 도덕 배양에 어떻게 기여했는지를 살펴봐야 담론의 생산과 확산, 시민 종교로서의 영향을 확인할 수 있다. 모든 활동에는 신앙심이 기초가 되므로 가정의 종교 생활에서 시작하는 것이 좋겠다. 교인의 기본 단위는 가족이었다. 가정은 그 자체 기도와 의례가 실행되는 가장 작은 단위의 포교소였다. 앞에서 《천도교회월보》에 등장한 단형 서사를 소개했는데 가족의 신앙 생활에 관한 주제가 많다. 가족들이 둘러앉아 청수(淸水)를 떠 놓고 주문을 외우고 하날님의 성령이 강림해 주시를 간절히 염원하는 모습을 묘사했다. 다른 신도들에게 모범을 보이고자 한 것이다. 독실한 신자 가정에는 금덩어리가 은총의 표징으로 주어지고 하날님이 하사하신 천인장이 수여된다.[61] 천인장을 받아 든 부부가 말한다. "달은 물건은 돈만 쥬면 사지요만 이것이야 돈이 몃만 냥잇기로 亽것소 정성이라야 亽는 것이니 참 귀ㅎ고 영광이올시다."[62] 독자들에게 천도교가 생활신조로 강조하는 정성, 공경, 신심(誠敬信)의 중요성을 다시 한번 상기시키는 효과를 만들어 낸다.

가정 의례는 매일 밤 9시에 시행하는데 그 순서는 중앙 총부가 정한 성화회(聖化會)의 규칙에 따랐다. 성화회는 일요일인 시일(侍日) 오전 10~11시에 거행하는데 우선 청수를 봉존하며 향을 피우고 주문을 외운다. 강사(講師)가 신리학과 인계학, 즉 교리와 인간학(문명)을 설교하도록 되어 있다.[63] 대교구와 중교구 강사는 반드시 앞에서 소개한 고등 시험에 합격한 자로 한정했다. 이른바 그 분야 전문가인 교양 시민이어야 한다. 다음, 천덕송을 부르고 천도교 역사와 사회, 윤리에 관한 공부가 이어졌다.[64] 신학과 인간학을 설교의 두 주제로 규정했다는 점이 시민 종교로서 천도교의 본질을 확인해 준다.

가정 의례는 대체로 성화회의 축소판이다. 절차는 유사한데 가끔 《천도교회월보》에 나오는 소식을 전하거나 전교실에서 들은 얘기들이 오간다. 이 과정에서 성경신의 가치관이 다듬어진다. 가정은 천도교의 재정을 책임지는 최소 단위였다. 1906년 헌금 제도인 성미제(誠米制)를 도입한 이후로 신도들은 아침마다 곡식 한 숟갈씩을 성미 그릇에 담아 두었다가 시일성화회에 헌납하는 의례가 일상화됐다. 헌납된 성미는 교구와 대교구에 전해지고 절반은 교구 운영에 쓰이고, 절반은 중앙 총부로 보내져 천도교의 재정 자원이 됐다.[65]

관혼상제에서도 천도교의 독자적인 절차가 시행된 듯하다. 성인식, 혼례식, 장례식, 제사 등의 의례를 분석한 논문에서 천도교의 경우는 청수 봉전과 심고(心告), 고천문(告天文) 낭독 등 하날님과 관련된 의식이 따로 준비된 것이 특징이다. 청수 봉정은 최제우에 대한 공경심을 표현하고, 심고는 마음속 하날님, 고천문은 우주의 원리(천)에 아뢰는 말씀이다.[66] 천도교가 혼례식에서 남녀 공히 청수를 나눠 마시는 청수 분작(分酌)을 명시하고 있는 것은 흥미롭다. 이와 더불어 신랑과 신부가 함께 입장하도록 규정한 것은 천도교의 남녀평등 사상을 보여 주는 사례인데, 멀리는 1910년대 일정 자격을 갖춘 여성 교령의 임명과도 일맥상통한다.

식산과 교육은 천도교가 지향한 사회 개혁의 가장 중요한 업무였다. 청년과 젊은 여성에게는 교리뿐 아니라 일반 교육을 제공했으며, 경제 생활을 책임진 가장에게는 식산과 농업, 잠업, 과수, 축산의 방법을, 노인들에게는 생계 보조를 할 수 있는 협업 노동을 가르쳤다. 국민 교육, 의무 교육은 《만세보》에서 자주 언급해 온 구국의 대안이었고, 다른 민간지에서도 교육의 중요성을 강조해 왔던 터였다. 학교 설립이 전국적으로 발흥한 것도 보호 조약이 체결된 1905년 후의 일이다. 천도교는 일찍이 박인호 대도주의 주도로 전국 교구에 교리 강습소를 만들어 교육과 식산의 중심 기구로 삼았다. 1912년까지 전국에 358개 교리 강습소가 세워져 아동과 청년을 교육했는데, 이들을 가르칠 수 있는 전문 인력은 1909년 중앙 총부가 세운 사범 강습소와 종학 강습소에서 충당했다. 말하자면, 사범 강습소는 전문직에 해당하는 교양 시민을 배출하는 양성소, 교리 강습소와 전교실은 기본 학식을 갖춘 일반 시민을 키워 내는 시민 학교였던 셈이다.

고등 시험을 통과한 전문인들이 각 교리 강습소로 파견돼 신도들과 그들의 자녀들에게 수신, 조선어, 한문, 일본어, 조선 역사, 농법, 창가, 체조 등을 가르쳤다. 관공립 학교가 소수에 불과했던 1910년대 기독교 개설 사립 학교와 천도교의 교리 강습소, 그리고 향촌이 운영하는 서당이 가장 큰 역할을 해내고 있었다. 농업, 과수, 잠업을 위한 강의가 수시로 열렸고, 노인과 부녀자가 가마니 짜기, 새끼 꼬기, 특산물 제조하기 등 협업하는 장소로도 활용되었다. 자발적 협력노동의 씨앗이 뿌려지는 것이다.

여기에 교리 강습소와 연결된 야학(夜學)이 활발하게 세워지고 운영되었다.[67] 당시 야학은 연령 제한 없이 무상 교육을 제공하는 비인가 교육 기관이었으며, 도시에서는 직업 조합과 사립 학교가, 농촌에서는 향회가 주요한 역할을 했는데, 지방 천도교 교구와 전교실도 야학 운영에 지원을 아끼지 않았다. 교리 강습소와 야학, 향회와 각종 동계가 함께 도모한 행사들도 끊임없이 선을 보였다. 구(舊) 언양군의 1920년대 사례 연구를 보면, 청년회 주최로 강연회, 운동회, 음악회가 자주 열렸고, 소년·여성 단체, 교풍회, 교육회, 여성부인회가 결성돼 사회 활동을 활발하게 전개하는 양상이 보인다. 노동조합, 농민조합, 수리조합도 출현했고, 지역 유지 연합이 학교를 세우기도 했다. 이 책의 부록에 덧붙인 「1910년대 사회 단체 기사」를 보면 중앙과 지방에서 결성된 공식 관변 조직, 반관 반민 조직의 유형을 짐작할 수 있다.[68] 집회 취체, 보안법이 엄격하게 작동하던 때여서 언양군 사회 단체들은 관공서의 승인을 얻었을 것이지만, 천도교 교인들이 개별적 관계망이나 교리 강습소를 통해 각종 단체, 조합과 긴밀한 친분을 쌓고 있었음을 알 수 있다. 천도교 교인이 수리 조합 평의원으로 활동하거나, 면협의회 위원, 학교 설립 추진회 등을 맡았다. 교인들이 맺고 있는 개별적, 신분적 향반 네트워크가 주효했다는 것이다.[69]

천도교인들이 맺었던 '향반 네트워크'는 매우 시사적이다. 위 연구는 향촌의 '지역 엘리트' 관점에서 천도교인의 신분적 위치와 사교, 혈연망에 주목했는데 재지사족 바로 아래에 위치한 '중간 지배층'이 신자의 주류를 형성했다고 분석했다. 이들은 전통적인 지배층은 아니라도 향촌의 대표적 가문에 속하고, 일본이나 경성 유학과 출신, 훈장, 측량 기사 같은 전문인 등 어느 정도 학식과 문중 배경을 갖고 있는 사람들이었다. 신지식을 습득하거나 문명개화의 필요성을 인지한 잔반 출신이 향반 네트워크를 활용해 1920~1930년대 사회 개량 운동을 주도했다는 것이다.[70]

이들은 향반에 속했기에 시대적 조류와 정국에 대해 약간의 선진적 지식과 식견을 갖춘 사람들이었다. 다시 말해, 시민적 교양을 습득한 부류, 교육과 식산과 자발적 결사체의 중요성을 인지한 사람들이고, 실제로 사회 운동에 열성적이거나 그것을 주도한 사람들이었기에 당시 사회 수준에 비춰 각성 주체로서의 '시민' 자격을 부여해도 충분하다고 할 수 있다. 천도교는 시민 요건을 엄격하게 규정하고 독려했다. 그것은 '시민 도덕'의 요건이었다. 이는 다음의 세 가지로 요약할 수 있다.

첫째, 교인의 품위 엄수를 규정한 외에도, 범죄인을 엄하게 징벌하고 심하면 출교(黜敎)를 명령했다. 범죄의 유형도 열거했다. 난주(亂酒), 행음(行淫), 남치(濫侈), 도기(賭技), 패언폭행, 음사(淫祀)를 숭배하고 도참(圖讖)을 믿는 자, 무언(誣言)을 일삼는 자를 중벌로 다스렸고, '국민 의무를 불수(不守)하는 자'를 특별히 다스렸다.[71]

둘째, 주체적 개인이다. 손병희의 성훈대로, 의뢰 시대는 지났고 스스로 깨달아 실행하는 자천(自天)과 각천(覺天)의 시대가 온 것이다. 천(天)을 마음과 정성으로 깨달아 그 이치를 행하는 것이 주체적 개인이다. 최제우의 가르침인 각지불이(各知不移)는 각자의 위치에서 각성과 실천을 의미한다. 이돈화는 이를 자신(自信), 자각(自覺), 자주(自主), 자용(自用)으로 풀었다.[72]

셋째, 성심신 합체를 수양하는 교인은 결국 지공무사한 공익(公益), 공덕(公德), 공의(公義)적 가치를 실행하는 사람이다. 인과 천의 합일〔神人合一〕은 결국 우주의 원리를 인계(人界)에 실현하는 것에서 성립된다. 이돈화의 용어를 빌리면, "사람성 무궁"과 "사람성 자연"이 순환하는 고리가 공덕이자 공의다. 그것은 소아(小我)인 인간을 대아(大我)인 한울과 일치시키는 가치관이다.[73] 앞에서 서술한 루소의 명제, 뒤르켐의 도덕 공동체와 이론적 쌍생아다.

천도교는 '억압의 천개' 밑에서 1900년대 초반의 '각성 인민'을 1910년대 '시민'으로 진화시키는 종교적 원동력이었다.[74] 『시민의 탄생』에서 필자는 일한 강점 전후 조선에서 시민은 탄생했지만 성장의 경로가 차단된 채 '동굴에 갇혔다.'라고 결론을 맺었다. 그러나 천도교가 있었다. 천도교는 동굴 속에 갇힌 시민을 공익이 충만한 신심(信心)의 영토로 불러냈다. 국가가 소멸된 상황에서 그것은 현실 국가이고 정신 국가였다. 소왕국이었다. 교세가 급속히 신장한 것도 그런 이유에서였다. 식민 통치의 폭압을 가려 주는 현실적, 정신적 보호막이었다. 천도교는 시민적 가치로 무장하라고 일렀고, 교인들은 그 신성한 명령을 충실히 수행했다. 천도교 생활 세계의 담론장에서는 청교도적 품행, 주체성, 공익에 대한 긴장이 사고방식과 행위의 표준이 되었다. 전국 향촌과 도시에서 교인들이 이 표준을 생산하고 확산했다. 그것은 시민성(civility)이었고, 그런 의미에서 천도교는 '시민 종교'였다.

천도교인이 양성했던 시민성이 '민족'과 결합하면 '국민'으로 거듭나고 '조선의 국민'이라는 정체성이 가슴에 고이는 순간 저항 운동으로 폭증한다. 3·1 운동은 그런 계기이자 기폭제였다.

기독교: 시민 종교 (2)

사회적 복음주의: 기독교의 사회화

고종 황제가 폐위되고 정미7조약(한일 신협약)이 발효된 1907년 정국은 어수선했다. 조정은 통감부의 손으로 넘어갔다. 외교권과 재정권은 1905년에 이미 넘어갔고, 이번에는 행정권, 경찰권, 법령제정권, 관리임면권까지 손을 뻗쳤다. 장안이 들끓었다. 그해 10월, 조선교구당 뮈텔(Gustave Mütel, 閔德孝) 주교는 천주교세 확장 지역인 신의주, 선천, 평양, 황해도로 성사(聖事) 여행을 떠났다. 신자들에게 세례, 고해성사, 견진(堅振)을 베풀기 위한 여행이었다. 그는 신의주에서 황해도까지 나귀를 타고 산을 넘었다. 신자들이 마을 어귀에 나와 뮈텔 주교 일행을 맞았다. 우도, 르레드, 멜리장 신부가 대동했다. 진남포 산촌, 작고 초라한 초가집 성당에 영성체자 150명, 견진자 1명, 고해자 120명이 예배를 올렸다. 그리고 다음 날 장련을 향해 출발했다. 모두 한복을 입었다. 의병들이 장련, 은율, 문화, 신천, 재령 등에 할거한다는 소식에 기습을 피해 보자는 예방책이었다. 은율에서 20여 명의 견진자, 3명의 영세 지원자를 접해 영성을 나눴다. 그해 12월 22일 한양으로 돌아왔는데 견진 성사를 받은 신자수가 1000명이라고 일기에 적었다. 영하 19도, 한강이 얼었다고 했다.[75]

천주교는 100년의 박해를 끝내고 선교의 자유를 얻었다. 그러나 신자들이 전국 산촌과 작은 읍에 산재했기에 주교와 신부의 성사 여행은 필수적이었다. 1910년경 천도교 신자 수는 약 7만 3500명. 1910년 5월 17일, 뮈텔 주교는 통감부 초청으로 만찬에 참석했다. 게일(Gale) 목사와 언더우드(Underwood) 목사는 참석하지 않았고 희랍교회 바오로 수도원장, 해리스 주교, 평양의 노블 목사, 남부감리교의 조던 목사, YMCA의 질레트 목사와 구세군 하가드 대령이 참석했고, 경찰감독관 와코바야(苦林), 미우라(三浦), 다카하시(高橋), 다와라(俵孫一) 씨가 있었다. 뮈텔 주교는 "이 모임이 조금 이상했다."라고 썼다. 이때 이시즈카 씨가 선교사의 활동을 존경하며 한결같이 그들을 보호하는 데에 앞장선 통감부를 위해 건배 제의를 했다. 해리스 주교가 답사를 했다. "가톨릭이나 프로테스탄트가 모두 한국인들에게 법과 행정 당국을 존중하도록 가르치고 있기 때문에 (일본의) 한국 개화 사업에 선교사들이 정신적으로 협조할 것을 통감부에 다짐한다."[76]

일제 강점기 천주교의 기본 입장을 압축적으로 표현한 말이다. 철저한 교정 분리다. 조선의 유례없는 탄압으로 영육의 피해가 막대했기에 또다시 식민 당국의 탄압을 자초하고 싶지 않았을 것이다. 그런데 1910년 말, 뮈텔 주교에게 당국의 명령서가 도착했다. 천주교 기관지인《경향신문》을 순(純)종교 잡지로 바꾸거나 원칙을 벗어나면 폐간 조치할 수밖에 없다는 요지였다.《경향신문》은 12월 폐간됐다.

감리교 신자인 윤치호는 영어로 평생 일기를 썼다.(1883~1943) 1912년 '105인 사건' 주모자로 지목돼 3년간 옥고를 치른 뒤 전향을 선언했다.[77] 3·1운동이 소멸된 1919년 9월 21일, YMCA 회관에서 복음회가 열렸다. 강당을 꽉 메운 청년들에게 대전 교인 임진순 씨가 열변을 토했다. "면장은 면장대로, 군수는 군수대로, 도장관은 도장관대로 실적 경쟁에 여념이 없어요. 이 와중에 조선 백성들만 다 죽습니다."[78] 동년 11월 23일, YMCA 회관에서 스코필드 박사의 강연회가 열렸다. 강연장은 청년들로 발 디딜 틈도 없었다.

스코필드 박사는 식민 당국의 상업화 정책이 낳은 죄악을 상세하게 열거했다. 조선 유곽에 관한 추악한 현실이었다. 강연 말미에 그는 조선 청년들에게 "사람답게 이런 끔찍한 죄악에 맞서 싸우자."라고 호소했다.[79] 교정 일치의 외침이었다. 실력 없는 반일 투쟁은 결국 민족의 사멸로 귀결된다고 믿는 윤치호에게는 불편한 토로였다. 민도(民度)와 실력 배양이 우선이라고 생각한 윤치호 역시 교정 일치에는 찬성했지만 방법과 경로가 달랐을 뿐이다.

천주교는 영성주의와 복음주의를 오랜 전통으로 준수해 왔다. 조선에서도 「교민협약」(1899)과 「선교조약」(1904)을 맺어 선교의 자유와 정치 불개입을 맞교환했다. 즉, 철저한 교정 분리를 원칙으로 삼았는데, 이는 경건주의와 정숙주의에 기반을 둔 프랑스 외방전교회의 전통이기도 했다. 성속이원론(聖俗二元論)에 입각해 속보다는 성, 현세보다는 내세를 추구하는 경향을 추구했다. 두 조약의 당사자인 뮈텔 주교는 성직자들과 신부들에게 현실 정치에 참여하거나 신도들에게 정치적 입장을 표명하는 것을 금지시켰다.[80] 교정 분리는 현실 방관, 현실 초월적 자세를 낳지만 정종(政宗) 유착도 동시에 방지한다.

그런데 천주교는 그 오랜 순응 원칙 때문에 정종 유착이 오히려 쉽게 일어났다는 비판도 제기되었다. 1910년대 초 270여 명의 외국인 선교사가 활동했는데 대부분 일제의 한국 강점을 묵인했고(그럴 수밖에 없었고), 일본의 식민 통치가 한국의 문명개화에 도움을 준다는 시각을 견지했다는 것이다. 그것은 식민 통치가 한국 선교에 유리하다는 판단에서였다.[81] 뮈텔 주교와 선교사들은 천주교 계명을 들어 총독부 정책에 협조할 것을 신자들에게 권했다.[82] 그렇다고 천주교가 총독부에서 특별한 보상을 받은 것은 아니었다. 「포교규칙」과 「개정사립학교규칙」에 의해 받은 타격은 개신교와 비슷했고, 지방에 운영하던 신자들의 소규모 점포와 옹기점, 교인촌의 연초 재배,

화전 등 경작지에 세금이 부과되었다. 1910년대를 일관해서 천주교의 확장세는 개신교보다 느렸다.[83] 천주교는 1910년부터 10년간 7만 3500여 명에서 8만 9000여 명으로 약 1만 6000명 증가했을 뿐인 반면, 개신교는 약 13만 명에서 25만 명으로 두 배가량 늘었다.

개신교 역시 교정 분리를 선교의 기본 원칙으로 준수했다. 조선에 입국했던 초기 선교사들도 보수적 청교도주의의 영향을 받아 영성주의와 복음주의에 입각한 교정 분리론적 태도를 견지했다. 초기 선교사들은 주로 조선 군주와 귀족층에 접근해 호감을 얻었는데, 일반 조선인을 열등하게 여긴 점은 천주교와 유사했다. 이들은 일본의 강점이 조선 문명화에 도움을 줄 거라 믿었다. 가쓰라·태프트 협정(1905)에 서명한 미국 정부의 입장을 그대로 답습했다. 친일적 시각은 초기부터 일관된 기조였다. 천주교와 마찬가지로 개신교 선교사들은 한양 성내 고대광실에 거주하고, 서양식 생활양식을 고수했으며, 정부 고관과의 친교를 중시했다. 외국 자본이 회사를 만들어 영업 활동을 넓히는 것을 도왔고 광산, 목재, 어장 개방 등 여러 이권에 개입했다. 그 탓에 조선 지식인들과 민족 지사들의 비판의 표적이 되기도 했다.[84]

선교 초기 개신교 선교사들은 네비우스 선교 원칙에 충실하고자 했다. 북장로교 선교사인 존 네비우스(John Nevius)가 1890년 서울에 머물면서 작성한 선교 원칙으로서 자립, 자치, 자전(自傳, 자체 선교)이 기본 원리다. 교회 운영은 독립과 자치를 지향하고 단일 교회가 선교의 중심이다. 모든 선교 활동은 신자들의 마음을 움직일 성경 연구와 보급이 중심축이며, 이를 위하여 교회는 성령의 기지 역할을 맡으라는 원칙이다.

선교의 우선 대상은 하층 계급과 부녀자들이다. 이들이 청교도적 구원의 1차적 대상인데, 주일학교와 사경회 같은 조직을 운영하면 훨씬 성과를 올릴 수 있다. 주일학교와 사경회는 네비우스가 권고해 생긴 말단 포교 조직으로서 개신교 확산의 일등 공신이 되었다. 네비우스는 교육 기능을 수행하되 그 나라의 민도에 맞춰 초등학교 수준에 머물고, 복지와 의료를 확산하고, 정치 개입은 자제할 것을 명시했다.[85] 네비우스 선교 정책이 영성주의에 지나치게 치우치면서 일종의 우민화 정책과 일맥상통한다고 비판받는 이유도 이 때문이다.[86] 그러나 주일학교와 사경회가 민족적 쟁점과 접촉한 경우 민족의식을 싹틔우는 담론장이 되곤 했다. 선교사들의 기대와는 전혀 다른 예상치 못한 결과였다. 선교의 대상에 머물지 않고 주체적 변형을 만들어 낸 조선 기독교인의 능동성을 엿볼 수 있다.

뮈텔 주교가 신의주와 황해도로 성사 여행을 했던 1907년 개신교는 '백만 구령 운동'이라 불리는 대부흥 운동을 전개했다.[87] 평양 장대현교회에서 시작된 이 운동은 그간 조선에서의 선교가 영성주의와 경건주의에 위배됐음을 자체 반성하고 통성 기도와 성령 체험을 통해 사회성의 완전한 탈각과 근본주의로의 회귀를 시도한 것이다. 신자들이 다시 영성 세계로 귀의해 현실적 절망과 고통에서 벗어나고 구원받는 경건한 은총 체험의 대복음 운동이었다.[88] 부흥회는 대성공이어서 신자들이 급격히 늘었다. 당시 《그리스도회보》는 사경회에 참석하려고 200리 길도 마다 않고 옷가지와 먹을 것을 싸서 교회당으로 오는 사람들이 인산인해를 이뤘다고 보도했고, 무당이 부흥회에 감화를 받아 기독교로 개종했다는 소식도 전했다.[89] 그러나 이 또한 지식인들로부터 비판을 받았고 더러는 대종교와 천도교로의 개종을 촉발하기도 했다.

1910년 이후에는 지형이 조금씩 달라졌다. 선교 대상 지역의 정치적, 사회적 조건에 의해 종교의 성격이 변형되기도 한다. 영성에만 매달릴 것이 아니라 뭔가 현실 세계의 고통을 덜어 줄 행동을 요청하게 된다. 교정 분리의 장벽이 서서히 약화되면서 교정 일치로 나아가게 만드는 계기들이 발생하는 것이다. 이른바 경건주의와 사회복음주의의 혼류 현상이다. 종교가 사회적 고통을 완전히 외면하게 될 때 선교의 설득력은 저하된다. 일제 강점과 같은 혹독한 식민 통치가 시작되자 생활 세계에서 발생하는 현실 고통을 정신적 구원만으로는 해결할 수 없는 국면이 자주 발생한다. 복지, 의료, 교육에 비중이 실리고, 민족 문제에 눈을 뜨는 것은 어쩔 수 없는 선택이었다.

예를 들면, 북장로교와 감리교의 합작품이 연희전문학교, 숭실전문학교 설립이었다. 초등 교육에 머물 것인가, 아니면 사회의 요구에 응답하는 지식 청년을 배양할 것인가를 두고 장로교와 감리교의 일대 논전이 있었다.[90] 두 교파는 연합회를 만들어 다음 사항에 합의했다. 사회 개혁 운동에 앞장설 청년 지도자를 키우는 것, 그들의 선도적 역할을 통해 기독교의 영향력을 전파하는 선교 전략을 추진한다는 것이었다. 복음과 문명을 동시에 전파하는 것, 그래서 복음, 의료, 교육이 개신교의 3대 중점 사업이 되었다. 1905년 애국 계몽 운동 시기 경건주의에 입각한 기독교임에도 지식인들의 기대가 높았던 것은 이 때문이었다. 오히려 경건주의가 일상생활에서 엄격주의를 요하는 성리학적 전통과 부합하는 측면도 있었다. 민간지 모두 문명개화라는 당시의 숙원 사업에 대한 기독교의 높은 기여도에 의심을 표명하지 않았다. 다만, 사설과 논설에 예수교 신자들은 하느님의 국민이지 대한의 국민이 아니라는 비판이 가끔 나온 것 외에는 기독교 전반에 거는 지식인들의 기대는 남달랐다. 이런 기대가 기독교 선교회와는 자주 파열음을 일으켰다.

그도 그럴 것이 윤치호, 서재필 등 독립협회 주도 인물들이 기독교 신자였고, 상동교회와 상동학원 청년들이 그러했으며, 민족 운동에 뛰어든 신민회 회원들 중 안창호를 위시해 많은 인사가 기독교 신자였다. 일본 유학생 중에도 기독교 신자가 다수 있었다. 동경조선기독교청년회가 일찍이 결성되었고(1906), 강점 이후에는 《기독청년》을 발간할 정도였다.(1917)[91] 전영택, 서춘은 독실한 신자였고, 이광수는 기독교에 지대한 희망을 걸었다. 전영택은 필명 '미호생'(眉湖生)으로 단골 필자였다.

금일 우리의 귀의할 바 종교는 과연 무엇인고 항상 자비의 능력이 풍부하시며 약한 자를 강하게 하시는 우리 구주 야소기독(耶蘇基督) 이외에는 갱무(更無)하리로다. ······ 고갈한 경제력의 부활도 가기(可期)오 부패한 교육의 개량도 불난(不難)이오 구악습의 타파와 고상한 종교의 선택이 용이할 줄로 신(信)하노라.[92]

동경조선기독교청년회 고문이었던 이광수는 전문 종교인이 중추 세력의 일원을 구성해야 함을 역설하면서 기독교인들이 그 소임을 다해야 한다고 기대감을 표명했다. 동시에 '기독교의 조선화' 폐해, 즉 주술화와 민간 신앙적 요소의 수용을 경고하기도 했다. 아무튼 유학생들과 조선의 지식인들에게 기독교는 문명개화로 가는 일종의 통로로 인지되었다.

동학 접주였던 김구도 일찍이 기독교와 접촉했다. 1898년 탈옥, 마곡사 승려 입적과 환속 등을 거쳐 김구가 기독교와 조우한 것은 1902년경이었다. 당시 황해도 지역에서 전개된 신교육 운동에 뛰어들면서 기독교에 입교했고 평양교회가 주관한 사경회에 나가기도 했다.[93] 상해 시절 김구는 독실한 신자는 아니었지만 기독교에 대한 우호감은 간직했던 것으로 보인다. 김구는 훗날 『백범일지』에 이렇게 썼다. 진남포 에버트청년회 총무 자격으로 서울 상동교회 대표회의에 참여한 일종의 참관기다. "겉으론 교회 사업처럼 보였지만 속으론 순전히 애국 운동이었다. 의병을 일으킨 산림학자들은 구(舊)사상이라 하면, 예수교인들은 신(新)사상이라 하겠다."[94] 김구에게도 기독교는 문명개화의 길이자 애국 운동의 동력으로 생각되었다. 문외 사정과 애국 사상은 민족 운동의 필수 요건이었다.

그는 1904년 황해도 장련, 안악, 문화, 재령 등지 학교에서 기독교 계통 학교 교사를 맡았는데, 앞에서 서술했듯, 몇 년 후 뮈텔 주교가 성사 여행을 간 곳이었다. 재령 성당에 도착한 뮈텔 주교는 이렇게 묘사했다. "이곳은 황해도 프로테스탄트의 중심지다. 병원, 예배당, 주택들이 있고 또 진지한 신자들도 많은데 특히 읍내 신자들이 그렇다."[95] 개신교 예배당 주변에 병원과 학교가 지어졌던 것은 당시 일반적 풍경이었다. 복음, 의료, 교육이 하나의 패키지로 교회당이 지어진 마을에 정착되었다.

이는 종교의 근대화를 실현하는 방식으로서 '기독교의 사회화'에 해당한다. 동경조선기독교청년회가 주장한 것도 그랬고, 선교회와 자주 대립했던 조선 기독교 지식인들도 기독교의 사회적 역할을 강조했다. '기독 청년'은 '부랑 청년'과 대척점에 있는 개념이었다.[96] 미국 북장로교 해외선교부 총무인 브라운(John. Brown) 목사는 당시 식민 당국과 선교회 사이를 조율하는 중요한 직책을 맡았는데, 총독부의 교정 분리 요구와 조선 기독교인의 민족주의적 태도 사이에서 애를 먹었다고 썼다. 그럼에도 그는 기본적으로 일제에 협조적이었다. 1915년 「포교규칙」으로 어려움을 겪던 당시 그는 이런 성명을 발표했다. "조선연합선교회의 구성원은 일본 제국 정부의 지도 아래 양심의 자유와 종교적 자유를 누리는 것에 대해 하나님께 감사드림은 물론 일본 제국에 살며 선교사로서 수립된 세속의 권위를 하나님에 의해 정해진 뜻으로 인정하는 바이다."[97]

그러나 현장은 조금 달랐다. 경건주의에 입각한 기독교라도 선교 지역의 요구를 완전히 외면할 수는 없었다. 천주교가 아무리 교정 분리 원칙을 고수했다고 해도 사회화에 완전 면제된 것은 아니었다. 전국에 산재한 교우촌(성교촌(聖敎村)으로도 불렸다.)에 한글 성서가 보급되어 문해력을 높였으며, 남녀평등 사상이 전파되었다. 명도회, 신심회, 영해회(嬰孩會)를 만들어 신앙심을 격려하고 고아(孤兒)와 기아(棄兒)를 양육하기도 했다. 성당 주변에서는 흔히 고아원과 양로원을 볼 수 있었고 공소(公所)에서는 성경 공부와 일반 교육도 이뤄졌다.[98] 천주교가 산촌과 지방 촌락에서 그런 활동을 했다면, 개신교는 도시 지역에 주력했다. 병원과 보건소를 세웠고, 학교를 설립해 아동과 청년을 가르쳤다. 기도실, 예배소, 강당을 별도로 건립해 부녀자와 노인에게 실용적 지식을 제공했다. 조사, 권사, 전교부인이 주관하는 사경회는 교리 공부뿐 아니라 마을에서 일어나는 일반 쟁점과 활동을 논의하는 장소였다. 1910년대에 이런 유형의 '소(小)담론장'이 전국에 공소 1000여 곳(천주교), 기도회실 2000여 곳 존재했다.[99] 그것은 '억압의 천개' 아래 형성된 '종교 공론장'이었다. 마치 얼음 밑에 시냇물이 흐르듯, 엄혹한 식민 통치 밑에 수천 개의 담론 지류가 만들어졌던 것이다.

사회복음주의에 대한 개신교의 점진적 수용은 이른바 '사회적 용해'(social fusion)를 낳는 결과를 가져왔다.[100] 종교와 사회가 분리되지 않고, 종교적 가치가 사회적 가치와 영향을 주고받는 긴밀한 관계 형성이 사회적 용해다. 막스 베버의 저명한 저서 『프로테스탄트 윤리와 자본주의 정신』에서 기원하는 이 개념은 종교의 교리가 생활 세계에 구현되는 인과 관계에 주목한다. 청교도 윤리는 현세의 생활 신조로 근면, 성실, 청렴을 독려하는데, 이는 자본 축적과 재생산의 정신적 동력이 된다. 현실적 성공이 다시 프로테스탄티즘에 대한 공경(恭敬)으로 환류되는 것이다. 청교도들은 경건주의에 충실했지만 결과적으로는 현실 세계의 변혁을 초래했다는 논지다. '의도하지 않은 결과'인 것이다.

기독교는 1910년 당시 조선에서 가장 큰 사회 조직이었다.[101] 앞 절에서 살펴본 천도교와 함께 기독교는 인구의 상당 부분을 조직의 품에 안고 있었다. 기독교만으로도 수백 개의 성당과 교회, 수천 개의 성소와 기도회실, 그리고 20만 명 신자의 신앙심을 독려하고 교육하는 조직이었다. 공소와 기도회실에서 개최되는 예배는 곧 마을 모임이나 회의로 이어졌다. 한글 공부와 교리문답이 이뤄지고 마을 공동사가 논의되었다. 신도 가정의 혼례와 장례를 돕기도 했고, 자연재해 공동 복구도 협의했다. 천도교가 그러했듯, 기독교 신앙 공동체는 '거룩한 천개' 밑에 모인 자발적 결사체의 성격을 띤다. 기독교의 사회적 기대가 커질수록 그것은 본질적으로 시민 공동체로 진화한다. 이런 의미에서 기독교 역시 식민 통치 밑에서 시민 형성을 촉진한 시민 종교였다.

기독 시민의 양성

시민 종교란 사회를 저변에서 유지하는 '연대적 가치'를 말한다. 인종과 종교가 다양한 이질적인 사회에서는 구성원들의 상호 행동과 신뢰를 만들어 내는 최소한의 공유 영역, 공유된 가치가 관건이다. 그것이 없으면 투쟁과 갈등을 면치 못한다. 공유된 가치가 단일 종교에 바탕을 두고, 사람들의 행동과 사고 양식이 그 종교적 교리와 규범에서 비롯된다면 시민 종교는 이미 존재하고 있는 셈이다.

미국처럼 다양한 사회에서 시민 종교가 존재하는가? 1830년대에 미국을 여행한 프랑스 사회학자 토크빌의 질문이 이것이었다. 역사가 짧고 봉건 체제를 거치지 않은 미국의 사회는 어떻게 유지되는가? 토크빌이 발견한 것은 습속으로서의 '자발적 결사체'였다. 『시민의 탄생』에서도 분석했듯이, 시민 사회는 자발적 결사체의 묶음이다. 그것은 시민들의 행위를 규제하고 사적 욕망을 공적 영역으로 이전시키는 도덕과 윤리를 생산한다. 토크빌은 당시 미국 사회를 유럽과 비교하여 이렇게 썼다.

어떤 위급한 문제가 발생하면 프랑스인들은 국가에 호소하는 반면, 영국인은 자치구의 영주에게 가서 해결을 호소한다. 그러나 미국인은 그 문제를 해결할 자발적 결사체를 조직한다.

미국의 촌락은 교회를 중심으로 구성된다. 정착촌에는 교회가 먼저 건립되고 그 옆에 학교가, 그리고 공공건물이 들어서는 식이다. 자연재해나 촌락 공통 문제가 발생하면 사람들은 교회에 모인다. 그리고 해결할 쟁점과 방식을 논의하고 결사체를 만들어 수습에 나선다. 자치 공동체인 것이다. 자치 공동체가 민주주의의 생활 조직이다.[102] 자유를 향유하는 개인들이 서로의 자유를 존중하고, 이해 충돌이 빚어질 때에는 자치 행정을 통해 그것을 해결한다. 자치 공동체는 시민 사회를 결속하는 도덕의 제조 엔진이기도 하다. 미국인의 이러한 '마음의 습관'은 이미 생활 양식에 내장되어 있다. 이런 의미에서 생활 양식 저변에 내장된 공동체적 심성을 습속이라 불렀다. 자신의 조국 프랑스에서는 민주주의를 발아시키는 자발적 참여 정신, 자발적 해결 의지, 즉, 자치(local autonomy)의 전통이 결여되었음을 인정했다. 프랑스 혁명에도 불구하고 모든 사람을 평등하게 간주하는 사고 양식이 오랜 봉건주의적 지배의 유산 때문에 그리 단단하게 뿌리를 내리지 못했다는 것이다. 루소가 일반 의지로, 뒤르켐이 집단 양심(集團良心)으로 부르는 것이 도덕적 습속이며, 우리가 말하는 시민 종교다.

이유재는 일제 강점기 기독교의 사회적 의미를 '식민지 시민 공동체'(Koloniale Zivilgemeinschaft)로 정의했다. 식민 당국의 강압적 통치와는 질적으로 다른 가치관과 세계관을 만들어 내는 식민지민의 공동체이자 시민 공동체라는 것이다. 일종의 대안적 공동체다. 그것이 민족 의식과 접촉하면 저항 공동체가 된다.[103] 이유재의 저서를 서평한 최정화는 이렇게 썼다.

조선인들은 주체성을 가지고 교회 안의 공동체를 이용하여…… '자유의 공간'과 자발적 '근대성 공간'을 탄생시킨 것으로 분석하고 있다. 이러한 의미에서 교회라는 공간은 정치사적 맥락에서 보자면 (선교사들의 원래 의도와는 달리) 식민지 권력에 대항하는 장이 되기도 했고, 일상사적으로는 개개인의 삶의 질을 개선하고자 하는 사적 욕망의 무대 등 다양한 삶의 모습을 포함한다.[104]

이것이 정확히 식민지적 시민 공동체의 모습이며, 이 책의 용어로 표현하면 '억압의 천개' 저변에 형성된 시민 종교의 본질이자 종교 공론장의 요체다. 식민 통치의 억압 속에 또 다른 생활 세계가 형성되고 있었다. 일제 탄압이 어느 정도 완화되는 치외법권 내부에 선교사의 원칙과 조선인 신자의 기대가 융합된 '성령 인클레이브'(Holly enclave)였다. 그곳에서 시민적 윤리와 생활 양식이 싹텄다.

도시인들은 선교사들이 모범을 보인 근대적 생활 양식인 예술, 철학, 전시회, 박람회, 문학, 신문과 저널을 향유했고, 촌락민들은 시간 준수, 예절, 문해, 위생, 근검, 청렴의 중요성을 습득했다. 나태와 구습을 물리쳤고, 우상타파와 남녀평등에 한걸음 다가갔다. 여성에게도 직업이 가능하다는 것을 깨우쳤으며, 자연재해와 천재지변에 사랑과 우애의 상부상조가 얼마나 위대한지를 목격했다. 쌀과 땔감을 모아 부흥회를 준비하는 과정에서 자치와 자립의 방식을 배웠다.

신앙생활의 미시 영역에까지 침투하기에 일제는 아직 준비가 되어 있지 않았다. 1915년 포교령으로 종교 교육과 의례를 정규 과목에서 추방했을 뿐, 별도의 작은 건물과 기도소에서 일어나는 일상생활까지 규제하지는 못했다. 「개정사립학교규칙」(1915)으로 종교 단체가 설립한 사립 학교가 현격히 축소되기는 했어도 여전히 보통학교와 고등학교의 중요한 몫을 담당하고 있었다.[105]

그들은 이미 시민이었거나, 시민으로 성장해 가는 생활 공동체, 대안 공동체의 일원이었다. 신자들의 신분 구성은 그야말로 다양했다. 천주교는 유학자군이 최초 수용해서 빈농층과 하층으로 전파되었음에 비해, 개신교는 요호부민층, 상인, 중소 지주, 개신 유학자, 중하층, 빈민, 남녀노소를 가리기 어려울 만큼 다양했다. 포교층을 하층민과 부녀자로 정한 네비우스 원칙의 영향으로 처음에는 부녀자와 노인의 입교가 급증했다. 촌락과 가호를 방문해 선교 활동을 하는 권도 부인은 대개 교육을 받지 않은 여인들이 주류를 이뤘다. 이혼녀, 고아, 빈민 출신이 많았다는 것이다. 이들은 어렵고 핍박받는 여인들과 빈곤 가정의 심정을 누구보다 잘 알고 있었기에 선교 활동에 진정성을 발휘할 수 있었다.[106]

이에 반해 경기, 강원, 충청 지역을 중심으로 한말 기독교 수용층을 조사한 연구에서는 성리학적 교양을 겸비한 향반 출신, 신지식과 경제력을 소유한 중소 지주 등이 교회 설립의 주도자로 파악되었다. 1910년 이전에 창설된 100여 개 교회 설립 사례를 조사한 연구는 이렇게 결론을 내렸다. "주도층이 드러난 60개 중 40여 개는 몰락 양반이거나 하층 양반 출신인 것으로 파악된다. 그리고 나머지 20여 개는 부민층 및 중인층으로 분류할 수 있다."[107] 교회 설립자는 주로 향반 출신이었다. 물론 여기에 빈농과 빈민, 부녀자와 노인을 신자로 받아들였을 것이다.

말하자면, 성별, 연령, 계층을 뛰어넘는 신앙 공동체였다. 천주교의 경우는 약간의 신분 위계와 남녀 구분이 존재하기는 했지만, 성별, 연령, 계층을 가로질러 신심(信心), 규범, 공유 가치에 의해 상호 연대와 결속이 이뤄지는 공동체야말로 시민적이다. 앞에서 소개한 이우재는 '식민지 시민 공동체'에서 시민은 헤겔적(독일적) 의미의 시민(Bürger)이 아니라 영어의 시민(civil)에 가깝다고 했다.[108] 그러나 한국의 경우는 독일적 시민과 영미적 시민의 결합이라고 해야 훨씬 실체에 가깝다. 개신교가 행한 교육은 교양 시민과 시민 후보군을 구분하여 배양하는 기제였고, 사경회는 부녀자와 노인에게 시민적 교양과 덕목을 가르치는 보완적 기제였기 때문이다.

1910년에는 관공립 학교를 포함해 총 2519개 학교 중 89퍼센트가 사립학교였다. 이 중 고등·중등 과정에 종교 학교의 진출이 돋보이는데, 일찍이 각 도시에 고등학교를 설립했음은 주지하는 바다. 서울의 이화, 배제, 경신, 영신, 평양의 숭실, 대성, 광성, 정주의 오산학교, 선천의 신성학교, 개성의 한영, 호수돈, 대구의 개성학교가 그러하다. 여학교도 활발히 추진되어 서울에 배화, 정신, 인천에 영화, 재령에 명신, 평양에 정의, 숭의, 수원에 삼일여학교가 문을 열었다. 일제의 우민화 정책에 의해 학교 설립은 주로 초등 과정 중심이었고, 고등 과정은 주로 사립 재단이나 명망가, 종교 단체의 몫이었다.

강점기에는 선교사연합회가 대학 설립 계획안을 제출했다.(1914) 고급 전문 선교 인력의 필요성이 대두됨에 따라 장로교와 감리교 연합회가 숭실(평양)과 연희전문대(서울) 설립안을 제안한 것이다. 숭실학교는 1906년에 이미 대학 기초 과정(연합숭실대학)을 도입해 운영하고 있던 터였다. 대학 설립 구상은 숭실대학 학장 베어드(W. M. Baird, 배위량)와 배제학당 교장 신흥우 사이 논쟁으로 번졌다. 베어드는 교회 운영과 선교 전문가 양성에 국한하자는 의견이었고, 신흥우는 사회 개혁과 문명 사업을 주도할 일반 엘리트의 양성까지도 포함해야 함을 역설했다. 말하자면 신흥우의 견해는 미국의 자유 교양대학(Liberal Arts College)을 포함한 진취적 모델이었고, 당시 개신교 지도층인 언더우드와 스크랜턴의 지지를 받았다. 신흥우는 이렇게 말했다. "모든 사람을 개종시키는 것이 교회의 정책이라면, 기독교인 의사, 법률가, 기술자, 사회의 영향력 있는 신도를 길러 낼 수 있는 종합 대학(university)이 필요하다."[109]

이것이 바로 독일의 '교양 시민' 개념과 정확히 부합한다. 시민 사회를 이끄는 쌍두마차가 교양 시민과 경제 시민이라면, 전자는 신흥우가 말한 그런 전문 직업군, 경제 시민은 기업가와 상공업인을 지칭한다. 개신교는 적재적소에 인력을 배치하고자 했다. 고등학교 이수자들은 전국 각지 초등·중등 과정 종교 학교에 교사로 파견하거나 실업계를 주도하게 하고, 대학 졸업자들은 사회 전문 인력으로 진출시키자는 구상이었다. 기독교 교인이자 사회 주도층으로 나서는 지식 청년에게 개신교의 미래와 문명 사회 실현 기대를 동시에 걸었던 것이다.

시민 교육은 종교 학교에서 제공하는 초등 교육과 사경회 몫이었다. 초등 과정은 종교 교육과 일반 교육으로 편성되어 기초적인 교양 수준의 지식을 가르쳤다. 조선어, 일본어, 역사, 한자, 수리, 수신, 지리, 사회 지식과 함께 체육, 음악, 창가 등을 가르쳤고, 운동회, 강연회, 웅변대회, 음악회를 개최해 시민 생활에 필수적인 기초 지식을 제공했다. 오후에는 교리반에서 성경 공부를 한다. 때로는 부모, 친인척과 함께 기도소 사경회에 참석해 교리 문답, 예배, 일반 교양, 취미와 실기, 예절과 생활 윤리, 자수 등을 배운다. 그곳은 읽기, 쓰기의 훈련장이었고, 자유와 평등 사상을 익히는 실습장이었으며, 때로는 촌락 공동사를 논의하는 공론장이었다. 앞에서도 지적한바, 주일학교와 사경회는 개신교 확산의 일등 공신이었다. 1910년대 사경회를 연구한 한 논문은 평안도의 대표적인 개신교 도시 선천에서 행해진 사경회 풍경을 이렇게 묘사했다.

선천 각지에서 온 1300명의 여성이 등록했다. 멀게는 며칠에 걸쳐 온다. …… 각 반에서 50세 이상이 200명가량 있다. 80세 이상도 있다. 여성들은 하루에 두 번 공부하고 시험을 본다. 가사, 육아, 교회의 행동, 안식일 지키기 등 여러 유효한 지식들에 대한 교육이 이루어진다.[110]

물론, 이런 대규모 사경회는 1년에 몇 번 정도만 개최되지만, 교회 관점에서 보면 한 달에 여러 번일 수 있다. 대상에 따라 여러 교회가 함께 행하는 도사경회(都査經會), 교회 직원, 전도 부인, 일반 신자, 목사와 조사(helper), 그들의 부인을 위한 사경회가 있고, 목적에 따라 교리 해석, 교회 쟁점, 선교 문제 등을 별도로 논의하는 사경회가 있다. 비신자에게도 개방돼 있어서 사경회 참석자는 교인 수를 넘는다. 1910년대 장로교회가 집계한 전국 사경회 참여자는 4만 7000여 명(1913)에서 7만 6000여 명(1918)에 이른다.[111]

사경회 체험은 교리만이 아니라 세상 현실에 대해 개안(開眼)하게 해 준다. 타인의 경험과 고백을 통해 자신을 반추하고, 촌락 공동사를 논의하며 공익에 눈뜬다. 자유, 평등, 우애, 사랑의 정서가 신분, 계급, 성별, 학력의 차이를 넘어 하나의 결속력으로 작동하는 자발적 결사체가 바로 시민 공동체다. 그 시민 공동체의 일원은 생활 세계에서 근면, 성실, 진실, 청렴을 생활신조로 삼고, 금주, 금연, 청결, 우상 숭배와 축첩 금지, 남녀평등, 부정 비리 근절 등에 앞장선다. 이것이 독일과 영미에서 중시했던 시민 윤리다. 합리성, 자유와 평등성, 자발성이 시민적 가치의 요체다. 1910년대에 기독교는 그런 가치 덕목을 전파하고 배양했다. 그렇기에 식민 통치하에서 종교 공론장은 시민 의식을 은밀하게 배양하고 있던 곳이었다.

일제의 억압적 기제가, 인종 차별적 행태가, 경제적 수탈과 반인륜적 폭력이 강해질수록 시민 공동체는 성스러운 천개를 더욱 두텁게 만들면서 민족의식을 그 내부로 불러들인다. 강압적 탄압 정치가 민족 정체성에 상처를 입히는 계기는 일상적으로 출현한다. 교회는 상처 난 일상과 민족의 자존심을 위무해 주는 안식처였고 새로운 미래 희망을 기약하는 은총의 수원지였다. 그렇기에 영국 기자 매켄지(F. McKenzie)의 다음과 같은 의미 있는 평가가 나온다. "일본인들은 한국 민족성이 의외로 견고한 데 놀랐다. 그들은 한국인들의 얼굴에 보이는 무표정의 이면에서 그들로서 확고한 각오가 선 하나의 정신을 발견했다. 결국 일본은 한국 민족을 동화시키는 것이 아니라 한국인의 민족의식을 부활시키는 데 성공한 것이다."[112]

앞에서 관찰했듯 민족 운동의 선지자들과 해외 망명파 다수가 기독교 신자였기에 종교 학교와 교회 조직은 어떤 식으로든 연결망을 갖고 있었다. 1910년대는 기독교 시민 공동체가 그런 연결망을 통해 민족의식과 결합을 준비한 기간이었다. 그런 계기가 주어진다면, 기독교 전국 조직망을 타고 '국민'과 '국민 국가'로의 진군을 제창할 만한 공론장의 증폭, '시민과 민족의 폭발적 융합'이 일어날 것이었다.

5 저항 운동 공론장: 환상형 공화 네트워크의 형성

두 국민의 경합

'국민'으로 가는 문

1910년대에 '국민'으로 가는 길은 멀었다. 일본 국민으로 가는 길은 탄탄대로이고 활짝 열려 있었지만, 친일(親日)로 전향한 집단이 아니고는 대체로 가기를 주저했다. 지식인들은 국민 담론을 우회했고, 일반 서민들은 국민 개념이 낯설었다. 국민 개념을 대신해 '민족'이 식민지 공론장의 중심에 놓이게 된 것은 그런 이유에서였다. 총독부도 민족 개념의 대중적 사용을 금압하지 않았다. 일선동조론(日鮮同祖論)의 근거가 민족 개념이었고, 조선 민족을 대화(大和) 민족, 천손(天孫)의 계보에 끌어들이는 길목에 놓인 문턱도 그것이었다. 민족을 넘으면 '국민'이 기다린다고 믿었다. 3장에서 보았듯이 1910년대의 문예와 사상 담론에서는 '시민' 개념이 돌출해서 시민의 요건 또는 문명화의 요건을 점검하고 확산하는 흐름이 주류를 이루었다. 이광수의 문학과 논설은 식민 당국의 그런 의도에 부합했다. 《매일신보》는 이광수에게 지면을 아끼지 않았다. 그런데 최남선에게는 달랐다. 민족 개념을 부각시킨 것은 식민 통치의 의도와 맞아떨어졌지만, 방향이 달라지기 시작한 것이다. 태양신 신화와 대적하려는 의도가 역력했다. 단군 신화를 역사화하고 그로부터 민족의 원류를 끌어내려는 최남선의 의도는 식민 당국을 긴장시켰다.

4장에서 살핀 종교 역시 사정이 다르지 않다. 「포교규칙」(1915)이 발령된 이래 기독교, 불교, 신교(神敎) 외에 다른 종교는 유사 종교 내지 사이비 종교로 치부되었다. 불교와 신교는 장려 대상이고, 기독교는 회유 대상으로, 유교는 종교가 아닌 것으로 규정됐다. 기독교는 '문명화'의 기본 요건을 충족한다는 점에서 식민 통치를 그리 벗어나지 않았지만 내부적으로는 근대 의식을 갖춘 청년들을 배출해 '근대 국가'에 대한 질문을 품은 잠재적 저항 인사들을 키웠다. 서양 여론에 신경을 썼던 총독부로서는 풀어야 할 난제였다. 목사와 신부에 대한 탄압은 서양의 반발을 불러오기 마련이었다. 불교는 아직 대중화의 초입 단계에 놓여 있었고, 오랫동안 유교와 조선적 민간 신앙에 젖은 일반 서민에게 신교는 거부감을 일으켰다.

전통적으로 일본의 귀신은 악마적인 반면 조선의 귀신은 친근감을 갖는다는 민간 신앙의 본질적 차이는 차치하고라도, 텅 빈 신주(神主)에 극진한 예를 갖추는 신교의 교리가 가슴속에 닿을 리 없었다. 조선 신궁이 남산에 건축된 것은 1925년의 일이다. 아마테라스 오미카미와 메이지 천황을 모신 신궁(新宮)에 진좌제(鎭座制)를 거행하고 조선인들의 참배를 강요했는데 참배객들의 마음에 어떤 감동을 불러일으켰는지는 모를 일이다. 기독교의 외면은 문명화였지만, 내면은 민족의식의 공간이었다. 연해주와 간도로 이주한 대종교(大倧敎) 역시 민족이 최대의 화두였다. 노령과 북간도, 서간도의 독립운동가들 중 대종교 입교자와 기독교인의 세가 두드러졌다.[1] 천도교 역시 민족 개념의 호명을 통해 세 확장에 성공했다.

총독부가 그토록 심혈을 기울인 국민 개념의 이식은 여전히 요원한 상태였다. '시민'에서 '민족'으로의 이동은 그리 어려운 일이 아니었는데, 아직 조선인을 '국민'에 입적시키지 못한 어정쩡한 위치에 머물러 있었다. 공립과 사립 학교 교과 과정에 일본 관련 과목 비중이 늘어났으나 여전히 '자국 역사'가 허용되었고 조선어 학습과 조선말이 통용되고 있었다. 「조선교육령」(1911) 시행 이후 초등 교과에 '국민과'(國民科)가 신설되어 수신, 국어, 국사, 지리 네 과목을 가르쳤다. 모두 일본 과목, 주당 열 시간이 배정되었다. 반면, 조선어와 한문은 네 시간이었다.[2] 「조선교육령」 2조는 "교육은 교육에 관한 칙어의 취지에 바탕하여 충량한 국민을 육성하는 것을 본의로 한다."라고 규정했다. '충량한 국민 교육'이란 '내지(內地)에서 시행하고 있는, 우리(일본) 국민을 교육하고 있는 주의(主義)'를 뜻한다.[3] '천황의 어지(御旨)에 충실한 신신민(新臣民)'이다.

말과 글은 역사와 문화를 실어 나른다. 조선의 전통적 문해인민(文解人民)이 시민으로 진화하면 반드시 근대적 정체성 문제와 직면한다. 근대적 정체성을 향한 강한 욕망을 역사 왜곡과 강압 통치로 제어한다고 해서 소멸되는 것은 아니다. 식민지 공론장의 내부가 일소(一掃)된 상태에서 대중들은 십전 소설과 육전 소설을 국문으로 읽었고, 민족 정체성을 갈구하는 대종교와 천도교의 은밀한 설교를 들었다. 이것이 1910년대 식민지 공론장의 대체적인 양상이었다.

그런데 1919년 3월 1일 이후 천지개벽이라 부를 만한 지각 변동이 발생했다. 거리에 뿌려졌던 인쇄물에 '국민'과 '공화'가 등장했고, '국민대회'를 알리는 통고문이 도처에 출현했다. 주로 학생들과 단체 요원들이 급히 만든 등사물이었는데 '국민'과 '공화'를 크게 쓴 깃발도 자주 목격됐다. 태극기가 동시에 휘날렸음은 물론이다. 3·1 운동 관련 일제의 공소장에 이런 서술이 보인다.

김유인은 4월 22일 피고 장채극에게 대하여 명 23일을 기하여 국민대회를 개최하며, (가) 당일 자동차 3대를 타고 1대에 1인씩을 탑승시켜 이에 '국민대회 공화(共和) 만세'라 묵서한 기 각 2개씩을 게양시켜 동대문, 서대문, 남대문에서 출발하여 길가마다 인쇄물을 배포하여, 정오를 기하여 종로 보신각 앞에 집합케 할 것……[4]

피고 한남수, 피고 김사국은 변호사 홍면희, 이규갑 등의 권유로 '조선국민대회'를 조직하고 통일 없이 각 곳에 봉기한 독립운동단을 망라하여 조선가정부(假政府)를 설립함으로써 …… 피고 김사국은 학생 측의 주모자 김유인 등과 연락을 취하여 전협(全協), 이동욱, 현석칠 등은 협의한 후 이동욱의 집필로 '국민대회취지서'라 제하고……[5]

이뿐 아니다. 3·1 운동 당시 시위 군중에게 뿌려진 각종 유인물과 격문은 조선인을 '국민'이라 호명했고 국민대회, 국민회보 등의 용어가 서슴없이 쓰였다. 오홍순은 배재고등보통학교 학생으로 기숙사생이 던져 준《국민회보》를 들고 파고다공원에 가서 군중에게 배포한 혐의를 받았다. 김유인, 장채극은 보성고등보통학교 학생이었고, 한남수는 무직, 김사국은 종로 토지중개업자로 공소장에 쓰여 있지만 사실은 대부분 한성 임시 정부의 주요 인물이었다.[6] 아무튼 무직자, 상인, 변호사, 학생이 '국민'과 '공화'를 앞세워 정부 수립을 향한 단일 행동을 취한 것, 그것도 식민 통치에 대한 위험천만한 저항 운동이었다는 것은 '국민 정체성'이 싹을 틔웠다는 뜻에 다름 아니다.

이동욱이 기초했다고 전해지는 '국민대회취지서'는 정부 수립의 의지를 이렇게 밝혔다. "우리 조선 민족은 과반(過般) 손병희 씨 등 33인 대표로서 정의 인도를 기초로 하여 조선 독립을 선언했다. …… 자연과 대세를 역

(逆)해 재래의 착오를 고집하는 결과는 단지 양(兩) 국민의 행복을 삭감하고 나아가 세계의 평화를 위험케 할뿐더러 본회는 일본 정부로 하여금 조만(早晩) 비인도적 침략주의를 포기하고 동양 정립의 우의를 확보시킬 것을 절실히 주장하며 이를 본 국민에게 경책(警策)하노라."[7] 조선과 일본을 '양 국민'으로, 조선만을 호칭할 때는 '본 국민'으로 표현했다. 서로 국민으로서 평등하다는 뜻이다. 시민은 역사와 문화 전통의 공유 영역을 거치면서 민족으로 진화한다. 민족에 정치적 연대성을 불어넣으면 국민이 된다. 정치적 연대(political solidarity)가 국민의 필수 요건인 셈이다. 3·1 운동은 일제에 대한 민족적 저항 운동이자 조선에서 '국민의 탄생'을 선포한 역사적 사건이었다.

지방은 분위기가 조금 달랐다. 국민 혹은 공화 개념은 잘 보이지 않았으며, 대신 천도교와 기독교 조직을 따라 배포된 '조선독립선언서'가 뿌려졌고, 시위 군중들은 구한국 태극기를 지참했다. 아직 정체성이 조선과 구한국에 머물러 있었던 것으로 보이는 지방민들은 '만세창도단'을 꾸렸고, '조선 독립 만세'를 제창했다. 서울은 대한 독립 만세, 지방은 조선 독립 만세였다. 성주의 유림 대표 심산(心山) 김창숙은 파리강화회의에 조선의 독립 열망을 알리는 장서(長書)를 보냈는데 조선을 '아한(我韓)'으로 표기했다. 상해 임시 정부가 신석우의 발의로 국호(國號)를 '대한민국'으로 정한 그즈음 지방 유림들에게는 아한, 조선, 신대한(新大韓)이 여전히 익숙한 개념이었다. 지방민의 표정에도 국민은 잘 읽히지 않았지만, 국가와 조국 독립에 대한 간절한 갈망, 일제를 향한 민족의 분노는 뚜렷했다.

3·1 운동 시위 군중의 내면을 파고든 권보드래의 연구는 만세 시위에 나선 사람들의 심정과 한풀이를 있는 그대로 보여 준다. 산상 횃불 시위에서 밤새 추위에 떨었던 마을 사람들은 어떤 생각을 했을까. 돌, 농기구, 몽둥이를 들고 의연하게 집을 나서 주재소로 향한 군중들, 사무소에서 서류를 불

태우고 집기를 부수고 일본 순사와 대적하다 총에 맞은 사람의 정체성은 국민이었을까? 백정과 노동자, 걸인 시위가 있었던 진주에서는 백정 아낙들도 시위에 참가했다. 평소에 천대로 일관했던 일반 시민들과 합류해 만세를 부른 백정 아낙들은 만세 절규로 국민이 될 수 있다고 믿었을까.[8] 대규모 시위가 난장이거나 축제일 수 있고, 어떤 이들에게는 한풀이를 넘지 않았을 테지만 어쨌거나 공통분모는 일제에 대한 저항 의식이었다. 저항 의식에 민족, 국가와 같은 상위의 명제가 주입되면 국민 의식으로 발화한다. 성주의 유림 송준필도 독립을 청원하는 글에서 "마을마다 독립의 깃발을 세워서 우리가 왜놈들을 몰아내는 의리를 밝히고 만국평화회의에 다시 정원(情願)하여 우리 사정을 널리 알린다면 다행"이라고 썼다.[9] 대한제국 말기의 문체(文體)였지만 유림이나 지방민이나 국민이라는 정치적 연대의 일원이 되는 것은 시간문제였다.

일찍이 《독립신문》이 자주 소개했고, 만민공동회에서 의정부 참정(參政) 조병식이 정동구락부 인사를 음해하려던 괴서(怪書)에 등장해 물의를 일으킨 '국민'과 '공화', 이 두 개념의 쌍은 군주정에서 공화정에 이르는 정체(政體)의 전환 단계에서 가장 끝에 위치한 종착역이다. 유럽의 경우, 군주정에서 공화정에 이르는 길은 멀고 험난했다. 찰스 틸리(Charles Tilly)는 근대적 국민 국가(nation-state)의 형성 과정을 넓게는 1400~1900년, 좁게는 1750~1900년으로 잡는데, 좁게 잡더라도 약 150년에 걸치는 장기 파동임에 틀림없다.[10] 공화정을 가장 빨리 수립한 프랑스도 프랑스 혁명 이후 본격적인 공화정으로 진입하는 데에 80년 정도(1789~1870)의 세월이 소요되었다. 독일은 더욱 늦어 입헌 군주제를 마감하고 바이마르공화국을 수립한 것이 1918년이었다. 독일의 문호 괴테가 『젊은 베르테르의 슬픔』으로 교양 소설의 시대를 연 것이 1774년이니, 교양 시민 중심의 정체로 진화하는 데에 거의 140년이 걸린 것이다.

만민공동회와 관민공동회가 종로에 운집해 중추원 개편과 의원 선출 방식을 논했던 때가 불과 3·1 운동 20년 전인데, 그것도 1899년 8월 고종의 국제(國制) 반포로 활발하던 공론장은 결국 붕괴했다. "대한국(大韓國)의 정치는 유전즉(由前則) 오백년 전래하시고 유후(由後) 항만세(恒萬歲) 불변하오실 전제 정치(專制政治)이니라."(대한국 국제 2조) 공론장에 참여했던 주요 인사들은 뿔뿔이 흩어졌다. 이후 고작 20년이 흘렀을 뿐인데 어떻게 '국민'과 '공화'가 거리로 나와 시위 군중들의 손에서 펄럭이게 되었을까? 더욱이, 1910년 일제 강점 이래 식민 당국의 통치 이데올로기가 된 국민 개념은 어떻게 그 예속 상태를 빠져나와 조선인의 품으로 오게 되었을까?

그렇다고 식민 치하에서 국민과 국가가 실질적으로 결합하고, 현실적 '국민 국가'의 정체가 공화제로 귀결되었다고 말하는 것이 아니다. 다만, 의식 속에서, 신채호의 용법을 빌리자면 '정신상 국가'의 공간에서, 국민과 국가는 결합되었고 공화제가 정체로 채택되었다는 말이다. 1919년 4월 11일 출범한 대한민국 임시 정부의 헌법이 그것을 입증한다. "대한민국은 민주 공화제로 함."(1조) 불과 20년 만에 '국민'이 탄생했고, 정체를 공화제로 규정한 '정신상 국민 국가'가 수립된 것이다. 국민으로 가는 문은 어떻게 열렸을까? 일제 강점이 불과 10년 지난 시점에서 그것은 어떻게 가능했는가? 일제 강점 10년은 '암흑의 공론장'이었다. 강압적 폐쇄 10년 만에 탄생한 '공화 국민'을 어떻게 설명해야 하는가? 공화제의 기원을 분석하는 여러 연구들이 설득력 있는 설명을 내놓고 있는데, 필자는 두 가지에 주목하고 싶다.[11]

두 개의 유산과 신민회

첫째, 조선의 개항(開港)이 세계에서 가장 늦었다는 사실이다. 무력과 자본을 탑재한 제국의 거함(巨艦)들이 다다를 수 있는 마지막 신천지가 조선이었다.[12] 조선은 개항과 동시에 세계 열강과 마주쳐야 했다. 500년 지속된 봉건 체제는 개항과 동시에 제국 열강이 충돌하는 치열한 공간에 던져졌다. 당시 소수의 개화파가 내놓은 미약한 대응 전략이 실행에 옮겨지기도 했지만 홉스봄이 지적하듯 제국주의 시대(1860~1890)의 절정에 오른 열강의 격렬한 공방전에는 속수무책이었다.[13] 갑오경장에서 15년의 시간은 조선과 제국의 격차를 메워 보려는 여러 개혁 시도들로 점철되었는데 대부분 좌절되거나 무산되었다. 체제 변혁을 시도했던 독립협회와 만민공동회는 해체돼 주요 인사들이 경로를 달리해야 했다. 개혁 인사들과 청년 지사들이 무엇인가를 새로 시도하기에 정국은 너무 위태롭게 요동쳤다. 조선은 러일 전쟁에 휘말렸고, 결국 승전국 일본의 손아귀에 장악됐다.

그럼에도 체제 변혁에 대한 열망은 지속됐다. 체제 변혁은 위기 상황을 타개해 줄 돌파구였다. 당시의 지식인 담론이 주로 정체론(政體論)에 수렴된 것은 이런 까닭이다. 군주정으로는 제국 열강의 틈바구니에서 생존력을 회복할 수 없고 자주 독립이 불가능하다는 판단은 신구 세력이 대체로 공유했으나 대안이 모호했다. 이런 경우 입헌 군주제와 공화정이 대안으로 떠오르기 마련인데 그 논쟁의 종착역은 바로 국민 국가 건설이다.

유럽의 근대 경험이 그것을 입증한다. 유럽의 국민 국가는 대체로 전쟁을 계기로 탄생했다. 앞에서 소개한 찰스 틸리와 사회 혁명의 발생 기원을 분석한 시다 스코치폴(Theda Skocpol)의 연구가 그러하다. 국가와 도시, 통치와 자본의 결합으로 중앙 집권적 단일 국가의 길로 접어들고, 이들이 이웃 국가와 충돌하면 국민 국가 결성으로 이어진다는 게 틸리의 설명이다. 스코치폴은 전쟁을 국민 국가 형성의 중심 변수로 설정했다. 영토와 시장 쟁탈을 둘러싸고 국가가 충돌하면 전비 확보와 군대의 육성이 가장 중요한 과제로 대두된다. 세원 발굴과 세금의 공적 활용, 국가 재정의 효율적 편성과 집행, 중앙과 지방의 관료적 일원화, 그리고 생사를 걸어야 하는 전쟁에 대한 구성원의 연대감이 결합해 국민 국가의 길을 닦는다. 어떤 체제인가는 사회의 계급적 구성, 산업과 농업의 구조, 자본 축적의 형태에 의해 결정된다.[14] 전쟁과 국가의 자율성(autonomy of the state)! 국민 국가 건설의 핵심 변수다.

대한제국기 전쟁은 위태롭기 짝이 없었고 '국가의 자율성'은 박탈된 상태였다. 당시 지식인 담론의 두 줄기는 민권론과 국권론이었다. '주권은 국민에게서 나온다'라는 시민 사회적 국민 주권설은 의회 설립 운동과 공화제에 대한 조심스러운 모색으로 나아갔는데 미약한 시민 집단과 낮은 민도(民度)가 걸림돌이었다. 국민 주권설을 수용하면서 국난 극복의 최우선적 비중을 자립적 국가 건설에 두었던 국권론은 호소력이 있었지만 일제의 보호 정치하에서 실현 가능성은 지극히 모호했다.

'신국가' 건설에도 심각한 두 개의 딜레마가 작용했다.[15] 입헌 군주제든 공화제든 우선적인 요건은 군주와 국가를 분리하는 것, 그리고 분리가 어느 정도 진척되면 국민과 국가를 결합하는 것이 그것이다. 군주와 국가를 분리하려면 고종과 황실의 반발, 양반 지배층의 이념적 저항을 우선 돌파해야 했다. 1907년 고종의 강제 양위 이후에 공론장에서 정체론 논의가 활발해진 것은 그 때문이다. 그런데 국민과 국가의 결합은 그야말로 난제였다. 국민을 호명했지만 현실은 여전히 신민(臣民)이거나 개명 인민이었고, 더욱이 국가는 소멸 직전이었다.

일제 강점으로 정체 개혁의 시도와 논쟁은 끝났다. 그러나 암흑의 공론장에 두 개의 유산이 남겨졌다. 하나는 개혁 운동의 '조직적 유산', 다른 하나는 미완으로 끝난 정체론 관련 '지적 유산'이 그것이다. 이 두 개의 유산이 없었다면 '국민'과 '공화'가 묵서(墨書)된 깃발, 격문, 선언서, 취지서를 목도하지 못했을 것이다.

둘째, 조직 유산과 지적 유산을 가장 잘 활용한 주체가 도산(島山) 안창호와 신민회(新民會)다. 도산 안창호의 출현은 당시 설왕설래하던 정체론 논쟁의 방향을 '국민'과 '공화'로 집약시켰다는 점에서 역사적 전환의 계기였으며, 훗날의 관점에서 보자면 일종의 역사적 행운이었다. 신민회는 여러 학회 분파와 신구 세력의 이해 갈등으로 갈라졌던 정체론 논쟁을 공화제로 수렴하면서 세력 규합을 이뤄 나갔던 핵심 기지였다. 도산 안창호는 전통적 한학 수업을 받고 선교사 언더우드가 운영하던 구세학교(경신학교)에서 신식 교육을 받았다. 만민공동회에 참여했고 미국 유학차 도미했다가 1907년 조선에 재입국한 안창호는 4년 전 도미할 때와는 달리 애국 운동의 구심점이 되어 있었다. 미주 신민회의 조선 지부 설립을 주창한 안창호의 발의에 애국지사들과 당대 지식인들이 호응했다. 신용하는 다섯 개의 그룹이 참여했다고 분석했다. 대한매일신보, 상동교회, 무관 출신 애국지사, 평안도 출신의 상인과 실업가, 그리고 미국의 공립협회 회원들이 그들이다. 발기인은 양기탁, 이동휘, 전덕기, 이동녕, 이갑, 유동열, 안창호 등 7명이었다.[16] 그러나 실제 참여 회원의 면모는 매우 넓고 다양한 그룹을 포괄했다.[17] 이시영, 이종호, 안태국, 최광옥, 이승훈, 김구, 노백린, 이강, 조성환, 신채호, 류동작, 이덕환, 김동원, 김홍서, 임치정, 김지간, 정영택, 옥동규, 이항식, 민형식 등 28명이 실질적 발기인이었다.

창립 인사와 회원의 면면을 보면 독립협회, 만민공동회, 상동학원에 참여한 청년 운동 세력, 헌정연구회, 대한자강회 등 학회 세력, 일본 유학생, 《대한매일신보》를 위시한 계몽 지식인 그룹을 포괄한 합동 조직임을 알 수 있다. 안창호의 폭넓은 교우(交友)와 식견, 탁월한 인화력과 갈등 조정 능력이 빚어낸 새로운 유형의 조직이었다. 삼호로 불렸던 윤치호, 신채호, 안창호가 핵심 요원으로 활동했던 이 조직은 1907년 정미7조약과 군대 해산 등으로 험악해진 정국과 당국의 감시망을 피하기 위해 일종의 비밀 결사 성격을 띠었다. 신민회는 갑오경장 이후 개혁 운동의 조직 유산과 지식 유산을 결집했고, 《대한매일신보》와 《황성신문》, 《제국신문》, 그리고 최남선이 편집 간행한 《소년》을 활용해 국민 교육과 공화제 구축 사업을 조심스레 실행해 나갔다.

신민회는 미주 신민회의 장정과 취지서를 그대로 받아들였다. "범 아한 인은 내외를 막론하고 통일 연합으로써 그 진로를 정하고 독립 자유로써 기(其) 목적을 세움이니 차(此)이 신민회의 발원하는 바이며 신민회의 회포(懷抱)하는 소이이니 약언하면 오즉 신정신을 환성(喚醒)하야 신단체를 조직한 후 신국(新國)을 건설할 뿐이다."[18] 여기에서 신국은 자유주의에 기초한 공화국을 의미한다. 회원들은 스스로의 각성인 '자신'(自新)을 바탕으로 신국 건설을 향한 신사업을 펼쳐 나가야 한다고 강조했다. 그 사업 범위는 의식, 교육, 사상, 윤리, 학술, 단체 결성 등에 걸쳐 실로 광범위한 것이었다. 신민회의 이런 취지는 곧 학교 설립, 실업 부흥, 독립군 기지 건설 등으로 이어졌다. 무실역행(務實力行), 안창호가 전국 강연회를 다닐 때마다 외쳤던 실천적 강령이자 신조였다.

신채호가 국망(國亡) 직전 《대한매일신보》에 연재한 「20세기 신국민」 논설에서 국민의 요건을 논하고 국민적 국가의 건설이 시급함을 외친 것은 바로 신민회의 취지와 정확히 부합한다. 그는 '국민의 각오'를 설파하고, 국민과 도덕, 국민과 무력, 국민과 정치, 경제, 교육을 논한 다음 비장한 결론을 맺었다.

금차 한국은 삼천리 산하가 유(有)하니 기(其) 국토가 대(大)하며, 이천만 민족이 유하니 기 국민이 중(衆)한지라. 연즉 국민 동포가 항차 20세기 신국민의 이상 기력을 분흥(奮興)하여 국민적 국가의 기초를 견고하여 실력을 장(長)하며, 세계 대세의 풍조를 선용하여 문명을 확(擴)하면 가히 동아 일방에

흘립(屹立)하여 강국의 기를 과(誇)할지며, 가히 세계 무대에 약등하여 문명의 기를 양(揚)할지니 오호라 동포여. 어찌 분려치 아니하리오.[19]

'신국민'은 신민회의 정체성이었다. 만민공동회 이후 전국 각지로 흩어져 민족 운동의 지류(支流)를 만들던 청년 세력과 지사(志士)들에겐 하나의 새로운 구심점이 되었다는 점에서 신민회는 '조직 유산의 결집'이었다. 또한 폐위된 고종이 여전히 전제 군주제의 상징으로 생존해 있는 상황에서 과감히 군주와 국가를 분리하고 국민과 국가를 결합하는 '국민 국가'를 지향했다는 점에서 '지식 유산의 결집'이라 할 만하다.

환상형 공화 네트워크

신민회는 1907년 후반기 결성 이후 1910년 초까지 전국 각 지역에서 학교를 설립하고 인재를 양성한 것은 물론 지역 명망가들과 유지들을 자주 독립운동의 전선으로 끌어냈다. 신민회 핵심 인사였던 이승훈은 평양에 마산동자기회사를 세워 신민회의 재정을 지원하고 동시에 청년들의 실업 정신을 촉발했다.[20] 애국 계몽 인사들을 두루 망라한 포괄 조직, 미주 신민회의 조선 지부라는 위상에 걸맞게 국민 주권설(민권론)과 공화제를 주창한 신민회의 활동은 1909년 10월에서 이듬해 3월까지 안창호의 피체와 투옥을 계기로 중대 전환을 겪어야 했다. 평양 대성학교 교장 재직 시, 이토 히로부미의 요청으로 안중근을 만난 적이 있고, 이후 안중근의 방문을 받았다. 거사 직전의 일이었다. 이 때문에 안중근의 이토 통감 저격 사건에 휘말려 안창호가 일경에 체포 구금된 것이다. 이 사건을 계기로 신민회는 1910년 3월 해외 망명을 결행하게 되고 신민회의 국내 기반은 해체됐는데, 그 결과 한반도를 둘러싼 '환상형(環狀形) 공화(共和) 네트워크'가 만들어졌다는 사실은 일종의 역설이다. 그 의미는 다음과 같다.

(1) 신민회의 해외 망명이 있기 전까지 민족 운동은 투사들의 개별적 활동과 신한촌 건립, 학교 설립, 자치 조직 결성 등에 국한되었다. 그런데 신민회 망명 지사들에 의해 간도, 연해주, 상해, 동경, 하와이를 포함 미주를 연결하는 긴밀한 환상형 '독립운동 네트워크'가 구축되었다.

(2) 1910년 무렵 해외 지역 독립 투사들이 지향하는 정체는 입헌 군주제와 공화제로 엇갈렸다. 말하자면, 복벽파(復辟派), 보황파(保皇派) 등 근왕주의와 아예 군주제와 연을 끊고 공화제로 이행하자는 공화파가 병존했다. 상해, 일본, 미주는 공화제가 대세였고, 의병 운동 지도자와 대한제국 관료, 망명 지사들이 섞여 있는 만주와 연해주는 입헌 군주제와 공화파가 대립했다. 아무튼 정도의 차이는 있으나 다섯 지역 모두 신민회 인사들의 활약에 힘입어 공화제가 영향력을 확대해 나갔다.

이 '환상형 공화 네트워크'가 만들어지지 않았다면, '국민'과 '공화'가 그렇게 빨리 3·1 운동 시위 군중에게서 출현하지 않았을 것이다. 1910년대 '두 국민의 경합 시대'가 이렇게 열렸다. 국내는 신정적 천황제의 '국민'이 지배적이었고, 국외는 아한(我韓) 국민, 나아가 국민 주권설에 입각한 국민 국가의 '국민'이었다. 해외 망명 기지에서 발신한 국민 메시지는 식민 통치의 경계를 뚫고 국내로 흘러들었다. 주로 국내의 비밀 결사가 화답했지만 일반 대중도 그 메시지의 의미가 무엇인지 깨닫기 시작했다.

암흑의 공론장에 발신한 해외 독립운동가의 메시지는 '시민'과 '민족' 담론을 결합해 식민 통치의 '국민'과 파열음을 일으켰다. 지식인들은《매일신보》에 등장하는 국민 개념을 해외 메시지와 겹쳐 읽었으며, 일반 대중들은 십전 소설과 육전 소설, 신소설과 시가, 창가에서 해외 메시지의 진의(眞意)를 알아차렸다. 학생들 역시 마찬가지였다. '국민과'에서 강조하는 '충량한 국민'이 어딘지 낯설고 어색하다는 느낌, 조선어교과가 전하는 정서와 부딪히는 마찰음을 알아차렸을 것이다. 포자처럼 한반도에 유입된 해외 메시지는 종교, 학교, 운동 단체, 사회 단체, 가정, 장터에 작은 교두보를 만들고 저항 이데올로기의 싹을 틔우기 시작한 것이다.

'환상형 공화 네트워크'를 결성하고 견고하게 만든 주역이 바로 도산 안창호다. 폭넓은 교우와 친화력, 세계 정세에 대한 정확한 판단과 식견, 조직 관리와 갈등 해소 능력, 청중을 사로잡는 웅변과 언어 구사 등에서 따라갈 사람이 없었다. 그는 만민공동회의 서북 지구를 맡아 운영하다가 좌절했던 쓰라린 경험을 안고 1902년 도미했다. 구국 열망과 고뇌로 가득 찬 청년은 급기야 유학을 포기하고 애국 운동에 뛰어들었는데 샌프란시스코에서 한인들을 결합해 '공립협회'를 조직하고 기관지 《공립신보》를 발행한 것은 도미 3년 후인 1905년의 일이었다.

2년 뒤, 이강, 임준기와 의기투합해 '신민회'를 결성했다.(1907) 영문명은 'New People's Society'. 회원이 700여 명에 달했던 신민회의 정체성은 결성 초기부터 '국민'이고 '공화제'였다. 신민회의 설립 취지는 「대한신민회통용장정」과 「취지서」에 잘 드러난다. "본회의 목적은 아한(我韓)의 부패한 사상과 관습을 개선하야 국민을 유신(維新)케 하며 쇠퇴한 발육과 산업을 개량하야 사업을 유신케 하며, 유신한 국민이 통일 연합하야 유신한 자유문명국을 성립케 함."[21] 1907년 당시는 여전히 아한이었지만, '유신한 국민' 양성과 '자유문명국' 건설이 최종 목적이라고 명시했다. 미주 한인들은 이미 미합중국공화제를 익히 경험했기에 '자유문명국'의 정체로 국민에 의한 민주공화제 외에 다른 것을 상상할 수 없었다. 그렇기에 신민회는 '국민회'로(1909), 다시 하와이, 샌프란시스코, 멕시코, 중남미, 연해주 한인을 통합한다는 취지의 '대한인국민회'로(1910) 개칭해 나갈 수 있었다.

대한인국민회에는 '무형국가론'을 주장한 박용만이 있었다. 박용만은 1904년 상동학원을 모태로 결성된 '상동청년회'의 '삼만' 중 한 사람이었다. 이승만, 정순만, 박용만, 이들은 각각 미주와 연해주에서 독립운동 지도자가 되었는데, 박용만은 일찍이 미주로 건너가 상항친목회, 공립협회에서 활약하고 전미 한인의 조직화를 일궈 내면서 대한인국민회 기관지《신한민보》의 주필을 맡았다.[22] 국가가 없는 상황에서 해외에 자치 정부 혹은 가정부(假政府)를 세울 수 있다는 것이 박용만의 주장이었다. 이 논리는 1917년 상해에서 공포된 「대동단결선언」의 '주권상속론'으로 진화했다. 안창호는 미주 대한인국민회의 목적과 활동을 해외 망명 지사들에게 확대해서 독립운동의 역량을 키우고 기반을 다지는 역할에 매진했다. 환상형 공화 네크워크가 그렇게 만들어졌다. 환상형 공화 네크워크는 그 형성 과정과 활동 내용으로 보면 대체로 세 가지 성격의 혼합체다.

(1) 인연 네트워크: 안창호가 개별 활동 과정에서 맺었던 인연, 그리고 안창호의 인격과 신조에 감화를 받아 스스로 동지 및 제자를 자처한 사람들이다. 사람을 끌어들이고 감명시키는 안창호의 능력은 탁월했다. 한번 인연을 맺으면 등을 돌리는 사람이 없을 정도였다. 이광수는 1907년 1월 동경에서 처음 안창호와 조우했다. 신민회 건립 임무를 띠고 조선으로 입국하는 여정에 동경 유학생이 결성한 '태극학회'의 초청을 받았다. 이광수는 그의 연설에 감명을 받아 평생 그의 제자를 자처했다. 최남선은 그날 안창호 강연에 뒤이어 연설을 맡았는데 갑자기 지병이 악화돼 기절했다. 안창호는 그를 극진히 간호했고, 감명을 받은 최남선은《소년》에 안창호에게 바치는 『태백산시집』을 헌정했다.[23] '청년학우회'의 기관지이기도 했던《소년》에 연해주로 떠나는 그와의 작별 헌사를 게재한 것이다. "삼가 이 시집을 나의 가장 경앙

(敬仰)하난 도산 선생 압헤 올녀 해외에 잇서 여러 가지로 사모하고 염려하던 정을 표하옵나이다."라고 썼다. 여운형의 동생 여운홍은 안창호의 평양 강연회에서 크게 고무되어 동지가 되기로 결심했다. 중국 독립운동에서 활약한 여운형이 안창호를 만났는지는 알려지지 않았으나 동생과 중국 관내의 여러 동료들을 통해 안창호의 존재를 인지했을 것이다.

(2) 이념 네트워크: 안창호의 소신인 국민 국가와 공화제 건설에 동조한 인물들의 네트워크다. 동경 유학생인 장덕수와 김지간을 필두로 현상윤, 이광수, 조소앙, 김철수, 전영택, 정노식, 김도연, 홍진희, 하상연, 신익희 등이 대체로 공화주의를 지향한 지식인이었다. 연해주에서는 대한인국민회가 파견한 이상설,[24] 정재관, 이강이 활약하고 있었다. 1909년 이들이 주도해 결성한 연해주 국민회 지부는 약 3000명의 회원을 규합할 수 있었다. 조선을 떠난 안창호가 연해주를 방문해 1년을 활동한 결과였을 것이다. 2년 후인 1911년 권업회로 통합되기는 했지만, 공화주의자들의 활약에 힘입어 복벽주의와 보황주의의 색채가 점차 옅어지고 공화제가 확산되는 결과를 낳았다.

간도는 신민회가 망명을 결의할 당시 조선인과 민족 지사들이 가장 많이 정착했던 지역이다. 이동녕, 박은식, 신채호를 비롯해 이회영, 이상룡 일가가 정착해서 한민촌과 독립 전쟁 기지를 건설했다. 북간도와 서간도는 신민회가 합류하기 이전부터 한인들의 자치 조직과 학교, 운동 단체가 활발하게 운영된 지역이었다. 일제의 탄압과 중국의 감시 아래에서 생활 중심 자치 조직이 번성한 지역인 만큼 정치적 정향은 비교적 약했다. 북간도 자치 조직인 간민회(墾民會)가 그러했다.[25] 여기에 신민회가 가세해 무관 학교와 한인촌 구축 및 자치 활동의 확대에 나서면서 안창호의 공화 이념 네트워크가 스며들었고 1910년대 중기에 이르면 독립 투쟁과 군대 양성의 핵심 기지로

부상하게 된다. 의병 지도자인 유인석과 그의 부대가 활동하고 있었지만, 안창호가 표방한 독립전쟁론과 김좌진, 이청천 등 구한국 무장들의 투쟁론이 공화제로 수렴된 결과였다.

한편, 중국 대륙은 안창호가 한 번도 방문한 적이 없는 지역인데 1910년을 전후해 상해와 난징으로 이주한 청년 운동가와의 인연이 여전히 강력한 네트워크로 작동했다. 신규식이 결성한 '동제사'(同濟社)에 박은식, 조성환, 조소앙, 이태준, 정원택, 김필순, 김규식이 가입해 있었다. 대체로 안창호와 인연을 맺었던 사람들이다. 박은식과 조성환은 신민회 회원이었고, 조소앙은 일본 유학생 출신이었다. 조성환은 수시로 미주 안창호에게 중국 관내 독립운동의 동향과 애로 사항에 대해 편지로 알리고 논의했다. 1912년 편지에서 그는 신해혁명에 고무되어 중국 자유당과 공화헌정회에 가입한다는 소식을 안창호에게 알렸다.[26] 1913년 이광수를 《신한민보》 주필로 초빙할 때 안창호가 보낸 여비는 동제사 회장인 신규식에게 전달되었다.

(3) 공동 사업 네트워크: 신민회의 취지에 따라 자주 독립을 위한 각종 사업을 전개하는 것을 말한다. 교육 기관과 무관 학교 설립, 회사 운영, 신문 발행, 한인촌 건설 등이 여기에 해당한다. 신민회는 이미 조선에서 오산학교, 대성학교, 보창학교 등 전국에 14개 학교를 설립해 운영했고, 태극서관, 면학서포 등 출판사와 서점, 평양자기제조주식회사, 파마양행, 방직공장과 연초공장을 매입 운영하기도 했다. 모두 독립운동의 경제적 기반을 견고히 하고, 청년들의 실업 정신을 고취하려는 목적이었다.

만주와 연해주 지역에서도 마찬가지였다. 북간도 서전서숙(西甸書塾)에서는 이상설, 정재만, 여준이 활약했고, 명동서숙(明洞書塾)에는 정재관이 힘을 보탰다. 서간도의 신흥학교, 나자구의 대전학교, 블라디보스토크의 계동학교, 북만주의 한민학교 등이 민족 교육을 담당했다.[27] 이회영, 이상룡 일가는 서간도에 정착해 경학사(한인촌)를 개척했고, 신흥무관학교를 설립해 운영했다. 서간도 신흥무관학교는 1919년 3·1 운동까지 약 3500여 명에 달하는 군병과 군사 전문가를 배출했다. 신민회원들이 운영하던 소학교와 중등학교, 그 밖의 연락 거점들이 청년들을 설득했고 안내 역할을 했다.[28] 백두산 산록에서 운영된 백서농장(白西農庄)은 군사 훈련을 위한 군영지였다. 이런 노력들이 블라디보스토크에서 설립한 무장 투쟁 조직인 '대한광복군정부'(大韓光復軍政府)로까지 진화하기에 이르렀다.

한편, 신민회 연해주지부인 국민회는 태동실업주식회사를 세웠는데 이에 고무된 연해주 민족운동가들은 십시일반 주식을 모아 원동임야주식회사를 설립해 운영했다. 만주, 연해주 지역에 산재된 한인들을 밀산부 봉밀산 지역으로 이주시켜 안정된 생활 터전을 조성하려는 사업이었다.[29] 신문 발행도 활발하게 전개되었다. 연해주 지역에는 미주《공립신보》지사가 1907년 개설되었는데, 1908년에는《대동공보》로, 1911년에는《대양보》로 재편되었다. 이후 재러한인회가 권업회(1911)로 통합되자 기관지《권업신문》이 발행되었다.

환상형 공화 네트워크는 일제 치하의 한반도를 외부에서 포위한 모양새였다. 강점 초기, 암흑의 공론장을 뚫고 들어갈 틈은 없어 보였지만, 점차 국내 비밀 결사들과의 접선 기회를 늘리고 국내 지식인 그룹, 지역 유지들과의 접점을 확대해 가면서 환상형 공화 네트워크가 전하는 메시지의 울림은 더불어 커졌다. 국내 사회 단체와 각종 조합, 학생 조직과 종교 조직 들은 보안법과 치안법이 강력하게 발효되는 일제 치하에서 결빙 상태를 면치 못했는데, 해외 메시지가 공명 작용을 일으키는 인지와 상상력의 공간까지는 어찌하지 못했다. 그 은밀한 곳에서 '두 국민의 경합'이 진행되고 있었다.

'국민'의 확산: 신문과 선언서

미주 모델의 확산과 이식

안창호의 활약으로 형성된 '환상형 공화 네트워크'가 1910년대에 아무 굴곡 없이 순조롭게 성장 진화한 것은 아니다. 또한 그것만이 독립운동과 민족 사상의 중심을 차지한 것도 아니다. 타 지역의 독립운동 단체와 조직이 개별적으로 활동했다면, 환상형 공화 네트워크는 상호 유대감을 발휘할 잠재력을 가장 많이 품고 있었고, 전제 군주제와 입헌 군주제에 비해 상대적 설득력과 확산력이 높았다는 뜻이다. 그 과정에서 안창호가 개척한 인적 네트워크가 주효했으며, 연해주와 간도에서 발생했던 노선 갈등과 분파 갈등을 조정하고 새로운 긴장과 단합의 중요성을 불러일으켰다는 사실이 중요하다. 1907~1911년 형성된 안창호의 인적 네트워크와 사상적 대안이 없었다면 1910년대 국외 망명지는 분열과 노선 갈등으로 치달았을 것이고, 3·1 운동 같은 민족의식의 대규모 분출도 불가능했을 것이다.

안창호는 연해주를 거쳐 미주로 돌아간 1911년 이후 3·1 운동까지 미주 국민회의 기반 확대와 건국 운동에 몰두했다. 안창호는 1910년 미주 망명 과정에서 잠시 블라디보스토크를 경유해 연해주의 항일 인사들과 긴밀하게 접촉했다. 그곳에는 이미 미주 대한인국민회의 연해주 지부가 개설되어 있었고,《신한민보》지사가《공립신보》를 발행하고 있었기 때문이다. 미주 국민회가 추진한 원동(遠東) 사업의 일환이었다. 이상설, 정재관, 이강이 1908년 파견되어 약 3000명에 달하는 회원을 규합하고 있었다. 그러나 이종호가 자금 조달을 거부하고 노선 차이를 보이자 이강, 이갑 등 대한인국민회의 주요 인사들은 시베리아 치타로 이동하고 새로운 조직이 모색되기에 이르렀다. 서울파(경성파), 평양파(서북파), 함북파가 민족 운동의 노선을 두고 경합을 벌이던 때였다. 강연회와 자선공제회 결성을 통해 함북파의 주도권 투쟁을 무마하고 연합전선을 이끌어 내려는 시도가 좌절되자 안창호는 이후 유럽을 경유해 미주로 돌아갔다. 1911년 9월이었다. 미주에 도착한 안창호는 미주 국민회 경영에 몰두해 3·1 운동이 일어나기까지 하와이 분파와의 갈등 수습, 미주 사업 확장, 그리고 국외 독립 기지와의 협력 사업에 진력했다.

안창호 공화 네트워크의 가장 중요한 요소는 교육, 사업, 신념이다. 1911년 10월 미국 상항 도착 환영회에서 안창호는 재차 강조했다. 실업 부흥, 단체 통일, 상무 정신의 단련, 도덕 정신의 함양과 자기 수양이 중요하다고. 이어 "우리는 일인의 노예 됨만 한(恨)하지 말고 남자나 여자나 젊은이나 늙은이나 각각 일인(日人)과 싸울 준비를 해야 한다."라고 강조했고, "재물을 생산하고 지식을 양성하는 것"에 게을리하지 말 것을 요청했다.[30] 안창호의 이 신념은 미주, 하와이, 멕시코, 시베리아, 만주 지부를 총괄한 '대한인국민회' 중앙총회 설립 선포문에도 그대로 반영되었다.

연해주와 만주 지역에서 독립운동의 분열상을 목격하고, 미주에서도 그런 조짐이 보이자 안창호와 박용만이 주도해 단일 협력체를 만들고자 했던 것이 중앙총회의 목적이었다. 영문 명칭도 단일 조직을 뜻하는 The Central Congress of the Korean National Association이었다. 이 조직은 한인 사회의 분열 해소, 한인 이민자들과 유학생들에게 입국 증명서 발급 및 정착 지원, 학교 설립, 사업 진작, 한인 보호와 이익 도모 등 자치 조직적 활동을 확대해 미국 정부로부터 자치 단체 자격을 인정받았다. 박용만이 기초한 것으로 전해지는 중앙총회 선포문은 안창호의 이념을 그대로 집약한 것이다.

대한인국민회가 중앙총회를 세우고 해외 한인을 대표하여 일할 계제에 임하였으니, 형질상 대한제국은 이미 망하였으나 정신상 민주주의 국가는 바야흐로 발흥되며 그 희망이 가장 깊은 이때에 일반 동포는 중앙총회에 대하여 일심이 있기를 믿는 바이다.[31]

중앙총회를 해외 한인의 최고 기관으로 선포한 것이다. '형질상 국가'와 '정신상 국가'는 독립 국가의 논리적 토대를 탐색한 신채호의 성찰이었으며, 박용만이 이를 이어받아 '무형 국가론'을 제창한 바도 있었다. 중앙총회는 식민지로 전락한 나라에서 해외 가(假)정부를 세울 수 있음을 보여 주는 모범 사례였다. 1910년경 이미 하와이에 2000명, 멕시코에 1000명 정도의 한인이 정착했고, 만주에 20만여 명, 연해주에 2만여 명이 거주하고 있었다. 상해와 동경 독립지사들과 중국·일본·미국 유학생을 포함하면 해외에서 조선 독립을 갈구하던 조선인은 거의 30만 명에 달하던 때였다. 한인 디아스포라(Diaspora)가 시작된 그때, 안창호는 민족 이산(離散)의 경제적 토대를 닦고, 지력과 실력을 양성해 국민적 자격을 획득하는 데 온갖 노력을 기울였다. 미국에 정착한 청년과 유학생을 위해 학교강습소와 병(兵)학교를 만들었고, 기숙사, 체육관, 강연회장, 도서관, 구락부, 상점을 열었으며, 한인들의 정착과 애로 사항을 해소하기 위한 자치회관을 지었다.

1913년 창립한 '홍사단'은 마치 1909년 조선에서 결성한 '청년학우회'처럼 미주 청년들의 독립 정신을 함양하는 일종의 정신 훈련소이자 수양 단체였다. 이 모델을 해외로 확산하면 그야말로 자주독립의 미래 기지가 될 것을 확신했다. 홍사단 모델은 유길준이 일찍이 제시한 바 있다. '국민개사'(國民皆士)와 '국가부강'을 목표로 청년을 규합하는 조직을 구상했는데, 안창호는 미주에 정착한 청년들을 대상으로 전국 8도를 대표하는 정예 회원을 선발해 일종의 동맹 수련 단체를 조직한 것이다. 흥사단 규약은 무실역행과 지덕체 함양을 통해 민족 전도 대업의 기초를 마련한다고 명시했다.

그것은 공화제를 위한 국민 교육의 일환이자 국민회 사업의 중요한 기능이다. 1909년 국민회 창립을 기념하는 글에서 국민회의 의의를 "국민의 자격을 양성하는 학교이며 국민의 의무를 실행하는 공소(公所)이며 국민의 권리를 확장하는 의회(議會)"로 규정한 것은 당시 조선 내의 시대적 상황에 비춰 한발 앞서간 놀라운 식견이었다.[32] 안창호가 1910년대에 '국민 만들기'의 요체로 강조했던 것이 '개병(皆兵)주의', '개업(皆業)주의', '개납(皆納)주의'였다. 국민은 모두 군대 복무를 통하여 일제와 싸울 준비를 해야 하고, 모두 생계를 위한 실업에 종사해야 하고, 모두 공공 사업을 책임지는 정부에 세금을 내야 한다는 것이다. 국민 국가 건설의 조건이자 국민의 자격 요건을 설정하고 이미 1910년대에 미주 한인을 규합해 실행하고 있었다. 말하자면, 미주 한인 사회에서는 '국민'이 이미 탄생하고 있었다.

이 모델의 이식과 확산은 그리 순조롭지 않았다. 이주사(史)가 다르고 구성원의 출신 배경이 달랐으며, 지역의 정치적 사정이 천차만별이었다. 이식과 확산이 가장 어려웠던 지역이 간도와 연해주였다. 비교적 자유를 향유할 수 있던 미주와는 달리, 간도와 연해주는 중국과 러시아의 감시와 탄압하에 놓여 있었으며, 1864년부터 정착하기 시작한 이 지역 한인들의 관심사도 서로 달랐다. 간도와 연해주는 조선 후기부터 이주해 간 함경도 사람들이 주류를 이뤘다. 이후 대한제국 말기에는 의병장과 다수의 의병들이 북간도로 퇴각해 한인촌과 군사 기지를 개척했다. 일본의 항의를 받은 중국 당국의 감시와 탄압이 점차 심해지자 북간도 한인들은 아예 연해주로 이동하기도 했는데, 연해주에서는 1차 세계대전과 혁명 물결에 휩쓸린 러시아의 감시와 견제, 행정 명령 등을 견뎌야 했다.[33]

연해주 지역에 가장 먼저 정착한 그룹은 함북파로서 최재형, 최만학, 이종호, 김병학, 엄인섭, 홍범도가 주축이었다. 다음으로 이상설, 유인석, 김현토, 이범석, 이범윤이 중심이 된 서울파가 자리를 잡았고, 안창호, 이강, 정재관, 이갑, 유동열, 김치보, 김성무, 유진률 등 국민회 인사들이 주축인 평안도파가 가장 늦게 합류했다.[34] 연해주 지부를 개설하고 《공립신보》를 발행하는 등 활발한 활동을 펼치던 국민회는 함북파의 반발에 부딪혔다. 노선과 주도권 투쟁이 일어난 것이다. 사업 내용과 항일 전략을 둘러싼 내홍이었다.

이 과정에서 평안도파에 의한 서울파 정순만 피살 사건이 발생했다. 안창호가 연해주를 떠난 직후의 일이었다. 함북파 이종호, 서울파 이상설의 연대 공격으로 평안도파인 국민회 인사들은 급기야 시베리아로 이동했고, 치타 한인들을 규합해 독립운동의 새로운 기지를 구축하는 사업에 들어갔다. 이광수가 상해를 거쳐 블라디보스토크로 간 것이 바로 이때였다. 종교의 차이, 독립 투쟁 노선의 차이, 그리고 주도권 문제 등이 얽혀 있었다. 평안도파는 공화제와 실력 양성론을 주장한 반면, 함북파와 서울파는 입헌 군주제와 즉각적인 독립전쟁론을 내세웠다. 서울파와 함북파가 입헌 군주제를 선호한 것은 대한제국 관료와 의병 출신들이 주류를 이뤘기 때문이다. 이상설은 다시 이종호와 갈등 관계에 놓이자 1913년 북간도로 가서 독자적인 한인촌 건설 사업에 뛰어들었으며, 1914년에는 상해로 이동해 신한혁명당을 결성하기도 했다.

아무튼 연해주의 3파 갈등은 '권업회'의 창립으로 일단 봉합되었다. 함북파의 주도로 서울파와 평안도파 일부를 규합해 연합 세력을 형성한 것이다. 권업회는 러시아 당국의 공식 인가를 받아 내 연해주 한인 자치 조직으로 새로이 출범했다. 1911년 11월의 일이었다. 실업(實業)과 자치를 표방하는 목적에서 권업회라 칭했지만 사실은 생계, 교육, 자치를 포함해 독립전쟁 준비 기구로서의 역할을 내부에 숨기고 있었다. 권업회는 회원 7000여 명에 달하는 조직으로 확대되었으며, 나자구 지역에 한인촌을 건설하여 군사 기지로 활용할 뜻을 세웠다. 1차 세계대전 발발로 활동에 제약이 가해진 1914년까지 권업회는 《권업신문》을 발행했고, 교육과 자치 활동을 추진했으며, 한인 보호를 위해 토지 조차와 귀화 업무를 지원했다. 그러나 1차 세계대전 기간과 러시아 혁명이 겹친 1910년대 후반에 권업회의 역할은 소강 상태를 면치 못했다.

노선 투쟁과 분파 갈등을 제외하면, 간도 지역의 경우도 연해주와 유사한 활동 양상을 보인다. 이회영, 이상룡 일가가 정착하기 전까지 북간도 지역에서는 서전서숙, 창동학교, 명동학교, 정동학교 등을 통한 교육 운동과 자치 활동이 주류를 이뤘다. 1911년 이상룡이 서간도에 세운 경학사와 신흥무관학교를 계기로 간도 지역의 독립운동은 군사 훈련 기지로 각광을 받았다. 청년친목회, 대동협신회와 같은 한인 단체가 규합해 만든 간민회는 일제와 중국의 감시 아래 일종의 자치 조직의 성격을 띨 수밖에 없었다.[35]

이미 정착한 한인들이 이십 수만을 헤아렸기 때문에 여기저기 산재된 한인촌 단위로 대표 기관을 구성해야 하는 과제가 급선무였는데, 간민회를 개칭한 간민교육회는 중국 관청의 허가를 받아 한인을 보호하고 생활 안정을 기하는 것이 주요 역할이었다. 러시아 당국의 감시와 감독 아래 놓였던 권업회와 상황은 유사했는데 한인의 법적 지위를 둘러싼 중국 당국과의 다툼을 우선 해결해야 했다. 간민(墾民)과 권업(勸業)은 모두 한인들의 실업 진흥과 실업 권장이라는 의미를 갖는다. 그럼에도 독립운동 기지와 군사 훈련 기지를 구축한다는 오랜 숙원은 여전히 남아 있었다. 나자구의 대전학교는 북간도 지역 독립군 양성 학교였다.[36]

1914년 간민교육회는 비밀 조직인 동제회를 결성해 민족적 과제를 추진하려 했다.[37] 민족 계몽과 청년 교육, 군사 훈련을 목표로 한 동제회는 일제의 감시 때문에 별다른 성과를 거두지 못하고 1915년 이후 침체기를 맞은 것으로 보이는데, 이 역시 1차 세계대전 발발로 인해 중국과 일본 간 긴장이 팽배해진 결과다. 이때를 전후해 이회영은 북경과 상해로 이동했고, 이상설 역시 정치 노선을 수정해 사회주의 노선에 많은 관심을 기울이게 되었다. 이상룡은 신흥무관학교를 굳건히 지켰다. 보황주의, 공화주의, 사회주의에 이르는 넓은 스펙트럼은 1918년 말에 이르면 대체로 공화제로 수렴되어 갔다. 1차 세계대전과 러시아 혁명이 막을 내리면서 이 지역의 독립운동은 다시 활기를 찾았고 1919년 2월 말 '대한국민의회'의 결성으로 새로운 국면을 맞았다.[38]

이에 비하면, 상해와 동경의 독립운동은 1910년대 후반기로 갈수록 활발해져 여운형의 출현과 더불어 새로운 국면을 맞기에 이른다. 미주와 연해주, 간도 지역이 한인 정착민을 기반으로 추진되었다면, 상해와 동경은 주로 청년 유학생 중심이었다. 그만큼 감당해야 할 짐이 가볍고 내부 갈등 요소가 많지 않았다. 상해와 동경의 독립운동가들은 출신 배경과 학연, 친분 등으로 서로 밀접한 관계를 발전시켰으며, 특히 국제 관계의 동향에 훨씬 예민한 감각을 갖고 있었다. 신해혁명 당시 중국에 망명한 신규식과 조성환을 필두로 여운형, 김규식, 조소앙, 홍명희, 장덕수, 조동호, 이광수, 정인보, 문일평, 김철, 한진교, 선우혁이 동경과 상해의 독립운동 협력체를 끌어간 주요 인사다. 중국 유학생들은 신해혁명의 영향을 받아 일찍이 공화제로 돌아섰으며, 동경의 조선 유학생 역시 신해혁명을 꿈꾸는 중국 유학생과의 교류와 조직 활동을 통해 공화제의 꿈을 키웠다. 신규식은 공화 혁명을 목표로 상해에서 동제사를 조직했다. 신해혁명의 와중이었던 1912년 7월, 박은식을 총재로 한 동제사는 동주공제(同舟共濟)를 표방했다. 같은 배를 타고 공동 이익을 도모하며 상부상조, 상호 협력한다는 뜻이다.[39]

동경 와세다 대학 출신의 장덕수는 중국 유학생들과 이미 긴밀한 관계 망을 구축한 인물인데, 중국, 대만, 한국 유학생을 규합한 '신아동맹당'(新 亞同盟黨)의 간사로 활동했다. 리더십이 탁월한 신규식과 활동 범위가 넓 은 장덕수, 그리고 중국 금릉 대학을 졸업하고 독립운동에 참여한 여운형 의 만남은 상해와 동경의 독립운동에 새로운 활기를 불어넣기에 충분했다. 1914년 이상설이 상해에서 시도한 '신한혁명당'의 기획이 좌절된 후였다. 여운형은 동제사 회원들과 교류하면서 국제 정세와 국내의 상황을 예의 주 시했다. 1917년 신규식, 조소앙, 신석우, 박용만, 박은식이 공동 서명한 「대 동단결선언」이 선포되었다. 일본 강점으로 인한 주권 포기의 날이 곧 주권 상속의 날임을 알리고, 해외 각 지역 독립운동의 대동단결을 호소한 결의 문이었다. 1917년 봄부터 한인 교민회와 도미 유학생을 지원하고 목회 활동 을 하던 여운형은 1차 세계대전이 끝나기 직전 조선 독립의 기회가 도래했 음을 직감하고 1918년 8월 '신한청년당' 창당에 나섰다.[40] 신한청년당은 파 리강화회의에 김규식을 파견하고 미국 특사인 찰스 크레인(Charles Crane)을 만나 윌슨 대통령에게 보내는 청원서를 전달했으며, 노령과 미주, 일본에 한국 독립의 기회가 왔음을 알려 공동 보조를 맞출 것을 요청했다. 공화제 를 추구하는 3·1 운동의 기폭제가 이렇게 마련된 것이다.[41]

신문과 선언서: 공화제 국민

조직적 분열과 내홍, 지역적 난점에도 불구하고 국민 개념의 확산과 수용 은 신문, 선언서, 조직 결성 취지서 등을 통해 활발하게 전개되었다. 앞에서 지적했듯이, 국민 개념은 미주 국민회에서 비롯되어 해외 망명 기지로 전파 되고, 다시 지역적 변용 개념이 공화 네트워크를 타고 전파되는 그런 순환 과 역순환의 과정이었다. 미주 국민회가 발행하는 《신한민보》는 그런 과정에서 결정적 역할을 했다. 《신한민보》의 글들은 연해주 《공립신보》로 전파되었고, 후에는 권업회가 발행한 《권업신문》과 경쟁 관계를 이루면서 국민 개념의 지역적 변화가 발생하기도 했다. 《권업신문》은 1911~1914년 126회 발행되었는데 연해주와 북간도, 멀리 미주에 이르기까지 발송되었다. 미주 국민회의 의사를 집약하는 글 「국민설」에서 미주 한인들의 국민 개념은 일찍이 해외 망명지의 준거가 되었다. "군주국의 백성을 신민, 공화민주국 백성을 인민이라 하고, 그 백성의 공론으로 나라 정치를 행하는 자를 국민이라 한다."라고 규정했다. 그러면서 입법, 사법, 행동의 권리를 누려야 국민된 자격을 획득한다고 했다.[42]

《권업신문》 역시 미주 국민회 세력을 견제하면서도 국민에 관한 많은 논설을 실었다. 재러 한인에 대한 계몽과 민족의식 고취, 자치 의식과 경제 활동 등을 격려하고 촉진하는 가운데 자연스레 국민의 자격에 관한 논리와 연결되었다. 청년들을 상대로 수양과 실력을 길러 '국민의 품성'을 높여야 함을 역설했고, 교육과 실업, 공익의 중요성을 설파한 「공론과 사회」(1913년 3월 게재)에서 다음과 같이 국민적 요건으로 공론(公論)을 강조했다.

사회란 것은 다수한 사람이 서로 관계를 력락하여 사는 것을 일흠함이니 다수한 사람으로서 생존을 유지코저 함에는 반드시 공론이 아니면 하로라도 련락생존의 목적을 달할 수 없는 고로 공론이 없는 사회는 곧 멸망할 것뿐이니라.[43]

문체와 철자법은 당시 국내와 별반 다르지 않았고, 논조 역시 계몽주의적 취지를 벗어나지 않았다. 국내에서 1905년 이후 나타난 계몽적 글들과 거의 유사한 양상을 띤다. 정치적 자유를 누리던 《신한민보》와는 달리 《권업신문》은 당시 러시아 당국의 감시와 감독 아래 있었기에 정체론이나 독립 투쟁의 방식과 전략에 관한 글들이 잘 보이지 않는 것은 자연스러운 이치다. 국민회가 시베리아로 떠난 이후 함북파와 서울파가 주도권을 행사한 《권업신문》은 대체로 입헌 군주제적 성향을 갖고 있기는 했으나 공화제를 완전히 배제한 것은 아니었다. 입헌 군주제가 대세인 가운데 공화제가 일종의 대안으로 설정되어 있었다고 보면 적합하다. 그러므로 권업회는 업무가 교육과 실업, 자치 운동과 독립운동에 두루 걸쳐 있었으며, 조직 산하에 교육부를 두어 국민 양성에 박차를 가했다. 국민회 계열인 정재관을 교육부장에 임명한 것도 그런 취지였다. 1913년 8월 논설에서는 다음과 같이 교육의 중요성을 설파했다.

내일 독립을 찾고 모레 자유를 회복한다 하여도 그 뒤를 계속할 국민을 양성하지 않으면 그 독립과 자유는 필경 빈 일이 되리니 그럼으로 이것은 대단히 천근한 의견이라 할지로다. 우리는 한편으로 무예를 배우며 실력을 양성하는 동시에 장래 대한의 주인공이 될 제 이세 국민을 양성할 한 가지로 힘을 다함이 마땅하다 하노라.[44]

모든 독립운동 조직에서 교육은 실력을 양성하고 장래의 기초를 닦는 가장 중요한 업무였다. 국내 민간지들이 소멸된 공간에서 해외 망명지 신문들이 신민(臣民)에서 신민(新民)으로, 신민에서 국민(國民)으로 인식 전환의 역할을 담당했는데, 조금은 소극적인 의미의 국민 개념을 개진하고 있었다고 보인다.

이에 비하면 상해의 독립운동가들은 훨씬 진일보한 행보를 보였다. 그들은 일본 유학 당시 혁명 사상을 접한 엘리트이고, 신해혁명의 시대적 당위성을 의심하지 않았던 젊은 세대로서, 훨씬 과감했고 진보적이었다. 1917년 상해에서 신규식, 조소앙, 박은식, 박용만, 조성환 등이 발기해 선포된「대동단결선언」은 이상설이 주도한 신한혁명당의 시도가 무산된 후 새로운 독립의 길을 모색한 끝에 나온 과감한 기획이었다. 안창호와 박용만의 '무형국가론' 정신을 잇고 정체론 논쟁에서 공화제를 정통으로 상정한다는 과감한 선언이었다. 그 논리의 기본 원칙으로서 '국민 주권 상속설'을 주장했다. 조소앙이 기초한 것으로 알려진 선언서는 대동단결을 호소하고 독립운동의 원칙을 이렇게 밝혔다.

한인간(韓人間) 주권 수난은 역사상 불문법의 국헌(國憲)이오, 비한인(非韓人)에게 주권 양여는 근본적 무효요, 한국민성(韓國民性)의 절대 불허하는 바이라. 고로 경술년 융희황제의 주권 기각은 즉 아국민동지(我國民同志)에 대한 묵시적 선위(禪位)이니 아동지는 당연히 삼보(三寶)를 계승하여 통치할 특권이 있고 또 대통(大統)을 상속할 의무가 유하도다.[45]

삼보란 물론 국민 국가의 핵심 요소인 영토, 국가, 주권을 뜻한다. 고종이 외국에 주권을 양도한 것은 '원천적으로 무효', 아국민에게 물려준 바이니 그것을 계승하여 (공화제) 국민 국가를 건설하자는 취지다. 1년 뒤 태동한 '신한청년당'의 강령은 한국을 아예 공화제 국가인 '대한민국'으로 명명하고 대한민국의 독립, 국민 사상의 완성, 대동주의를 내세웠다.[46] 여운형이 주도하고 장덕수 등 일본 유학생 그룹, 동제사 그룹을 총망라한 청년 세대의 정치 단체였는데, 3·1 운동이 발발하기 직전 한국을 대한민국으로 명명한 것에 주목을 요한다. "내외 신구 사상을 취사 융합하여 건전한 국민 사상의 기초를 확정"(당강 2조)한다는 구절에서 이들이 공화제 국민 국가를 상정하고 있음을 알 수 있다.[47] 이런 독립운동 노선과 이념이 3·1 운동의 와중에 건립된 상해 임시 정부의 헌법 조문에 그대로 수용되었다.

동원과 결사

식민지민의 동원

메이지 유신의 성공에 힘입어 세계 제국의 일원이 된 일본이 대만과 홋카이도 식민 경영을 통해 식민화 경험을 쌓았다 해도 조선을 통치하기란 쉬운 일이 아니었다. 식민 초기 일본에서도 자치론과 식민론이 대두된 것은 그 때문이었다. 낭인 조직인 천우협(天佑俠)과 대아시아주의를 제창한 흑룡회처럼 동종동근·내선융화를 주장한 단체가 있는 반면, 요시노 사쿠조처럼 자치론이 더 적합하다고 주장한 자유주의 지식인도 있었다. 요시노는 일본 민족이 타민족과 협력하면서 살아 본 경험이 없기 때문에 공존 공생 능력 또한 부족하다고 느끼고 있었다. 타민족을 열등시하여 반항심을 자극하는 '협량한 민족'이라고 설파했다. 오랜 문명과 역사를 갖고 있는 조선의 경우 일본이 성공적인 식민 통치를 하려면 자치를 허용해야 한다는 것이었다.[48] 그러나 일본 내각과 데라우치 총독은 대아시아주의를 표방했고 조기에 내선융화를 완료하려는 집념에서 무단 정치를 시행했다.

병탄을 전후해 「보안법」, 「치안법」, 「집회취체규칙」, 「경찰범처벌규칙」을 강화한 것도 그런 목적이었다. 「경찰범처벌규칙」(1912)은 공공질서를 해치는 87개 행위를 세분하여 구류, 과료, 태형을 적용하는 폭력적 조치였다.[49] 일제는 병탄 직전 저항 운동과 시위가 발생할 것을 사전에 방지하고 병탄 후에도 식민 통치의 효율성을 극대화하려는 목적에서 「집회취체규칙」을 발령했다.(1910. 8. 25) 모든 집회를 금지하는 한편 특히 '정치 단체'는 즉시 해산할 것을 명했다. 일진회 같은 친일 단체를 포함해 모든 학회, 협회 등 정치적 성향을 띠는 자발적 결사체에 적용됐다.

대한제국 말기 병탄을 둘러싸고 요동치는 정국에서 일제가 주시했던 단체들은 별도의 통지를 통해 해산 명령이 내려졌다. 일진회, 조선협회, 국민동지찬성회, 합방찬성회, 국민협성회, 진보당, 정우회, 유생협동회, 평화협회, 서북학회, 국시유세단, 국민대연설회가 해체되었다.(1910. 9. 12) 결사 금지 명령은 전국 지역에도 확대되어 신문과 잡지가 폐간되고 모든 유형의 지방 단체에도 적용되었다. 《매일신보》는 위의 10개 단체에 해산 명령서가 배부되었음을 기사로 썼다.[50] 아직 헌병경찰 제도가 확립되지 못한 초기여서 소요 사태와 저항 운동이 일어날 것을 염려한 총독은 각 도 장관에게 특별 훈시를 내렸다. '불령(不逞)의 도(徒), 초적(草賊)의 배(輩)'가 치안을 어지럽힐 우려가 많으므로 집회와 결사를 엄금하라는 지시였다.[51]

'105인 사건'은 식민 통치 초기 항일 운동의 뿌리를 뽑기 위한 일제의 기획의 소산이었다. 신민회의 활동에 주목한 일제는 병탄 직후 '안악 사건'으로 불리는 '안정근 사건'을 엮어 냈고, 이를 '데라우치 총독 암살 음모 사건'으로 조작했다. 1910년 가을, 안중근의 동생 안정근은 북간도 무관 학교 설립에 필요한 자금을 황해도 일대 부호들에게서 갹출하려다 일제에 체포됐다. 이를 수사하는 과정에서 신민회 요원들이 공모자 혐의를 받고 수감되었다. 처음부터 신민회 와해에 초점을 맞췄던 총독부는 신민회 요원을 포함해 약 160여 명에 이르는 애국지사들을 체포해 조사했는데 이 사건을 확대 조작하여 '총독 암살 음모 사건'으로 발전시켰던 것이다. 두 사건에서 판결을 받은 애국지사들이 모두 122명이었다. 일제는 50여 차례 속개된 재판 끝에 윤치호, 안태국, 양기탁, 이승훈, 임치정, 옥관빈에게 징역형을 언도하고 나머지는 석방 조치했다. 독립운동의 핵심 인물들을 골라낸 것이다. 안정근 사건이 발생한 1910년 12월부터 최종 판결이 난 1913년 3월까지 지속된 수사와 재판은 결국 국내 항일 운동의 기반을 파괴하고 조직적 저항 운동에 대한 조선인들의 어떤 시도도 무력화한다는 강력한 경고였던 셈이다.[52]

이런 살벌한 무단 통치 아래에서 저항 운동과 사회 운동은 얼어붙었다. 공론장의 모든 매체가 사라졌듯이, 1910년대 중반까지 어떤 지역 운동이나 저항 운동도 발생하지 않았다. 사회는 숨죽이고 엎드려 있었다. '암흑의 공론장'과 더불어 '암흑의 사회 운동기'가 도래한 것이다. 1910년대는 사회 운동의 진공기, 공백기였다. 치안, 사상, 집회 관련 법령들이 초기에 발효되어 식민지민의 일거수일투족을 옥죄었다. 친일 인사들도 집회 취체법이 발동된 상태에서 어찌할 도리가 없었다. 해외 망명 기지의 독립운동은 정착 단계를 거쳐 차츰 활로를 찾고 있었던 데 반해, 국내 사회 운동은 자율성을 완전히 박탈당한 채 결빙의 시간을 맞았다.

반면, 일제에 의한 동원은 대규모로 이뤄졌다. 지방의 전통 조직들이 총독부가 기획한 행정 체계의 말단 조직으로 편입되거나 식민 정책의 기능적 조직으로 동원되었다. 식민지 '동원의 정치'는 전국 시도를 망라했고 하위 편재인 군·면·동민(民)을 이데올로기 국가 기구(ISAs) 내부로 끌어들였다. 일제는 조선인을 식민 통치에 완전히 편입하기 위해 관습 조사, 민적 조사, 토지 조사 등 여러 유형의 조사를 실시했다. 조선의 촌락에서 흔히 관습적으로 행해지는 규칙들을 조사하여 법률화하고, 가족원, 토지 소유, 친척, 가금류 소유 등에 대한 일체의 정보를 수집해 체계화했다. 「조선민사령」(1912)과 「조선형사령」(1912)이 그런 정보를 바탕으로 입안, 공표됐다. 가족과 재산, 이동 현황, 촌락 구조와 공동 재산, 촌락 내부의 조직과 위계질서, 양반과 서민의 관계와 관습 등 조선인의 일상생활에 관한 모든 정보가 체계화돼 헌병경찰의 관할로 넘어갔으며 총독부 정책 결정의 기초 자료로 활용되었다.

병탄 직후 총독부는 행정 체계의 일원화를 목표로 지방 관제와 면제 규정을 선포했다.(1910. 9. 30) 조선의 향촌은 기본적으로는 중앙과 지방 관아의 관리 아래 놓여 있지만 관습적으로는 양반층이 주도하는 자치 제도가 강하게 시행되고 있었다. 관청과 향청 간의 자율 조정 전통과 양반 지주의 압도적인 영향력을 제거하지 않고는 식민 행정의 일원화를 기할 수 없다는 판단에서였다. 지방 유지와 명망가의 영향을 일소하고 행정의 말단 조직인 면과 동을 총독부 관할로 끌어들이는 것이 골자였다.

1914년 시행된 군면리 통폐합 조치는 식민 통치의 중앙 일원화 효과를 가져왔다. 317개 군을 220개로, 4336개 군을 2522개로 통폐합하고, 그 내에 동(洞) 역시 대폭 줄여 면장의 감독을 받도록 했다. 면장을 도장관이 임명하도록 권한을 부여하고, 면 운영 경비를 총독부가 조달하는 방식을 취하자 면장의 권한은 확대된 반면 지방 유지층이 향촌 정치에 개입할 소지가 현격하게 줄어들었다. 여기에 면협의회를 두어 외면상 자치 조직의 요건을 갖추도록 했지만 그것은 대체로 총독부의 지시를 따르는 심의 기관이었다.[53] 모든 촌락 구성원의 정보 체계화와 행정 조직의 일원화가 사회 운동, 특히 저항 운동의 지역적 발생 가능성에 어떤 효과를 가져왔는지가 우리의 관심사다. 이와 관련한 윤해동의 연구를 두루 참조하면, 두 가지 측면이 중요하다.[54]

첫째, 향촌에 중간 지배층이 형성되었다는 점이다. 중간 지배층은 면장의 업무를 보조하는 구장(區長)과 그 후보군, 구장과 긴밀한 관계를 맺는 촌민들을 지칭한다.[55] 구장은 군수가 임명하고 구장에게 납세 부과와 특별 부과금 징수를 맡겨 동 업무까지도 식민 행정에 편입되기에 이르렀는데, 양반과 유지층의 일향지배(一鄕支配)에 현격한 변화가 초래되었다. 자소작농, 교육받은 자, 또는 어느 정도 인품을 갖춘 자들이 새로운 '중간 지배층'으로 부상했다. 구장직을 수행하거나 그 주변에 있던 중간 지배층이 일향 지배의 구조를 깨뜨린 것은 사실이나 기존의 양반층과 유지의 영향력을 완전히 대체하지는 못했다는 것이다.[56] 중간 지배층은 식민 통치의 실행자이자 동시에 촌민의 대변자라는 양면성을 갖고 있었다는 점에 주목을 요한다. 친일과 반일, 협력과 저항의 접속 경계선에 있었다는 뜻이다.

둘째, 조선 촌락의 전통 조직이 동계류(洞契類) 조직이다.[57] 동계는 촌락의 공공사업, 상부상조, 구휼, 공동 경작과 노동, 경조, 재난 극복 등을 공동으로 행하는 일종의 마을 결사체로서 학계(學契), 송계(松契), 상계(喪契) 등이 전형적이었다. 일제는 동계류 조직을 식민 정책의 실행 조직으로 끌어들여 산업·저축·교육·교풍 장려 등 각종 정책의 행정 단위 조직으로 변형했다. 교육회, 교풍회, 권농계, 저축 장려회는 대부분의 지역에서 추진된 일반적 단체이고, 지역 산업의 특성에 따라 축산 조합, 인삼 조합, 연초 생산 판매조합, 식림계, 양잠계, 면작 개량 조합 등을 출범시켰다. 금융 조합, 식산 장려 조합, 상품 판매 조합, 심지어는 노동조합에 이르기까지 조합과 단체의 수효는 헤아릴 수 없을 만큼 증폭했다. 모든 촌락민과 산업 현장 종사자들이 업종과 직종에 따라 특정 명칭의 조합과 계에 어떤 방식으로든 속하게 된 것이다. 식민지 '동원의 정치'라고 할 수 있겠다.

'동원의 정치'(politics of mobilization)는 식민지민의 산업 생산을 가속화해 생산량을 늘리고, 자원 동원을 극대화해 식민 통치의 물적 토대를 견고하게 만들고, 인적 자원을 동원해 통제 효율성을 증대하는 기제였다. 동원의 정치는 인지 동원(cognitive mobilization), 자원 동원(resource mobilization), 조직 동원(organizational mobilization)이라는 세 가지 통로를 통해 이뤄진다. 동계류 조직이 촌락의 자율성과 양반층의 권력을 유지 존속케 해 주는 기제였다면, 식민지 동원의 정치는 그들을 식민 통치의 실행 조직으로 편입시켰다. 각종 목적회와 조합, 장려회, 산업계를 관장하는 인물들이 식민 통치의 중간 지배층으로 부상하게 되고, 양반 유지층과 권력적 대체 관계를 만들어 가는 것이다. 중간 지배층은 일제에 포섭되기도 하고, 업무의 성격과 추진 결과에 따라 협력과 저항 사이를 오락가락하기도 한다. 그럼에도 업무 관할권이 대체로 헌병경찰에 속해 있었으므로 협력자 역할을 이탈해서 저항 전선에 나선다는 것은 생각하기 어렵다. 향촌에 대한 행정적 관리 감시망이 촘촘하게 깔려 있었던 1910년대에 불령단체나 비밀 결사가 출현하기는 지극히 어려웠을 것으로 추측된다.

그렇다면 1910년대 식민 치하에서 결성된 단체와 조직은 어떤 것이었을까? 그리고 그런 현실에서 과연 저항 단체가 형성될 수 있었을까? 한규무는 1910년대 《매일신보》 기사를 검색해 총 28개 유형의 단체를 가려냈다.[58] 그가 이를 연도별로 추적한 결과 1910년대 단체 활동 기사가 3019건 검색되었다. 기사가 중첩되고 활동이 두드러진 사례의 경우는 재차 기사화되었던 것으로 미뤄 3019개보다는 적은 수의 단체와 조직이 있었던 것으로 보인다. 단체 유형으로는 청년회(503건), 협회(454건), 협의회(392건), 부인회(365건), 연구회(212건), 간친회(166건), 구제회(139), 교육회(125건), 저축계(111건) 순으로 출현 빈도가 높고, 농민·노동조합, 장려계, 저축계, 학생회, 장학회의 빈도가 낮게 나타난다. 소작인회와 소작인조합도 59건으로 상당한 관심을 모으고 있었다. 청년회, 협회, 협의회, 부인회가 가장 많은 것은 총독부의 정책적 관심이 어디에 있었는지를 가늠하게 해 주는 지표다. 청년들과 부인들을 동원해 식민 통치의 정당성과 효율성을 홍보하는 것이 중요했고, 어떤 특정 목적을 달성하기 위해 한시적인 협회와 협의회를 조직해 운영했을 것으로 짐작된다.

실제로 어떤 내용들이 실렸을까. 《매일신보》가 총독부 기관지였으므로 정책 효과를 홍보하는 기사나, 청년, 부녀자 활동과 장려계, 저축계, 교육회, 교풍회 등을 집중 조명해서 식민 통치의 정당성과 효율성을 알리는 내용이 주를 이뤘다. 기사 내용의 구체적 면모를 일별해 보자. 《매일신보》 기사에서 단체와 조직 활동을 임의로 검색해 본 결과 대략 209건이 잡혔다.[59] 내용은 실로 다양하다. 간친회, 실업회, 구제회, 장학회, 실업회, 장려회, 축산조합, 양잠조합, 잡업협회, 노동조합, 저축조합 등이 1910년대 당시 총독부 식민 통치의 근간을 이뤘는데 모두 행정 일원화와 행정 효율성을 위한 실행 및 보조 단체들이었다. 예를 들면 아래와 같다.

(1) 평양실업협회, 평양유지간친회, 평양동지회

三月一日夜 平壤實業協會 會堂內에서 平壤有志懇親會를 開ᄒ고 同會를 平壤同志會로 改稱ᄒ기를 決한 後에 直히 發會式을 擧行ᄒ고 會長 一人과 幹事員 七人을 選定ᄒ 後에 同會의 目的及實行에 關ᄒ야 幾多의 會員이 次第로 起ᄒ야 腦藏ᄒ 抱負로 各其氣焰을 吐ᄒ얏ᄂ디 同會의 目的은 市民을 代表ᄒ 民團役員의 執務에 關ᄒ야 從來에 紛紜ᄒ 隅論이 不無ᄒ 故로 此際에 强大有力ᄒ 與論을 喚起ᄒ야 團役의 各員을 監視흠에 在ᄒ다더라(平壤支局)[60]

(2) 달서여학교 부인교육회

達西女學校內에 婦人敎育會一團이 有흠은 一般知道ᄒᄂ 바어니와 同婦人會에셔ᄂ 女子界의 商業을 獎勵 爲ᄒ야 客年에 資金을 釀集ᄒ야 該校舍一部에 小規의 商店을 開設ᄒ고 迄今實行ᄒᄂ디 各商舖에 物品購入과 又其小賣及會計事務를 會員一般이 躬執ᄒ여 今에 其前道의 有望을 可期ᄒ며 平生에 閨門을 不出ᄒ고 刀尺細務에만 從事ᄒ던 婦人女子로써 時勢物情을 揣ᄒ며 算板을 手ᄒ야 拈斤播兩의 務를 自執ᄒ니 中流以上家女子의 將來規範이 此로 從ᄒ야 開示되리라더라[61]

(3) 인천부 납세장려조합, 산림보호조합, 소작조합, 근검저축조합, 아동저금조합, 인천부청규약저금

仁川府管內에 在ᄒ 納稅獎勵組合, 山林保護組合, 國有地小作組合, 勤儉貯蓄組合, 實業靑年會, 仁川公立普通學校兒童公同貯金組合, 仁川府廳規約貯

金等八月中貯金成績을 聞ᄒ즉 新加入者百二十四名, 脫出者九十八名差引總人員一千七百六十四名인디 當月中 受入額 百三十四圓〇九錢 累計 一千六百五十四圓三十六錢 內拂戾額 四十二圓七十七錢 現在額 一千六百十一圓五拾九錢이라더라(仁川支局)[62]

(4) 청년학우회

鐘路中央青年會學館의 學制ᄂ 本科, 英語科, 國語科, 工藝科 四部에 分ᄒᄂ 故로 其 卒業生 及 在學生의 親睦會 等 組織도 此를 隨ᄒ야 各科 學友會, 班會, 同窓會 等의 名稱이 有ᄒ던바 近頃에 各會 會員은 自相分離홈을 慨嘆ᄒᄂ 同時에 聯合의 必要를 深感ᄒ 故로 互相 斡ᄒ야 數次 卒業生 在學生이 會議ᄒ 結果로 館內 諸會를 統一ᄒᄂ 青年學友會라 稱ᄒ고 其 新製規則에 對ᄒ야 本日 下午 七時에 協議ᄒ다더라[63]

(5) 의법청년회

湖南線 江景驛前 黃金町 耶蘇教會堂內 設立된 懿法青年會ᄂ 當地 郡參事 宋秉直氏 外 有志 紳士 諸氏의 誠心 贊成ᄒ 結果로 因ᄒ야 該會 學務部에셔 勞動夜學校를 成立ᄒ고 體育部도 確實히 組織되얏다 ᄒ며 勸業部를 設立ᄒ야 無業者를 救濟ᄒ다 ᄒ며 其他 各部의 事業도 次第 施設中이라더라[64]

(1)은 평양실업협회, 간친회, 동지회가 시민을 대표한 '민단역원'의 역할 감시와 여론 환기를 결의하고 실천에 들어갔다는 내용이다. (2)는 달서여학교 부인교육회가 여학생의 상업을 장려하려는 취지에서 교내에 상점을 개설하고 회계 업무를 맡는다는 것, (3)은 인천부 관내 여러 조합과 단체의 저축 실적을 점검했다는 내용, (4)는 종로중앙청년회학관 내에 청년회가 여러 갈래로 나뉘어 있어 이를 통합한다는 내용, (5)는 강경 의법청년회에서 노

동야학교, 체육부, 권업부를 설립해 활동한다는 내용이다.

《매일신보》의 기능상 총독부 정책에 부응하지 않는 단체들의 동향을 기사로 쓰기는 어려웠을 것이기에 대부분의 단체 및 조직 기사는 그런 기조로 일관되었다. 앞에서 지적했듯이, 부·군·면의 유력층을 포함해 청년, 부인 및 직업인들은 일반 공적 조직과 준(準)공적 조직에 동원돼 식민 통치의 말단 기능을 담당했다. 행정 단위별로 인지, 자원, 조직 동원 방식이 대체로 30여 개 유형에 달했다고 할 수 있겠다. 식민 통치의 동원 조직으로서 식민 이념을 내면화하고 정책 사업의 효과에 대한 긍정적 평가를 하게 되겠지만, 일제가 의도하지 않은 다른 효과도 동시에 창출했다는 사실 역시 '협력과 저항', '모방과 위협'의 관점에서 중요하다. 그것은 도시와 향촌의 조선인들이 기존에는 경험하지 못했던 '조직 학습'(organizational learning)을 광범위하게 했다는 사실이다.

모방은 위협을 낳는 씨앗이다. 모방이 위협으로 변형되는 경우는 여럿이다. 식민 당국의 정책 홍보와 실행의 전선에 이상이 발생할 때, 또는 열성적 참여자가 일제의 숨은 의도와 결과적 폐해를 간파할 때, 조직화의 모방은 곧 저항 조직을 결성하는 은밀한 영역으로 이전된다. 또는 열성 참여자가 일제 행정 당국에 의해 제대로 평가를 받지 못하거나 보상 수준이 기대에 못 미칠 때에도 그렇다. 출세와 보상의 구조적 한계를 인지하는 순간, 열성은 적의(敵意)로 변한다. 저항 전선이나 비밀 결사가 만들어지는 순간이다. 부록의 기사 자료에서 저항 단체 혹은 비밀 결사 기사가 세 건 정도 발견되는 것은 흥미로운 일이다. 전수 조사를 하면 이보다 훨씬 더 많겠지만, 1910년대에 적발된 비밀 결사 사건은 매우 적고, 주로 1915년이 지난 시점에서 발생하고 있다는 사실만으로도 '암흑의 사회 운동기'의 전반적 양상을 짐작하기에 충분하다.

비밀 결사와 공화제

'암흑의 사회 운동기'에는 어떤 움직임도 없었을까? 전체주의 체제에서 저항 단체는 흔히 비밀 결사의 형태를 띤다. 나치즘 독일과 파시즘 이탈리아에서도 반체제 비밀 결사가 다수 출현했고 활동했다. 1910년대 식민지 조선에서도 그런 활동이 있었다. 1910년대에 국내 비밀 결사는 그리 많지는 않았지만 분명히 존재했다. 비록 활동의 범위와 영향력은 크지 않았다 해도 10여 개에 달하는 조직이 총독부와 헌병경찰의 감시망을 피해 작동하고 있었음은 독립운동의 관점에서 매우 중요한 의미를 갖는다.

첫째, 몇 개의 조직은 만주와 간도 지역 독립운동 단체, 미주 국민회와 긴밀한 연락을 취하고 독립운동의 전략을 공유하고 있었다는 점이다. 주요 인사들이 만주, 간도, 중국을 비밀리에 왕래했고 접촉했다. 국내 청년들을 은밀히 모집해 북간도 무관 학교와 훈련소로 보내 독립군으로 양성했다. 1910년대 말까지 간도 지역에서 양성한 독립군 병력이 약 3500여 명에 달할 정도라면, 이는 인력과 군자금을 조달하는 체계적 연계망이 없고는 불가능하다. 박성순은 연락망을 발굴해서 연락 기관, 연락 거점을 밝혔는데, 이를 통해 '국민' 개념의 국내 유입이 이뤄졌을 가능성이 있다. 특히 미주 지역 국민회가 간행한 《신한민보》가 국내에 유입되기도 했다.[65]

둘째, 공화제 이념의 유입과 확산이다. 모든 비밀 결사가 다 그런 것은 아니었지만, 비중 있는 비밀 결사인 조선국권회복단, 대한광복회, 조선국민회는 처음부터 공화제를 표방한 혁명 단체였다. 비밀 결사를 주도한 인물들의 출신 배경으로 보아 의병 계열은 대체로 입헌 군주제, 계몽주의 계열은 공화제를 추구했다는 점은 주목을 요한다. 3·1 운동에서 공화제가 출현한 것은 이런 흐름의 연장선에서 가능한 일이었다.

부록에 실은 사회 단체 기사 리스트에서 비밀 결사 관련 기사가 세 건 검색되었다. 전수 조사를 하면 더 많이 나올 터인데, 비밀 결사가 존재했다는 것, 그리고 기사 논조로 보아 비밀 결사의 출현에 총독부가 극도로 신경을 썼다는 것을 확인할 수 있다. 예를 들면 다음과 같다.

(1) 불교동맹회

임의 루ᄎ 긔지ᄒᆞᆫ바 경셩즁부 ᄉ동(寺洞) 션교량죵포교당(禪敎兩宗布敎堂)에셔 젼도에 죵ᄉᄒᆞᄂ 한룡운(韓龍雲) 화상 등 기타의 발긔로 불교쳥년회를 죠직ᄒᆞ려다가 당국의 금지로 즁지된 후 무삼 마음이던지 쏘흔 불교동밍회(佛敎同盟會)를 죠직ᄒᆞ고 그 니용으로ᄂ 삼십본산쥬지의 간셥이 업시 힝동ᄒᆞ야 한푼의 돈도 업시 긔어코 셜입ᄒᆞ고 야쇼교회 포교갓치 길로 단이며 포교를 ᄒᆞᆯ 방침으로써 모든 불교학셩들로 ᄒᆞ야곰 도장을 찍어 동밍케 흔 후 지ᄂ 번 공일날 동쇼문 밧쳥슈동(淸水洞)에 나아가셔 비밀히 협회흔 일은 본보에도 임의 보도흔 바어니와 이즈음 북부경찰셔 고등계(高等係)에셔 젼긔 발긔쟈 한룡운을 불너다가 온당치 못흔 일을 엄즁히 셜유ᄒᆞ 동밍회ᄭᅵ지라도 죠직ᄒᆞ지 못ᄒᆞ게 일은 후 쟝리를 경계ᄒᆞ야 노아 보니엿다더라[66]

(2) 대한교민광선회, 광제회

윤이병 윤호 류병심 신규션 등은 일한 병합흔 것을 흥상 질겨ᄒᆞ지 안턴 결과 비밀히 긔회를 타셔 구한국 국권회복 대한교민광선회(대한교민광션회)를 도모ᄒᆞ고져 대졍 이년 겨울부터 전라도 군산 근쳐에셔 정철화 김현곽 등과 맛나 비밀히 협의흔 후 대한교민광션회(大韓矯民光鮮會)라ᄂᆞᆫ 비밀단톄를 조직ᄒᆞ얏스나 일이 뜻과 ᄀᆞᆺ지 못ᄒᆞ야 슌ᄌ로 네 명은 경셩에 올나와셔 그 목뎍을 힝키 위ᄒᆞ야 면져 셔간도(西間嶋)에 이쥬흔 동지쟈와 연합흔 것과 ᄀᆞᆺ치 작년 오월 칠일 윤호 류병심 신규션 세 명은 경셩을 ᄯᅥ나 셔간도에 가셔 동도 통화현 합니하(仝嶋 通化縣 哈泥河)에 거쥬ᄒ야 광졔회(光濟會)를 조직ᄒ고 비밀히 국권회복을 계교ᄒ고 잇는 오쥰(吳俊) 리승규(李昇奎) 리규쥰(李奎俊) 김챵환(金昌煥) 등과 ᄌ죠 왕복을 ᄒ는 동시 (후략)[67]

(3) 단천자립단

함경남도 단쳔군 슈하면 즁평리 방쥬익(咸南 端川郡 水下面 仲坪里 方周翼) 동군 광쳔면 룡뎐리 리림비(仝郡 廣泉面 龍田里 李林培) 동군 수하면 하농리 박승혁(仝郡 水下面 下農里 朴承赫) 동군 파도면 외문리 강명환(仝郡 坡道面 外門里 姜明煥) 동군 동면 사는 심항긔(沈恒基) 등 열아홉 명은 본디 야소교 신쟈로 죠션의 구면목을 회목홀 작●으로 비밀히 ᄌ립단(自立團)을 죠직ᄒ고 젼긔 방쥬익은 단쟝으로 리림비는 부단쟝으로 박승혁은 총무로 동지모집원은 강면환으로 회게원은 심항긔로 뎡ᄒ야 비밀흔 힝동을 ᄒ다가 일이 발각되야 단쳔군 헌병분디에셔 일젼에 그 십구 명을 쳬포ᄒ야 함흥디방법원검ᄉ국으로 압숑ᄒ얏다는디 (후략)[68]

위의 (1)은 한용운이 결성하려던 '불교동맹회'로 비밀 불순 단체로 분류되어 북부경찰서 고등계의 엄중 경고를 받았다는 내용이다. 앞의 4장에서 살펴보았듯이, 종교계는 비밀 결사 결성에 유리한 조건을 겸비하고 있었다. 외견상 교리 연구를 표방하고 실제로는 민족 운동을 추구해도 내부인이 밀고하지 않고는 쉽게 적발되지 않았다. 종교 단체는 믿음에 바탕한 유대감이 강한 조직이므로 비밀 결사가 성장하기 좋은 토양이었다.

대구 소재 계명학교와 남선정교회를 중심으로 결성된 교남기독청년회가 전형적이다. 남선정교회 담임 목사인 이만집은 학교와 교회 연결망인 교남기독청년회를 통해 민족 운동의 기반을 확대했는데, 이는 대구 3·1 운동 당시 거점 역할을 할 정도로 중대한 위치를 점했다. 3·1 운동 기독교 계열 대표인 이갑성이 독립선언서 200매를 전달한 곳도 여기였다.[69] 기독청년회는 총독부가 정책적 지원을 많이 제공했던 단체로서 야학 설립, 실업 교육, 이념 교육, 정책 홍보 등의 역할을 실행했다.

서울 YMCA에 설치된 '조선중앙기독교청년회'는 이런 관점에서 언론의 관심이 집중됐던 학생 단체였다.[70] 전국 교회에 설립된 기독청년회 중 민족 교육을 암암리에 중시한 단체들이 3·1 운동 당시 대중 시위의 전위 부대를 형성했음은 3·1 운동 재판 기록에서 읽을 수 있다. 천도교 역시 비밀 결사를 운영했다. 이종일은 천도교 내에 건립한 보성사 사원을 주축으로 불교, 기독교와 연합하여 국민 집회를 기획했는데 실패로 돌아갔다. 이후 비밀 결사인 '민족문화수호운동본부'를 조직해 운영했으며, 1914년에는 '천도구국단'(天道救國團)을 조직했다.[71]

(2)는 의병 계열의 비밀 결사인 '대한교민광선회'가 적발되어 공판에 회부되었다는 내용이다. 1915년부터 이런 내용의 기사가 더러 나왔을 것이다. 의병 계열 비밀 결사는 1912년 임병찬이 서울에서 결성한 독립의군부(獨立義軍府)에서 비롯되었다.[72] 최익현 의병에 참여했던 임병찬은 고종 옹립과 국권 회복을 꾀한 복벽주의자로서 척사유림(斥邪儒林)의 전형적 항일 지도자였다. 이 조직은 전국적 지부를 설립해 개신 유학, 계몽주의 계열 항일 단체와 연합을 꾀하기도 했다. 독립의군부 인사들이 1913년 새로 조직한 단체가 대한교민광선회인데 일제에 발각되어 1915년 재판에 넘겨졌다. '서간도 통화현 합니하에서 광제회를 조직하여 국권 회복을 꾀하고 자주 왕복했다.' 라는 내용이 특기할 만하다.[73]

아무튼, 중요한 점은 국내 민족 운동 비밀 결사들이 해외 망명지와 긴밀한 관계망을 구축하려 했다는 것이다. 이런 관계망을 통하여 해외의 독립운동 전략과 이념이 국내로 유입되고 논의의 결과가 다시 발원지로 송신되었을 것이다. 공판에 넘겨진 윤이병, 윤호, 류병심, 신규선 등 대한교민광선회의 핵심 요원들은 두 지역을 연결하는 메신저 역할도 겸하고 있었던 것으로 보인다.

(3)은 계몽주의 계열, 특히 기독교 계열의 비밀 결사 중 하나인 '단천자립단' 관련 기사다. 함남 단천군 중평리의 19명이 독립군 양성과 자금 조달, 궁극적으로는 '혁명을 도모할' 목적으로 결성한 비밀 결사다. 단장 방주익은 대한자강회 단천지부장을 역임한 계몽주의 인사로서 공화주의를 표방한 것으로 알려져 있다.[74] 계몽주의 계열에서 가장 잘 알려진 비밀 결사는 경북 기반의 '조선국권회복단'과 '대한광복회', 그리고 평양에서 결성된 '조선국민회'다.

우선 조선국민회는 기독교계 평양 숭실학교 학생들이 결성한 혁명 단체다. 조선국민회의 성격에 대해서는 연구자마다 약간씩 차이를 보이는데 대체로 독립 전쟁 준비 조직으로서 무기 구입과 군사력 배양에 주력했다는 점이 공통이다.[75] 미주의 대한인국민회와 긴밀한 연락을 취하고 있었다는 사실에 비춰 미주 독립운동 노선인 공화주의를 표방했던 것으로 보인다. 조선국민회의 핵심 인물인 배수민에 대한 방기중의 연구는 배수민의 재판 기록을 검토했는데, 안동 지부 백세빈이 하와이로부터 신문, 편지, 사진을 입수했고 백세빈은 그것을 평양 본부와 전국에 배포했다는 것이다.[76] 아무튼, 1918년 초 경찰에 적발돼 해체된 조선국민회는 개신교 교육의 영향을 받아 만주와 간도 지역 독립 기지와 관계망을 구축하는 한편 미주 국민회가 추구했던 '공화 국민' 개념을 일찍이 수용했던 것으로 보인다.

대한광복회는 가장 활발하고 조직의 기반이 단단했던 비밀 결사였다. 의병 계열 중 개신 유림이 주도했던 풍기광복단(1913)과 대구에서 결성한 조선국권회복단(1915)을 발전적으로 통합한 조직으로 알려져 있는데,[77] 군자금 모금, 독립군 양성, 친일 부호 처단 등 급진적 전략을 채택해 실행한 단체였다. 군자금을 만주 군사 학교로 보내는 것은 물론, 전국에 지부를 확대하고, 몇 개 지역에 상회(商會)를 열어 자체적 재정 조달을 꾀했다. 대한광복회 주도 인물인 박상진과 조선국권회복단의 핵심 인물 서상일은 중국과 만주를 자주 왕래하며 그곳 인사들과 독립운동 전략을 구상하고 논의했으며, 간도 신흥무관학교와 군사훈련소에 청년들을 선발해 보내기도 했다.[78] 서상일은 중국과 블라디보스토크를 자주 왕래해 그곳 독립 단체들과 협력 투쟁을 모색했으며, 박상진은 일찍이 상해를 다녀오고, 만주와 북경을 왕래했다.[79]

조동걸의 선행 연구에 따르면, 대한광복회는 상해, 만주와 긴밀한 소통망을 개척하면서 독자적인 독립 전략을 기획하고 실행한 명실상부한 혁명 단체였다는 것이다.[80] 주도 인물인 박상진, 이관구가 중국의 신규식, 조성환, 신채호와 교류했다는 사실과 이들의 활동 성향을 분석해 혁신 유림으로 분류하고 조직이 추구하는 정체를 공화제로 규정했다. "대한광복회가 지향하는 새 국가는 공화국이었다는 점이다. 박상진, 김한종 등 광복회 인사가 일제 경찰에서 주장한바 광복회의 목적은 '국권을 회복하여 공화 정치를 실현하는 데에 있다.'라는 것이다."[81]

그 외에도 10여 개의 작은 비밀 결사들이 존재했는데,[82] 여기에서 중요한 점은 1910년대 암흑의 공간에도 비밀 결사가 존재했고 활동했다는 사실, 그 중 세 비밀 결사가 해외 기지와 관계망을 구축해 연락을 취했으며, 인적 물적 자원을 지원했고, 나아가 자주 왕래했다는 사실이다. 조선국권회복단과 대한광복회는 만주와 간도 지역에 거점을 두고 협력 활동했으며, 조선국민회는 미주 국민회와 소통 채널을 만들었다. 이런 비밀 결사들의 활동 윤곽이 드러나기는 했으나 자료 부족으로 심층적 연구가 진척되지 않은 것은 아쉽다. 국내와 국외 독립운동이 어떻게 연결되었는지, 국외 운동 이념이 국내에 어떻게 전파되고 변형되었는지에 대한 심층 연구가 필요하다. 또한 주요 인물들이 수감되고 비밀 결사가 해체된 후 3·1 운동과 1920년대 민족주의 운동의 전개 과정에서 어떤 역할을 했는지 그 단절과 연결점을 찾는 것은 매우 중요한 연구 과제다.[83] 3·1 운동이 전국적 시위로 증폭하고 국민 개념과 공화제가 국내는 물론 국외 독립 기지로부터 광범위한 합의 기반을 구축해 지배적 화두로 출현한 그 경위를 밝히는 데 중요한 단서이기 때문이다.

6 국민의 탄생: 전야

'기회의 창'이 열리다

1919년 1월 21일, 고종이 승하했다. 향년 66세. 봉건 체제에서 근대로 넘어오는 '말안장의 시간'을 온몸으로 겪은 고종, 그의 탄생 연대에는 이미 조선의 마지막 군주로서의 운명이 예정되어 있었다. 세도 정치가 절정에 달한 것과는 역으로 국력은 급전직하 상태였다. 대원군 집정기를 거쳐 1863년 권력을 물려받았을 때 조선은 제국 열강의 틈에 끼어 있었다.

왜(倭)가 왔다. 메이지 유신 공신인 구로다 기요타카(黑田淸隆)가 전함 8척, 보급선 2척을 앞세워 강화도에 상륙했다. 판중추부사 신헌(申櫶)이 나가 맞았다. 인천, 군산, 원산이 개항돼 일본인이 몰려 들어왔다. 영국, 독일, 프랑스, 미국과 수호 통상 조약을 맺었고, 서양 문물의 유입에 안도와 우려가 교차했다. 갑신정변 이후 10년간 지속된 원세개의 섭정 속에서 고종은 근대로 넘어가는 준비 작업을 수행하고자 했지만 여건은 그리 쉽지 않았다. 개혁과 반개혁의 물결이 궁중을 뒤흔들었다. 대신들은 힘이 더 센 강대국을 저울질하느라 지리멸렬했다. 세계사의 판도를 바꾼 두 차례의 전쟁, 청일 전쟁과 러일 전쟁을 한반도에서 치렀다. 그리고 통감부가 들어섰다. 이후 고종이

할 수 있는 일은 없었다. 격변과 망국 위기에 시달리는 인민들의 마음을 위로할 뿐 수족은 잘렸다. 고종이 개명(開明) 군주인지 암약(暗弱) 군주인지는 차치하고 분명한 사실은 외세 진출과 체제 변혁의 격렬한 파고(波高)를 고종만큼 파란만장하게 감당한 조선 군주는 없었다는 점이다.

강제 폐위된 1907년 이후 그의 존재는 인민의 가슴속에 상징으로 남았다. 여전히 국가가 살아 있다는 희미한 신호, 그러나 현실 세계에서는 아무 의미도 없는 구시대의 상징이었다. 소멸된 국가와 연결된 그 무력한 신호가 고종의 죽음과 함께 끊어졌다. 군주와 국가의 분리가 일어난 것이다. 그것은 이미 9년 전 일한 강점에서 일어난 일이지만 '정신세계에서의 분리'까지가 그의 죽음으로 완결된 것이다.

유림들은 상복으로 갈아입었다. 인민들은 덕수궁 대안문(大安門) 앞에 엎드렸다. 그들은 국가와 연결된 끈이 끊어진 자신들의 정신세계가 표류(漂流) 상태로 접어들었음을 직감했다. 그것은 고아(孤兒) 의식이었다. 국가와 군주 사이의 그 어정쩡한 공간에 고아 의식이 밀려 들어왔다. 망부(亡父)를 대신해 침몰하는 정신적 국가를 붙잡아야 했다. 군주는 갔는데, 군주를 대신할 주체는 누구인가. 이 막막한 공간에 우선 밀려온 것은 울분이었다. 1905년부터 시작된 왜의 악정, 14년간 감당한 억압적, 폭력적 식민 통치에 대한 울분이었고, 그 울분의 바닥에서 고난의 연대감이 고개를 들었다. '민족'이었다.

일찍이 친일로 전향한 윤치호도 그랬다. 고종의 승하 소식을 접한 그는 고종의 승하를 조선의 자결권이 끝내 소멸된 상징적 사건으로 간주했다. 노인들이 상복을 차려입고 호들갑을 떠는 모습이 못마땅했고 '가슴속 울분을 토로할 명분'으로 몰아가는 여론의 향방에 우려를 표명했다.[1] "지금 조선인들은 복받치는 설움을 이기지 못하고 옷소매를 적셔 가면서 고종 황제를 위해 폭동을 일으키려 하고 있다."라고 썼다.(1월 26일자) 소요와 폭동의 조짐은 이후 일기에서 줄곧 나타나는데, 윤치호는 여전히 쓸데없는 짓이라고 토를 달았다. 투쟁할 힘이 없는 국가는 독립할 수 없다는 것! 그럼에도 소요 징후는 도처에서 출현했다. 장례 행렬 도중 소요를 계획하고 있다는 여자고등보통학교 학생들 소식, YMCA 강연회에 운집한 1600여 명 학생들의 울분과 분노, 동맹 휴학 소식 등이었다. "그들은 아주 작은 불씨만 주어도 무섭게 타오를 기세였다."(2월 23일자) 2월 초에는 이상재가 윤치호를 방문해 항간에 나도는 비난을 전했다. 파리강화회의에 가서 조선 실상을 알려야 할 사람이 방관하고 있다는 자신에 대한 혹평이었다.

약소 민족을 위한 파리강화회의가 개최된다는 소식은 항간에 파다했다. 두 달 전, 뉴욕에서 개최된 '약소국동맹회'가 식민지 독립 가능성을 타전한 상태였다. 미국 대통령 우드로 윌슨(Woodrow Wilson)은 상하원 합동 연설에서 '민족 자결권' 원칙을 선언했다. "민족적 열망은 존중되어야 한다. 민족은 그들 자신의 동의에 의해서만 통치될 수 있다!"[2] 이 얼마나 듣고 싶었던 말인가. 그것도 강대국 미국의 대통령이 공식 선언한 말이니 희망을 걸지 않을 수 없었다.

실현되지 않는 허망한 꿈일지라도 한번 열린 '기회의 창'(window of opportunity)이 언제 다시 닫힐지 몰랐다. 국제 정치에서 그런 기회의 창은 그리 자주 열리지 않는다. 보름 전, 동경에서 조선독립청년단 명의의 「2·8 독립선언서」가 낭독되었음은 이미 알려진 바였다. 주동 인물 장덕수는 입국하자마자 체포되었다. 미주 안창호와 이승만이 파리강화회의에 특사를 파견한다는 소문도 파다했다. 여운홍은 미국의 준비 작업을 지원하다가 돌아와 급히 상해로 갔다. 신한청년단과 합류하기 위해서였다. 연해주와 간도 지역 독립 단체는 2월 초에 이미 파리 특사를 파견했고, '대한국민회의' 조직에 착수했다. 파리 특사인 고창일과 윤해는 내전 중인 러시아를 통과해 파리로 향했다.[3] 여운형은 2월 중순 시급히 러시아로 떠났다. 독립선언서 작성을 논의하려는 목적이었다. 이런 소식들은 국내로 반입된 국외 망명지 신문을 통해 알려졌다.

윤치호는 이런 시도를 두고 "바보 같다."라고 했다.(1월 29일자) 그럼에도 시청 광장을 메운 군중들을 보며 저류에 흐르는 민족 정서를 떠올렸다. 고종 승하를 애도하는 군중에게서 무력으로도 소멸되지 않는 민족 정서를 발견했던 것이다. "최근의 사건들은 다른 민족과 마찬가지로 마음속에 민족 본능이 살아 숨 쉬고 있다는 결정적인 증거다. 일본은 양 민족을 위해 친절을 베풀어 이런 민족 본능을 달래야 한다."(2월 27일자) 3·1 운동이 발발하기 이틀 전이었다. YMCA 창문에서 목격된 만세를 부르는 군중, 모자와 손수건을 흔드는 소년들, 애국심 하나로 순진한 청년들이 '불을 보듯 뻔한 위험 속으로 달려드는 모습'에 눈물이 핑 돌았던 그날 이틀 전에 쓴 글이었다.

을사늑약 이후 14년 만에 열린 '기회의 창'으로 울분이 몰려 들어왔다. 마침 1차 세계대전의 특수로 일본 자본도 동시에 한반도로 대거 진출했다. 도시 지역엔 저임 노동자가 형성됐고, 농촌에서는 토지 조사로 경작권을 상실한 소작농들의 반발이 거세졌다. 데라우치가 일본 수상에 임명돼 물러간 자리에 하세가와 총독이 부임했는데, 전쟁 특수로 인한 경제 변동을 적절히 관리하고 다른 한편으론 노동자와 빈농의 반발을 무마할 효율적 수단을 찾지 못했다. 14년 만에 사회는 요동쳤다. 전쟁 특수의 이익은 지주와 일본 상인에게 돌아간 반면, 노동자와 빈농은 차별과 가난에 허덕였다. 1918년 노동자의 실질 임금은 1910년대 초보다 하락했다. 투자에 의한 경제 활력은 생필품 가격의 앙등을 초래했다. 석탄과 땔감 가격이 치솟았고 쌀값이 폭등했다. 일본 미곡상들이 러시아 전쟁에 쓸 군수 식량을 조선에서 조달한 결과였다.[4] 토지와 가옥의 수탈, 과도한 세금 징수에 대한 원성이 높아졌다.

여기에 돌림감기가 덮쳤다. 1918년 세계를 휩쓴 독감이 조선에서도 맹위를 떨쳐 그해 가을 수확을 못 한 곡식들이 논밭에서 썩었다. 러시아에서 만주로, 다시 한반도로 전파된 독감의 위력을 당시로서는 알 길이 없었다. 앞에서 소개한 예천 박씨의 일기에도 당시 절박했던 상황이 그대로 적혀 있다.

10월 9일. 권덕필이 공진회(共進會)에 참가했다가 돌아와서 병사했다.

10월 10일. 돌림감기가 대지에 만연되었는데 대구 공진회에서는 하루 죽은 사람이 400여 명이라 한다.

10월 24일. 온 식구가 앓아누웠으니 끼니가 걱정된다. 앓고 일어난 사람이 있는가 하면 누워서 앓는 사람이 있다. 누구나 한 번은 중병을 겪어야 한다.

11월 1일. 선평마을의 종질부(從姪婦)의 상일(喪日)이다. 아래·윗마을에서 죽은 자를 다 기록할 수 없다. 수십 명이 죽었다. 이 또한 큰 시변(時變)이다.[5]

유럽 전선에서 엄청난 인명 피해를 낸 독감은 전 세계로 확산되어 5000여만 명의 목숨을 앗아 갔다. 1918년 9월에서 1919년 2월까지 조선에서 당시 '만주감모(感冒)', '유행성감모'로 불렸던 독감에 걸린 환자 수는 750만 명에 달했고 그중 14만 명이 죽었다. 경북에서만 2만 명이 죽었다.[6] 총독부는 방역에 적극 나서지 않았다. 독감의 정체가 무엇인지 몰랐고, 다만 조선인의 불결한 생활 태도와 구관미신(舊慣迷信) 탓으로 돌렸다. 사망자를 파악하는 것 외에 방역과 치료에 소홀했던 총독부에 대한 불만은 생활고, 차별적 현실, 경제 수탈과 섞여 일촉즉발의 상태로 치달았다. 일제 강점기 9년간 1만 5000명이 목숨을 잃었으며, 그 외에 억울하게 구금된 자, 태형을 받은 자, 간도와 국외로 이주한 자가 부지기수였다.

3·1 운동의 발발 원인과 배경에 관해서는 학계에 이미 많은 연구가 진척되어 있다. 일제의 정치적 탄압과 경제적 수탈, 민족 차별, 민족 자결주의, 해외 독립운동의 성장, 국제 정세의 변화, 민족주의 역량의 증대, 국내 민족 엘리트 집단의 활동과 네트워크 확장, 근대 교육을 이수한 학생 청년층의 등장 등등. 내인론과 외인론, 민족 엘리트층과 민중 의식, 수탈과 문명화의 명암, 지배와 협력, 강압과 회유 같은 대립적 관점의 중요성을 점검하면서 양자를 포괄해 보려는 종합화 시도도 여럿 있었다.

기존 연구들을 종합적으로 검토한 최근의 논문에서 도면회는 3·1 운동의 요인을 민족적 차별, 근대적 제도, 재정적 수탈, 무단 정치 등 네 가지로 분류하고, 각 범주에 속하는 요소들을 열거했다. 그럼에도 산촌과 강촌, 한촌과 빈촌에서 일어난 자발적 시위와, 심지어는 일자무식 농군, 일용 노동자, 시국에 무관심했던 사람들이 일제의 총칼 앞에 자발적으로 나섰던 그 무모한 행위의 동기를 설명하기에는 부족하다는 첨언을 달았다. '1910년대 한국인들은 도대체 어떻게 살았을까?' 그들의 구체적 삶의 양태와 의식을 조명해야 할 필요성이 제기되는 대목이다.[7] 이 질문에 충실한 연구가 권보드래의 최근 노작이다.[8] 『독립운동사 자료집』에 나오는 공판 기록과 인물들에 대한 '감정 이입'을 통해 그들이 품었던 당시의 세상 인식과 동기를 추체험하는 상상 공간에서 당시 인물들을 재현했다.

한편, 이 연구는 공론장 분석이다. 1910년대 한국인들의 삶의 양태를 공론장을 통해 재구성한 연구로서, 문예, 종교, 사회 운동의 성장과 진화 양상이 3·1 운동을 기화(氣化)했음을 밝히고자 한 것이다. 그런 과정에서 '국민의 탄생'이 목격되었음을 정립하고자 했다.

3·1 운동이 사회 운동 범주에 속하기 때문에 집단 행동에 관한 사회학적 이론을 적용할 수도 있다. 이를테면, 농민 혁명에 관한 사회심리학적 시각이다. 피착취자의 울분과 분노는 착취 수준이 절정에 달했을 때를 조금 지

나 하향 곡선을 그리기 시작하는 시점에서 폭발하는 경향이 있다. 농민 혁명을 분석한 연구에서 제임스 스콧(James Scott)은 동남아시아 농민의 도덕 경제에 관한 연구에서 농민들은 착취의 절정기를 견디다 약간 누그러질 때에 농민 전쟁을 감행하는 경향이 있음을 밝혔다.[9] 이른바 '역(逆) J 곡선 이론', 인내심(tolerance)이 하락하는 지점, 그래서 불만의 수위가 인내심보다 높아지는 지점에서 민란이 발생하는 것이다.

1919년이 그런 시기였다. 불만이 치솟았거나 인내심의 고갈이 훨씬 빨랐을 수도 있다. 조선인들에게는 그 혹독한 탄압을 인지하는 시간과 그것을 견디는 인내의 지혜를 찾는 시간이 필요했다. 초기 몇 년이 그랬는데 억압적 통치 기제가 정비된 1915년 이후는 인내심과 불만이 동시에 높아지다가 1918년 후반부에 이르러 인내심의 하향 추세가 시작됐다고 할 수 있겠다. 저항과 반발의 틈새가 발생하기를 기다렸다. 하세가와 총독 부임으로 약간 느슨해진 억압 기제에서 그 틈새가 엿보였는데 1차 세계대전 종결로 급변하는 세계 정세가 그 틈을 벌리고 확장하는 듯했다. 거기에 불만이 폭증했다. 한층 고조된 생활고와 돌림독감, 죽은 동포들에 대한 분노가 겹쳤고, 고종의 승하가 국적 없는 민족의 울분을 되살렸다. 역사에서 '기회의 창'은 중첩된 우연성(contingency)에 의해 열린다.

1910년대 '억압의 천개' 밑에 형성된 공론장이 꿈틀거린 것은 '기회의 창'이 만들어졌을 때다. 그동안 공론장의 밑바닥에서 싹튼 위협 요인들이 하나둘씩 공개된 장소로 튀어나왔다. 마음속 깊이 간직한 반발의 심리적 맹아들이 실천적 행위와 언어로 표출되기 시작했다. 강요와 교섭, 억압과 인내 사이 낀 공간에 머물던 불만의 언어들이 인내의 벽을 깨고 광장으로 흘러나오기 시작한 것이다. 국제 무대에서 일어나고 있는 일들, 국외 망명지에서 들려오는 소식, 그리고 장안을 가득 메운 소요 징후들이 불만 표출 행위에 대한 공포심을 경감시켰다. 완화된 공포감이 치솟는 불만을 누를 수 없을 때

광장으로 나가는 문이 열린다. 광장에서, 그리고 공공장소에서 표출된 언어들과 행위들은 서로의 유대감을 독려하고 그렇게 형성된 유대감은 아무리 불온한 것일지라도 민족의식에 의해 정당성을 부여받는다.

우리가 분석한 세 개의 공론장을 싸매고 있던 단단한 껍질이 벗겨지는 것은 그런 우연성이 중첩된 효과다. 유대감을 확인하는 순간, 공론장은 규제 껍질을 벗겨 내고, 분리 장벽을 무너뜨리고, 서로 결합해 상승 작용을 일으킨다. 공론장을 이끌던 교양 시민들이 먼저 나서고 그들을 신뢰했던 민중들이 뒤를 따른다. 종교, 사회 운동 공론장이 하나로 합쳐져 공통의 언어와 행위를 확인하는 것은 한순간이었다. 그것이 문예 공론장으로 흘러넘쳐 소설과 계몽 서사로 근대성을 익혔던 수많은 익명 독자들을 동맹군으로 규합한다. 각 공론장의 밑바닥에 흐르던 민족 정서가 서로 만나 '분노의 저수원'을 이루면 공론장의 참여자들은 시민이자 민족 구성원이라는 공통 민적(民籍)의 소유자가 된다. 공론장을 형성했던 시민들이 민족 정체성과 연결되는 순간이다. 여기에, 표류하는 '정신적 국가'를 구출할 정치적 주체 의식이 부여되면 '시민'들은 곧 '국민'으로 전환한다. 공론장의 결합이 상호 교감의 계기를 제공하고, 이 상호 교감의 행위와 언어에서 국민 정체성이 싹트는 것은 근대 혁명 내지 정치적 저항 운동의 공통점이다.[10]

3·1 운동에 나선 평범한 사람들의 마음속에는 혹여 본질적 차원의 국민 정체성은 형성되지 않았을지 모른다. 그러나 시위에 나서기를 각오한 사람들, 우연히 시위에 휩쓸린 사람들의 인지 공간은 언제든지 국민 정체성으로 진화할 휘발성 있는 체험과 위협 요소들로 가득 차 있었다. 거기에 국민 정체성을 인화하는 역할은 운동의 전위에 나선 사람, 운동 지도자들의 몫이었다. 공론장의 시민들은 3·1 운동 시위에 가담하거나 단순히 목격하는 것만으로도 '국민'이 되었다. 1919년 봄, '국민의 탄생'이 그렇게 예고되고 있었다.

3월 1일, 서울 태화관에서 민족 대표 33인 명의로 「독립선언서」가 낭독되었다. 오후 2시, 선언서 낭독이 끝나고 민족 대표 29인은 일경에 체포되었다.[11] 30분 뒤 파고다공원에서는 학생 대표가 선언서를 대독했고, 만세 시위가 시작됐다. 서울의 시위 소식은 곧 전국으로 타전되어 만세 시위가 물결처럼 퍼져 나갔다. 이후 5월까지 3개월간 전국은 '대한독립만세', '조선독립만세' 함성으로 가득 찼다.[12] 박은식의 『한국독립운동지혈사』에 따르면, 3~5월 집회 횟수 1542회, 피체포인수 4만 6948명, 사망자 7509명, 상해자 1만 5961명, 총 참여인 수 202만 3098명에 이른다.[13] 상해 임시 정부가 편찬한 『한일관계사료집』에는 숫자가 달리 집계되어 있지만,[14] 아무튼 참여하지는 않았지만 구경한 사람, 묵시적 동의자, 철시에 동조한 상인 등을 합하면 거의 인구의 절반에 달할 것이다.

참여자든 아니든 모든 조선인들에게 '3월 1일'은 '민족'의 기억과 연결되었다. 기억 속에 묻어 둔 민족을 현실로 소환한 날이었다. 상상 속에 압제된 민족을 해방시킨 날이었다. 피체포자 중 재판에 회부된 사람은 1만 9525명이었는데,[15] 형을 받은 사람들의 재판 기록에서 당시 시위 참여자의 사고와 행동, 당시 전개된 시위 운동의 전반적 양상을 읽어 낼 수 있다. 피의자들이 형량에 대해 제기한 상고(上告) 판결 내용 중 앞의 공론장 분석과 대응하는 몇 개 사례만 살펴보기로 한다.[16]

(1) 피고 황병주는 "나는 10년 전부터 천도교를 믿어 왔는데 교주 손병희가 독립운동을 일으켜 체포된 사실을 매일신보를 통해 알았고 나도 그를 따라 판시된 장소에서 군중과 함께 조선독립만세를 부르고 장터를 누비고 있던 중 내가 주재소로 끌려감에 군중이 나의 석방을 요구하며 주재소로 몰려들어 난동했다."고 공술했음…… 증인 박형원의 예심조서에 "집단 중 피고 이승현은 유독 떠들었고, 황병주가 연행되자 수백 명의 군중에게 모두 주재

소로 몰려가는데 어찌하여 너희는 가만히 보고만 있는가? 나와 함께 가자고 앞장을 섰고…… 행진하였다."는 공술이 있는바 피고인 등의 범죄 사실을 인정하는 바이다.[17]

(2) 예수교 신자 장로파 이가순, 이순영은 일찍 제국 정부의 조선 통치에 불만을 품고 있는 자로…… 자기들이 작성한 문서에 독립선언서라 제목한 손병희 외 32인의 명의를 기입하여 2천 매를 인쇄하고 동년 3월 1일 50매를 함경남도 각 관청에 발송하고, 남은 것을 원산부 광성학교 생도로 하여금 군중에게 배포케 하고 일면 동일 오후 2시경 원산리 시장에서 군중에 대하여 독립연설을 하고…… 군중과 함께 독립만세를 부르면서 원산시가를 행진하여 치안을 방해한 것이다.[18]

(3) 피고 이기동은 "3월 1일 오후 1시경 선천 읍내에서 조선독립을 선언할 때에 태극기를 휘두르면서 열광적으로 찬성하고 만세를 부른 사실은 조금도 부인하지는 않으나…… 민족 자결주의는 현금 불란서 파리에서 열리고 있는 강화회의가 시인하는 바인데 이때에 있어 을사조약 이후 압제와 학대를 받아온 조선 민족이 어찌 그 독립을 도모치 않을 것인가, 독립만세는 일본 법률을 적용할 만한 범죄에 속하지 아니하므로 감히 보안법 위반으로서 처벌할 수 없는 것"이라 강변함. 피고 최중옥 역시 "우리들은 다만 정의 인도로써 거사를 했을 뿐, 우리들을 그렇게도 압제하였으나 소와 말이 아닌 사람으로서 누가 능히 참고 이 부당한 형벌을 참고 받을 것이랴 피고를 무죄로 한다면 귀국은 다행하다고 하려니와 그렇지 못하다면 귀국의 일대 수치가 될 뿐 아니라 동양의 평화는 물거품처럼 사라지고 말 것이니 통곡할 수밖에 없다." 운운하였음.[19]

(4) 피고 권영도의 상고 취지는 "피고는 농업에 종사하는 몸으로 나라 형편의 여하를 불문하고 그저 집에 있었을 뿐으로 갑자기 고함 소리와 총소리가 들려 문을 열어 보니 조카가 부상했다는 소식이었다. 달려가 보니 주재소 창문이 깨지고 돌이 너브러져 잠시 주저하다 돌아갔는데, 이튿날 호출되어 가 보니 불문곡직 난타(亂打) 심문했으며 아픔에 못 이겨 횡설수설했는데 2년 반을 언도했고…… 원통하기 그지없다. 대저 조선 독립의 사실은 세계적인 주의(主義)로써 공포한 문제이다. 이에 대하여 조선 민족 된 자라면 누구나 용기를 내어 춤을 출지라도 법률상 하등 죄가 있을 것이랴!" 운운……[20]

모두 상고 재판의 내용으로서 '범죄 내용과 형량'이 그대로 확정된 사건들이다.(주문에 '상고를 기각한다'로 되어 있다.) (1)은 천도교도가 행한 만세시위인데 공주군에 천도교가 널리 퍼져 있었던 것으로 보아 전도실 내지 연원 조직이 가동되었을 것으로 짐작된다. (2)와 (3)은 기독교 신자들의 만세운동이다. 이가순, 이순영은 원산 지부를 맡은 시위 운동의 책임자였고, 광성학교 학생들이 주도 세력으로 참여했다. 이기동은 기독교 계통 신성학교 교사로서 당시 21세, 최중옥은 18세 신성학교 학생이었다. (4)는 황해도 신천군 사례인데, 재판에 회부된 사람들이 대체로 권씨 성을 가진 것으로 미뤄 문중이 대거 참여했거나, 신천 지역이 일찍부터 개신교가 정착된 지역이라 문중 대부분이 기독교 신자들이었을 가능성도 높다. 다만 권영도는 단순한 농민이었다고 했다. 조카가 상해를 당해 주재소에 갔다가 오해를 받고 고문을 당했는데 결국 2년 6개월형을 받았다. 형은 그대로 집행되었다.

이기동은 교양 시민답게 보안법이 조선에 적용되지 않음을 설파했다. 학생 최중옥의 변론은 늠름하기까지 하다. "소와 말이 아닌 사람으로서" 어찌 그런 압제를 견딜 수 있을 것이며, 만약 유죄를 언도한다면 귀국의 수치다! 일개 농민인 권영도 역시 민족 자립에 대한 기본 상식을 갖추고 있었다. 공론장의 진화가 만들어 낸 민족 시민들이었다. 결합된 공론장에서 태어난 시민의 주체 의식이었다. 세계적인 주의로서 공포한 바인데, 조선 민족 된 자가 독립만세를 외치는 것은 하등 죄가 아니다! 만국평화회의에 관한 소식은 이미 알려져 조선인 모두에게 희망을 주었던 것이 분명하다. 문예 공론장과 접촉한 평범한 시민들 속으로 종교 공론장이 시민 종교의 덕목을 전파했고, 조직적 네트워크를 형성했다. 이를 통해 마치 전류처럼 분노와 민족의식이 흘러 공론장의 연대감을 충전했다. 공론장 내부에 억압력이 미약하게 미쳤던 '상상의 인클레이브'(imaginary enclave)에 자극이 가해진 것은 위의 공술에서 역력하게 드러난다. 민족적 각성의 언어들과 행위들이 소국(小國)의 경계를 넘쳐흐르기 시작했던 것이다.

'민족'은 네 사례의 공통분모다. 그들은 주체 의식을 갖춘 시민이었다. 학식이 있는 자든, 없는 자든 '조선 민족'을 서슴없이 발언할 때에 일본인들은 동종동근, 일시동인, 황조황종 이데올로기가 전혀 쓸모없음을 알아차려야 했다. 윤치호도 민족의 지속성을 알아차려 "친절을 베풀어 민족 본능을 달래야 한다."라고 했다. 당시 영국 기자 매켄지도 말했다. "결국 일본은 한국 민족을 동화시키는 것이 아니라 한국인의 민족의식을 부활시키는 데 성공한 것이다."

국민의 탄생

'억압의 천개' 밑에서 숨죽였던 시민들이 광장으로 나왔다. 만세 시위가 독립을 가져올 것으로 믿었던 사람, 울분에 찬 가슴을 속 시원히 풀어냈던 사람, 총탄을 피해 산으로 도망친 사람, 산정에서 횃불을 들고 밤을 새운 사람, 그냥 그래야 할 것 같아 만세를 불렀던 사람, 지주의 횡포에 화풀이하러 나간 사람, 어쩌다 전위에 섰다가 경찰의 칼에 맞아 반신불수가 된 사람 모두가 시민이었고 민족이었다. 군주가 사라진 마당에 익사(溺死)하는 국가를 붙잡아야 했다. 만세 소리가 익사 직전의 국가를 구출할 것 같았다. 5000년 역사! 서당에서, 교회에서, 가정에서, 학교에서 매일 들어 왔던 5000년 역사가 고작 10여 년 일제의 압제로 사라질 것 같지는 않았다. 군중 속에서 그들은 해방감을 느꼈다. 해방감은 가지각색이었지만, 민족 해방은 누구도 부인할 수 없는 공통 정서였다. 압제된 민족을 시민 자율성으로 구출한다는 것. 그 주체는 무엇인가?

국외 망명지 독립 단체들이 응답했다. 그것은 '국민'이라고. 군주가 사라진 지금, 당신이 주체가 되어야 한다고. 시민과 민족의 결합체에 정치적 열망이 주입되면 국민 국가(nation-state)가 만들어진다. 국외 망명지에서 국내 만세 시위의 정치적 열망에 이름을 붙였다. 우리가 5장에서 분석한 '환상형 공화 네트워크'로부터 온 메시지였다. '우리는 이제 국민이며, 우리의 만세 시위는 국민 국가 건설을 향한 행군이다.'

조선의 근대 개혁과 고종의 치적을 다각적으로 분석한 이태진 교수는 3·1 운동에 관한 최근 저서에서 이렇게 썼다.

1919년 3월의 독립 만세 운동은 일본 제국으로부터 강제로 빼앗긴 주권 회복을 위한 국민운동이자, 국민 탄생을 이룬 대한제국 고종 황제의 죽음을 애도하면서 새로운 공화제의 국민 국가로서 대한민국을 탄생시킨 일대 시위로서 한국 현대사의 새로운 분기점을 이루는 것으로, 그 혁명성에 대한 다각적인 연구가 요망된다.[21]

이 연구는 그 다각적 측면의 하나, 공론장 분석에 해당한다. 1905년부터 14년 동안 공포 정치 아래에서 숨죽여 간직한 민족의식, 일제의 문명화에 동원돼 근대 문물을 모방하고 그것의 민족적 정체성을 의문시했던 역투(逆透)의 체험, 문예·종교·사회 운동 공론장에서 배양한 시민적 도덕과 공덕, 그리고 공개인(公個人) 의식이 '기회의 창구'를 통해 발현하는 일련의 과정을 추적한 것이다. 시민과 민족의 결합은 어떤 식민 통치하에서나 이뤄지는 자연스러운 과정이다. 그런데, 그것이 대규모 전국 시위로 발화해서 식민 본국과 대등한 위치로 국민 의식을 끌어 올리는 사례는 그리 흔치 않다. 만세 시위에 참여했던 사람들과 목격했던 사람들은 물론, 우연히 끌려가 모진 고문을 당했던 사람들 또한 무엇을 위해 이런 고초를 당해야 하는지 자문했을 것이다. 고문 앞에 초연한 사람은 드물다. 거기에 국외 망명지의 메시지가 날아들었다. 당신은 '국민'이기를 원하는 것이라고, '국민 국가'를 향한 행군의 전위에 선 사람이라고.

환상형 공화 네트워크가 가동하기 시작했다. 1919년 2월 1일, 만주, 노령 지역 민족 지도자 39인이 선포한 「무오독립선언서」를 필두로 3월 20일 미국에서 안창호가 주도한 「대한국민회의독립선언서」가 3·1 운동 탄압에 신음하던 조선인들에게 '국민'을 호명했다. 군주가 사라진 마당에 아무 거리낌이 없었고, 이제 대한민국을 향해 첫걸음을 뗐다는 희망의 신호였으며, 1차 세계대전 후 재편되는 세계 질서에 식민지 조선도 적극적으로 참여해야 할 주체적 임무를 띠고 있음을 확인하는 장엄한 포고였다. 제국주의 역사에서 식민 본국을 향해 저렇게 비장하고 본질적인 인류사적, 문명사적 가치를 상기시키고 본래의 위치로 돌아가라고 근엄하게 꾸짖은 식민지민은 없었다. 형이 동생보다 늦게 깰 수 있다. 그렇다고 형을 마구 짓밟는 동생은 패륜아다. 중국도 늦게 깼지만, 3국이 공존하는 것, 그래서 주변 국가를 돌보는 것, 동양 평화가 우리의 인류사적 사명이다. 일본에 문명을 전해 준, 5000년 역사를 가진 형국(兄國)다운 훈계였다.

3월 1일 이후 3년간 선포된 선언서, 통고문, 호소문은 22건에 달했다. 조소앙이 작성한 「무오독립선언서」부터 신채호가 쓴 「조선혁명선언」(1923. 1)까지 모두 미국, 일본, 프랑스를 비롯해 전 세계에 타전됐다. 물론 약소국의 발신을 중요시한 나라는 없었지만, 그 문건들은 20세기 세계 평화와 약소민족의 자립이 인류 문명의 발전에 가장 중요한 가치임을 확인시킨 세계사적 기록이었다.

세계 강대국들은 조선이 타전하는 평화의 메시지를 무시했고, 그 대가를 혹독하게 치렀다. 일본의 파시즘, 독일과 이탈리아의 나치즘, 홀로코스트, 2차 세계대전, 그 이후 냉전과 각종 내전, 인종 청소, 문명 충돌로 지구촌은 원한과 증오의 무덤이 됐다. 강대국들이, 인종 분쟁에 휘말린 약소국들이 조선이 발신한 선언문과 호소문에 더 귀를 기울였다면, 압제를 경험한 민족의 피맺힌 통곡이 전 세계로 확산되지는 않았을 것이다. 세계의 무관심과 자민족 중심주의는 결국 30년 후 식민지를 갓 벗어난 한반도에도 전란을 초래했다.

1919년 2월부터 3월까지 선포된 선언문 중 중요한 것은 여섯 편인데, 그것의 핵심 가치는 다음과 같은 개념으로 집약된다.

• 무오독립선언서(1919. 2. 1.): 민족, 일본 규탄, 영토, 민족 자존과 자립
• 2·8 독립선언문(1919. 2. 8.): 민족, 차별, 세계주의, 민주주의, 혈전
• 3·1 독립선언서(1919. 3. 1.): 역사, 민족, 동양 평화, 침략, 문명과 야만, 강권, 독립의 당위성
• 독립선언포고문(1919. 3. 13.): 역사, 민족, 천명, 동양 평화, 민족의 혈맥
• 조선국민의회 독립선언서(1919. 3. 17.): 군국주의, 민주주의, 문명적 사명, 독립과 자주

• 대한국민의회 독립선언서(1919. 3. 20.): 합병 원천 무효, 인권, 탄압의 참상, 야소교, 인도주의, 동양평화, 세계주의, 국제연맹

이를 종합하면, 이 선언문들은 한반도 조선에서 세계에 발신한 '반제국주의 헌장'이고 인도주의와 세계 평화를 향한 '인류 문명 헌장'이다. 모든 선언서가 민족에 바탕을 둔 '국민'과 '국민 국가' 건설을 최종 목적지로 설정했다. 정치 체제는 공통적으로 민주주의였고, 세계 평화와 인도주의에 기여하는 국민 국가였다. 미국의 정치학자 헌팅턴(Samuel Huntington)이 분석한 민주 전환 '제1의 물결'이 끝나 가던 무렵에 식민지 조선에서 국민 국가와 민주주의 열망이 터져 나온 것이다. 그러나 세계사적 흐름은 냉혹했다. 조선에서 그런 절규가 터져 나온 '제1파' 끝 무렵은 많은 민주주의 국가가 다시 권위주의 체제로 돌아서기 시작한 시간과 겹쳤다. 그럼에도 민족 자존과 자립을 외쳤고, 아대한(我大韓) 국민, 조선 국민을 호명했다. 각 선언서의 핵심 부분은 이렇다.

보호 조약…… 발표 후에도 전 국민은 적수(赤手)로 온갖 반항을 다하였으며……한국 합병이 조선 민족의 의사가 아님을 가지(可知)할지라…… 정의와 자유를 기초로 한, 민주주의 선진국의 범(範)을 수하여, 신국가를 건설한 후에는, 건국 이래 문화와 평화를 애호하는 오족은 세계의 평화와 인류의 문화에 공헌함이 유(有)할 줄을 신(信)하노라.[22]

아의 고유한 자유권을 호전하야, 생왕(生旺)의 락(樂)을 포향할 것이며, 아의 자족한 독창력을 발휘하야 춘만한 대계에 민족적 정화를 결유할지로다.[23]

지금 오인이 조선에의 정황을 설(說)함에 있어서 우선 조선인의 문명적

국민인 사(事)를 설명하기 위하여 피 일본인으로서도 차를 부정키 곤란한 역사상의 사실을 거시하고저 한다…… 조선 국민은 기 고유의 국토에 있어서는 하등의 공민으로서의 자유를 향유치 못하고, 가중한 국세 부담의 권리 외에는 국정에 참여하는 일절의 권리를 상실하였다.[24]

독립과 함께 국민이 선포되었다. 아대한의 국민이 탄생한 것이다. 이를 이어 상해 임시 정부는 대한민국 임시 헌장을 공포했다. 그 선서문에서 국민의 탄생을 공식화했다.

세계의 동정이 흡연히 우리 국민에게 집중하였도다. 이때를 당하여 본 정부는 전 국민의 위임을 받아 조직되었으니 본 정부는 전 국민과 더불어 전심(專心)하고 육력(戮力)하여 임시 헌법과 국제 도덕의 명하는 바를 준수하여 국토 광복과 방기확고(邦基確固)의 대사명을 다하기를 선서하노라.[25]

'국민의 탄생'은 1919년 4월 11일 상해 임시 정부의 헌법에 의해 '대한민국 국민'으로 공식 규정되었다. 국호는 대한민국, 체제는 공화정이었다. "대한민국은 민주 공화정이다." 국민의 탄생은 그렇게 출범 경적을 울렸다. 여행은 시작되었다. 여행은 시작되었으나 갈 길은 멀고 거칠었다.

1 일본 제국주의의 기원: 광기의 정신 구조

1) 『일본서기(日本書紀)』, 9단 「천손 강림조」 제1의 1서.

2) 이찬수, 「영혼의 정치학: 천황제와 신종교의 접점」, 서울대학교 일본연구소, 《일본비평》 9호, 2013.

3) 단군이 수백 년을 살았다기보다는 당시 고조선의 통치자를 통칭해 단군으로 불렀다고 해석하는 편이 옳다. 노태돈은 최근 저서 『한국 고대사』(경세원, 2014, 46쪽)에서 이렇게 말한다. "단군은 특정인의 이름이라기보다는 고조선의 군장 칭호로 여겨진다."

4) 이런 형태의 신화와 설화는 중국과 몽골 지역에서도 발견된다.

5) 김화경, 『일본의 신화』(문학과지성사, 2002), 4장 참조. 최남선이 일본의 신화에 대응하는 신화 유형으로 넓게는 만주 일대의 신화와 조선의 단군 신화를 연구한 것은 천황제의 절대성을 무너뜨리는 심각한 일격이었다. 천부인 세 개는 일본 신화와 마찬가지로 구슬과 칼, 나머지 하나는 북, 방울, 관 중 하나였을 것으로 추정한다. 최남선, 전성곤·허용호 옮김, 『단군론』(경인문화사, 2013).

6) 아이자와 세이시사이, 김종학 옮김, 『신론』(세창출판사, 2016).

7) 야스마루 요시오, 박진우 옮김, 『근대 천황상의 형성』(논형, 2008), 22쪽. 야스마루는 일본 천황제를 '위조된 구축물'로 규정했다.

8) 아이자와 세이시사이, 「국체」, 앞의 책.

9) 정옥자, 『조선 후기 조선 중화 사상 연구』(일지사, 1998).

10) 박삼헌, 「막말 유신기의 대외위기론」, 《문화사학》 23호, 한국문화사학회, 2005에서

재인용.

11) 위의 논문.

12) 송석원, 「사쿠마 쇼잔의 해방론과 대서양관」, 《한국정치학회보》 37집 5호, 한국정치
학회, 2003에서 재인용.

13) 박삼헌, 앞의 논문에서 재인용.

14) 마루야마 마사오, 김석근 옮김, 『일본 정치 사상사 연구』(통나무, 1995), 451쪽에서
재인용.

15) 『고사기』와 『일본서기』를 합친 개념.

16) 山口縣敎育會 編, 『吉田松陰全集』 1권; 박삼헌, 앞의 논문에서 재인용.

17) 정의(正毅), 「근대 일본의 서구 숭배와 국수주의: 메이지 유신부터 청일 전쟁까지를
중심으로」, 《일본사상》 27호, 한국일본사상사학회, 2014.

18) 마루야마 마사오, 앞의 책, 500쪽.

19) 위의 책, 462쪽.

20) 마루야마 마사오, 김석근 옮김, 「국체의 정신적 내면으로의 침투성」, 『일본의 사상』
(한길사, 1998), 92쪽.

21) 그 밖에 도쿠가와에 충성을 맹서했지만 독자적 세력 기반을 지닌 도자마 다이묘(外
樣大名)가 있었다.

22) 마루야마 마사오, 김석근 옮김, 앞의 책, 482쪽, 주 14에서 재인용.

23) 요시다 쇼인, 「번(藩)에 대한 건의서」, 위의 책, 508쪽에서 재인용.

24) 피터 두스, 김용덕 옮김, 『일본 근대사』(지식산업사, 1983), 22쪽.

25) 18세기 도시 상인층인 조닌(井人)들이 탐닉한 문화가 그러하다. 가토 슈이치, 김태
준·노영희 옮김, 『일본 문학사 서설 2』(시사일본어사, 1996).

26) 예를 들어, 노벨 문학상을 받은 가와바타 야스나리의 『설국』(1937) 첫 문장은 이렇
다. "국경의 긴 터널을 지나면 설국이었다." 이 국경은 군마현과 니가타현의 접경 지역
이다.

27) 야스마루 요시오, 이원범 옮김, 『천황제 국가의 성립과 종교 변혁』(소화, 2002), 63쪽
에서 재인용.

28) 야스마루 요시오, 박진우 옮김, 앞의 책, 20~21쪽.

29) Jürgen Kocka, *Civil Society and Dictatorship in Modern German History*(Hannover and

London: University Press of New England, 2010).

30) Barrington Moore, *Social Origin of Dictatorship and Democracy*(Boston: Beacon Press, 1966).

31) 함동주, 『천황제 근대 국가의 탄생』(창비, 2009), 3장 참조.

32) 피터 두스, 앞의 책, 77쪽.

33) 임태홍, 「사카모토 료마의 국가 건설 사상: 동아시아적 관점에서 본 선중팔책」, 《정치사상연구》 10집 2호(2004년 가을), 142~145쪽.

34) 함동주, 앞의 책, 73쪽; 장인성, 『메이지 유신: 현대 일본의 출발점』(살림, 2014); 이노우에 가쓰오, 이원우 옮김, 『막말 유신』(어문학사, 2013) 참조.

35) 그럼에도 동북 지역에서는 막부 친정부군이 여전히 저항을 계속해 그들을 완전히 진압하는 데 1년 5개월이나 걸렸다. 메이지 유신은 이런 내전 속에서 진행된 것이다.

36) 정의, 앞의 논문, 285쪽.

37) 당시 폐번치현에 대한 신문 기사에는 천황의 제국 통치라는 말이 등장한다. 이때 '제국'은 제국주의의 그것이 아니었지만, 천황이 정치의 정점에 상정됨으로써 천황제 제국주의의 단초를 보이고 있다는 점에서 유의할 만하다. "한마디로 말하자면, 이 칙령에 의해 수 세기의 역사를 지니면서 이 나라의 정치 형태를 근본적으로 대표해 온 봉건 제도가 한번에, 게다가 최종적으로 폐지되었다. 그리고 정부는 천황의 제국 통치하에 집중되었다." 『일본사 사료 근대편』, 91~92쪽; 함동주, 앞의 책, 113쪽에서 재인용.

38) 이노우에 가쓰오, 앞의 책, 198쪽.

39) 위의 책, 200쪽.

40) 淸水伸, 『제국헌법제정회의』, 88쪽; 마루야마 마사오, 김석근 옮김, 『일본의 사상』(한길사, 1997), 83~84쪽에서 재인용.

41) 진무 천황은 『고사기』와 『일본서기』에 나오는 1대 천황으로서 야마토 가시하라궁(大和原宮)에서 즉위했다고 하나 실재적 근거는 없다.

42) 야스마루 요시오, 앞의 책, 107쪽.

43) 위의 책, 107쪽.

44) 아이자와 세이시사이, 앞의 글.

45) 야스마루 요시오, 앞의 책, 131쪽.

46) 율령법의 시행 세칙을 집성한 법전으로서 967년 편찬되었다. 신명장에는 3132좌의

신명이 등재되어 있다.

47) 구노 오사무, 쓰루미 슌스케 외, 심원섭 옮김, 『일본 근대 사상사』(문학과지성사, 1994), 109쪽; 이찬수, 「영혼의 정치학: 천황제와 신종교의 접점」, 《일본비평》 9호, 125쪽에서 재인용.

48) 1869년 순국 지사를 모시는 초혼사가 도쿄에 창건되었는데(도쿄 초혼사), 1876년에 야스쿠니 신사로 개칭되었다.

49) 坂本健一, 『明治神道史』; 야스마루 요시오, 박진우 옮김, 앞의 책, 189쪽에서 재인용.

50) 이노우에 노부타카 외, 박규태 옮김, 『신도, 일본 태생의 종교 시스템』(제이앤씨, 2009), 13~30쪽.

51) 야스마루 요시오, 박진우 옮김, 앞의 책, 185쪽.

52) 클로드 레비스트로스, 류재화 옮김, 『레비스트로스, 일본을 말하다』(문학과지성사, 2014), 21쪽.

53) 위의 책에 수록된 강연, 「알려지지 않은 도쿄」. 대신 레비스트로스는 '일본이 복원이라는 수단을 통해 근대로 진입했으므로 전통적 가치들을, 예를 들어 혁명을 통해 근대로 들어온 프랑스보다 잘 지킬 수 있었다고 칭찬을 늘어놓았다.

54) 마루야마 마사오, 김석근 옮김, 『일본의 사상』, 74쪽.

55) 마루야마 마사오, 김석근 옮김, 「군국 지배자의 정신 형태」, 『현대 정치의 사상과 행동』(한길사, 1997), 134쪽.

56) 위의 책, 56쪽.

57) 마루야마 마사오, 김석근 옮김, 『일본의 사상』, 96쪽.

58) 에릭 홉스봄, 이용우 옮김, 『극단의 시대: 20세기 역사 상·하』(까치, 1997).

59) 독일을 방문한 이토 히로부미에게 비스마르크가 했던 충고. 한상일, 『이토 히로부미와 대한제국』(까치, 2015), 133쪽에서 재인용.

60) 해나 아렌트, 이진우·박미애 옮김, 『전체주의의 기원』 1(한길사, 2006), 49쪽.

61) J. A. 홉슨, 신홍범·김종철 옮김, 『제국주의론』(창작과비평사, 1982).

62) 위의 책, 7쪽.

63) 박지향, 『제국주의 ― 신화와 현실』(서울대학교 출판부, 2000), 1장.

64) 후쿠자와 유키치, 「井上角五郎先生傳」; 한상일, 『1910 일본의 한국 병탄』(기파랑, 2010), 42~43쪽에서 재인용. 이노우에 가오루는 1894년 조선의 일본 공사로 부임했

으며 합병 조약(1905)과 한일 합병 조약(1910)에 혁혁한 공로를 세운 외교관이다. 이
토 히로부미, 오쿠마 시게노부(1838~1922)와 함께 원로 그룹을 보좌하는 정책 전문
가이자 정치인으로 활약했다.

65) 정창석, 「식민지 시대 한일 양국의 상호 인식」, 한일관계사연구논집편찬위원회, 『일
제 식민지 지배의 구조와 성격』(경인문화사, 2005), 69쪽에서 재인용.

66) 1895년 4월 17일 청의 이홍장과 일본의 이토 히로부미가 맺은 시모노세키 조약.

67) 이규수, 『한국과 일본, 상호 인식의 변용과 기억』(어문학사, 2014), 39쪽에서 재인용.

68) W. G. 비즐리, 정영진 옮김, 『일본 제국주의, 1894~1945』(Huebooks, 2013), 7~8쪽.

69) 피터 두스, 앞의 책, 138쪽.

70) J. A. 홉슨, 앞의 책, 186쪽.

71) 위의 책, 280~281쪽.

72) 가타야마 모리히데, 김석근 옮김, 『미완의 파시즘』(가람기획, 2013), 190쪽. 교토학파
가 이 주장을 내놓기 전, 팔굉일우라는 용어를 만든 사람은 다나카 지가쿠(田中智學)
였다. 그는 일련종 승려였으며, 정치 운동과 사회 운동에 뛰어들어 1914년 고쿠추카
이(國柱會)를 조직했고, 『천양무궁』을 썼다. 『니혼쇼기』에 나오는 '엄팔굉이위우'(掩
八宏而爲宇, 팔굉을 덮어서 집을 삼는다.)를 지가쿠가 변용했다.

73) 1942년 《중앙공론》이 주최한 좌담회. 정창석, 앞의 논문에서 재인용, 79쪽.

74) 가타야마 모리히데, 앞의 책, 321~322쪽에서 재인용.

75) 오오누키 에미코, 이향철 옮김, 『사쿠라가 지다 젊음도 지다 — 미의식과 군국주의』
(모멘토, 2004).

76) 기타 잇키의 제자이며 도쿄 대학교 교수인 미노베 다쓰키치는 자신의 저서 『헌법정
의(憲法精義)』, 『헌법촬요(憲法撮要)』, 『일본국법학(日本國法學)』에서 '천황의 권력은
무제한적이 아니라 헌법에 의해 제한될 수 있는 권능'임을 논했다. 이를 두고 귀족원
에서 논란이 벌어졌는데 미노베는 자신의 논지를 의회에서 변론해야 했다. 그는 '만세
일계의 천황이 통치한다.'라는 일본 헌법 1조를 부정한 것이 아니라며, 천황의 권능은
국가와 헌법에 의해 규정된다는 법리학적 입장을 분명히 했다. 1935년 의회 연설(「一
身上の 辨明」) 이후 우익과 군부의 반발이 잇달았다.

77) 강상규, 『19세기 동아시아 패러다임의 변환과 제국 일본』(논형, 2019), 173~174쪽
에서 재인용.

78) 日本文部省,『國體の 本義』(1937); 정창석, 앞의 논문, 93쪽에서 재인용.

79) 이삼성,『제국』(소화, 2014), 355~356쪽. 이 책은 제국과 제국주의에 관해 동서양의 이론과 학설을 두루 고찰하는 개념사적 연구로서 보기 드문 역작이다.

80) 한상일,『제국의 시선 ─ 일본 자유주의 지식인 요시노 사쿠조와 조선 문제』(새물결, 2004). 요시노 사쿠조는 식민 통치기 조선을 여행하여 얻은 견문을 토대로 데라우치 의 식민 통치를 비판했다. 그가 목격한 것은 '경찰 국가의 압정'이었는데, 조선인의 독 립 정신만 촉발하는 위험하고 어리석은 정치라고 단언했다. 일본인은 '이민족과 접촉 한 경험도 미천하고, 타민족을 열등시하여 그들의 반항심을 도발하는 협량한 민족'이 라는 자성도 서슴지 않았다. 같은 책, 258~259쪽.

81) 大川周明,『日本乃日本人の 道』(東京, 1926); 강상규, 앞의 책, 155~156쪽에서 재 인용.

82) 福澤諭吉,「時事小言」,『福澤諭吉 全集 20』(東京: 岩波書店, 1963), 186~187쪽; 이규 수, 앞의 책, 37쪽에서 재인용.

83) 박양신,「근대 일본에서 '국민' '민족' 개념의 형성과 전개: nation 개념의 수용사」,《동 양사학연구》104집(동양사학회, 2008).

84) 송석원,「도쿠토미 소호와 전쟁: '대일본팽창론'을 중심으로」,《일본문화학보》50(한 국일본문화학회, 2011).

85) 德富蘇峰,「帝國主義の 眞意」,《國民新聞》, 1899; 박양신,「19·20세기 전환기 일본에 서의 제국주의론의 제상」,《일본역사연구》9집(일본사학회, 1999), 137쪽에서 재인용.

86) 마루야마 마사오, 김석근 옮김,「일본에서의 내셔널리즘」,『현대 정치의 사상과 행동』 (한길사, 1997), 202쪽.

87) 강상규, 앞의 책, 180~182쪽.

88) 마루야마 마사오, 김석근 옮김,『문명론의 개략을 읽는다』(문학동네, 2007), 748쪽.

89) 위의 책, 356쪽.

90) 가토 히로유키에 관한 내용은 박양신,「근대 일본에서 '국민' '민족' 개념의 형성과 전 개: nation 개념의 수용사」를 참조했음.

91) 위의 논문에 따르면, 카토는 Volk를 국민으로, nation을 민족으로 번역했다고 한다.

92) 니시카와 나가오, 윤대석 옮김,『국민이라는 괴물』(소명출판, 2002). 니시카와는 "국 민은 문명적이며, 민족은 문화적이다. 유럽에서 '문명'은 식민주의를 만들어 냈으며,

'문화'는 제국주의의 발판이었다"라고 정의했다.

93) 이규수 옮김,『일본 제국의회 관계 법령집』(선인, 2011), 66~67쪽.

94) 마키하라 노리오, 박지영 옮김,『민권과 헌법』(어문학사, 2012), 32쪽.

95)《朝野新聞》, 1881년 2월 13일; 위의 책, 35쪽에서 재인용.

96) 쓰시모토 마사시, 오키타 유쿠지, 이기원·오성철 옮김,『일본 교육의 사회사』(경인문화사, 2011), 352~362쪽.

97)「교학성지」(1879)는 천황의 시강이었던 모토다 나가자네(元田永孚)가 천황의 지방 순행 경험을 토대로 적은 교육 시찰 의견을 정리한 문건이다. 이규수, 앞의 책.

98) 위의 책, 60~61쪽에서 재인용.

99) 마키하라 노리오, 앞의 책, 68쪽.

100) 한상일,『이토 히로부미와 대한제국』, 120쪽.

101)《자유등》, 1884년 12월 29일자; 마키하라 노리오, 앞의 책, 148쪽에서 재인용.

102) 米慶餘編,『日本百年外交論』(중국사회과학출판사, 1998), 19쪽; 鄭毅,「근대 일본의 서구 숭배와 국수주의」, 292쪽에서 재인용. 이웃 국가의 정벌론이 비등했을 때 그에 대한 반론이 없었던 것은 아니다. 나카에 조민 등은 이웃 국가에 병력을 동원하는 것은 윤리적, 도덕적으로 맞지 않다고 했으며, 후쿠자와가 의회 연설(1882)에서 "도리에 맞는지 여부에 개의치 말고 점령해야 한다."라고 단도직입적으로 주장한 것에 대해 '강도국의 논리'라는 비난도 일어났다. 마키하라 노리오, 앞의 책.

103)《時事新報》, 1885년 3월 16일자; 마키하라 노리오, 앞의 책, 122쪽에서 재인용.

104) 구가 가쓰난과 도쿠토미 소호에 관해서는 박양신,「명치 중기 '국민주의'의 정치관과 세계 인식: 陸羯南의 정치 사상」(《동양사학연구》 63집(동양사학회, 1998)과 송석원,「도쿠토미 소호와 전쟁: 대일본 팽창론을 중심으로」(《일본문화학보》, 한국일본문화학회, 2011)를 참조했음.

105) 이토는 유럽 시찰 후 천황을 알현하고 헌법 구상의 대강을 다음과 같이 밝혔다. "우리나라는 고래로 만세일계의 천황이 만기를 총람해 왔습니다. 이는 세계 어디에도 볼수 없는 만방무비(萬邦無比)의 국체입니다. 이 국체를 기초로 하여 국가 경영의 대강을 세우고, 군주와 인민의 분의(分義)를 명확히 하는 방침에 따라서 대전을 입안하도록 하겠습니다." 春畝公追頌會,『伊藤傳』(1940) II; 한상일,『이토 히로부미와 대한제국』, 134~135쪽에서 재인용.

106) 이권희, 「메이지 후기 국민 교육에 관한 고찰: 창가를 통한 신민 형성 과정을 중심으로」, 《아태연구》 19권 1호(경희대학교 국제지역연구원, 2012).

107) 박선희, 「명치 창가에 나타난 '근대 신민 만들기' 양상: 소학 창가집의 가사를 중심으로」, 《일본어문학》 46집(한국일본어문학회, 2010), 293쪽.

108) 이규수 옮김, 『일본 제국의회 관계 법령집』, 71~72쪽.

109) 번역문은 이규수, 『한국과 일본, 상호 인식의 변용과 기억』, 26쪽(《官報》(1890년 10월 31일 자, 국립국회도서관 디지털 자료를 번역)과 이권희, 앞의 글, 116쪽(일본문부과학성 홈페이지 자료 번역)에서 재인용.

110) 德富蘇峰, 「戰爭と國民」; 정일성, 『(일본 군국주의의 괴벨스), 도쿠토미 소호』(지식산업사, 2005), 132~140쪽.

111) W. G. 비즐리, 앞의 책, 58쪽.

112) 위의 책, 60쪽.

113) 박양신, 「명치 중기 '국민주의'의 정치관과 세계 인식: 陸羯南의 정치 사상」, 154쪽.

114) 浮田和民, 「帝國主義と敎育」; 박양신, 「19·20세기 전환기 일본에서의 제국주의론의 제상」, 《일본역사연구》, 143~144쪽에서 재인용.

115) 마루야마 마사오, 「초국가주의의 논리와 심리」, 『현대 정치의 사상과 행동』, 61쪽.

116) 위의 책, 202쪽.

117) 일본 군부, 정치인, 언론인 들은 1910년 조선 병탄이 성사되자 '동양의 화란(禍亂)'을 제거했다고 감탄사를 연발했다. 그 구절은 이토 히로부미가 1905년 을사조약을 강압하고자 고종에게 한 말이었다. '동양의 화란'은 정작 일본이었다. 한상일, 『이토 히로부미와 대한제국』, 240쪽.

118) 야마가타 아리토모는 1890년 내각의 총리대신을 지냈는데, 주권선과 이익선을 개념화한 것으로 유명하다. 주권선은 일본을, 이익선은 조선을 포함한 주변 국가와 도서를 말한다. 청일 전쟁이 발발하자 총리대신직을 사임하고 조선 파견 1군 사령관으로 참전했다. 전쟁 중에 이토에게 사신(私信)을 보내 "황해도와 평안도를 지나오면서 그곳 토지가 기름지고 비옥하다. 하루빨리 우리 국민을 이식해 농사를 짓게 해야 한다."라고 제안했다. 한상일, 위의 책, 174쪽.

2 동토에 피는 꽃: 식민지 공론장

1) 민영환 유서. 1905년 11월 30일. 정교, 조광 편, 변주승 역주, 『대한계년사(大韓季年史)』, 7(소명출판, 2004), 196쪽.

2) 황현, 임형택 외 옮김, 『역주 매천야록 (하)』(문학과지성사, 2005), 665쪽.

3) 천안헌병분대, 『酒幕談叢』, 1914년; 권태억, 『일제의 한국 식민지화와 문명화(1904~1919)』(서울대학교 출판문화원, 2014), 29쪽 인용문에서 재인용.

4) 松井廣吉, 『朝鮮認識』 1, 1905; 권태억, 위의 책, 41쪽에서 재인용.

5) 권태억은 이런 일본의 태도를 해외 시선 의식, '열국환시'(列國環視)로 집약한다. 권태억, 위의 책, 59, 62쪽.

6) 이태진, 『일본의 한국 병합 강제 연구』(지식산업사, 2016), 166쪽, 재인용. 『日外文』 38권 제1책, 「일한 협약 체결 및 통감부 설치의 건」.

7) 정교, 앞의 책 7, 157~158쪽.

8) 위의 책, 157쪽.

9) 이태진, 앞의 책.

10) 서울대학교 인문대학 독일학연구소 옮김, 『한국 근대사에 대한 자료』(신원문화사, 1992), 552쪽.

11) 위의 책, 546~547쪽.

12) 최재학, 김인진, 신상민, 이시영, 전석준의 상소가 이러했다. 정교, 앞의 책, 189쪽.

13) 한상일, 『이토 히로부미와 대한제국』, 250쪽.

14) 황현, 임형택 외 옮김, 『역주 매천야록 하』, 663쪽.

15) 도면회, 「일제 식민 통치 기구의 초기 형성 과정, 1905~1910년을 중심으로」, 한국정신문화연구원 편, 『일제 식민 통치 연구 1(1905~1919)』(백산서당, 1999).

16) 권태억, 앞의 책, 48쪽.

17) 이태진, 앞의 책, 344쪽.

18) 한상일, 앞의 책, 322쪽.

19) 정교, 앞의 책, 68쪽.

20) 위의 책, 77쪽.

21) 미야지마 히로시 외, 최덕수 옮김, 『일본, 한국 병합을 말하다』(열린책들, 2011), 479쪽.

22) 이상 신문 기사는 서울대학교 인문대학 독일학연구소 옮김, 앞의 책, 658~670쪽 참조.

23) 이태진, 앞의 책, 399쪽. 이태진 교수는 순종 황제의 이 조칙문이 위조된 것이라고 주장한다. 조칙문 끝에 대한국새(大韓國璽)가 아니라 행정 결제용으로 통감부가 갖고 있던 어새가 찍혀 있었다는 것이다. 어새에는 칙명지보(勅命之寶)라는 문구가 새겨져 있다.

24) 이태진은 1926년 순종이 붕어하며 남긴 유서를 발굴 소개함으로써 합병은 강제에 의한 것이고 날조된 것임을 분명히 했다. 순종의 유서는 미국 샌프란시스코《신한민보》에 게재되었다. 위의 책, 406~407쪽.

25) 위의 책, 663쪽. 주일 독일 공사 카를 남작이 에렌탈 백작에게 보낸 보고서.

26) 이철우,「일제 지배의 법적 구조」, 김동노 편,『일제 식민지 시기의 통치체제 형성』, 연세국학총서 72(혜안, 2006), 126~127쪽. 그 밖에도 이 책에 실린 김동노,「일본 제국주의의 조선 지배의 특성」도 참조. 일본 식민 통치에 관한 연구로는 한일관계사연구논집편찬위원회 편,『일제 식민지지배의 구조와 성격』, 한일관계사연구논집 8(경인문화사, 2005)에 실린 박찬승, 정창석, 권태억, 윤선자, 홍영기의 글을 참조하면 좋다.

27) 윤선자,「조선 총독부의 통치 구조와 기구」, 한일관계사연구논집편찬위원회 편, 앞의 책.

28) 김익한,「일제의 면 지배와 농촌 사회 구조의 변화」, 김동노 편, 앞의 책, 78~79쪽;「일제의 초기 식민통치와 사회구조변화」, 한국정신문화연구원 편, 앞의 책, 190~192쪽.

29) 1920년에 조사한 결과에 따르면 면협의회 회원 2만 382명 가운데 1만 3907명(62%)이 여전히 양반 유생이었다. 양반 유생이 일제 통치에 포섭되고 있음을 말해 준다. 김익한, 위의 글, 87쪽.

30) 도면회, 앞의 글, 48쪽.

31) 장신,「경찰 제도의 확립과 식민지 국가 권력의 일상 침투」, 연세대학교 국학연구원 편,『일제의 식민지배와 일상생활』(혜안, 2004), 561쪽.

32) 1916년 태형은 전체 형행의 47%를 점했는데 집행된 건수는 총 5만 2546건, 이 중 즉결처분에 의한 태형이 3만 6960건이었다. 이철우, 앞의 논문, 170쪽.

33) 박찬승,「일제의 식민지 지배 정책 연구사」, 한일관계사연구논집편찬위원회 편, 앞의 책. 박찬승은 여러 연구자들의 개념이 초점에 따라 달라진다는 사실을 강조한다. 예컨

대 '동화주의에 입각한 직접 통치'(최유리), '일선동조론에 입각한 무단적 동화정책기'
(1910년대, 최석영), 황령군사통치주의(호사카 유지) 등이 그렇다. 식민 통치의 유형
비교에 대해서는 강만길 외, 『일본과 서구의 식민 통치 비교』(선인, 2004).

34) 조선총독부조선사편수회, 『조선사 편수회 사업 개요』, 1938; 정창석, 앞의 글, 86~87
쪽에서 재인용.

35) 이는 1910년대 국가 개조론자인 기타 잇키의 글이다. 北日輝, 「國家改造案大綱」,
1919; 정창석, 위의 글에서 재인용.

36) 정교, 앞의 책 9, 229쪽.

37) 황현, 앞의 책, 659쪽.

38) 위의 책, 660쪽.

39) 「정신상 국가」, 《대한매일신보》, 1910년 7월 3일.

40) 박은식, 김승일 옮김, 『한국통사』(범우사, 1999), 33~37쪽.

41) 위의 책, 42쪽.

42) 윤경로, 「신민회 창립과 전덕기」, 《나라사랑》, 97권, 1998.

43) 김상태 편역, 『윤치호 일기 1916~1943』(역사비평사, 2001), 서문 참고.

44) 박성수 주해, 『저상일월』(민속원, 2003), 409~410쪽.

45) 권태억, 앞의 책, 143쪽에서 재인용. '요보부인코'를 권태억 교수는 한국인들에 대한
멸칭으로 해석한다.

46) 권보드래, 『1910년대, 풍문의 시대를 읽다』(동국대학교 출판부, 2008), 235쪽.

47) 박성진, 「일제 초기 '조선물산공진회' 연구」, 수요역사연구회 편, 『식민지 조선과 매
일신보: 1910년대』(신서원, 2003), 69~96쪽.

48) 위의 글, 80, 85쪽.

49) 서병협 편, 『朝鮮總督府施政五年紀念, 朝鮮物産共進會』(1916); 박성진, 위의 글, 82
쪽에서 재인용.

50) 연세대학교 인문예술대학 국어국문학과 CK사업단, 『1910년대 매일신보 단형서사
자료집』(소명출판, 2010), 해제.

51) 마쓰다 도시히코(松田利彦), 「주막담총을 통해 본 1910년대 조선의 사회 상황과 민
중」, 김동노 엮음, 앞의 책, 357~397쪽.

52) 위의 글, 368, 380쪽에서 재인용.

53) L. Althusser, *Lenin and Philosophy and Other Essays*(Verso, 2001).

54) 호미 바바, 나병철 옮김, 『문화의 위치 ─ 탈식민주의 문화 이론』(소명출판, 2002); 데이비드 허다트, 조만성 옮김, 『호미 바바의 탈식민지 정체성』(앨피, 2011).

55) 호미 바바, 위의 책, 130쪽.

56) 호미 바바, 위의 책, 101쪽.

57) 윤해동, 『식민지 근대의 패러독스』(휴머니스트, 2007); 윤해동, 황병주 엮음, 『식민지 공공성 ─ 실체와 은유의 거리』(책과 함께, 2010).

58) 윤해동, 앞의 책, 44~48쪽.

59) 위의 책, 55~56쪽.

60) 윤해동, 황병주 엮음, 앞의 책, 46~47쪽.

61) 이 개념이 제기된 배경에는 무엇보다도 식민 통치를 협력과 저항, 친일과 반일, 압제와 저항 같은 이분법으로 분해하는 학문적 시각이 일제 강점기를 너무 단순한 도식으로 몰아간다는 학계의 반성이 깔려 있다. 한국이 제국의 희생이었음은 분명한데, 일제의 대척점에 반일(反日)의 정당성을 놓고 각개의 조각으로 조립하는 민족주의 사관은 무의식적으로 민족주의를 미화하는 결과에 도달한다는 반성이 그것이다. 제국주의든 민족주의든 근대의 산물이라면, '모든 근대는 폭력적이다'라는 탈(脫)근대적 관점에서 민족주의 이론을 재고해 보자는 비판적 제안이 폭넓은 호응을 얻었다. 이런 비판적 시선은 역사학계의 세 가지 큰 조류인 수탈론, 민족주의론, 식민지 근대화론에 공통적으로 적용되었다. 식민 통치와 민족적 대응이 일종의 접전을 벌이면서 식민지에 예기치 않은 결합적 근대성을 야기했다는 '식민지 근대성론'(colonial modernity)도 하나의 대안으로 자리를 잡았다. 그러나 이런 이론적 반성을 실제로 연구에 적용해서 매우 유의미하고 기존 연구와는 차별성을 갖는 색다른 결과를 얻어 내기는 어렵다는 점을 인정해야 한다. 그래서 나온 분석적 개념이 '식민지 공공성'이다.

62) 해나 아렌트, 앞의 책 1, 2(한길사, 2006).

63) 진태원, 「무정부주의적 시민성? 해나 아렌트, 자크 랑시에르, 에티엔 발리바르」, 《서강인문논총》 37(서강대학교 인문과학연구소, 2013).

64) 해나 아렌트, 이진우 옮김, 『인간의 조건』(한길사, 2019).

65) 김선욱, 「해나 아렌트의 정치 개념: '정치적인 것'과 '사회적인 것'의 관계를 중심으로」, 《철학》 67(한국철학회, 2001).

66) 정미라, 「정치적 행위와 자유: 하나 아렌트의 정치철학에 대한 비판적 소고」, 《철학논총》 76(새한철학회, 2014).

3 매체 공론장: 동굴 밖으로

1) 매체 공론장은 문맥에 따라 문예 공론장과 동일하게 사용한다. 1910년대에는 《매일신보》가 대중 독자를 위한 문예 기능을 담당했다. 매체가 중심일 때는 '매체 공론장', 잡지, 신소설, 소설책 등을 지칭할 때는 '문예 공론장'을 쓰기로 한다.

2) 미국에서 나온 신문은 《공립신보》, 《신한민보》, 《시사신보》, 《국민보》, 《태평양시사》가 있고, 러시아에서 나온 것으로는 《대동공보》, 《해조신문》이 있다. 이 신문들은 해외에서 활동한 독립운동 단체 기관지다.

3) 1908년 주한일본공사관 기록에 따르면 《대한매일신보》 구독 부수는 국한문 7500부, 한글 4500부, 영문 500부, 합하여 1만 2500부로 집계되었고, 정진석 교수는 서울 6600부, 지방 6500부로 구독자를 총 1만 3256명으로 집계했다. 정진석, 『한국 언론사』(나남, 1990), 239쪽과 주 97 참조. 한편, 《황성신문》은 약 3000부, 《제국신문》약 2000부, 만세보 약 2000부가 발행되었다. 한편, 일본의 경우 1877년 《요미우리(독매신문)》, 《도쿄에이리(동경회입)》, 《가나요미》 등 3대 신문의 발행 부수가 연간 1000만 부를 돌파했다. 《도쿄니치니치》, 《쵸야》, 《유빙호치》, 《아케보노》 등 지식인 대상 신문은 연간 발행 부수가 총 800만 부였다. 나리타 류이치 외, 연구공간 수유+너머 일본 근대와 젠더 세미나팀 옮김, 『근대 지(知)의 성립 ── 1870~1910년대)』(소명출판, 2011), 226쪽.

4) 탁지부에서 간이 조사한 인구수는 1909년 말 현재 총호구 263만 3000호, 총인구는 1236만 명이었다. 그러나 누락된 호수를 감안하면 1500만 명 정도 될 것으로 추산한다.

5) 당시 잡지로는 다음과 같은 것들이 발행되었다. 《보감(경향신문 보록)》, 《동아개진교육회보》, 《대한협회회보》, 《일진회회보》, 《서북학회월보》, 《대동보》, 《호남학보》, 《대한자강월보》, 《조양보》, 《야뢰》, 《대한흥학보》, 《수리학잡지》, 《서우》, 《소년한반도》, 《가정잡지》, 《기호흥학회월보》, 《교남교육회잡지》, 《대동학회월보》, 《태극학보》, 《소년한반도》, 《소년》, 《장학보》, 《공업계》, 《친목회회보》, 《공수학보》, 《대한유학생회보》, 《동인학보》, 《낙동친목회회보》, 《교육월보》, 《자선부인회잡지》, 《대한학회월보》, 《상학

계》, 《대한구락》. 최덕교 편저, 『한국잡지백년』 1(현암사, 2004).

6) 연구서에서는 흔히 '한일 병합', '한일 합방'으로 표기하는데, 이 연구에서는 '강압'에 적합한 용어인 '일한 병탄', '일한 강점'을 쓰고자 한다.

7) 최민지·김민주, 『일제하 민족언론사론』(일월서각, 1978), 부록편.

8) 정진석, 앞의 책, 226쪽에서 재인용.

9) 정근식, 「일제하 검열 기구와 검열관의 변동」, 검열연구회, 『식민지 검열: 제도·텍스트·실천』(소명출판, 2010).

10) 1910년 이후 폐관하는 출판사가 점차 늘어 매년 10여 개소에 이르고 있다. 1915년 기사에서 《매일신보》는 출판사 약 20여 곳, 서적상은 약 40여 곳 정도로 추산했는데 그중 주로 신소설을 냈던 동양서원이 가장 규모가 컸고 여타 출판사는 영세성을 면치 못했다. 다른 연구에 따르면, 동 기간에 출판사와 서적상을 합한 수치가 30~60여 곳을 오르내렸다. 방효순, 「일제 시대 민간 서적 발행 활동의 구조적 특성에 관한 연구」, 이화여자대학교 대학원 문헌정보학과 박사 학위 논문, 2000.

11) 정진석, 앞의 책, 312쪽.

12) 삼거소사, 「조선 신문계의 회고와 아보」, 《매일신보》 1916. 3. 4; 함태영, 『1910년대 소설의 역사적 의미』(소명출판, 2015), 57쪽에서 재인용.

13) 송호근, 『시민의 탄생 — 조선의 근대와 공론장의 지각 변동』(민음사, 2013), 441쪽.

14) 강만길 외, 앞의 책.

15) 방기중, 『식민지 파시즘론』(연세대학교 출판부, 2010).

16) 방기중의 '식민지 파시즘'은 일제 강점기 말(1937~1945년)에 적합한 개념이다.

17) 박성수 주해, 앞의 책, 413쪽.

18) 권보드래, 앞의 책, 6쪽.

19) 박성수, 앞의 책, 420쪽.

20) 한기형, 『한국 근대 소설사의 시각』(소명출판, 1999).

21) 김영민, 『한국 근대 소설의 형성 과정』(소명출판, 2005).

22) 위의 책, 152쪽. 김영민은 140여 편의 제목과 저자 목록을 제시하는데 초기에는 신소설류, 중기에는 응모 단편 소설, 중기와 후기로 갈수록 전문 작가의 출현이 눈에 띈다.

23) 함태영, 앞의 책, 60~63쪽.

24) 임화, 임규찬·한진일 편, 『신문학사』(한길사, 1993), 166쪽.

25) 위의 책, 334쪽. '박탈된 자유', 그것은 식민지민의 운명이었는데 본질과 대면하지 않고 변두리를 산보했다고 질책하는 임화의 논리는 혁명의 세계에 속한다. 김윤식, 『임화 연구』(문학사상사, 1989).

26) 전광용, 『신소설 연구』(새문사, 1986).

27) 신동욱, 「신소설과 서구 문화 수용」, 임형택·최원식 편, 『한국근대문학사론』(한길사, 1982).

28) 임화, 앞의 책, 163쪽.

29) 위의 책, 361쪽.

30) 개명 인민이란 주체 의식에 눈뜬 계몽기 인민을 말한다. 『인민의 탄생』과 『시민의 탄생』에서는 문해 인민, 각성 인민, 개명 인민으로 진화 단계를 서술한 바 있다. 시민으로 가는 징검다리다.

31) '신소설 예고', 《매일신보》, 1912. 7. 5.; 함태영, 앞의 책 98쪽에서 재인용. 현대 표기로 바꿨다.

32) 김동인, 「朝鮮近代小說考」, 182쪽. 전광용, 앞의 책, 28쪽에서 재인용.

33) 이 연구에서 사용한 신소설 텍스트는 1968년 간행된 『한국신소설전집』(을유문화사)이다.

34) 이해조에 관해서는 최원식, 『한국근대소설사론』(창작사, 1986), 2장 「이해조와 그의 시대」 참고.

35) 최찬식에 관해서는 최원식, 『한국계몽주의문학사론』(소명출판, 2002), 32~36쪽 참고.

36) 김교제에 관해서도 위의 책, 111~112쪽 참고.

37) 함태영, 앞의 책, 200~206쪽.

38) 최찬식 편, 「秋月色」, 『한국신소설전집』 제4권, 52쪽. 저본으로 삼았다.

39) 이해조 편, 「驅魔劒」, 제2권, 131쪽.

40) 이인직 편, 「은세계」, 제1권, 458쪽.

41) 이인직 편, 「치악산」, 제1권, 333쪽.

42) 이해조 편, 「자유종」, 제2권, 150쪽.

43) A. 하우저, 백낙청·염무웅 옮김, 『문학과 예술의 사회사 —— 현대편』(창작과비평사, 1974), 12~20쪽.

44) 장한몽과 일본의 가정 소설의 관계에 대해서는 최원식, 「장한몽과 위안으로서의 문학」, 임형택·최원식 편, 앞의 책.

45) 함태영, 「지면 개혁과 번안 소설의 등장」, 앞의 책, 4장.

46) 이광수의 인간과 문학에 대한 연구는 매우 많은데 김윤식의 연구가 단연 돋보인다. 김윤식, 『이광수와 그의 시대』 1, 2(솔, 1999).

47) 이인직, 「치악산」, 제1권, 271쪽.

48) 「무정」, 『이광수 전집』(삼중당, 1962) 제1권, 7쪽. 이 연구에서는 1962년 삼중당 간행 전집 열 권을 텍스트로 썼다.

49) 「국문연구의정안」은 이기문 편, 『주시경 전집』 상(아세아문화사, 1976)에 실려 있다.

50) 사실상 이광수는 1920년대 중반까지 국한문 혼용체를 즐겨 썼다. 『무정』도 애초에는 국한문 혼용으로 쓴 것을 《매일신보》의 편집 방침에 따라 수정했다. 김영민, 「근대 소설의 문체 변화와 근대성의 발현」, 앞의 책.

51) 이에 대해서는 『시민의 탄생』 6장에서 논의한 바 있다.

52) 「무정」, 77쪽.

53) 「무정」, 264쪽.

54) 함태영, 앞의 책, 345~346쪽.

55) 「무정」, 221쪽.

56) 「무정」, 290쪽.

57) 「무정」, 292쪽.

58) 「혼인론」, 《매일신보》, 1917, 11월; 『이광수 전집』 제17권, 138~148쪽.

59) 「자녀중심론」, 《청춘》, 1918, 15호; 『이광수 전집』 제17권, 40~47쪽.

60) 「무정」, 75쪽.

61) 「무정」, 273쪽.

62) 「무정」, 193쪽.

63) 「사랑」, 《영대》 창간호, 1924. 8.; 『이광수 전집』 제13권, 305쪽.

64) 「팔자설을 기초로 한 조선인의 인생관」, 《개벽》, 1921, 8. 『이광수 전집』 제17권, 158~168쪽.

65) 「민족개조론」, 《개벽》, 1922. 5월.; 『이광수 전집』 제17권, 169~218쪽과 「소년에게」, 《개벽》, 1921~1922; 『이광수 전집』, 제17권, 218~252쪽.

66) 교육과 학생층에 대해서는 4장에서 분석한다.

67) 이광수는 3·1 운동이 실패한 이유가 바로 중추 계급의 결핍이고, 그렇기에 힘을 길러야 한다는 실력 양성론으로 돌아섰다.

68) 「중추 계급과 사회」, 《개벽》, 1921, 7.; 『이광수 전집』 제17권, 154~155쪽.

69) 「소년에게」, 《개벽》, 1921, 11~1922. 3.; 『이광수 전집』 제17권, 234쪽.

70) 「민족개조론」, 《개벽》, 1922년 5월.; 『이광수 전집』 제17권, 212쪽.

71) 이광수는 와세다 대학 고등 예과에 2년을 다녔다. 김윤식 교수가 입수한 이광수의 성적표에 따르면, 그는 교육학, 심리학, 철학, 영문학을 수강했다. 김윤식, 『이광수와 그의 시대』, 514쪽.

72) 위의 책, 547쪽.

73) 「대구에서」, 《매일신보》, 1916. 9.; 『이광수 전집』 제18권, 207쪽. 이는 비밀 결사인 '조선국권회복단'이 친일 부자에게 독립 자금을 강탈하려다 미수에 그쳐 주동자들이 체포된 사건이다. 이 책의 5장 참조.

74) 「무정」, 100쪽.

75) 「무정」, 205쪽.

76) 상세한 내용은 이 책의 5장 참조.

77) 「민족개조론」, 《개벽》, 1922. 5.; 『이광수 전집』 제17권, 194쪽.

78) 이광수는 1919년 3·1 운동 직전 상해 신한청년당, 동경 신아동맹단의 핵심 인사로 활약했다.

79) 「동경잡신」, 《매일신보》, 1916, 9~11.; 『이광수 전집』 제17권, 480쪽.

80) 백대진, 「최남선을 논하고 동시에 조선의 저술계를 일견함」, 《반도시론(半島時論)》 2호, 1918.

81) 류시현, 『최남선 평전』(한겨레출판, 2011), 67쪽. 한편, 일본인이 주관한 조선연구회와 조선고서간행회가 번역 출판한 서적의 목록과 특성에 대해서는 최혜주, 「한말 일제하 재조 일본인의 조선 고서 간행 사업」, 육당연구학회, 『최남선 다시 읽기』(현실문화, 2009), 참조.

82) 《청춘》 10호, 1917.

83) 이광수, 「조선 사람인 청년들에게」, 《소년》 19호, 1910.

84) 「아등(我等)은 세계의 갑부」, 《청춘》, 7호, 1915.

85)「정신상 국가」,《대한매일신보》, 1909. 4. 29.

86)「해상대한사(11)」,《소년》, 14호, 1908.

87) 일본 사학계에서 단군 연구자들은 모두 단군 허구론을 입증하는 데에 몰두했다. 나카 미치요(那珂通世), 시라토리 구라키지(白鳥庫吉), 도리이 류조가 그들이다. 최남선의 단군론에 관해서는 다음 논문이 유용하다. 전성곤,「최남선의 민속 발견 논리와 보편성」, 황호덕,「사승이라는 방법, 육당의 존재 ─ 신화론」, 육당연구학회, 앞의 책. 최남선의 신화 연구에 관해서는 서영채,「기원의 신화를 향해 가는 길」, 서울시립대학교 인문과학연구소,『한국 근대 문학과 민족 ─ 국가 담론』(소명출판, 2005) 참조.

88)「고대 조선인의 지나연해 식민지」,《청춘》 6호, 1915.

89)「계고차존」,《청춘》, 14호, 1918.

90) 정일성, 앞의 책, 38쪽. 정일성은 1910년 10월경《경성일보》에 게재된 기사 원문을 입수해 대강의 내용을 요약했다.

91)「조선 귀족」,《매일신보》 사설, 1910. 10. 30; 심재욱,「1910년대《매일신보》의 식민지 지배론」, 수요역사연구회 편, 218쪽에서 재인용.

92) 심재욱, 위의 논문, 212쪽.

93)《학지광》은 매호 600~1000부 정도를 발행했다. 김영민,『1910년대 일본 유학생 잡지 연구』(소명출판, 2019).

94) 최덕교, 편저 앞의 책.

95) 太田水穗,「반도 청년 전도에 취하야」,《반도시론》, 창간호, 1917. 4.

4 시민 종교와 시민 만들기: 종교 공론장

1) 홍이표,「일제하 한국 기독교인의 내지＝일본 개념 수용 과정: 무단 통치기 (1910~1919)를 중심으로」,《한국기독교와 역사》 43(한국기독교역사연구소, 2015).

2) 호이징가, 최홍숙 옮김,『중세의 가을』(문학과지성사, 1997).

3)「신교자강(信教自强),《대한매일신보》, 1905. 12. 1.

4) 신채호,「20세기 신국민」,《대한매일신보》, 1910. 2. 22~23.

5) 朝鮮總督府,《朝鮮總督府施政年報》 77, 1911.

6) 이 장에서는 천주교와 개신교 교파를 모두 합쳐 기독교로 통칭한다. 당시 조선에서 활동하던 교파는 여럿이다. 천주교에 성공회, 구세군, 노국정교회, 천주공교가 있었고,

개신교에는 북장로교, 남감리교, 미감리교, 예수재림교, 동양선교회, 조선회중기독교
회가 있었다.

7) 천도교는 가족을 입교 단위로 한다. 신자는 교인 명단인 '천민보록'(天民寶錄)에 등록
된다.

8) 사경회에 관해서는 이명실, 「1910년대 사경화의 교육사적 의미」,《교육사학연구》
17(2) 교육사학회(2007).

9) 김승태 편역, 『일제 강점기 종교 정책사 자료집』(한국기독교역사연구소, 1996),
87~98쪽.

10) 총독부의 종교 정책과 탄압에 관해서는 다음의 논문을 참조했다. 고병철, 「일제 강점
기의 종교 지형과 종교 법규」,《정신문화연구》40(2), 한국학중앙연구원(2017); 윤선
자, 「1915년 「포교 규칙」 공포 이후 종교 기관의 설립 현황」,《한국기독교와 역사》8,
한국기독교역사연구소(1998); 윤선자, 「1910년대 일제의 종교규제법령과 조선천주교
회의 대응」,《한국근현대사연구》6, 한국근현대사학회(1997); 최혜경, 「1910년 전후
일제의 종교 정책과 종교계의 민족 운동」,《동학연구》17, 한국동양학회(2004); 김익
한, 「1910년 전후 山縣, 伊藤系의 대한 정책 기조와 종교 정책」,《한국사연구》114, 한
국사연구회(2001); 김승태, 「무단 통치기 조선 총독부의 종교 정책과 한국 종교계의
동향」,《한국기독교와 역사》47, 한국기독교역사연구소(2017).

11) 김승태, 앞의 책, 98쪽.

12) 1911년 제정된 '사찰령'은 조선 총독이 한국 불교의 재편 과정을 총괄하고 주지 임
명, 사찰의 소속, 재산과 처분을 허가받도록 규정한 조치이다. 전국 사찰 1300여 곳을
30본산과 본말사 조직으로 편입시키고 총독과 지방 관찰사가 사찰의 재산을 관리하
고 직책 임명권을 행사했다. 일본 불교계와 종속적 연합을 밀고 나갔던 원종종무원 이
회광(李晦光)에게 반발해 범어사의 한용운과 오성월 등이 강력히 저항했지만 1910년
대 불교계는 총독부 행정 체계에 포섭되었다.

13) 상세한 내용은 필자의 『인민의 탄생』(민음사, 2010) 참조.

14) 기독교 초기 개척사에 대해서는 민경배, 『한국 기독교회사』(연세대학교 출판부,
2007).

15) 동학에서는 상제를 'ᄒᆞ날님'으로 표기했는데 1910년대 천도교 역시 '하날님'으로 지칭
했다. 이후 천도교 이론가인 이돈화가 1920년대에 들어 '님'자를 뺀 '한울'로 바꿨다.

16) 김승태, 앞의 책, 95쪽.

17)《황성신문》, 1909. 11. 20; 고건호, 「천도교 개신기 '종교'로서의 자기 인식」, 한국종교학회,《종교연구》38, 2005, 235쪽에서 재인용.

18) E. Durkheim, *The Elementary Forms of the Religious Life*(Andesite Press, 2017).

19) 대체 도덕은 어떻게 만들어지는가? 루소를 위시해 시민사회론자들이 가정한 상상적, 이론적 구성체가 '도덕'인데 이후 하버마스와 푸코 같은 사회과학자들이 고민했던 문제도 '도덕은 어떻게 생성되는가?'였다.

20) J. J. Rousseau, "On Social Contract" in J. C. Bondanella (trans.), *Rousseau's Political Writings*(New York: W. W. Norton Company, 1988), 172쪽.

21) E. Durkheim, *The Division of Labor in Society*(New York: The Macmillan Company, 1933).

22) 뒤르켐은 말년에 주로 도덕 교육과 시민 종교에 관한 글을 썼다. 그 글을 모은 저서를 종교사회학자 로버트 벨라가 편집했다. E. Durkheim, Robert Bellah (ed.), *Emile Durkheim on Morality and Society*(Chicago: University of Chicago Press, 1973). 벨라는 일본 도쿠가와 시대의 종교에 관한 저서를 냈고, 1984년에는 토크빌의 발자취를 따라 탐구 여행을 하면서 미국 현대 사회에 토크빌적 미덕이 여전히 확인되는지를 점검한 책을 썼다. 도덕(morality)이 1830년대 미국에서 토크빌이 발견한 최대 덕목이었다. R. Bellah, *Habits of the Heart: Individualism and Committment in American Life*(California: University of California Press, 2007).

23) Robert Bellah and Phillip Hammon (eds.), *Varieties of Civil Religion*(New York: Harper & Row, 1980).

24)《만세보》창간사, 1906. 6. 17; 이연복, 「만세보의 사설에 나타난 천도교의 교육관」, 《동학연구》3 한국동학협회(1998)에서 재인용.

25)《대한매일신보》, 1907. 7. 31; 고건호, 앞의 논문, 238쪽에서 재인용.

26) 이돈화는 1930년대 교리서인 『신인간』에서 이런 경험을 바탕으로 '한울 공동체' 개념을 정초했다.

27) 이돈화, 「독신자의 정령 불멸」,《천도교회월보》59, 1915, 38~40쪽; 허수, 『이돈화 연구 ─ 종교와 사회의 경제』(역사비평사, 2011), 57쪽에서 재인용. 이하 문답은 허수의 책에서 발췌 인용함.

28) 1910년대 교도들은 동학의 전통을 이어 하날님으로 호칭했다. 이 글에서는 특별한 맥락이 없는 한 하날님으로 표기한다. 이세권이 편집한 『동학경전』에는 ᄒᆞ날님, 즉 하날님으로 표기되어 있다. 최시형은 『용담유사』를 간행할 때 ᄒᆞ날님으로 호칭했으니 원래 동학의 상제(上帝)는 ᄒᆞ날님이 맞다. 이를 이돈화가 교리를 발전시키는 과정에서 한울님으로 표기했는데 후에는 '님'을 뺀 '한울'로 표기했다. 현재 천도교에서는 한울님을 공식 용어로 사용한다. 이세권 편, 『동학경전 ─ 동경대전, 용담유사』(정민사, 1986). ᄒᆞ날님의 철학적 의미 분석은 동학학회 편저, 『해월 최시형의 사상과 갑진개혁운동』(모시는사람들, 2003), 한울의 사상사적 의미에 관해서는 허수, 앞의 책 참조.

29) 이세권 편, 앞의 책, 13~15쪽.

30) 이돈화, 앞의 글; 허수, 앞의 책 57쪽에서 재인용. "명명(冥冥)의 중(中)"을 "아득하고 그윽한 가운데"로 고쳤다.

31) 夜雷(이돈화), 「신앙성과 사회성」, 《천도교회월보》, 1918. 11, 7쪽. 《천도교회월보》는 성균관대학교에 영인본이 있는데 신청을 통해 복사본을 받을 수 있다. 이돈화와 몇몇 논자의 주요한 논설, 영적 실기, 지방 소식 기사를 그렇게 수집했다.

32) 봉산, 「종교의 신앙과 사회의 규칙」, 《천도교회월보》.

33) 이돈화, 「종교의 양 측면」, 《천도교회월보》 91, 1918. 2, 10쪽.

34) 위의 두 사례는 김정인, 「1910년대 《천도교회월보》를 통해서 본 민중의 삶」, 《한국문화》 30(서울대학교 규장각 한국학연구원, 2002)에서 인용. 치성은 은총을 받는 가장 중요한 통로였다. 월보는 교리 문답과 관련해 여러 기사를 싣고 있다. 예를 들면, 룡산교구 엇던 부인, 「부인의 교리 문답」.

35) 우수영, 「《천도교회월보》 수록 소설의 담론 전개」, 《현대소설연구》 64(한국현대소설학회, 2016). 아래의 사례는 이 논문을 참조했다. 1~296호가 수록된 소설과 작가 명단이 이 논문 부록에 실려 있다. 총 62편에 이른다.

36) 위의 글, 297쪽.

37) 「社說 警告天道教教徒」, 《매일신보》, 1911. 10. 11; 김승태, 앞의 글, 51~52쪽에서 재인용.

38) 이돈화 편술, 『천도교 창건사』(천도교중앙종리원장판, 1934).

39) 손병희, 「준비 시대」, 최기영·박맹수 편, 『한말 천도교 자료집』 2(국학자료원, 1997), 285~356쪽.

40) 김정인, 「만세보를 통해 본 천도교의 정치개혁론」, 《동학연구》 13 (한국동학학회, 2003), 84~86쪽.

41) 박인호의 활동에 대해서는 정을경, 「일제 강점기 박인호의 천도교 활동과 민족운동」, 《한국독립운동사연구》 33 (한국독립운동사연구소, 2009) 참조.

42) 「대종정의」의 완성에는 1세대 이론가인 양한묵의 공로가 컸다.

43) 이돈화 편술, 앞의 책, 「대종정의」, 96쪽.

44) 위의 책, 「무체법경」, 100쪽.

45) 이런 점에서 천도교 교리는 성리학적 심성론과 공통점이 많은데, 심성론이 말 그대로 관념적이라면 천도교의 그것은 '현상즉실재론'으로서 현실 세계와 끊임없이 연관 짓는 경험론적 성격을 갖는다. 이와 관련해서는 김용휘, 「의암 손병희의 무체법경과 동학·천도교의 수련」, 《동학연구》 25, 한국동학학회, 2008; 황종원, 「20세기 초엽 천도교의 인내천 교의 및 심성론에 대한 비판적 연구」, 《대동철학》 (대동철학회, 2008); 최동희, 「천도교의 교리 해석에 따르는 문제」, 《종교연구》 6 (한국종교학회, 1990).

46) 이돈화 사상의 범신론적 일원론의 진화 과정에 대해서는 허수, 「동학·천도교에서 천 개념의 전개: 천에서 신으로, 신에서 생명으로」, 《개념과 소통》 10 (한림과학원, 2012) 참조.

47) 이돈화, 「인생」, 《천도교회월보》, 1916. 12; 위 논문에서 재인용.

48) 「대종정의」, 98쪽.

49) 김용휘, 「천도교의 문화운동론과 서양 철학 수용: 이돈화의 신인 철학을 중심으로」, 《범한철학》 77 (범한철학회, 2015); 최문형, 「천도교의 개혁 사상과 문화·민족 공동체 운동」, 《동학연구》 16 (한국동학학회, 2004) 참조.

50) 김정인, 「1910년대 《천도교회월보》를 통해 본 민중의 삶」. 316쪽.

51) 고시용, 「천도교의 신문화 운동」, 원광대학교원불교사상연구원, 원불교사상연구원학술대회 발표 논문, 2012. 2, 131쪽.

52) 이돈화 편술, 앞의 책, 3편 10장 「공동전수심법」 72쪽.

53) 고건호, 앞의 논문, 245쪽에서 재인용.

54) 오문환, 「천도교(동학)의 민주공화주의 사상과 운동」, 《정신문화연구》 30(1) 한국학중앙연구원(2007), 37~39쪽. 오문환은 천도교의 공화주의적 요소를 분석하고 이것이 민주공화국 사상의 기초가 되었다고 주장한다. 조금 과도한 해석이기는 하지만 생

활 현장에서 농촌 협동주의와 자치 지향적 이념을 고려하면 그런 요소가 없는 것은 아니다.

55) 이종일, 「윤리와 도덕을 힘쓸 일」.

56) 이돈화 편술, 앞의 책, 3편 「명리전(明理傳)」, 87~89쪽.

57) 「천도교대헌」은 1906년 판과 1911년 개정 부록이 자료집에 실려 있다. 최기영·박맹수 편, 앞의 책.

58) 충청도 지역 연구는 정을경, 「일제 강점기 충남 지역의 천도교의 정비와 천도 교세의 신장」,《역사와 담론》78(호서사학회, 2016); 전라도 지역은 조규태, 「전남 지역 천도교인의 3·1 운동」,《동학연구》17(한국동학학회, 2004).

59) 프랑스 사회학자 토크빌이 1830년대 미국에서 목격했던 자치 조직이 자발적 결사체다. 이것은 도덕의 생산 기제였으며 결국 민주주의의 사회적 기초였다. 토크빌은 이를 미국 사회에 내장된 습속(folklore)이라 불렀다. A. Tocqueville, J. P. Mayer (ed.), *Democracy in America*(New York: Harper & Row, 1969).

60) 전라도 지역에서 천도교도의 3·1 운동 시위 참여에 관한 연구는 조규태, 앞의 논문 참조.

61) 우수영, 앞의 논문.

62) 이 구절은 이종린의 「일성텬계」에 나오는 대화다. 위의 논문, 297쪽에서 재인용. 1920년대로 접어들면 단형 서사의 주제가 사회적 쟁점으로 이동하는 양상이 나타난다.

63) 「천도교대헌」, 46~47쪽.

64) 천덕송은 최기영, 박맹수 편, 앞의 책에 실려 있다.

65) 김정인, 「1910년대《천도교회월보》를 통해 본 민중의 사람」 참조.

66) 「천도교의절(天道敎儀節)」에 묘사된 의례 절차가 1970년경 확정되었기에 1910년대에도 그대로 시행되었는지는 분명치 않다. 그러나 공식 의절이 오래 지속 계승된 습속에 근거하고 있다면 그와 유사한 행위가 있었다고 추정해 볼 수 있다. 박광수, 「근현대 한국 민중 종교 통과의례에 나타난 사상 체계 비교 연구: 천도교, 증산교, 원불교를 중심으로」,《종교연구》50(한국종교학회, 2008).

67) 김형목, 『대한제국기 야학 운동』(경인문화사, 2005); 「한말·1910년대 여자 야학의 성격」,《중앙사론》14(중앙대학교 중앙사학연구소, 2000).

68) 부록의 사회 단체명은 주로 1910년대《매일신보》에 기사화된 단체들과 조직들이다.

관변 단체, 반관반민 단체가 주류를 이룬다.

69) 정계향, 「일제 시기 지역 엘리트의 동향과 지역 정치: 구언양군 천도교계 지역 엘리트의 활동을 중심으로」, 《역사와경계》 87 (부산경남사학회, 2013).

70) 위의 논문 참조. 초기 신자들은 경주 최씨, 경주 김씨, 현풍 곽씨, 경주 이씨였고, 직업과 교육 배경은 농사, 훈장, 휘문의숙 출신, 한학 등이었다.

71) 「천도교대헌」, 74~77쪽.

72) 夜雷(이돈화), 앞의 글. 이런 점에 주목하는 연구로는 오문환, 앞의 논문이 있다. 천도교 이론가인 오상준의 주장과 정계원의 '천인공화'(天人共和)에서 비치듯, 천도교가 공화주의적 요소를 갖고 있기는 한데 공화주의, 혹은 민주공화주의를 천도교의 정치적 지향으로 단정하는 오문환의 논지는 조금 무리하다는 느낌이다.

73) 허수, 앞의 논문, 162쪽.

74) 각성 인민에 대해서는 필자의 『시민의 탄생』 1장과 4장에 상세히 서술했다.

75) 한국교회사연구소, 『뮈텔 주교 일기 1906~1910』 4 (한국교회사연구소, 1998), 200~224쪽.

76) 위의 책, 463~464쪽.

77) 윤치호에 관해서는 여러 연구가 나와 있다. 예컨대 유영렬, 『개화기의 윤치호 연구』 (경인문화사, 2011); 김을한, 『좌옹 윤치호전』 (을유문화사, 1975).

78) 김상태 편역, 앞의 책, 137~138쪽.

79) 위의 책, 156쪽.

80) 노길명, 『민족사와 천주교회』 (한국교회사연구소, 2005), 89~97쪽.

81) 최혜경, 앞의 논문, 177~178쪽.

82) 윤선자, 「1910년대 일제의 종교 규제 법령과 조선 천주교회의 대응」, 《한국근현대사연구》 6 (한국근현대사학회, 1997).

83) 위의 논문과 윤선자, 『일제의 종교 정책과 천주교회』 (경인문화사, 2001). 이 저서는 일제 강점기 천주교회의 친일 협력 양상을 10년 단위로 분석했다.

84) 앨런은 경인 철도 부설권, 모페트와 리목사는 압록강 상류 재목 토벌권에 개입했다. 민경배, 「한국 근대 문화와 기독교의 형태 및 그 영향 범위」, 《한국사학》 1, 한국정신문화연구원 사학연구실, 1980.

85) 박용규, 「한국 교회 선교 정책으로서의 네비우스 방법」, 《신학지남》 69(3)(신학지남

사, 2002).

86) 한국 개신교의 초기 성향과 세계관에 대해서는 노길명, 『한국의 종교 운동』(고려대학교 출판부, 2005).

87) 백만 구령 운동에 대해서는 류대영, 『한국 근현대사와 기독교』(푸른역사, 2009) 참조.

88) 정일웅, 「평양대부흥운동과 사경회」, 《신학지남》 75(1)(신학지남사, 2008); 류대영, 「20세기 초 한국 교회 부흥 현상에 관한 재검토」, 앞의 책.

89) 윤은석, 「사경회에서 부흥사경회로의 변화에 대한 연구: 1888년부터 1919년까지」, 《장신논단》 50(5)(장로회신학대학교 기독교사상과문화연구원, 2018).

90) 정선이, 「1910년대 기독교계 고등 교육의 특성: 숭실과 연희전문을 중심으로」, 《교육사학연구》 19(2)(교육사학회, 2009).

91) 《기독청년》은 1917년 11월에 창간되어 1919년 12월까지 15호가 발간되었다. 약 700부를 찍어 국내외에 보급했다. 김민섭, 「1910년대 후반 기독교 담론의 형성과 '기독청년'의 탄생」, 《한국기독교와 역사》 38(한국기독교역사연구소, 2013).

92) 미호생, 「謹告我半島兄弟」, 《학지광》 3, 1914. 12. 전영택의 활동에 관해서는 위의 논문 참조.

93) 최기영, 「김구와 기독교」, 《한국기독교와 역사》 37(한국기독교역사연구소, 2012).

94) 도진순 주해, 『백범일지』(돌베개, 1997), 193쪽.

95) 한국교회사연구소, 앞의 책, 215쪽.

96) 김민섭, 앞의 글.

97) 이성전, 「선교사와 일제하 조선의 교육」, 《한국기독교와 역사》(한국기독역사연구소, 1994), 197쪽.

98) 상세한 것은 『인민의 탄생』의 「종교 담론장」을 참조.

99) 윤선자, 「1915년 「포교 규칙」 공포 이후 종교 기관의 설립 현황」, 〈표 4〉 참조

100) 이 용어는 종교사회학자 로버트 벨라의 연구에서 제시되었다. Robert Bellah (ed.), *Religion and Progress in Modern Asia*(New York: Free Press, 1965); 노길명, 『민족사와 천주교회』 참조.

101) 1910년대 초등 교육을 연구한 임후남도 이와 같은 의견을 표한다. "합방 당시 기독교 교회는 한국 민족 최대의 조직 공동체였다." 임후남, 「1910년대 전후 기독교 초등 교육 연구」, 《교육사학연구》 17(1)(교육사학회, 2007).

102) 자치 공동체는 민주주의의 기본 제도다. 지방 자치가 관료제의 성격 자체를 규정짓는다. 프랑스와 영국의 관료는 국가가 선발해서 지방으로 내려보내지만, 미국은 자치 단위인 타운에서 선발해 국가에 파견한다. 프랑스와 영국의 관료는 국가로부터 봉급을 받는 사람들이지만, 미국의 관료는 자치 단위인 마을에서 국가에 빌려 주는 사람들이라는 개념이다. 미국 관료의 봉급은 "마을 사람들이 지불한다". *A. Tocqueville, op. cit.*

103) 최정화, 「일제 강점기에 기독교는 어떻게 조선인들의 일상적이고 정치적인 욕구를 충족시켰는가? — '시민 공동체'를 통해 보는 선교와 개종의 만남」, 《한국문화》 85(서울대학교 규장각 한국학연구원, 2019). 필자는 이 책을 집필하는 도중에 서평 형식의 이 글을 접했다. 이유재의 저서를 구하지는 못했는데 서평을 통해 대체적인 논지를 파악할 수 있었다. 기독교를 시민 공동체, 시민 종교로 바라보는 필자의 논지와 놀랍게도 같았다. 이유재의 저서는, You Jae Lee, *Koloniale Zivilgemeinschaft: Alltag und Lebensweise der Christen in Korea(1894~1954)*(Campus, 2017)이다. 서평 각주 12에 따르면 이유재는 2018년 9월 17일 서울대학교 규장각에서 특강을 했다.

104) 위의 논문, 315~316쪽.

105) 사립 종교 학교는 566개(1911)에서 312개(1919)로 급감했으며, 학생 수도 동기간 1만 8992명에서 1만 6987명으로 급감했다. 각종 사립 학교를 모두 고려하면 종교 학교의 비율은 33퍼센트에서 48퍼센트로 증가하나 관공립 학교를 모두 포함하면 그 비율은 오히려 낮아진다. 포교 규칙 이후 조선인들은 사립 학교와 종교 학교보다 시설과 교과 표준화를 인정받는 관공립 학교를 선호했다.

106) 장진경, 「초기 개신교 전도 부인의 교육과 여성 선교」, 《기독교교육정보》 21(한국기독교교육정보학회, 2008). 이들을 받아 주고 생계까지 해결해 준 개신교는 구원처였다. 권도 부인들은 일종의 사명감을 갖고 선교에 임했다. 대표적인 전도 부인으로 알려진 김서커스는 평안도를 포교 지역으로 삼았는데 총 도보 여정이 2900리에 달했다거나, 다른 전도 부인은 연간 6730명을 만나 성서 4491권을 판매하기도 했다는 것이다.

107) 송현강, 「한말 기독교 수용 주도층의 존재와 성격: 중·남부 지역을 중심으로」, 《한국기독교와 역사》 25(한국기독교역사연구소, 2006).

108) 위의 논문, 319쪽.

109) 정선이, 앞의 논문, 96~97쪽.

110) *Korea Mission Field*, 1911. 6. 161~162쪽; 이명실, 앞의 논문 90쪽에서 재인용.

111) 위의 논문, 91쪽.

112) F. A. Mckenzie, *Korea's Fight for Freedom*(New York: Fleming H. Revell Company, 1920), p. 7; 김승태, 「일제 강점기 식민 권력과 한국 교회」, 『기독교 사상』(대한기독교 서회, 2013), 37쪽에서 재인용.

5 저항 운동 공론장: 환상형 공화 네트워크의 형성

1) 서일(북로군정서 총재), 신규식(동제사 대표), 조성환(만주 독립운동 지도), 박은식, 현천묵(북로군정서 부총재), 한기욱(서전서숙 학감) 등이 모두 대종교 입교자이다. 조동걸, 「대한광복회 연구」, 《한국사연구》(한국사연구회, 1983), 129쪽 각주 참조.

2) 김순전 외, 『식민지 조선 만들기』(제이앤씨, 2012), 「서문」, 6~7쪽.

3) 강명숙, 「일제 강점기 제1차 조선교육령 제정 과정 연구」, 강명숙 외, 『식민지 교육 연구의 다변화』(교육과학사, 2011), 32쪽에서 재인용. 일본 잡지 《敎育時論》(1910)의 「新領土の敎育」에 나온 서술. 조선 교육령 제정 당시 조선인 교육의 방향에 관한 논쟁이 일본에서 활발히 전개되었다.

4) 독립운동사편찬위원회, 『독립운동사 자료집』 5(1972), 80쪽. 이들은 대부분 '한성임시정부'의 국민대회를 주도한 인물이었다.

5) 위의 책, 135쪽.

6) 이현희, 『대한민국임시정부사 연구』(혜안, 2001), 45~84쪽.

7) 위의 책, 57쪽.

8) 권보드래, 『3월 1일의 밤』(돌베개, 2019). 여러 곳 참조.

9) 김창숙과 송준필의 사례는 김도형, 「한말·일제 초기의 변혁운동과 성주 지방 지배층의 동향」, 《한국학논집》 18(계명대학교 한국학연구원, 1991), 71쪽.

10) 찰스 틸리, 진덕규 옮김, 『동원에서 혁명으로』(학문과사상사, 1995); 지봉근 옮김, 『유럽 국민 국가의 계보 990~1992년』(그린비, 2018).

11) 공화제의 기원과 발전에 관한 연구로는 박찬승, 「한국의 근대 국가 건설 운동과 공화제」, 《역사학보》 200, 2008; 유영렬, 「한국에 있어서 근대적 정체론의 변화 과정」, 《국사관논총》 103호; 이승현, 「신민회의 국가 건설 사상 ― 공화제를 향하여」, 《정신문화연구》 102호; 윤대원, 「한말 일제 초기 정체론의 논의 과정과 민주 공화제의 수용」, 《중국현대사연구》 21집(중국현대사회학회); 서희경, 「대한민국 '민주공화제'의 기원」,

《시민과 세계》14(참여연대참여사회연구소, 2008); 전종익, 「대한민국 임시 정부 이전 정치 체제 구상」,《법사학연구》56(한국법사학회, 2017) 참조.

12) 이와 관련해서는 김용구, 『세계관 충돌의 국제정치학』(나남출판, 1997), 『세계관 충돌과 한국 외교사, 1866~1882』(문학과지성사, 2001), 『약탈 제국주의와 한반도』(도서출판 원, 2013)가 유용하다.

13) 에릭 홉스봄, 앞의 책; 김동택 옮김, 『제국의 시대』(한길사, 1998).

14) 테다 스코치폴, 한창수·김현택 옮김, 『국가와 사회혁명: 혁명의 비교 연구』(까치, 1989).

15) 이 점은 『시민의 탄생』 4장에서 충분히 논했다.

16) 신용하, 「신민회의 독립군 기지 창건 운동」,《한국문화》4(서울대학교 규장각, 1983).

17) 김원모, 「한국민족운동의 시단」,《춘원연구학보》, 7(춘원연구학회, 2014).

18) 국사편찬위원회 편, 「대한신민회발기서」,『한국독립운동사』1 자료편; 신용하, 「신민회의 창건과 그 국권 회복 운동」,『한국 민족 독립운동사 연구』(을유문화사, 1985), 31쪽에서 재인용.

19) 신채호, 「20세기 신국민」,《대한매일신보》, 1910. 2. 22~3. 3.

20) 신민회가 추진했던 구체적 사업과 독립운동 관련 연구는 매우 많다. 이윤갑, 「도산 안창호의 민족운동과 공화주의 시민 교육」,《한국학연구》67(계명대학교 한국학연구원, 2017); 이명화, 「헤이그 특사가 국외 독립운동에 미친 영향」,《한국독립운동사연구》, 29(독립기념관 한국독립운동사연구소, 2007); 이명화, 「도산 안창호의 독립운동과 노선」, 도산사상연구회, 『안도산 전서』 하(범양사, 1993); 김척수, 「도산 안창호의 민족 독립운동에 관한 연구」,《민족사상》12(1)(한국민족사상학회, 2018); 윤경로, 「신민회 창립과 전덕기」,《나라사랑》, 97(외솔회, 1998); 신용하, 「도산 안창호와 신민회 성립」, 도산사상연구회, 『안도산 전서』 하(1993, 범양사); 윤병석, 「미주에서의 도산 안창호의 민족운동」, 도산사상연구회편, 『도산 안창호의 사상과 민족운동』(학문사, 1995) 등이 대표적이다.

21) 국사편찬위원회 편, 「대한신민회통용장정」, 앞의 책, 1028쪽.

22) 안창호가 이광수를 《신한민보》 주필로 초빙한 것은 1913년 일이다. 이광수는 여비 부족으로 블라디보스토크, 만주 무링, 치타를 거쳐 귀국했다가 1915년 2차 동경 유학을 떠났다. 이동휘, 이갑, 이강을 만난 것도 연해주, 만주, 러시아 여행에서였다.

23) 《소년》, 1910. 2. 15.

24) 대한제국 관료로서 헤이그 만국평화회의 특사로 파견된 이상설은 보황주의자로 알려져 있으나, 상해에서 그가 결성한 신한혁명당(1914) 취지서에서는 공화주의를 표방하고 있다. 이상설은 1909년 《신한민보》 논설 「황실비멸 국지이기(皇室非滅 國之利器)」에서 민을 위해 임금이 있다는 일종의 인민 주권설을 주장했다. 그러나 군주를 완전히 부정하지는 않았다. 전종익, 앞의 논문, 225쪽. 전종익은 이를 '국민 주권설'로 해석했으나 행간의 함의는 입헌 군주제로 읽힌다.

25) 김주용, 「1910년대 북간도 지역 비밀 결사의 조직과 활동」, 《한국독립운동사연구》 46(독립기념관, 2013).

26) 배경한, 「한국 독립운동과 신해혁명」, 《한국근현대사연구》 75(한국근현대사학회, 2015).

27) 윤병석, 「국외 항일 민족운동 연구의 제 문제」, 《아시아문화》 13(한림대학교 아시아문화연구소, 1997).

28) 박성순, 「1910년대 신흥무관학교 학생 모집의 경로와 거점」, 《한국근현대사연구》 82(한국근현대사학회, 2017). 박성순은 이 논문에서 신흥무관학교 연락 거점, 연락 기관 및 후원 기관을 발굴해 표로 제시했다.

29) 윤병석, 앞의 논문.

30) 《신한민보》 249호, 1911. 10. 4; 김원모, 앞의 논문, 73~75 쪽에서 재인용.

31) 주요한 편저, 『안도산 전서』(삼중당, 1963), 135쪽.

32) 한국승, 「국민회를 축하함」, 《신한민보》, 1909. 2. 10; 이윤갑, 앞의 논문, 77쪽에서 재인용.

33) 윤경로, 「1910년대 독립운동의 동향과 그 특성」, 《한국독립운동사연구》 3(한국독립운동사연구소); 이명화, 「1910년대 재러 한인 사회와 대한인국민회의 민족운동」, 《한국독립운동사연구》 11(한국독립운동사연구소); 김주용, 앞의 논문 참조.

34) 이하의 서술은 박환, 『러시아 한인 민족운동사』(탐구당, 1995); 이명화, 위의 논문 참조.

35) 이하 서술은 김주용, 앞의 논문과 박영석, 『만주 지역 한인 사회와 항일 독립운동』(국학자료원, 2010) 참조.

36) 윤병로, 「국외 항일 민족운동의 제 문제」, 《아시아문화》 13, 1997.

37) 김주용, 앞의 논문.

38) 박찬승, 『민족주의의 시대 — 일제하의 한국 민족주의』(경인문화사, 2006), 80~83쪽.

39) 정병준, 「중국관내 신한청년당과 3·1 운동」, 《한국독립운동사연구》, 65(한국독립운 동사연구소, 2019), 34쪽.

40) 박찬승, 「1910년대 말~1920년대 여운형의 민족해방운동론」, 《역사와 현실》 6(한국 역사연구회, 1991); 최기영, 『중국관내 한국 독립운동가의 삶과 투쟁』(일조각, 2015) 3부 참조; 강덕상, 김광열 옮김, 『여운형과 상해 임시 정부』(선인, 2017).

41) 강덕상, 위의 책.

42) 「무엇을 국민이라 하나뇨」, 《신한민보》, 1909. 11. 7; 이윤갑, 앞의 논문, 56쪽에서 재 인용.

43) 윤해, 「공론과 사회」, 《권업신문》, 1913. 3. 16; 박환, 앞의 책, 187~189쪽에서 재인용.

44) 박환, 위의 책, 194쪽에서 재인용.

45) 조동걸, 「임시정부 수립을 위한 1917년의 「대동단결선언」, 《한국학논총》 10(국민대 학교, 1987), 부록; 김기승, 한국독립운동사연구소기획, 『대한민국 임시정부의 이론가 조소앙』(역사공간, 2015).

46) 「신한청년당 당헌」, 《신한청년》, 창간호; 정병준, 앞의 논문, 18쪽에서 재인용.

47) 1919년 3·1 운동을 거치면서 여운형은 사회주의로 경도되어 신한청년당 내부 갈등 이 빚어졌다. 파리강화회의, 국제 연맹에 대한 관심도 높아졌고 동시에 사회주의와 공 산주의에 대한 관심이 고조되던 시기였다. 이런 분파들의 발생이 임시 정부 내부의 갈 등으로 이어졌다. 정병준, 앞의 논문.

48) 천우협과 흑룡회에 관해서는 강창일, 『근대 일본의 조선 침략과 대아시아주의』(역사 비평사, 2002); 요시노 사쿠조에 관해서는 한상일, 『제국의 시선』(새물결, 2004) 참조.

49) 이철우, 앞의 논문.

50) 《매일신보》, 1913년 9월 13일자 부록에 실린 기사 중 86번 참조; 한규무, 「1910년대 계몽운동 계열 비밀 결사 연구의 쟁점과 과제」, 《한국민족운동사연구》 87, 2016; 박걸 순, 「1910년대 비밀 결사의 투쟁 방략과 의의」, 《한국독립운동사연구》 46(한국독립운 동사연구소, 2013) 참조.

51) 박걸순, 위의 논문, 9쪽.

52) 이재순, 「신민회와 사내(寺內) 총독 암살 음모 사건」, 《현상과 인식》 2(3)(한국인문

사회과학회, 1978); 윤경로, 『105인 사건과 신민회 연구』(일지사, 1990); 신용하, 『한국민족 독립운동사 연구』(을유문화사, 1985). 윤치호는 출옥 이후 독립운동에서 실력 양성론으로 세계관을 바꿨는데, 이는 결국 1920년대부터 친일 행위로 전환하는 계기가 됐다. 3·1 운동 독립선언서 서명을 거부한 것도 비폭력 시위 운동만으로는 일본의 양보를 얻어 낼 수 없다는 사회 진화론과 실력 양성론 때문이었다. 그에게는 조선의 계몽과 개조가 우선이었다.

53) 김익한, 「일제의 면 지배와 농촌 사회 구조의 변화」, 김동노 편, 앞의 책.

54) 이하 서술은 윤해동, 『지배와 자치 — 식민지기 촌락의 삼국면 구조』(역사비평사, 2006) 참조.

55) 윤해동은 구장과 구장 후보군, 즉 학식, 인품, 식견이 있는 자를 중간 지배층으로 정의했다.

56) 위의 책, 226~227쪽.

57) 윤해동, 「동계류 조직의 변화와 촌락 조직의 분화」, 위의 책, 4장 참조.

58) 한규무, 앞의 논문. 이 연구에서 쓰인 자료는 미디어가온(www.mediagaon.or.kr.)이다.

59) 전수 조사는 아니고 단체, 회, 계 등을 주제어로 검색해서 수집한 기사들이다. 209건 중 기사 내용을 추려 100건을 「부록」에 실었다.

60) 《매일신보》, 1913. 3. 7.

61) 《매일신보》, 1912. 2. 3.

62) 《매일신보》, 1913. 9. 14

63) 《매일신보》, 1915. 12. 27

64) 《매일신보》, 1916. 12. 23.

65) 강영심, 「조선 국민회 연구」, 《한국독립운동사연구》 3(한국독립운동사연구소, 1989). 강영심은 《국민보》라고 했으나 당시로는 《신한민보》일 것이다.

66) 《매일신보》, 1914. 9. 5.

67) 《매일신보》, 1915. 4. 6

68) 《매일신보》, 1916. 3. 19.

69) 이윤갑, 「대구 지역의 한말 일제 초기 사회 변동과 3·1 운동」, 《계명사학》 17(계명사학회, 2006), 236~239쪽.

70) 부록 기사 리스트 중 15, 19, 20, 21, 26 참조.

71) 박걸순, 앞의 논문.

72) 이성우, 「1910년대 경북 지역 독립의군부의 조직과 민단조합」,《한국근현대사연구》 87(한국근현대사학회, 2018).

73) 광제회가 혹시 1914년 4월 15일 북간도 국자가(局子街)에서 결성된 '동제회'의 오기 가 아닌지 모르겠다. 북간도 동제회는 간민회의 후신 조직으로서 비밀 결사였고 민족 교육과 군사 교육을 주관했으며, 멀리는 독립 전쟁 준비에 관심을 두었다. 아니면, 통 화현 합니하에서 이회영, 이상룡이 활동하고 있었으므로 일종의 연대를 결성하려 했 을지도 모른다.

74) 방주익은 1921년 군비를 조달하려다 헌병대에 다시 체포되었는데 1916년 공판에서 는 방면되었던 것 같다.

75) 한규무, 앞의 논문, 24~25쪽에서 연구자들의 견해 차이를 요약하고 있다.

76) 방기중, 『배민수의 농촌운동과 기독교 사상』(연세대학교 출판부, 1999); 한규무, 앞 의 논문 26쪽에서 재인용.

77) 대한광복회의 결성이 풍기광복단과 조선국권회복단의 결합이라는 주장과, 조선국권 회복단은 대한광복회 이후에도 여전히 활동하고 있었다는 점에서 별개라는 주장이 공존하고 있는데, 이는 아마 회원이 서로 중첩된 결과이고, 대한광복회 활동 중에도 조선국권회복단 역시 그 기능이 중단되지 않았기 때문일 것이다. 이 조직들에 관한 연 구는 조동걸, 「대한광복회 연구」,《한국사연구》42(한국사연구회, 1983); 이윤갑, 앞의 논문; 권대웅, 「조선국권회복단 연구」,《민족문화논총》9(영남대학교 민족문화연구소, 1988); 강영심, 「조선국권회복단의 결성과 활동」,《한국독립운동사연구》4(한국독립 운동사연구소, 1990) 참조.

78) 권대웅, 위의 논문.

79) 서상일이 중국을 다녀왔고, 해외 통신을 수시로 받았으며, 1919년 상해 임시 정부의 문서를 직접 전달받은 거점이라는 사실이 그와 해외 조직의 연계를 입증하는 근거라 고 주장한다. 강영심, 앞의 논문, 4~6쪽.

80) 조동걸, 「대한광복회 연구」, 105쪽.

81) 위의 논문, 126~127쪽.

82) 예를 들면 대동청년단, 송죽회, 조선식산장려계, 달성친목회, 자진회 등이 존재했다.

83) 대한광복회 핵심 인물인 박상진, 김한종, 채기중, 김경태, 강순필, 강두환은 1918년

경찰에 의해 체포 수감되어 1921년경에는 사형 혹은 옥사로 생을 마쳤다. 조동걸, 「신한촌건설과 대한광복회」, 《나라사랑》 41(외솔회, 1981).

6 국민의 탄생: 전야

1) 김상태 편역, 앞의 책, 1919년 1월 23일~24일자 일기.

2) 박현숙, 「윌슨의 민족자결주의와 세계 평화」, 《미국사연구》 33, 2011, 154쪽. 당시 이에 대한 대략적 서술은 박찬승, 『1919 — 대한민국의 첫 번째 봄』(다산초당, 2019), 1장 참조.

3) 박환, 『사진으로 보는 3·1 운동 현장과 혁명의 기억과 공간』(민속원, 2019), 204~215쪽. 박환은 고창일과 윤해의 여행기를 발굴해 번역문을 실었다. 그들은 3개월에 걸쳐 시베리아를 횡단하는 도중 볼셰비키로 오인돼 감금되기도 했다. 강과 산을 넘었다. 노르웨이와 영국을 거쳐 드디어 파리에 도착했는데 파리강화회의가 끝난 그해 가을이었다.

4) 배석만, 「세계대전 전쟁 특수와 조선 경제」, 한국역사연구회 3·1 운동100주년기획위원회, 『3·1 운동 100년 4 공간과 사회』(휴머니스트, 2018).

5) 박성수 주해, 앞의 책, 443쪽.

6) 백선례, 「1918년 독감의 유행과 혼란에 빠진 조선 사회」, 한국역사연구회 3·1운동 100주년 기획위원회, 앞의 책.

7) 도면회, 「3·1 운동 원인론에 관한 성찰과 제언」, 한국역사연구회 3·1 운동 100주년기획위원회, 『3·1 운동 100년 1 메타역사』(휴머니스트, 2019). 도면회는 기존 연구들을 면밀히 고찰하면서도 3·1 운동을 '민족 해방 운동'으로 규정한 정연태, 이지원, 이윤상의 연구에 주목한다. 정연태의 연구에서는 발발 원인을 크게 다섯 가지로 구분했다. 도면회는 이를 바탕으로 일종의 '종합화'를 시도했다. 정연태·이지원·이윤상, 「3·1 운동의 전개 양상과 참가 계층」, 『3·1 민족해방운동 연구』(청년사, 1989). 그 외에 내인, 외인의 종합 판단의 필요성에 관한 연구로는 이정은, 「3·1 운동 연구의 현황과 과제」, 《한국사론》 26, 1996 참조.

8) 권보드래, 『3월 1일의 밤』.

9) James Scott, *The Moral Economy of the Peasant: Rebellion and Subsistence in Southeast Asia*(New Haven: Yale Universitn Press, 1979).

10) Theda Skocpol, *States and Social Revolutions: A Comparative Analysis in France, Russia and China*(London: Cambridge University Press, 1979).

11) 길선주, 유여대, 정춘수는 늦게 지방에서 도착했고, 김병조는 그 전에 상해로 탈출했다.

12) 3·1 운동에 관한 연구서는 매우 많다. 신용하, 『일제 강점기 한국 민족사 (상)』(서울대학교 출판부, 2001). 최근에는 3·1 운동 100주년을 기념해 권보드래, 『3월 1일의 밤』; 박찬승, 『1919 — 대한민국의 첫 번째 봄』; 이태진, 사사가와 노리카쓰 공편, 『3·1 독립만세운동과 식민지 체제』(지식산업사, 2019) 등 많은 연구서가 출간되었다.

13) 박은식, 김도형 옮김, 『한국 독립운동 지혈사』(소명출판, 2008), 191~198쪽.

14) 최우석, 「3·1 운동, 그 기억의 탄생」, 『3·1 운동 100년 1 메타역사』. 『사료집』에는 참가자 168만 1648명, 사망자 6821명, 부상자 4만 5163명, 체포된 사람 4만 9511명, 불탄 교당 47개소, 불탄 민가 364호로 돼 있다. 최우석은 『혈사』와 『사료집』을 대조해 추계를 시도했다. 47~50쪽.

15) 박찬승, 『1919 — 대한민국의 첫 번째 봄』, 375~380쪽. 조선총독부, 『朝鮮の獨立思想及運動』(1924), 105~106쪽.

16) 독립운동사편찬위원회, 앞의 책.

17) 위의 책, 1142~1143쪽. 충청남도 공주군 사례. 황병주는 징역 2년, 이승현은 징역 3년형을 언도받았다.

18) 위의 책, 982쪽. 이가순은 징역 2년 6개월, 이순영은 징역 2년형을 받았다.

19) 위의 책, 854쪽. 평안북도 선천 사례.

20) 위의 책, 752쪽. 황해도 신천군 사례. 권영도는 2년 6개월형을 받았다.

21) 이태진, 「3·1 독립만세운동의 경성(서울) 학생 시위 실황」, 이태진, 사사가와 노리카쓰 공편, 앞의 책, 156쪽.

22) 「2·8 독립선언서」 발췌.

23) 「3·1 독립선언서」 발췌.

24) 「3·17 조선국민의회 독립선언서」 발췌.

25) 「대한민국임시정부헌장」, 『대한민국임시정부자료집』 1(국사편찬위원회, 2005), 4쪽.

참고 문헌

■ 사료

《경성일보》
《대한매일신보》
《만세보》
《매일신보》
《신한민보》
《황성신문》

1919, 「무오독립선언서」
1919, 「3·1 독립선언서」
1919, 「독립선언포고문」
1919, 「조선국민의회 독립선언서」
1919, 「대한국민의회 독립선언서」

국사편찬위원회, 2005, 「대한민국임시정부헌장」, 『대한민국임시정부자료집』 1.
김구 (도진순 주해), 1997, 『백범일지』, 돌베개.
김동인, 1929, 「조선근대소설고」, 《조선일보》.
도네리 친왕 (연민수 외 옮김), 2013, 『日本書紀』, 동북아역사재단.

미호생, 1914, 「謹告我半島兄弟」, 《학지광》.

박성수 주해, 2003, 『저상일월』, 민속원.

박은식 (김승일 옮김), 1999, 『한국통사』, 범우사.

박은식 (김도형 옮김), 2008, 『한국독립운동지혈사』, 소명출판.

백대진, 1918, 「최남선을 논하고 동시에 조선의 저술계를 일견함」, 『반도시론(半島時論)』.

봉산, 1918, 「종교의 신앙과 사회의 규칙」, 《천도교회월보》.

서울대학교 인문대학 독일학연구소 옮김, 1992, 『한국 근대사에 관한 자료』, 신원문화사.

손병희, 1905, 『준비 시대』.

──, 1906, 『천도교대헌』.

──, 1910, 『무체법경』.

신채호, 1910, 「20세기 신국민」, 《대한매일신보》.

아이자와 세이시사이 (김종학 옮김), 2016, 『신론(新論)』, 세창출판사.

연세대학교 인문예술대학 국어국문학과 CK사업단, 2010, 『1910년대 매일신보 단형서사
     자료집』, 소명출판.

윤치호 (김상태 엮음), 2001, 『윤치호 일기, 1916~1943』, 역사비평사.

윤해, 1913, 「공론과 사회」, 《권업신문》.

이광수, 1910, 「조선 사람인 청년들에게」, 《소년》.

──, 1916, 「동경잡신」, 《매일신보》.

──, 1917, 「혼인론」, 《매일신보》.

──, 1918, 「자녀중심론」, 《청춘》.

──, 1921, 「중추 계급과 사회」, 《개벽》.

──, 1921, 「팔자설을 기초로 한 조선인의 인생관」, 《개벽》.

──, 1922, 「민족개조론」, 《개벽》.

──, 1922, 「소년에게」, 《개벽》.

──, 1924, 「사랑」, 『영대』.

이돈화, 1915, 「독신자의 정령불멸」, 《천도교회월보》.

──, 1916, 「인생」, 《천도교회월보》.

──, 1918, 「신앙성과 사회성」, 《천도교회월보》.

──, 1918, 「종교의 양 측면」, 《천도교회월보》.

———, 1919, 「신앙성과 사회성」, 《천도교회월보》.

———, 1930, 『신인간』.

———, 1934, 『천도교 창건사』, 천도교중앙종리원장판.

이인직, 1908, 『은세계』.

———, 1911, 『치악산』.

이해조, 1908, 『구마검』.

———, 1910, 『자유종』.

임화 (임규찬, 한진일 엮음), 1993, 『신문학사』, 한길사.

정교 (조광 편, 변주승 역주), 2012, 『대한계년사(大韓季年史) 7』, 소명출판.

정교 (조광 편, 변주승 역주), 2012, 『대한계년사(大韓季年史) 9』, 소명출판.

조선총독부, 1911, 『朝鮮總督府施政年報』 77.

주시경 (이기문 엮음), 1976, 「국문연구의정안」, 『주시경 전집』 상, 아세아문화사.

천도교 중앙총부 편, 1907, 『대종정의』.

최남선 (전성곤, 허용호 옮김), 2013, 『단군론』, 경인문화사.

최남선, 1908, 「해상대한사(11)」, 《소년》.

———, 1909, 「정신상 국가」, 《대한매일신보》,

———, 1915, 「고대 조선인의 지나연해식민지」, 《청춘》.

———, 1915, 「아등(我等)은 세계의 갑부」, 《청춘》.

———, 1917, 「산에 가거라」, 《청춘》.

———, 1918, 「계고차존」, 《청춘》.

최덕교 편저, 2004, 『한국잡지백년』 1, 현암사.

최제우 (이세권 편), 1986, 『동학 경전 ─ 동경대전 용담유사』, 정민사.

최찬식, 1912, 『추월색』.

太田水穗, 1917, 「반도청년전도에 취하야」, 《반도시론》.

한국승, 1909, 「국민회를 축하함」, 《신한민보》.

황현 (임형택 외 옮김), 2005, 『매천야록 (하)』, 문학과지성사.

F. A. Mckenzie, 1920, *Korea's Fight for Freedom*, New York: Fleming H. Revell Company.

■ 논문

강명숙, 2011, 「일제 강점기 제1차 조선교육령 제정과정 연구」, 『식민지 교육연구의 다변화』, 교육과학사.

강영심, 1990, 「조선 국권회복단의 결성과 활동」, 《한국독립운동사연구》 4권.

고건호, 2005, 「천도교 개신기 '종교'로서의 자기 인식」, 《종교연구》 38권.

고병철, 2017, 「일제 강점기의 종교 지형과 종교 법규」, 《정신문화연구》 40권 2호.

고시용, 2012, 「천도교의 신문화 운동」, 원불교사상연구원학술대회 발표 논문.

권대웅, 1988, 「조선국권회복단 연구」, 《민족문화논총》 9권.

김도형, 1991, 「한말·일제 초기의 변혁운동과 성주 지방 지배층의 동향」, 《한국학논집》 18권.

김민섭, 2013, 「1910년대 후반 기독교 담론의 형성과 '기독 청년'의 탄생」, 《한국기독교와 역사》 38권.

김선욱, 2001, 「해나 아렌트의 정치 개념: '정치적인 것'과 '사회적인 것'의 관계를 중심으로」, 《철학》 67권.

김승태, 2013, 「일제 강점기 식민 권력과 한국 교회」, 《기독교사상》 2013년 2월호.

──── , 2017, 「무단 통치기 조선 총독부의 종교 정책과 한국 종교계의 동향」, 《한국기독교와 역사》 47권.

김영민, 2005, 「근대 소설의 문체 변화와 근대성의 발현」, 『한국 근대 소설의 형성 과정』, 소명출판.

김용휘, 2008, 「의암 손병희의 무체법경과 동학·천도교의 수련」, 《동학연구》 25권.

──── , 2015, 「천도교의 문화운동론과 서양 철학 수용: 이돈화의 신인 철학을 중심으로」, 《범한철학》 77권.

김원모, 2014, 「한국민족운동의 시단」, 《춘원연구학보》 7권.

김익한, 2001, 「1910년 전후 山縣, 伊藤系의 대한 정책 기조와 종교 정책」, 《한국사연구》 114권.

──── , 2006, 「일제의 면 지배와 농촌 사회 구조의 변화」, 『일제 식민지 시기의 통치 체제 형성』, 혜안.

김정인, 2002, 「1910년대 《천도교회월보》를 통해서 본 민중의 삶」, 《한국문화》 30권.

──── , 2003, 「만세보를 통해 본 천도교의 정치개혁론」, 《동학연구》 13권.

김주용, 2013, 「1910년대 북간도 지역 비밀 결사의 조직과 활동」, 《한국독립운동사연구》 46권.

김척수, 2018, 「도산 안창호의 민족 독립운동에 관한 연구」, 《민족사상》 12권 1호.

김형목, 2000, 「한말·1910년대 여자 야학의 성격」, 《중앙사론》 14권.

도면회, 1999, 「일제 식민 통치 기구의 초기 형성 과정」, 『일제 식민 통치 연구 I: 1905~1919』, 백산서당.

───, 2019, 「3·1 운동 원인론에 관한 성찰과 제언」, 『3·1 운동 100년 1, 메타 역사』, 휴마니스트.

류대영, 2009, 「20세기 초 한국 교회 부흥 현상에 관한 재검토」, 『한국 근현대사와 기독교』, 푸른역사.

마쓰다 도시히코, 2006, 「주막 담총을 통해 본 1910년대 조선의 사회 상황과 민중」, 『일제 식민지 시기의 통치 체제 형성』, 혜안

박걸순, 2013, 「1910년대 비밀 결사의 투쟁 방략과 의의」, 《한국독립운동사연구》 46권.

박광수, 2008, 「근현대 한국 민중 종교 통과의례에 나타난 사상 체계 비교 연구: 천도교, 증산교, 원불교를 중심으로」, 《종교연구》 50권.

박삼헌, 2005, 「막말 유신기의 대외위기론」, 《문화사학》 23호.

박선희, 2010, 「명치창가에 나타난 '근대 신민 만들기' 양상: 소학 창가집의 가사를 중심으로」, 《일본어문학》 46권.

박성순, 2017, 「1910년대 신흥무관학교 학생 모집의 경로와 거점」, 《한국근현대사연구》 82권.

박성진, 2001, 「일제 초기 '조선물산공진회' 연구」, 『식민지 조선과 매일신보: 1910년대』, 신서원.

박양신, 1998, 「명치 중기 '국민주의'의 정치관과 세계 인식: 陸羯南의 정치 사상」, 《동양사학연구》 63권.

박양신, 1999, 「19·20세기 전환기 일본에서의 제국주의론의 제상」, 《일본역사연구》 9권.

───, 2008, 「근대 일본에서 '국민' '민족' 개념의 형성과 전개: nation 개념의 수용사」, 《동양사학연구》 104권.

박용규, 2002, 「한국 교회 선교 정책으로서의 네비우스 방법」, 《신학지남》 69권 3호.

박찬승, 1991, 「1910년대 말~1920년대 여운형의 민족해방운동론」, 《역사와 현실》 6권.

——, 2005, 「일제의 식민지 지배 정책 연구사」, 『일제 식민지 지배의 구조와 성격』, 경인문화사.

——, 2008, 「한국의 근대 국가 건설 운동과 공화제」, 《역사학보》 200권.

박현숙, 2011, 「윌슨의 민족자결주의와 세계 평화」, 《미국사연구》 33권.

방효순, 2000, 「일제 시대 민간 서적 발행 활동의 구조적 특성에 관한 연구」, 이화여자대학교 대학원 문헌정보학과 박사 학위 논문.

배경한, 2015, 「한국 독립운동과 신해혁명」, 《한국근현대사연구》 75권.

배석만, 2019, 「세계대전 전쟁 특수와 조선 경제」, 『3·1 운동 100년 4 공간과 사회』, 휴머니스트.

백선례, 2019, 「1918년 독감의 유행과 혼란에 빠진 조선 사회」, 한국역사연구회 3·1운동 100주년기획위원회 3·1 운동 100주년 총서 4, 『공간과 사회』, 휴마니스트.

서영채, 2005, 「기원의 신화를 향해 가는 길」, 『한국 근대 문학과 민족 — 국가 담론』, 소명출판.

서희경, 2008, 「대한민국 '민주공화제'의 기원」, 《시민과 세계》 14권.

송석원, 2003, 「사쿠마 쇼잔의 해방론과 대서양관」, 《한국정치학회보》 37권 5호.

——, 2011, 「도쿠토미 소호와 전쟁: '대일본 팽창론'을 중심으로」, 《일본문화학보》 50권.

송현강, 2006, 「한말 기독교 수용 주도층의 존재와 성격: 중·남부 지역을 중심으로」, 《한국기독교와 역사》 25권.

신동욱, 1982, 「신소설과 서구 문화 수용」, 『한국근대문학사론』, 한길사.

신용하, 1983, 「신민회의 독립군 기지 창건 운동」, 《한국문화》 4권.

——, 1985, 「신민회의 창건과 그 국권 회복 운동」, 『한국 민족 독립 운동사 연구』, 을유문화사.

신용하, 1993, 「도산 안창호와 신민회 성립」, 『안도산 전서』(하).

심재욱, 2002, 「1910년대 《매일신보》의 식민지 지배론」, 『식민지 조선과 《매일신보》 1910년대』, 신서원.

오문환, 2007, 「천도교(동학)의 민주공화주의 사상과 운동」, 《정신문화연구》 30권 1호.

우수영, 2016, 《천도교회월보》 수록 소설의 담론 전개」, 《현대소설연구》 64권.

유영렬, 2003, 「한국에 있어서 근대적 정체론의 변화 과정」, 《국사관논총》 103호.

윤경로, 1994, 「1910년대 독립운동의 동향과 그 특성」, 《한국독립운동사연구》 8권.

———, 1998, 「신민회 창립과 전덕기」,《나라사랑》 97권.

윤대원, 2001, 「한말 일제 초기 정체론의 논의 과정과 민주 공화제의 수용」,《중국현대사 연구》 12권.

윤병석, 1995, 「미주에서의 도산 안창호의 민족 운동」,『도산 안창호의 사상과 민족운동』, 학문사.

———, 1997, 「국외 항일 민족 운동 연구의 제 문제」,《아시아문화》 13권.

윤선자, 1997, 「1910년대 일제의 종교 규제 법령과 조선 천주교회의 대응」,《한국근현대 사연구》 6권.

———, 1998, 「1915년 「포교 규칙」 공포 이후 종교 기관의 설립 현황」,《한국기독교와 역 사》 8권.

———, 2005, 「조선 총독부의 통치 구조와 기구」,『일제 식민지 지배의 구조와 성격』, 경 인문화사.

윤은석, 2018, 「사경회에서 부흥사경회로의 변화에 대한 연구: 1888년부터 1919년까지」, 《장신논단》 50권 5호.

이권희, 2012, 「메이지 후기 국민 교육에 관한 고찰: 창가를 통한 신민 형성 과정을 중심 으로」,《아태연구》 19권 1호.

이명실, 2007, 「1910년대 사경화의 교육사적 의미」,《교육사학연구》 17권 2호.

이명화, 1993, 「도산 안창호의 독립운동과 노선」,『안도산 전서』 (하), 범양사.

———, 1997, 「1910년대 재러 한인 사회와 대한인국민회의 민족 운동」,《한국독립운동사 연구》 11권.

———, 2007, 「헤이그 특사가 국외 독립운동에 미친 영향」,《한국독립운동사연구》 29권.

이성우, 2018, 「1910년대 경북지역 독립의군부의 조직과 민단조합」,《한국근현대사연구》 87권.

이성전, 1994, 「선교사와 일제하 조선의 교육」,《한국기독교와 역사》 3권.

이승현, 2006, 「신민회의 국가 건설 사상 — 공화제를 향하여」,《정신문화연구》 29권 1호.

이연복, 1998, 「만세보의 사설에 나타난 천도교의 교육관」,《동학연구》 3권.

이윤갑, 2006, 「대구지역의 한말 일제 초기 사회변동과 3·1 운동」,《계명사학》 17권.

———, 2017, 「도산 안창호의 민족운동과 공화주의 시민교육」,《한국학연구》 67권.

이재순, 1978, 「신민회와 사내 총독 암살 음모 사건(寺內總督暗殺陰謀事件)」,《현상과 인식》2권 3호.

이정은, 1996, 「3·1 운동 연구의 현황과 과제」,《한국사론》 26권.

이찬수, 2013, 「영혼의 정치학: 천황제와 신종교의 접점」,《일본비평》 9호.

이철우, 2006, 「일제 지배의 법적 구조」,『일제 식민지 시기의 통치 체제 형성』, 경인문화사.

이태진, 2019, 「3·1 독립만세운동의 경성(서울) 학생 시위 실황」,『3·1 독립만세운동과 식
　　　민지 체제』, 지식산업사.

임태홍, 2004, 「사카모토 료마의 국가 건설 사상: 동아시아적 관점에서 본 선중팔책」,《정
　　　치사상연구》 10권 2호.

임후남, 2007, 「1910년대 전후 기독교 초등교육 연구」,《교육사학연구》 17권 1호.

장신, 2004, 「경찰 제도의 확립과 식민지 국가 권력의 일상 침투」,『일제의 식민 지배와 일
　　　상생활』, 혜안.

장진경, 2008, 「초기 개신교 전도부인의 교육과 여성 선교」,《기독교교육정보》 21권.

전성곤, 2009, 「최남선의 민속 발견 논리와 보편성」,『최남선 다시 읽기』, 현실문화.

전종익, 2017, 「대한민국 임시 정부 이전 정치 체제 구상」,《법사학연구》 56권.

정계향, 2013, 「일제 시기 지역 엘리트의 동향과 지역 정치: 구언양군 천도교계 지역 엘리
　　　트의 활동을 중심으로」,《역사와경계》 87권.

정근식, 2010, 「일제하 검열 기구와 검열관의 변동」,『식민지 검열: 제도·텍스트·실천』, 소
　　　명출판.

정미라, 2014, 「정치적 행위와 자유: 하나 아렌트의 정치철학에 대한 비판적 소고」,《철학
　　　논총》 76권.

정병준, 2019, 「중국관내 신한청년당과 3·1 운동」,《한국독립운동사연구》 65권.

정선이, 2009, 「1910년대 기독교계 고등 교육의 특성: 숭실과 연희전문을 중심으로」,《교
　　　육사학연구》 19권 2호.

정연태 외, 1989, 「3·1 운동의 전개 양상과 참가 계층」,『3·1 민족 해방 운동 연구』, 청년사.

정을경, 2009, 「일제 강점기 박인호의 천도교 활동과 민족 운동」,《한국독립운동사연구》
　　　33권.

──, 2016, 「일제 강점기 충남 지역의 천도교의 정비와 천도교세의 신장」,《역사와 담
　　　론》 78권.

정의, 2014, 「근대 일본의 서구 숭배와 국수주의: 메이지 유신부터 청일 전쟁까지를 중심

으로」,《일본사상》 27호.

정일웅, 2008, 「평양대부흥운동과 사경회」,《신학지남》 75권 1호.

정창석, 2005, 「식민지 시대 한일 양국의 상호 인식」,『일제 식민지 지배의 구조와 성격』,
경인문화사.

조규태, 2004, 「전남 지역 천도교인의 3·1 운동」,《동학연구》 17권.

조동걸, 1981, 「신한촌 건설과 대한광복회」,《나라사랑》 41권.

———, 1983, 「대한광복회 연구」,《한국사연구》 42권.

———, 1987, 「임시 정부 수립을 위한 1917년의 대동단결 선언」,《한국학논총》 10권.

진태원, 2013, 「무정부주의적 시민성 ─ 해나 아렌트, 자크 랑시에르, 에티엔 발리바르」,
《서강인문논총》 37권.

최기영, 2012, 「김구와 기독교」,《한국기독교와 역사》 37권.

최동희, 1990, 「천도교의 교리 해석에 따르는 문제」,《종교연구》 6권.

최문형, 2004, 「천도교의 개혁 사상과 문화·민족 공동체 운동」,《동학연구》 16권.

최우석, 2019, 「3·1 운동, 그 기억의 탄생」,『3·1 운동 100년 1 메타 역사』, 휴머니스트.

최원식, 1982, 「장한몽과 위안으로서의 문학」,『한국근대문학사론』, 한길사.

———, 1986, 「이해조와 그의 시대」,『한국근대소설사론』, 창작사.

최정화, 2019, 「일제 강점기에 기독교는 어떻게 조선인들의 일상적이고 정치적 욕구를 충
족시켰는가? ─ 시민 공동체를 통해 보는 선교와 개종의 만남」,《한국문화》 85권.

최혜경, 2004, 「1910년 전후 일제의 종교 정책과 종교계의 민족 운동」,《동학연구》 17권.

한규무, 2016, 「1910년대 계몽 운동 계열 비밀 결사 연구의 쟁점과 과제」,《한국민족운동
사연구》 87권.

함태영, 1982, 「지면 개혁과 번안 소설의 등장」,『한국근대문학사론』, 한길사,

허수, 2012, 「동학·천도교에서 천 개념의 전개: 천에서 신으로, 신에서 생명으로」,《개념과
소통》 10권.

홍이표, 2015, 「일제하 한국 기독교인의 내지＝일본 개념 수용 과정: 무단 통치기(1910~
1919)를 중심으로」,《한국기독교와 역사》 43권.

황종원, 2008, 「20세기 초엽 천도교의 인내천 교의 및 심성론에 대한 비판적 연구」,《대동
철학》 44권.

황호덕, 2009, 「사승이라는 방법, 육당의 존재 ─ 신화론」,『최남선 다시 읽기』, 현실문화.

■ 단행본

가와바타 야스나리 (유숙자 옮김), 2002, 『설국』, 민음사.

가타야마 모리히데 (김선근 옮김), 2013, 『미완의 파시즘』, 가람기획.

가토 슈이치 (김태준·노영희 옮김), 1995, 『일본문학사서설 2』, 시사일본어사.

강덕상 (김광열 엮음), 2017, 『여운형과 상해임시정부』, 선인.

강만길 외, 2004, 『일본과 서구의 식민통치 비교』, 선인.

강상규, 2007, 『19세기 동아시아 패러다임의 변환과 제국 일본』, 논형.

강창일 외, 1999, 『일제 식민 통치 연구 1: 1905~1919』, 백산서당.

강창일, 2002, 『근대 일본의 조선 침략과 대아시아주의』, 역사비평사.

국사편찬위원회 편, 1983, 『한국독립운동사』 1.

권보드래, 2008, 『1910년대, 풍문의 시대를 읽다』, 동국대학교 출판부.

──────, 2019, 『3월 1일의 밤』, 돌베개.

권태억, 2014, 『일제의 한국 식민지화와 문명화(1904~1919)』, 서울대학교 출판문화원.

김기승. 2015. 『대한민국 임시 정부의 이론가 조소앙』, 역사공간.

김동노 외, 2006, 『일제 식민지 시기의 통치 체제 형성』, 혜안.

김순전 외, 2012, 『식민지 조선 만들기』, 제이앤씨.

김승태 편역, 1996, 『일제 강점기 종교정책사 자료집』, 한국기독교역사연구소.

김영민, 2005, 『한국 근대 소설의 형성 과정』, 소명출판.

──────, 2019, 『1910년대 일본 유학생 잡지 연구』, 소명출판.

김용구, 1997, 『세계관 충돌의 국제정치학』, 나남출판.

──────, 2001, 『세계관 충돌과 한국 외교사, 1866~1882』 문학과 지성사.

──────, 2013, 『약탈제국주의와 한반도』, 도서출판 원.

김윤식, 1989, 『임화 연구』, 문학사상사.

──────, 1999, 『이광수와 그의 시대』 1, 2, 솔.

김을한, 1975, 『좌옹 윤치호전』, 을유문화사.

김형목, 2005, 『대한제국기 야학 운동』, 경인문화사.

김화경, 2002, 『일본의 신화』, 문학과지성사.

나리타 류이치 외, (연구공간 수유+너머 일본 근대와 젠더 세미나팀 옮김), 2011, 『근대

지의 성립 — 1870~1910년대』, 소명출판.

노길명, 2005, 『민족사와 천주교회』, 한국교회사연구소.

──, 2005, 『한국의 종교 운동』, 고려대학교출판부.

노태돈, 2014, 『한국 고대사』, 경세원.

니시카와 나가오 (윤대석 옮김), 2002, 『국민이라는 괴물』, 소명출판.

독립운동사편찬위원회 편, 1972, 『독립운동사자료집』 5, 독립운동사편찬위원회.

동학학회 편저, 2003, 『해월 최시형의 사상과 갑진 개혁 운동』, 모시는사람들.

피터 두스 (김용덕 옮김), 1983, 『일본 근대사』, 지식산업사.

클로드 레비스트로스 (류재화 옮김), 2011, 『달의 이면 — 레비스토로스, 일본을 말하다』,
　　문학과지성사.

류대영, 2009, 『한국 근현대사와 기독교』, 푸른역사.

류시현, 2011, 『최남선 평전』, 한겨레출판.

마루야마 마사오 (김석근 옮김), 1995, 『일본 정치사상사 연구』, 통나무.

──────, 1997, 『현대 정치의 사상과 행동』, 한길사.

──────, 1998, 『일본의 사상』, 한길사.

──────, 2007, 『문명론의 개략을 읽는다』, 문학동네.

마키하라 노리오 (박지영 옮김), 2012, 『민권과 헌법』, 어문학사.

米慶餘編, 1998, 『日本百年外交論』, 중국사회과학출판사.

미야지마 히로시 외 (최덕수 옮김), 2011, 『일본, 한국 병합을 말하다』, 열린책들.

민경배, 2007, 『한국 기독교회사』, 연세대학교출판부.

호미 바바(나병철 옮김), 2002, 『문화의 위치 — 탈식민주의 문화이론』, 소명출판.

박맹수 편, 1997, 『한말 천도교 자료집』 2 국학자료원.

박영석, 2010, 『만주지역 한인사회와 항일독립운동』, 국학자료원.

박지향, 2000, 『제국주의 — 신화와 현실』, 서울대학교출판부.

박찬승, 2006, 『민족주의의 시대 — 일제하의 한국 민족주의』, 경인문화사.

──, 2019, 『1919 — 대한민국의 첫 번째 봄』, 다산초당.

박환, 1995, 『러시아 한인민족운동사』, 탐구당.

──, 2019, 『3·1 운동 현장과 혁명의 기억과 공간』, 민속원.

방기중, 1999, 『배민수의 농촌 운동과 기독교 사상』, 연세대학교 출판부.

──────, 2010,『식민지 파시즘론』, 연세대학교 출판부.

윌리엄 비즐리 (정영진 옮김), 2013,『일본 제국주의, 1894~1945』, Huebooks.

山口縣教育會編, 2012,『吉田松陰全集 1券』, 大和書房.

송호근, 2010,『인민의 탄생 ── 공론장의 구조 변동』, 민음사.

──────, 2013,『시민의 탄생 ── 조선의 근대와 공론장의 지각 변동』, 민음사.

수요역사연구회 편, 2001,『식민지 조선과 매일신보: 1910년대』, 신서원.

테다 스코치폴 (한창수·김현택 옮김), 1989,『국가와 사회혁명: 혁명의 비교 연구』, 까치.

신용하, 1985,『한국민족 독립운동사 연구』, 을유문화사.

──────, 2001,『일제 강점기 한국민족사 (상)』, 서울대학교 출판부.

쓰시모토 마사시, 오키타 유쿠지 (이기원, 오성철 옮김), 2010,『일본 교육의 사회사』, 경
     인문화사.

해나 아렌트(이진우, 박미애 옮김), 2006,『전체주의의 기원』1, 2, 한길사.

──────────, 2019,『인간의 조건』, 한길사.

야스마루 요시오 (박진우 옮김), 2008,『근대 천황상의 형성』, 논형.

────────────, (이원범 옮김), 2002,『천황제 국가의 성립과 종교 변혁』, 소화.

연세대학교 국학연구원 편, 2004,『일제의 식민 지배와 일상생활』, 혜안.

오오누키 에미코 (이향철 옮김), 2004,『사쿠라가 지다 젊음도 지다 ── 미의식과 군국주
     의』, 모멘토.

유영렬, 2011,『개화기의 윤치호 연구』, 경인문화사.

육당연구학회 편, 2009,『최남선 다시 읽기』, 현실문화.

윤경로, 1990,『105인 사건과 신민회 연구』, 일지사.

윤선자, 2001,『일제의 종교 정책과 천주교회』, 경인문화사.

윤해동 외, 2010,『식민지 공공성 ── 실체와 은유의 거리』, 책과 함께.

──────, 2006,『지배와 자치 ── 식민지기 촌락의 삼국면 구조』, 역사비평사.

──────, 2007,『식민지 근대의 패러독스』, 휴머니스트.

이광수, 1962,『이광수 전집』, 삼중당.

이규수, 2011,『일본 제국의회 관계 법령집』, 선인.

──────, 2014,『한국과 일본, 상호 인식의 변용과 기억』, 어문학사

이노우에 가쓰오 (이원우 옮김), 2013,『막말 유신』, 어문학사.

이노우에 노부타카 외 (박규태 옮김), 2009, 『신도, 일본 태생의 종교 시스템』, 제이앤씨.

이삼성, 2014, 『제국』, 소화.

이태진, 2016, 『일본의 한국 병합 강제 연구』, 지식산업사.

───, 사사가와 노리카스, 2019, 『3·1 독립만세운동과 식민 지배 체제』, 지식산업사.

이현희, 2001, 『대한민국 임시정부사 연구』, 혜안.

장인성, 2014, 『메이지 유신 ─ 현대 일본의 출발점』, 살림.

전광용, 1986, 『신소설 연구』, 세시문사.

정옥자, 1998, 『조선 후기 조선 중화 사상 연구』, 일지사

정일성, 2005, 『(일본 군국주의의 괴벨스) 도쿠토미 소호』, 지식산업사.

정진석, 1990, 『한국 언론사』, 나남.

주요한 편저, 1963, 『안도산 전서』, 삼중당.

최기영, 2015, 『중국 관내 한국 독립운동가의 삶과 투쟁』, 일조각.

최민지, 김민주, 1978, 『일제하 민족언론사론』, 일월서각.

최원식, 1986, 『한국근대소설사론』, 창작사.

───, 2002, 『한국계몽주의문학사론』, 소명출판.

찰스 틸리 (지봉근 옮김), 2018, 『유럽 국민 국가의 계보 990~1992년』, 그린비.

─────, (진덕규 옮김), 1995, 『동원에서 혁명으로』, 학문사상사.

A. 하우저 (백낙청·염무웅 옮김), 1974, 『문학과 예술의 사회사 ─ 현대편』, 창작과비평사.

한국교회사연구소, 1998, 『뮈텔 주교 일기 1906~1910년 4』, 한국교회사연구소.

한기형, 1999, 『한국 근대소설사의 시각』, 소명출판.

한상일, 2004, 『제국의 시선 ─ 일본의 자유주의 지식인 요시노 사쿠조와 조선문제』, 새
   물결.

───, 2010, 『1910 일본의 한국 병탄』, 기파랑.

───, 2015, 『이토 히로부미와 대한제국』, 까치.

한일관계사연구논집찬위원회, 2005, 『일제 식민지 지배의 구조와 성격』, 경인문화사.

함동주, 2009, 『천황제 근대국가의 탄생』, 창비.

함태영, 2015, 『1910년대 소설의 역사적 의미』, 소명출판.

데이비드 허다트 (조만성 옮김), 2011, 『호미 바바의 탈식민지 정체성』, 앨피.

허수, 2011, 『이돈화 연구 ─ 종교와 사회의 경제』, 역사비평사.

에릭 홉스봄 (이용우 옮김), 1997, 『극단의 시대: 20세기 역사』 상·하, 까치.

에릭 홉스봄 (김동택 옮김), 1998, 『제국의 시대』, 한길사.

존 홉슨 (신홍범, 김종철 옮김), 1982, 『제국주의론』, 창작과비평사.

요한 호이징가 (최홍숙 옮김), 1997, 『중세의 가을』, 문학과지성사.

A. Tocqueville J. P. Mayer (ed.), 1969, *Democracy in America*, New York: Harper & Row.

Barrington Moore, 1966, *Social Origin of Dictatorship and Democracy*, Boston: Beacon Press.

E. Durkheim Robert Bellah (ed.), 1973, *Emile Durkheim on Morality and Society*, Chicago: University of Chicago Press.

E. Durkheim, 1933, *The Division of Labor in Society*, New York: The Macmillan Company.

E. Durkheim, 2017, *The Elementary Forms of the Religious Life; a Study in Religious Sociology*, Andesite Press.

J. J. Rousseau, 1988, 「On Social Contract」 in (J. C. Bondanella trans.), *Rousseau's Political Writings*, New York: W.W. Norton Company.

James Scott, 1979, *The Moral Economy of the Peasant: Rebellion and Subsistence in Southeast Asia*, New Haven: Yale University Press.

Jürgen Kocka, 2010, *Civil Society and Dictatorship in Modern German History*, Hannover and London: University Press of New England.

Louis Althusser, 2001, *Lenin and Philosophy and Other Essays*, Verso.

R. Bellah, 2007, *Habits of the Heart: Individualism and Committment in American Life*, California: University of California Press.

Robert Bellah and Phillip Hammon (eds.), 1980, *Varieties of Civil Religion*, New York: Harper & Row.

Robert Bellah (ed.), 1965, *Religion and Progress in Modern Asia*, New York: Free Press.

Theda Skocpol, 1979, *States and Social Revolutions: The Comparative Analysis in France, Russia and China*, London: Cambridge University Press.

You Jae Lee, 2017, *Koloniale Zivilgemeinschaft: Alltag und Lebensweise der Christen in Korea* (1894~1954), Campus.

찾아보기

《매일신보》 1910년대 사회 단체 기사 목록

순번	단체명	기사 내용	기사 제목	연월일	특이 사항	소속* 유형
1	(용산면) 일선간친회	룡산면역소(龍山面役所)와, 마포(麻浦)공립보통학교의 일선인간친(日鮮懇親)을, 주최로 ᄒ고, 이스믈 새로 소통ᄒ야, 장러의 유익을 일을, 협의 전ᄒᆞᆯ 목뎍으로, 일션긴친회를, 조직ᄒ고, 지나간 십팔일 오후 ●● 마포공립보통학교 안에서, 매일회 긴친회를, 열엇는ᄃ, 나디인편에, 십인이오, 죠션인편에 이십인이 어울셕ᄒ야, 유익흔 담화를, 교환ᄒᆞᆫ 즈음에, 검은고와 바독의 여흥이 잇섯다더라	龍山面의 日鮮懇親會	1913.1.22	●●는 완독 불능 / 간친회는 단체명보다는 특정한 행사로 개최되는 경우가 많음	1
2	(용산면) 일선간친회	룡산면, 일션긴친회ᄒᆞ는, 별항과 갓니와, 회긔(會期)는, 한들간나 한번 쉬우기로, 만일 즁요흔 스무를, 인하야, 림시7회음이, 필요을 즁ᄋᆞᆯ 인뎡하는 ᄯᅢ도, 림시소집의 가ᄒ기로, 졍의ᄒᆞ고, 간ᄉᄂᆞᆫ 강도(江島) 젼등의고(大童義高) 리필순(李弼俊) 김영찬(金永賛) ᄉᄉᆞᆯ로 션뎡ᄒᆞ고, 다회준비를 위임ᄒ엿다더라	龍山懇親會役員	1913.1.22		1
3	기성구제회	平壤府廳及平壤警察署에서ᄂᆞᆫ 平壤市內 鴉片注射者 又ᄂᆞᆫ 行旅病人等을 一時 救濟ᄒ을 目的으로 箕城救濟會을 組織ᄒ기로 內定ᄒ얏ᄂᆞᆫ데 去十九日 道參與官 金義卿 府協議員 鄭在命, 金能元, 鄭仁觌, 黃錫煥 諸氏를 府廳에 召集ᄒ고 木田府尹及福田署長으로 救濟會組織에 對ᄒᆞᆫ 事項을 諮問ᄒ엿다더라	(平壤) 救濟會組織計	1915.7.25	이후 회장 선정, 기부금 모금, 예산, 성과 등에 대해 후속 기사를 있음	1

순번	단체명	기사 내용	기사 제목	연월일	특이 사항	소속*유형
4	(전주)빈민금유민구제회	既報와 如히 金四府面長의 發起로 當地貧民及遊民救濟會를 組織호고 會長에 白南信氏를 推選호 터 同貧民及遊民 十八歲以上 二十五歲以下者 五十名을 選定호야 織組濊其他를 敎習호야 六個月 卒業호기로 過般 場所를 萬化樓에 充用키 爲호야 同貧下許可를 受호 故로 十七日 午后 一時 四府面役所에 集合호야 總會를 開호고 會員 二十餘名이 集合호야 物品購入 其他豫算을 一千五百圓 現金에 決定호얏다더라	全州通信: 窮民救濟總會	1912.11.26	전북빈민구제회 관련 1913년 5월 11일/6월 7일 주속 기사도 있음	1
5	(예산)고아구제회	今般 本郡守 池喜烈氏 發起로 本郡에 孤兒救濟會을 施設케 되얏느니 同時 海美面에 道光 內地人이 金三百圓을 寄附호얏고 各面 有力家 諸氏의 寄附高가 壹千圓 現金에 達호얏다더라	孤兒救濟會	1918.11.17	본군=예산군	1
6	(관립한성외국어학교)동창회	敎育令에 十一月一日브터 實施홀 터인으로 官立漢城外國語學校을 廢地す 터인 故로 該校 國語部에서 已往브터 卒業호 諸氏가 來二十九日 午前 十時브터 該校內에서 同窓會를 開호기로 準備中이라더라	外語校生의 同窓會	1911.10.27		1
7	수하동학교생동창회	水下洞公立普通學校 又는 該校內에 附設호 商業學校의 從來 卒業生 一同이 來二十三日 午后 七時 該校內에 同窓 懇會를 設호다더니 其卒業生의 住所가 不明호야 困難호다더라	水下洞學校生 同窓會	1914.5.20	수하동 공립보통학교 동창회 개최 관련 기사는 이후에도 여러 동창내. 송계/주계 경기 동창회를 가졌던 듯함	1

순번	단체명	기사 내용	기사 제목	연월일	특이 사항	소속*유형
8	해주공립보통학교 동창회	同郡海州公立普通學校를 來十五日 午前 十時브터 各其校內에서 同窓會를 開호고 事務를 處理호고 後談話와 餘興의 各種 娛樂的 準備가 有호얏드니 會員의 出席을 勿論 其他 關係諸氏가 多數 臨席호기를 希望호다더라	(海州) 各校同窓會	1915.8.11		1
9	의정여학교동창회	同郡私立懿貞女學校에서는 本月 十五日 下午 二時브터 卒業生同窓會를 開호고 耶蘇敎牧師 崔聖模氏의 懇篤호 訓話를 聽取호 後에 各히 所感을 述호고 趣味 津々호 餘興을 行호야 閉會호얏다더라	海州서 懿貞女校의 同窓會	1916.8.20		1
10	강원도정인부인회	江原道廳에서는 管下 各郡의 女子敎育을 發展호기 爲호야 該道廳에 夫人會를 設立호얏드니 今回 會議에 參列호얏던 郡守 一同이 各其 金貨 二圓式會에 寄付호얏다더라	江原道廳의 夫人會	1910.11.15	부인회 관련은 적십자사 애국부인회 내용이 대다수임. (귀부인으로 조직된 관변단체)	1
11	의주조선인부인회	義州朝鮮人婦人會는 良家婦人에게 實業의 趣味를 涵養을 目的으로 昨年에 創立을 바 其後 十七人의 會員으로 養蠶을 飼養을 計畫으로 第一回 養蠶飼育을 西門內에 養蠶室을 建築호고 昨春 義州 着手호야 其 成績이 良好호얏는 故로 本年 春秋 二期에는 十四勿의 蠶兒를 飼育을 計畫이오 其他 桑樹苗場을 貸付호며 養蠶敎授等의 便宜를 與홈을 豫定이더라	(義州) 朝鮮人婦人會	1915.3.24		1

순번	단체명	기사 내용	기사 제목	연월일	특이 사항	소속* 유형
12	구미부인회	龜尾郵便所長 村上唯吉氏と 當地婦人의 改良을 圖호기 爲호야 一月三日 鮮人女子 三十餘名을 村上氏의 自●로 會集호고 婦人會 會長으로 婦人會 組織호야 懇談이 有호 後에 婦人會를 組織호얏더라	婦人會組織	1917.1.10	●는 판독 불능	1
13	평남덕천군청년회	平南 德川郡에서는 從來 公立普通學校를 卒業호 學生의 退校后에는 學校에서 訓育 主意를 忘却호고 壯年의 夙習으로 漸次 惡之惡을 行動에 沈淪호야 不美는 影響이 多호니 如此히 置之호면 救濟策을 研究호 結果 卒業生 全部로 同靑年會 組織호야 同郡守을 會長으로 推薦호야 日昨에 其 創立會를 開호얏더라	靑年會組織	1913.2.16		1
14	평양실업청년회	平壤實業靑年會에서는 夜學校를 民團에 引繼호 故로 何等의 經營호는 事業이 無호야 本月 八日이 總會를 開호고 實業的 圖書館을 設호기로 決定호야 每月 一定호 豫算 內에서 實業에 關호 圖書類을 購入호야 實業協會 事務室 內에 保管호기로 準備中이더라	實業會의 圖書館	1913.2.16		1
15	종로중앙기독청년회, 영남정기독교청년회, 인천기독교청년회, 주안면 실업청년회	京畿道 管內의 靑年會는 京城 中部 鍾路中央基督靑年會의 鮮人會員 一千四百名이 最多數요 永樂町 基督靑年會의 內地人 二百七十名 仁川 山手町 仁川基督靑年會의 內地人 二百二十名 仁川 未安面 實業靑年會의 鮮人 三十二名이 其次인디 四靑年會의 會員의 合이 一千九百二十二人이더라	京畿道靑年會員數	1913.11.22		1

순번	단체명	기사 내용	기사 제목	연월일	특이 사항	소속* 유형
16	삼화청년회	鎭南浦 三和青年會 主催로 鮮人大運動會에 關호 委員 及 期日은 去三日 午后 四時 三十分브터 三和青年會 二層樓上에서 開會호야 決議호얏는디 期日은 來十三日로 定호얏고 會長 李俊健 庶務係 李根軾 會計係 吳致周 設備係 姜俊植 接待係 金相燦 施賞係 朴基壁 審判係 林●正 警護係 金基浩 衛生係 金浩淵 指揮係 王觀彬 等으로 選定호고 午后 六時 三十分에 散會호얏더라	(南浦) 鮮人大運動會	1916.5.9	●는 판독 불능	1
17	원산청년회	元山青年會運動部에서는 酷暑의 節을 應호야 元山市民遊泳會를 來 九日에 開催기로 決定되얏는디 本報 愛讀 諸氏를 特別 慰待호다더라	元山에서 青年會遊泳會	1916.6.27		1
18	삼화청년회	三和青年會에서는 去六日 下午 九時 總會를 開호고 滿期役員 諸氏를 改選호고 其他 諸事項을 協議호얏는디 當選役員 諸氏는 如左호다더라 會長 李根軾 總務 金正民 幹事 金聖景 外 二人 講演部長 朴鍾恩 體育部長 物桝統	鎭南浦에서 三和青年會	1916.7.12		1
19	논산엡웟청년회	論山 耶蘇教會에서는 近日 牧師 金炳濟氏가 엡웟青年會를 組織호고 每木曜日 一般青年 五十餘名을 會集호고 聖經을 講演호며 討論을 爲호야 互相 智識을 交換호다는디 遊衣徒食호야 虛榮浮浪호 青年을 敎諭홈 에는 最히 適切타 謂호 겟다더라	論山에서 青年會組織	1916.9.19		1

순번	단체명	기사 내용	기사 제목	연월일	특이 사항	소속*유형
20	전주청년회	全州青年會에서는 十月 一日브터 二個月間 小學校內에 夜學을 開始하고 法制, 經濟, 國語, 鮮語의 學科를 二時間式 敎授하는디 會費는 一人 一個月 三十錢이라더라	全州에서 夜學部開始	1916.10.14		1
21	의병청년회	湖南線 江景驛前 黄金町 耶蘇教會堂內 設立된 江景青年會는 當地 郡參事 未末趙氏外 有志 紳士 諸氏의 誠心 贊成으로 結果로 因하야 該會 學務部에서 勢動夜學校를 成立하고 體育部도 組織되얏다하며 勸業部를 設立하야 無業者를 救濟하다하야 其他 各部의 事業도 次第 施設中이라더라	江景에서 青年會擴張	1916.12.23		1
22	강경청년체육부, 눈산의병청년회	江景青年體育部와 論山郡去青年會의 野球大會를 開催하기로 交涉되야 去卅七日 論山의 案內로 論山公普校庭에서 野球試合을 開始하얏는디 各便의 盡心盡力으로 活潑勇氣을 ●잣 歐洲戰을 參觀하는 듯 勝負를 相爭타가 結果에는 江景體育部의 大勝利를 得하고 還來하얏더라	江景 青年會野球大會	1917.5.30	●는 판독 불능	1
23	진남포청년회	鎮南浦 李鍾醶 林秉夏 外 三四人 發起로 青年會를 組織하고 今月 十日에 創立總會를 開催하고 規則制作이 通過와 任員 選擧를 執行하얏더라	鎮南浦 青年會組織	1918.3.14		1
24	마산청년회	馬山青年會 設立은 由來 多少의 傳說이 有호얏스나 어딘 事情에 依호야 實施치 못호던 바 今番에 三増府尹 北村署長 黑木普通學校長 等의 發起로 着着計劃研究中이던 마석 魯馬山止着人青年會의 設立이 得策이다 호고 目下 北村署長은 會則 起草中이라더라	馬山 馬山青年會設立	1918.6.12		1

순번	단체명	기사 내용	기사 제목	연월일	특이 사항	소속*유형
25	마산청년회	去十三日 午後 一時에 馬山公立普通學校 女子分敎揚內에서 慶南矯風會 馬山分會 附屬 馬山靑年會의 發會式을 擧行ᄒᆞᆺ느니 出席會員은 無慮 百數十人에 達ᄒᆞ고 分會長 王麒煥氏의 式辭와 三增支部長의 訓示와 北村署長의 談話等이 有ᄒᆞᆫ 後 嚴肅ᄒᆞᆫ 가운더 式을 終ᄒᆞ엿다	馬山靑年會의 發會式	1918.7.19	경남 교풍회 마산분회 부속	1
26	간도기독청년회	間島 龍井村 耶蘇敎會는 龍井村 居住ᄒᆞᆫ 耶蘇敎人이 千餘名에 達ᄒᆞᆺ슴으로 娛樂場所가 無ᄒᆞᆷ을 恨ᄒᆞ야 大正 八年 二月 二十五日 間島 基督靑年會를 發起ᄒᆞ야 同二月 一日 組織會를 開ᄒᆞ고 同二月 十五日 創立會를 永新學校內에 開ᄒᆞ고 任員을 選定ᄒᆞ야 將次 會의 發展을 圖ᄒᆞᆯ 터인디 京城에 在ᄒᆞᆫ 萬國靑年會와 連絡코져 經營읻다 會員이 百餘名이 達ᄒᆞ엿다	基督靑年會組織	1919.3.11		1
27	통천청년회	通川地方에는 尙今ᄭᅡ지 靑年會의 設立이 無홈을 不의 遺憾으로 思ᄒᆞ든 金日熙氏는 該會를 設立홈이 一般에 贊同을 求ᄒᆞ엿더니 官民間에 寄附가 多ᄒᆞ고 意外에 好成績을 得ᄒᆞ엿다 會의 內容은 文藝 運動 兩科이오 會員은 內鮮人 合公吏가 多ᄒᆞ며 會長으로 金萌熙氏 總務로 金壽鉉氏가 被選ᄒᆞ엿다	通川靑年會	1919.6.21		1
28	울진청년회	本郡 靑年 風紀 振肅과 智識 啓發과 民風 改善을 目的ᄒᆞ야 靑年有志 張植 林時虎 李愚榮 田仁述 朱鎭休氏의 發起로 本郡 同志靑年과 協議ᄒᆞ야 蔚珍靑年會를 組織ᄒᆞᆫ 바 陰七月 十五日頃 蔚珍公立普通學校內에서 第一回 總會를 開催ᄒᆞ다더라	蔚珍의 靑年會	1919.8.14		1

순번	단체명	기사 내용	기사 제목	연월일	특이 사항	소속* 유형
29	안변청년회	本郡 靑年의 智識啓發코 風紀改善을 目的ᄒ야 靑年有志 安起心, 李厚埴 黃相伯, 金基鉉, 康富達氏의 發起로 同郡 靑年會를 組織ᄒ고 去八月 二十日에 安邊公立普通學校前 鷲鶴樓에서 第一回 總會를 開ᄒ얏다더라	安邊의 靑年會	1919.8.26		1
30	평양상업청년회	平壤商業靑年會에서는 目下 懸案中인 店員休業問題에 就ᄒ야 普히 各店員의 意見을 徵ᄒ기 爲ᄒ야 十八日 午後 五時브터 商業會議所 樓上에서 店員의 集會를 開催ᄒ는 터인ᄃ 會員外의 店員이라도 多數의 出席ᄒ을 希望ᄒᆫ다더라	店員集會開催	1919.11.22		1
31	교남교육회	教育基本金管理會에서 再昨日 午後 一時에 總會를 開ᄒ고 基本金處理方法을 提議 決定ᄒ되 平南北咸南北及黃海五道의 收合額은 五星學校로 忠南北京畿三道의 收合額은 畿湖學會로 慶南北道의 收合額은 嶠南教育會로 全南北道의 收合額은 湖南學會로 分給ᄒ기로 議決ᄒ고 分給期限은 本月 上旬頃으로 豫定ᄒ얏다더라	國債金分給排定	1910.11.2	교육회 검색 결과는 조선교육회가 매우 많음 (경무총감을 회장으로 하는 관제 단체, 조선교육회 관련 검색 결과는 대개 검색 결과는 생략함)	2
32	대구 일선인합동교육회	協成學校內에 存立ᄒ야 日鮮人合同教育會에서 鵬設ᄒ 夜學校는 本年度에 入學生이 內地人 十名이오 朝鮮人 七名인ᄃ 該夜學校關係者가 非常히 減損되지다 昨日에 該夜學校內에 會集ᄒ야 此에 繼續授業에 關ᄒ 事를 協議ᄒ얏다더라	最近의 大邱 夜學校繼續授業	1912.4.27		2

순번	단체명	기사 내용	기사 제목	연월일	특이 사항	소속*유형
33	대구교육회	여러번, 과거는 바와 깃지, 대구교육회(大邱敎育會) 야학교는, 근일에, 다시 확장흐야, 조선인 학싱 이삼명은, 임의 슈업을 시작흐얏고, 니디인 학싱은, 명일 삼삼명으로 방금 모집흐는 중인다 오는 칠일븟터, 기하흘 터이라더라	大邱夜學의 擴張	1912.6.26		2
34	평남교육회 (평양교육회)	已報와 如히 本月 五日 下午 三時에 南山町 小學校에서 平南敎育會第二總會을 開흐얏드니 ...(중략)... 會長에 篠田內務部長 副會長에 本田府尹과 田中高等學校長이 仍任흐얏스며 張參與官 以下 二十二人의 評議員을 改選흐얏스며 會則中 第一條에 平壤敎育이라는 것을 平南敎育會라 改흐고 ...(후략)	平南敎育會總會	1913.5.13	지방 교육회들도 대개 일본인 위주의 관제 단체들이 많음 (조선교육회의 문화 같은 성격) 지방관이 회장이고 보통학교장/학무위원이 임원이 되는 형태	2
35	재선미국인교육회	在鮮米國人 第七回敎育會을 在大邱 이름쓰氏의 主催로 十九, 二十, 兩日間 平壤 崇實大學校內에서 開會흐다드니 關係者 一同 三十餘人은 近日 平壤에 來着흐얏다더라	最近의 平南 米人敎育會總會	1913.6.22		2
36	본정도로확장 기성회	本町道路擴張期成會 幹事 淵上貞助氏 等 七名은 再昨日 午前 十一時에 京城府廳 及 京畿道廳을 任動흐고 道路擴張에 關흐야 詳細히 陳情흐얏다더라	道路擴張陳情	1911.10.27	일본인들 단체일 것임	2

순번	단체명	기사 내용	기사 제목	연월일	특이 사항	소속* 유형
37	평양포병공장설치 기성회	平壤砲兵工廠設置期成會에셔 十月一日 有志大會를 催호는 事는 旣報와 如호거니와 其準備及 運動方法에 關호야 更히 熟議를 遂호기 爲호고 二十九日 午後 七時브터 商業會議所 樓上에셔 委員協議會을 開호고 一方 市民側에셔는 砲兵工廠設置期成會를 開호 後로 本問題의 貫徹 努力호기 爲호야 大會開催의 到來를 待호는더 市況을 活氣를 呈호더라	平壤工廠期成	1916.10.13	후속 기사를 보면 등회에 가는 등의 활동을 함	2
38	대구병영설치 기성회	大邱兵營設置期成會에셔는 昨日 午後 一時로브터 市內 達城公園에 旅團設置期成會를 開催호얏는더 會員은 八百餘名에 達호고 來賓도 三十餘名에 達호지라 全會員의 承認을 得호야 同會決算報告를 成호고 兵營設置預算額 外 殘金으로셔 大鳳町 兵營道路에 櫻樹를 植栽호기로 決定호고 遂히 解散호얏더라	大邱 期成會總會	1918.3.16		2
39	서선발전공진회 기성회 (서선물산공진회 기성회)	旣報와 如히 西鮮物産共進會期成會新議會는 去十七日晚에 平壤商業會議所에 開催호야 爲先 二百名의 評議員中으로 常務委員 五十名을 選定호얏는더 二十八名은 商議新議員이 此에 當호고 其餘 二十二名은 內地人中으로 十四人, 鮮人中으로 八人을 商議新議員으로 選定호얏는더 即 鮮人側은 金鎭燮, 金南淵, 朴經鍚, 金義庚, 鄭任命, 鄭二淑, 金鎭根, 黃錫煥이더라	平壤 期成會常務委員	1918.6.20		2

순번	단체명	기사 내용	기사 제목	연월일	특이사항	소속*유형
40	안동군경편철도 기성회 (구안경편철도 기성동맹회)	大邱安東間輕鐵期成會는 旣報ᄒ거니와 該線 沿線 義城 軍威 兩郡에 出張ᄒ야 役員 中 六名은 該地方 有志 數十名과 協議ᄒ야 徹底흔 意思을 流通흔 後 期成會를 組織ᄒᄂᆞᆫ 中인디 該地方 大邱府에 兩郡 期成會가 組織되ᄂᆞᆫ 디로 大邱, 義城, 軍威 四郡聯合期成會를 組織ᄒ야 九月末頃 輕便鐵路 調査ᄒ기로 安東地方으로 出張ᄒ다더라	安東期成會活動	1918.8.15		2
41	청우장학회	경성 중부 대묘동(大廟洞) 등디에 잇는 청우장학회(靑友奬學會)는 본리 북청군 신ᄉ도서 명은 전흥국(全泓國), 강윤희(姜允熙) 제씨의 조직으로, 토론회를 열고, 지식을 서로, 교환흠믈ᄆᆞᆨ으로, 미쥬일ᄒ변식, 토론회를 기죄하기로 ᄒ엿다ᄂᆞᆫ디, 오ᄂᆞᆫ 토론회문데ᄂᆞᆫ, ᄉ업성취에ᄂᆞᆫ 리상이 ᄀ뎌보다 낫다ᄂᆞᆫ 문데로, 토론을 ᄐ이리라더라	靑友奬學會의 討論會	1914.3.4		2
42	파릉학우장학회	경남 함안군(慶南 咸安郡)에 파릉학우장학회(巴陵學友奬學會)를 조직ᄒ고 동군 보통학교에서 졸업ᄉ을 경성 등등 ᄂᆞᆯ도 학교에 입학케 ᄒ기로 되야 금년에 졸업ᄉ이라 흠며 명년경에 ᄯ 경성에 유학식힐 ᄉ도가 ᄯ 섭여 명에 달ᄒ다ᄂᆞᆫ디 실로 산경을 만흔 일이더라 (후략_하생 명단)	巴陵學友奬學會 好事業	1916.4.8		2

순번	단체명	기사 내용	기사 제목	연월일	특이 사항	소속* 유형
43	영평군잠업조합	永平郡 三個 蠶業組合長이 今月分에 協議會를 開호고 蠶具製造作, 本年度 豫算 編成作, 桑樹栽培作 共同貯金 及 加入者에 對호 規約을 製定作을 議決호얏다더라	永平郡蠶業組合長協議	1913.1.10		2
44	개성군잠업협회	京畿道 開城郡에서는 日鮮人 有志者가 合同 發起호야 未來暇子와 上林事員局長等의 贍助下에서 資金 三萬圓을 投호야 蠶業協會을 組織호고 同郡 北部 梨井里 滿月臺의 土地를 買收호야 桑園을 開設호고 養蠶을 獎勵호되 器具機械을 貸與호며 蠶繭이 共同販賣를 開호야 蠶業 發達을 計劃中이라더라	開城의 蠶業協會	1911.12.9		2
45	조선양계협회	朝鮮養鷄事業의 改良 發達을 計畫을 目的으로 朝鮮養鷄協會를 設立을 有호되 京畿道廳에셔도 此를 贊助호야 其 隆興을 務圖를 計策이라더라	養鷄協會의 設立	1913.3.20		2
46	조선권업협회	李比爹伯의 管理호는 朝鮮勸業協會는 京城 西部 盤松坊에 編物講習所分室을 設置호고 本月 八日브터 講習을 開始호야 十四五歲 以上 鮮婦人 四十餘名을 收容호야 約三個月에 終了케 호 다이라드더 目下의 製品은 外國 輸出用 張幕及手巾의 飾緣等이라더라	編物講習會設置	1913.4.17		2
47	조선미술협회	경셩 ᄂ동 이젼 법구공ᄉ관 ᄌ리에 설치은 조션교육구락부(朝鮮敎育俱樂部) 안에서 조선미슐협회(朝鮮美術協會)의 주최로 미슐연람회(美術展覽會)를 열고 다수은 회폭과 기타 미슐품을 진렬ᄒ고 일반으로 종람케 ᄒᆫ다기회 긔임은 이ᄉ일부터 열음둥인이라더라	京城의 美術展覽會	1915.4.28		2

순번	단체명	기사 내용	기사 제목	연월일	특이 사항	소속*유형
48	평양실업협회	本問題는 商議令 發布 當初브터 懸案이딘 바 旣히 發起人도 木田府尹으로브터 選定ᄒ야 發起人會ᄭᆞ지 成立되얏고 今日인즉 某名士質의 助長會을 一個 立立을 必要가 無ᄒᆞᆷ으로 協議會는 本年末을 限ᄒ야 解散을 티이며 萬一商議의 成立이 運享 것 것고딘 殘務 處理ᄒ기 爲ᄒ야 幹務의 事務를 引續ᄒ기 爲ᄒ야 從事ᄒ기로 엿고 (卒막)	平壤重要問題 實業協會의 存廢	1915. 10. 26		2
49	평양실업협회	平壤實業協會는 新商業會議所 設立에 對ᄒ야 本月 末日을 限ᄒ야 閉鎖ᄒ기로 決議ᄒ얏고 在來의 平壤商業會議所(鮮人側)도 不遠間 解散式을 行을 티이라더라	(平壤) 兩會閉鎖不遠	1915. 12. 5		2
50	공주실업협회	同會는 從來로 事의 女子機織業의 傳習을 行ᄒᆞ는 바 過般 事務員 金基鴻 退職後 工業傳習所 卒業生 金桂楷을 選任ᄒ고 女敎師中의 機織生에 熱心 有名은 扶餘郡 趙敎渥堂을 雇聘ᄒ고 傳習生을 新募集ᄒᆞᆫ 바 希望者 多數ᄒ고 事業의 漸次 發展ᄒ야 大히 有望ᄒᆞ더라	地方通信: 忠淸南道 公州實業協會	1916. 3. 12		2
51	법학협회	去十二日 法學協會 定期總會를 京城 壽松洞 私立普成學校에서 開ᄒᆞ고 會務를 整理ᄒᆞᆫ 바 任員 總選擧를 行ᄒᆞᆫ 結果 會長 崔鎭, 訓議員 李基燦, 木勝彬, 尹益善, 李冕宇, 盧應麟, 金炳魯, 朴晚緖, 鄭文煥, 崔麟, 白象圭 諸氏가 當選되얏더라	法學協會總會	1916. 3. 16		2

순번	단체명	기사 내용	기사 제목	연월일	특이 사항	소속*유형
52	청주실업협회	清州에서는 內鮮實業家 諸氏의 發起로 清州를 大發展시킬 目的으로 實業協會 組織을 發起고 去二十三日 午後 四時 櫻座劇場에서 擧行하얏다더라	清州實業協會組織	1917.5.24		2
53	청주실업협회	清州實業協會에서는 去二十六日 職員을 選定하얏는디 會長 川島由三郎 副會長 閔泳殷氏 以下 幹事 三人 評議員 十八이더라	清州實業協會 職員 選定	1917.5.30		2
54	조선토목건축협회	創立中에 在하던 土木建築業組合은 去二十四日에 會員總會를 朝鮮호텔에 開하고 立 名稱을 朝鮮土木建築協會로 改하고 役員 選擧를 行하얏는디 會長으로 推選된 松本勝大利氏는 廿八日 午后 六時에 千代本으로 披露宴을 廐다더라	土木建築協會	1918.3.28		2
55	안주실업협회	安州許㛠氏의 發起로 實業에 從事하는 者 二百餘名이 團合하야 實業協會를 組織中이더바 來土曜日(十一月 末日) 安州十字病院 樓上에서 開會한다는디 如此운 機關은 商業地 되는 安州에 最히 有望하다더라	安州實業協會	1918.12.1		2
56	군산부 주면 신촌리 교풍회	全北 群山府 米面 新村里에서는 從來 賭博의 弊風이 잇는다 今回 左의 規約을 立고 風紀를 矯正하는 事에 함쓴다더라 一 賭博하는 者ㅣ 有하는 時는 里民의 直히 此를 所轄 警察署에 申告고 又는 相當히 戒告할 事 一 賭博은 常習이 되야 里民이 戒告도 聞지 안이하는 者에 對하야는 交際를 絶할 事	群山府의 矯風會	1912.3.1		3

순번	단체명	기사 내용	기사 제목	연월일	특이 사항	소속* 유형
57	해주교풍회	旣報홈과 如히 全郡 官紳協同의 發起로 美風을 助長호고 惡繪를 矯正홀 目的으로 矯風會을 組織호고 創立總會을 去四日 下午 一時브터 普通學校內에서 開催호고 會規에 因홍 事項을 協議호얏다더라	地方通信: 黃海道(海州) 矯風總會	1914.7.7		3
58	해주교풍회	全郡矯風會에서는 當地에서 身體健全호 者의 行乞遊食홈을 思호야 當地 八月一日브터는 乞食者中 身體健全호 者의게는 諸糧을 不許호야 一日이라도 速히 就業케 혼다더라	地方通信: 黃海道(海州) 矯風美擧	1914.7.25		3
59	청주교풍회	青松郡에서는 民風改善호기 爲호야 矯風會을 組織호얏는디 其規例는 冠婚喪祭 費用 節約, 衛生思想 涵養, 長幼有序, 頹風敗俗 矯正, 賭博及奢侈 禁止, 農事及敎育 勸獎, 勤儉貯蓄 實行 公益事業 盡力 等이라더라	青松矯風會組織	1917.2.16		3
60	진해번영회	當地의 繁榮을 圖홀 目的으로 官民이 一致호야 鎭海繁榮會을 組織호고 十八日에 發會式을 擧호얏다더라	鑛海電報 繁榮會의 組織	1912.9.20		3
61	진주군번영회	同郡에서 晉州郡參事 孫旅休 及 市內面長 姜元魯氏等外 數人 發起로 晉州郡 鮮人으로만 限호야 繁榮會을 組織호고 行政事項에 輔佐 及 晉州을 繁榮케 홀 事業에 進行을 計圖호기로 目的을 定호얏는디 本月 十四日 午后 六時에 晉州郡守 韓圭復氏 私第에서 其節次을 協定호얏다더라	地方通信: 慶尙南道(晉州)	1914.3.18		3

순번	단체명	기사 내용	기사 제목	연월일	특이 사항	소속*유형
62	제주동우회 (번영회)	當地 同友會는 繁榮會와 並立호야 地方發展을 企圖호는 바인다 今次 同友會에서는 消防組 設置에 對호야 現今 濟州所長 寺本十太郎氏와 交涉中인바 近日 着手 進步中인 故로 來十月頃에도 完全을 見호리라더라	地方通信: 全羅南道 消防組設置	1914.8.23		3
63	함흥번영회	今般 咸興繁榮會의 主催下에 退潮港繁賞團이 組織되야 同港에 着호야는 港灣과 背 ●을 實査호얏는다 原來 退潮는 本都 西南端即距邑 三里許에 在호 北線에 惟一天然的 良港으로 乘호야 咸興平野의 正面에 一帶海門을 作호얏스나 (중락) 將來 所望이 一二에 不止호는 것은 事實인즉 同港이 不遠에 開港되면 將來의 發展이 意外에 호리라더라	洪原 退潮는 將來의 良港	1918.3.30	●는 판독 불능	3
64	원산번영회	元山繁榮會에 從前 內地 人에 限定인바 今回 新入會 安廷協 廉興植 兩氏을 始호야 鮮人 十餘名을 會員에 加入되 바 來十六日 야 野遊會兼 春季總會을 開催호다더라	繁榮會와 鮮人有志	1919.5.17		3
65	조선흥업회	朝鮮興業會에서는 三昨日 下午 一時에 總會을 開호고 實業部長 朴文乘託 遞任을 代에 徐相八氏로 遷定호얏스며 會名 改定件을 通過호얏스며 該會館을 典洞 前侍衛第三隊營門으로 移する기 爲호야 憲兵司令部에 請願호 事件을 協議호얏다더라	興業會任員	1910.9.13		3

순번	단체명	기사 내용	기사 제목	연월일	특이 사항	소속*유형
66	경북실업연구회	慶北實業研究會에서 大邱管內에 水稻種子 配付ᄒᆞᆫ 事ᄂᆞᆫ 前號에 已揭ᄒᆞ얏ᄂᆞᆫ디 該會ᄂᆞᆫ 更히 稻種 改良의 目的으로 採種田 設置ᄒᆞᆯ 事를 決定ᄒᆞ야 過日에 穀良都 一石을 播下ᄒᆞ고 役員 五名으로 ᄒᆞ얏ᄂᆞᆫ디라	大邱雜信: 慶北實業會의 稻種配付	1912.5.15	실업회의 경우 실업협회와 같은 단체를 칭하는 경우도 있음	3
67	경북실업연구회 (대구지부)	慶北實業研究會 大邱支部에서ᄂᆞᆫ 向者 夜學校를 開設ᄒᆞ야 生徒가 百四十名에 達ᄒᆞ얏ᄂᆞᆫ디 頗히 好成績을 得ᄒᆞ얏ᄂᆞᆫ이다 日各部支部에셔ᄃᆞ 夜學部를 開設ᄒᆞ야 靑年子弟를 誘導ᄒᆞ기로 昨日 該會頭ᄂᆞᆫ 各部支部長에게 通牒을 發送ᄒᆞ얏ᄂᆞᆫ이라	實業會夜學開始	1912.10.22		3
68	경북실업회	慶北實業會에서ᄂᆞᆫ 實生桑苗養成을 目的으로 ᄒᆞᆯ 桑種을 各部 支部에 配付ᄒᆞ얏ᄂᆞᆫ이라	地方通信: 慶尙北道 桑種配付(道內)	1914.6.11		3
69	개성저축장려계	開城貯蓄獎勵契 開城郡에셔ᄂᆞᆫ 管內 小作人을 一團으로 ᄒᆞ야 貯蓄獎勵契를 設置ᄒᆞ얏ᄂᆞᆫ디 從來 共同購牛契 等ᄃᆞ 同契의 事業으로 立ᄒᆞ고 更히 養禽을 開始ᄒᆞ야 農家副業의 普及을 圖ᄒᆞᄂᆞᆫ이다	開城貯蓄獎勵契	1913.5.28		3
70	(함흥) 농사개량장려계	咸興 都邑中里 金文善, 金鳳校 兩氏ᄂᆞᆫ 農事改良에 關ᄒᆞ 獎勵契를 組織ᄒᆞ야 旣히 多數의 契員을 募集ᄒᆞ얏ᄂᆞᆫ이다	咸興 農事改良獎勵契	1917.2.18		3

순번	단체명	기사 내용	기사 제목	연월일	특이 사항	소속*유형
71	강화군하음면 계란저축계	江華郡 河陰面에 居住호는 一般人民等은 貯蓄의 心을 涵養호야 將來 實效를 圖得홀 目的으로 去十一月에 鷄卵貯蓄契를 組織호고 契員이 各其 每個月 幾十個式을 貯蓄放賣호야 其代金을 貯蓄호고 호다니 契長은 金東植氏를 推薦호야 該事務를 執行케 호얏다더라	江華鷄卵貯蓄契	1912.10.25		3
72	명치기념저금계	慶南 鬱陶郡 在住 朝鮮人 有志의 發起로 明治紀念貯金契라는 것을 組織호야 各面에 普及코저 計圖호야 契員을 勸誘中인디 郡內 各面에 百호야 約二百名의 贊成을 得호야 目下 集金中이호며 其金額은 給料手當等을 受호는 者는 每月 十錢이오 其他는 收穫高에 依호야 其百分의 一을 貯蓄케 홈이라더라	明治紀念貯金契組織	1913.2.8		3
73	봉안산업저축계	忠清南道 奉安郡 瓌洞 居호는 李希烈氏는 元來 慈善心이 瞻富호야 該地人民의 稱이 藉々호더니 今回에 該郡 人民의 貯蓄을 獎勵호고 貧民을 效濟홀 目的으로 該郡 各面에 産業貯蓄契을 設立호고 正租 四百石을 寄附호얏는디 該氏의 年齡은 八十 老齡이라더라	奉安産業貯蓄契	1913.5.29		3
74	(진주)저축계	晉州實業家 姜善昊 金東武 等의 發起로 客年 事브터 貯蓄契를 設立호고 每股에 十錢式호야 四千股式으로 股式限호야 募集호얏는디 一個年 未及호야 數百圓의 股金이 募集되야 擔保殖利을 爲호는니 其成績이 頗히 良好호다더라	地方通信: 慶尚北道 貯蓄契好績(晉州)	1915.2.13		3

순번	단체명	기사 내용	기사 제목	연월일	특이 사항	소속*유형
75	함흥저축조합	本郡 內鮮人 團體로 明治 四十五年頃 創立ᄒᆫ 貯蓄組合은 鮮人商議所 內에 置ᄒᆫ 것이오 組合員은 旣히 三百名에 達ᄒ야 本道 契 中에 最히 健實ᄒᆫ 模範組合이다 彼等은 其貯金額으로 金融機關으로 年々히 利殖을 得ᄒ야 其貯金額이 二千二百四十二圓이 되얏고 目將來의 目的을 一層 有利흠을 言盡ᄒ야 大資本을 成케 ᄒᆫ다더라	地方通信: 咸鏡南道 模範貯蓄契(成興)	1916.5.17		3
76	경상북도 저축계 및 조합 (단체명 아님)	本道內 各府郡島에 貯蓄契 又는 副業을 目的ᄒᆞ는 契及組合數는 七百八十八이오 人員數는 十一萬 二百八十九名이오 金額은 十万 八千九百四十圓 九十四錢이오 貯蓄物品種別數量換算高는 八千五百三十五万 三千七百七十五圓이라더라	大邱 貯蓄契及組合	1917.4.8		3
77	경기도대지주회	再昨日 京畿道廳에서 大地主會 開催흠은 昨已報道ᄒ니와 其協議事項을 據컨ᄃᆞ 左와 如ᄒ더라 (辛略: 이하의 협의 사항은 1. 堤堰深 修築作, 2. 稻作改良의 件, 3. 農産品部會임)	大地主會協議事項	1912.11.7		3
78	순천지주회	本月 十九日 下午 一時에 順川郡守 朴柟駿氏의 主催로 各面에 土地 三十日耕 以上이 有ᄒ 者를 招待ᄒ야 該郡內 普通學校內에서 臨時總會를 開催ᄒᆫ디 成은 有故 未參ᄒ고 當日 參員이 六十餘人에 達ᄒ얏지라 (중략) 朴郡守는 會員一同의게 茶菓를 進饋ᄒ고 因ᄒ야 農事模範場에 堆肥製造와 耕地의 整理方法을 縱覽ᄒ고 下午 六時에 各其 退散ᄒ얏다더라	最近의 平南 順川地主會	1913.4.25		3

순번	단체명	기사 내용	기사 제목	연월일	특이 사항	소속*유형
79	영원군 지주회	全郡守 田德龍氏는 本月 七日 管內 人民中 田畓 二結 以上 所有者 七十名을 全郡廳에 召集호야 地主會 設立總會를 開호고 規則可決과 役員選定을 擧行흔 後 引續호야 臨時總會를 開호고 全地主會의 大正 三年度 收支豫算과 本會 主催로 農産品評會를 開흘 件과 幻燈器을 購入호야 各面巡回 農事講話品의 開催흘 事를 議決호얏다더라	地方每日: 平安南道 鄩遠	1914.3.18		3
80	평안남도 각군 지주회	平安南道 各郡地主會는 十三個所인디 經費支出總額이 千八百二十八圓이오 實行事業은 農事改良 其他 表彰博覽 等에 關흔 有益흔 事業이오 各郡의 成績이 擧皆 良好호다더라	地方通信: 平安南道 地主會好績(道內)	1915.6.19		3
81	금산군 노동조합	全北 錦山郡에서는 過般 乞食貧民의 救濟홀 目的으 一勞動組合을 設置호고 錦山面 避病舍로 假收容所에 充호야 各面에서 薬工具運織器 等의 寄附를 受호얏고 其他 諸道具를 有志者의 寄附에 侍호기로 호고 도 收容者를 爲호야 耕作地의 借受等 斡旋을 執흠 規的이라더라	地方通信: 全羅北道 勞動組合(錦山)	1915.4.14		4
82	진남포 삼화노동조합	去三日 三和勞動組合 樓上에서 全組 新建築 落成式 兼 上期 總會를 擧行호얏는디 官民 多數의 來賓과 普通觀覽者 千餘名의 集會를 當日 午前으로 若干의 降雨로 大端 念慮호더니 多幸히 午后브터 日氣가 晴和호므로 大端 稀有흔 大盛宴을 呈호얏다	鎭南浦에서 三和勞動組合 落成式	1916.8.10		4

순번	단체명	기사 내용	기사 제목	연월일	특이사항	소속*유형
83	진남포 덕류주조합, 삼화노동조합	진남포 덕류조합(鎭南浦客主組合)과 삼화로동조합 수이에 분요가 잇나너서 덕류조합인부에게 덕류조합장 평의원이 세사람이 삼화로동조합인부에게 구타되얏다는 은임의 보도을 바이어나와 그결과 이번 덕류조합에서 시료로 덕류조합을 설시ㅎ고 지난 삼목일부터 삼화로동조합에서 보관ㅎ던 덕물을 인계ㅎ기 시작ㅎ얏다더라	鎭南浦客主組合 勞動組을 新設 삼목일에 인계ㅎ얏다	1917.4.20		4
84	진남포 매두리 노동조합	全大頭里勞動組合 本所는 久原製鍊所 位置內에 洋製로 新建ㅎ고 運搬을 取扱ㅎ더니 수般 貨主에 便宜을 得ㅎ기 爲ㅎ야 後浦里에 支所을 設置ㅎ고 大規模로 穀物運搬取扱을 行ㅎ더라 此는 該組合長 吳永周 副組合長 田仕明 二氏의 盡力이라더라	鎭南浦 勞動組合大擴張	1917.6.3		4
85	진남포 매두리 노동조합	當地 大頭里勞動組合에서는 一般組合員으로 定期預金을 ㅎ다 ㅎ더니 取引所ㄴ 當地 郵便局 當地 三和銀行 兩所로 ㅎ고 預金 種類ㄴ 定期預金이라 ㅎ더니 預金高를 聞ㅎ즉 二個月間에 千餘圓에 達ㅎ얏다더라	鎭南浦 勞動組合貯蓄金	1917.8.4		4
86	평양노동조합	平壤勞動組合에서는 從來 該組合事業을 더욱 完成ㅎ기 爲ㅎ야 運送部를 特設而來ㅎ더니 同組合에서는 運送事業을 特히 擴張을 必要을 覺ㅎ고 先者 組合長 金性洙氏로브터 全의 出張ㅎ야 鮮內 重要驛의 貨物運送狀況을 實際 視察ㅎ고 設은바 수에 內規가 完成되야 事業을 直히 擴張ㅎ는 同時에 二十七日 午後 七時 大成館에서 當地 官民 有志를 謝ㅎ야 披露宴을 開催ㅎ얏다	平壤 勞動組合張披露宴	1918.3.28		4

순번	단체명	기사 내용	기사 제목	연월일	특이 사항	소속*유형
87	단천노동조합	從來 同郡에는 勞動者의 常備機關이 업슴으로 爾來 日鮮諸氏의 困難이 尤甚ㅎ더니 當地 田中末吉, 李內龜 兩氏는 此勞動者에 對ㅎ 顧客의 便宜를 圖코저 今回 端川勞動組合을 設置ㅎ고 諸注文에 親切 應喜으로 不問ㅎ고 顧客의 不少ㅎ 李內龜氏는 事業上 關係로 一般이 稱氏이 不少ㅎ며 李內龜氏는 事業上 關係로 因ㅎ야 近日 上京ㅎ다더라	端川 勞動組合設立	1918.12.20		4
88	강서군 초리면 농민조합	平南 江西郡 草里面 金昌淳 崔有錫 諸氏의 發起로 該面 農民組合을 設立ㅎ얏다고 江西郡廳을 經ㅎ야 平南道廳에 許可願을 提出ㅎ얏더라	江西의 農民組合	1913.11.25		4
89	충주소작인조합	忠州郡에서는 去九月 二十四日에 鄕校及書院의 土地 小作人 全部를 召集ㅎ야 小作人組合을 組織ㅎ고 該組合規約及細則을 製定ㅎ고 役員을 選定ㅎ얏더니 組合의 目的은 農事改良, 副業獎勵 農具의 改善 物品共同購入及, 販賣 勤勉貯蓄 等 事業을 實施ㅎ더이다더라	忠州小作人組合	1912.11.2		4
90	전라북도 내 국유지소작인조합	全北道內 國有地 小作人組合의 總數가 十七個所 內 國庫에서 資金을 交付ㅎ 者 七個所오 本年度에 更히 國庫補助金을 仰受ㅎ 者 三個所이라 此를 目下 起案中인데組合의 總面積은 約 二千町步라더라	小作組合資金	1913.4.5		4

순번	단체명	기사 내용	기사 제목	연월일	특이 사항	소속*유형
91	양지, 진위, 개성, 여주 외 13군 국유지소작인조합	陽智, 振威, 開城, 驪州外 十三郡의 國有地小作人組合員數는 前期末에는 二千七百九十一名, 本期間에 加入人員은 七百七十四名, 脫退人員은 二百四十名, 現在人員數는 四千三百二十五名에 至호얏다더라	小作人組合員數	1914.5.3		4
92	춘천 국유지소작인조합	去二十六日 午後 一時에 春川郡廳 會議室에서 國有地小作人組合 定期總會 開호얏더 組合長 柳善益 以下 百二十餘人이 會集호야 長時間이 되도록 各項 業務報告 來賓演說 及 講演 其他 各種이 有호야 該組合의 實로 慶事改良 組合員 共濟의 目的을 達호는 模樣이더라 當期損益計算을 如左 (주략)	春川 國有地小作 人組合定期總會	1917.1.31		4
93	평양실업청년회, 실용영어야학회	平壤實業靑年會 設立에 係호 實用英語夜學會의 冬期休學을 旣報와 如호거니와 今會에서는 從來 外國人 講師 諸氏의 各購호 外國書籍 雜誌 新聞 等 數十種을 瑞氣通 組合敎會에 陳列호야 高橋牧師로 호야곰 保管케 호고 休學中 英語를 連續 講究코져 호는 生徒는 又는 來年度브터 入會코져 호는 者에게 閲覽을 供호다더라	平南通信 休業後英語學會	1913.12.22		5
94	평양조선어학회	朝鮮語學會에서는 卄六日 午後 四時에 第一期 修業試驗을 擧行호고 三十日 午後 一時 其實具樂部에서 修業證 授與式을 行홀 터이라더라	地方通信 平安南道 朝鮮語學會(平壤)	1915.10.27		5

순번	단체명	기사 내용	기사 제목	연월일	특이 사항	소속*/유형
95	평양조선어학회	平壤朝鮮語學會에서는 來卅六日及二十八日에 甲乙兩班의 卒業試驗을 執行을 터이라더니 今回 卒業生은 官公署 職員 三十餘名이오 尚七月旦터 從前과 如히 生徒를 募集을 터이라더니 講師는 道廳書記 金永淵 柳鎭燐 兩氏이더라	平壤 語學會卒業試驗	1916.6.20		5
96	평양국어보급국어학회	平壤國語普及夜學會는 講師 諸氏의 熱心 敎授으로 現在 生徒가一百五十餘名에 達호얏는디 此業을 獎勵호기 爲호야 張道參與官은 金 十圓을 鄭錦城病院長은 金 五圓을 寄贈호얏더라	平壤에서 國語學會獎勵	1916.12.26		5
97	북청군 국어야학회	本月 十日旦터 來年一月十五日꺼지 當郡公立普通學校內에 國語夜學會를 開호얏고 及文法에 必要을 것을 敎授호리라더라	北靑 國語學會	1917.12.14		5
98	평양제주선인유학생간친회	平壤在濟州●留學生懇親會에서는 去二十一日夜 文春館에서 忘年會兼總會를 開호고 幹事改選을 行호얏더라	平壤 留學生會忘年會	1918.12.28	●는 판독 불능	5
99	영화학교야우회	仁川私立永化學校에서 客年 秋에 卒業生으로 尋常會員으로 中退學者는 特別會員을 定호고 親睦을 堅固케 호며 智識發展의 主義로 完全을 學友會을 組織호얏으며 內八月二日에는 소校 校場內에서 第一回 定期總會를 開催호고 一, 任員 變更 二, 智識 發展의 策을 講究 等을 附議 處決호리라더라	永化學校學友會	1914.7.16		5

순번	단체명	기사 내용	기사 제목	연월일	특이 사항	소속* 유형
100	자립단	함경남도 단천군 슈하면 듕평리 바쥬의(咸南 端川郡 水下面 仲坪里 方周翼) 등군 광원면 룡년리 리림비(仝郡 廣泉面 龍田里 李承燦) 등군 수하면 하농리 박승희(仝郡 水下面 下農里 朴承熙) 등군 파도면 외문리 강명환(沈垣里 美明煥) 등군 동면 사는 심항긔(沈垣基) 등 열아홉 명은 본디 아소교 신자로 죠션의 구면목을 회복홀 작 ●으로 비밀히 ㅈ립단(自立團)을 죠직ㅎ고 견긔 방쥬익은 단쟝으로 리림비난 부단쟝으로 박승희은 총무로 동지 모집원은 강명환으로 회게원은 심항긔로 넝ㅎ야 비밀을 향동을 ㅎ다가 일이 발각되야 단천군 헌병분더에서 일전에 그 심구 명을 체포ㅎ야 함흥디방법원검ㅅ국으로 압송ㅎ엿앗다더니 (후략)	自立團이라는 不逞한 秘密結社 일단 십구 명을 검거ㅎ야 젼부 징역에	1916. 3. 19	●는 판독 불능	6

* 소속 유형은 다음과 같음

1 친친회, 구제회, 동창회, 부인회, 청년회, 친목회

2 교육회, 기성회, 쟝학회, 협의회, 협회

3 교풍회, 번영회, 상조회(검색 결과 없음), 심얼회, 쟝려계, 지슉계, 지주회

4 노동조합, 농민조합, 동민조합, 소작인회, 소작인조합

5 독서회, 어하회, 하생회, 하우회

6 독립운동, 비밀 결사

국민의 탄생

식민지 공론장의 구조 변동

1판 1쇄 펴냄 2020년 10월 16일
1판 2쇄 펴냄 2021년 2월 10일

지은이 송호근
발행인 박근섭, 박상준
펴낸곳 (주)민음사

출판등록 1966. 5. 19. (제16-490호)
서울시 강남구 도산대로 1길 62(신사동) 강남출판문화센터 5층 (우편번호 06027)
대표전화 02-515-2000 | 팩시밀리 02-515-2007
www.minumsa.com

ⓒ 송호근, 2020. Printed in Seoul, Korea

ISBN 978-89-374-1786-3 93330

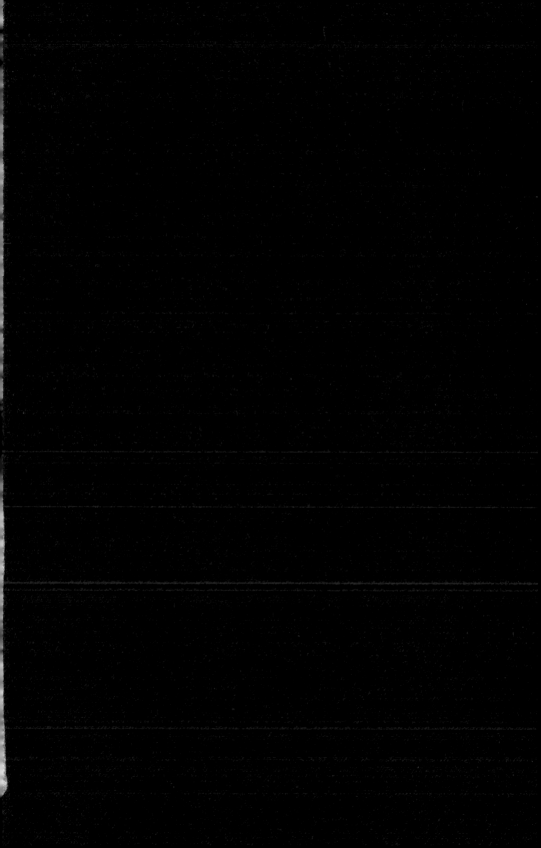